Irland

mit Nordirland

Robert Schwänz

Laden Sie die HKF-Outdoor-App

Alle Informationen unter:
www.swisstravelcenter.ch/digital

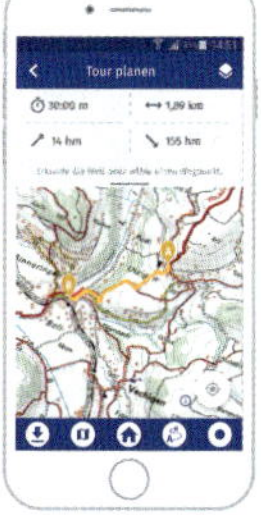

GPX-Daten zum Download

www.swisstravelcenter.ch/gpx

Kostenloser Download der GPX-Daten der im Wanderführer enthaltenen Wandertouren.

AUTOR

Robert Schwänz • ist passionierter Reisender und Wanderer, der seinen Lebensunterhalt und weitere Reisen mit dem Schreiben von Büchern finanzieren möchte.
Anstatt einen Fuß in die Industrie, nach seinem erfolgreich abgeschlossenen Studium in der Geologie, zu setzen, entschied er sich lieber, seinen Träumen und inneren Verlangen nachzukommen und damit andere Kulturen kennen und Sprachen zu erlernen; nebenbei zu wandern und sich selbst sowie seine Stellung in der Gesellschaft zu hinterfragen.

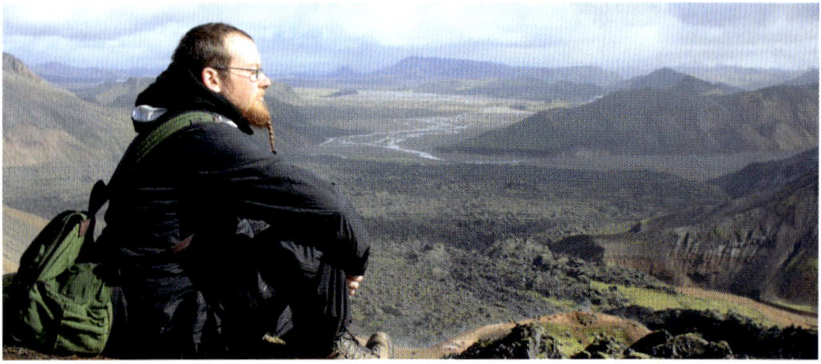

VORWORT

Woran denken Sie, wenn Sie „Irland" hören? An die berüchtigten Pubs und die klassische irische Musik? An das sehr wechselhafte Wetter? An die traumhaft schönen ländlichen Regionen mit den charakteristischen alten Steinmauern?
All das trifft auf Irland zweifelsfrei zu, doch bereist man das Land, eröffnen sich weitaus mehr Spektren, die zusammen ein runderes, klareres Bild wiedergeben.
Seien es die leuchtenden Farben, die Sonne, die gegen die wolkenverhangenen Berge scheint und die Täler illuminiert, oder auch einfach die tosende See, die sich an den steilen Küsten schlägt. Grün in vielen verschiedenen Tönen, Schafe, welche auf Straßen laufen, und Iren, die nicht nur freundlich und offen, sondern auch sehr hilfsbereit Reisenden gegenüber sind, machen einen Irlandaufenthalt unvergesslich.
Irland bietet eine vielseitige Landschaft mit atemberaubenden Ausblicken auf Land und Meer. An vielen Ecken trifft man auf kulturhistorisch interessante Standorte und kommt an charakteristischen Ruinen vergangener Zeiten vorbei. Geschichte mischt sich hier mit der Gegenwart.

Robert Schwänz

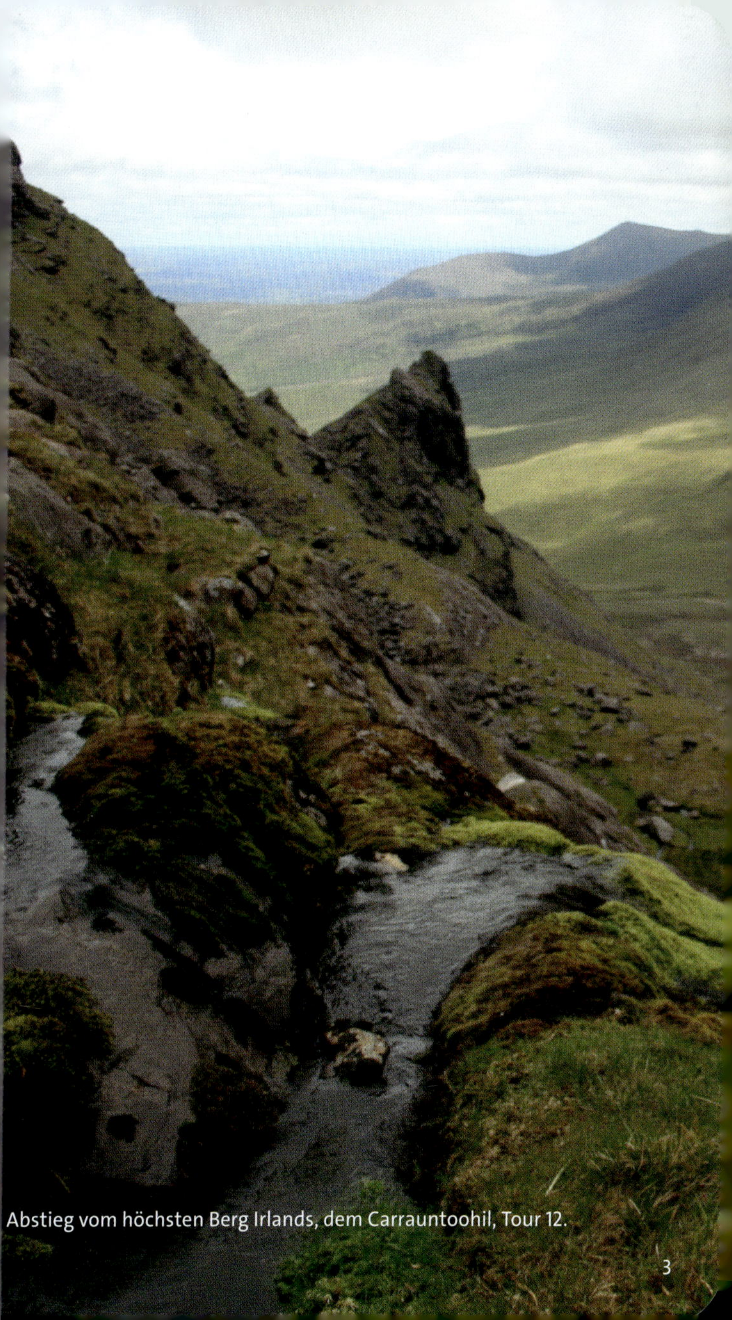

Abstieg vom höchsten Berg Irlands, dem Carrauntoohil, Tour 12.

INHALT UND TOURENÜBERSICHT

AUFTAKT

ANHANG

km	h	hm	hm	P							
12,4	2:45	346	346	✓	✓						✓
7,4	2:30	457	457		✓			✓	✓		
15,3	5:00	731	744	✓				✓			✓
8,3	1:30	388	388	✓				✓			
11	2:45	307	301	✓	✓			✓	✓		✓
9,5	2:00	91	130	✓					✓		
5,1	1:15	112	116	✓					✓		✓
9,5	3:30	610	560	✓				✓			
13,2	4:45	1094	1084	✓				✓			
19,9	5:45	694	734	✓			✓	✓	✓	✓	
9,4	3:00	637	704	✓				✓			
13,5	6:00	1053	1029	✓				✓			✓
16	4:45	1007	1008	✓				✓			
5,3	1:15	247	236	✓				✓	✓		
13,9	3:00	548	536	✓		✓		✓	✓		
15,9	4:30	588	584				✓	✓			
6,5	3:00	330	328	✓				✓			
8,4	2:00	235	263	✓				✓	✓	✓	
12,6	4:30	935	851					✓			
10,5	2:45	176	191	✓					✓		✓
30,3	7:00	1100	1101	✓			✓				✓
9	2:00	286	299	✓					✓		

INHALT UND TOURENÜBERSICHT

km	h	hm	hm								
8,5	2:15	682	692	✓				✓			
9,2	2:15	486	477	✓				✓			
19,7	6:00	1141	1149	✓				✓			✓
15,3	3:30	86	100	✓					✓	✓	✓
16,3	3:20	562	561	✓				✓	✓	✓	
20,7	5:00	672	668	✓	✓			✓	✓		✓
17,2	4:15	348	349	✓	✓				✓		✓
10,2	2:00	114	134	✓	✓				✓	✓	✓
8	1:40	95	84	✓	✓				✓	✓	✓
13,9	4:45	474	477	✓				✓	✓		✓
15,1	4:45	685	671	✓				✓			
16,1	3:45	363	266						✓		
12,6	4:15	719	720	✓				✓			✓
7,3	2:00	411	416	✓	✓			✓	✓		✓
18	9:00	1597	1598	✓				✓			✓
14	4:30	469	468	✓				✓			✓
5	1:15	87	87	✓	✓				✓	✓	✓
7,9	3:15	772	770	✓				✓			
17,8	4:45	805	814	✓				✓			✓
15,8	5:00	1191	1170	✓				✓			
13,8	4:30	847	846	✓			✓	✓			✓
8,2	2:45	601	514	✓				✓	✓		
5,2	1:30	277	280	✓					✓		

INHALT UND TOURENÜBERSICHT

km	h	hm	hm	P							
12,7	3:30	409	423	✓	✓				✓		✓
9,1	2:00	225	216		✓				✓	✓	✓
5,1	1:30	335	298	✓	✓			✓	✓		
5,7	2:00	444	446					✓			✓
8,1	1:45	385	376	✓	✓				✓		
11,7	3:45	678	678	✓			✓	✓			
8,2	3:30	712	713	✓				✓			
5,5	2:15	456	466					✓			
12,5	4:30	833	842	✓				✓			
14,6	3:30	327	337	✓	✓		✓	✓			
15,8	5:30	542	540	✓	✓			✓			
10,5	4:00	524	492	✓				✓			
19,2	4:15	558	628	✓	✓				✓		✓
12	3:30	261	218	✓				✓	✓		✓
17,2	4:15	523	530	✓	✓				✓		✓
21,9	4:25	589	394	✓				✓	✓		
7,4	1:45	116	71	✓	✓				✓		
2,6	0:45	0	42	✓	✓				✓		✓
9	2:30	100	174	✓					✓		
1,6	1:15	168	0	✓				✓	✓		
8,6	2:15	207	145	✓				✓	✓		
16,5	6:30	1170	809	✓	✓			✓	✓		
9,7	3:00	829	829	✓	✓			✓	✓		
17,7	6:30	1118	1082	✓				✓			
14,7	3:45	607	574	✓	✓			✓	✓		

GEBIETSÜBERSICHTSKARTE

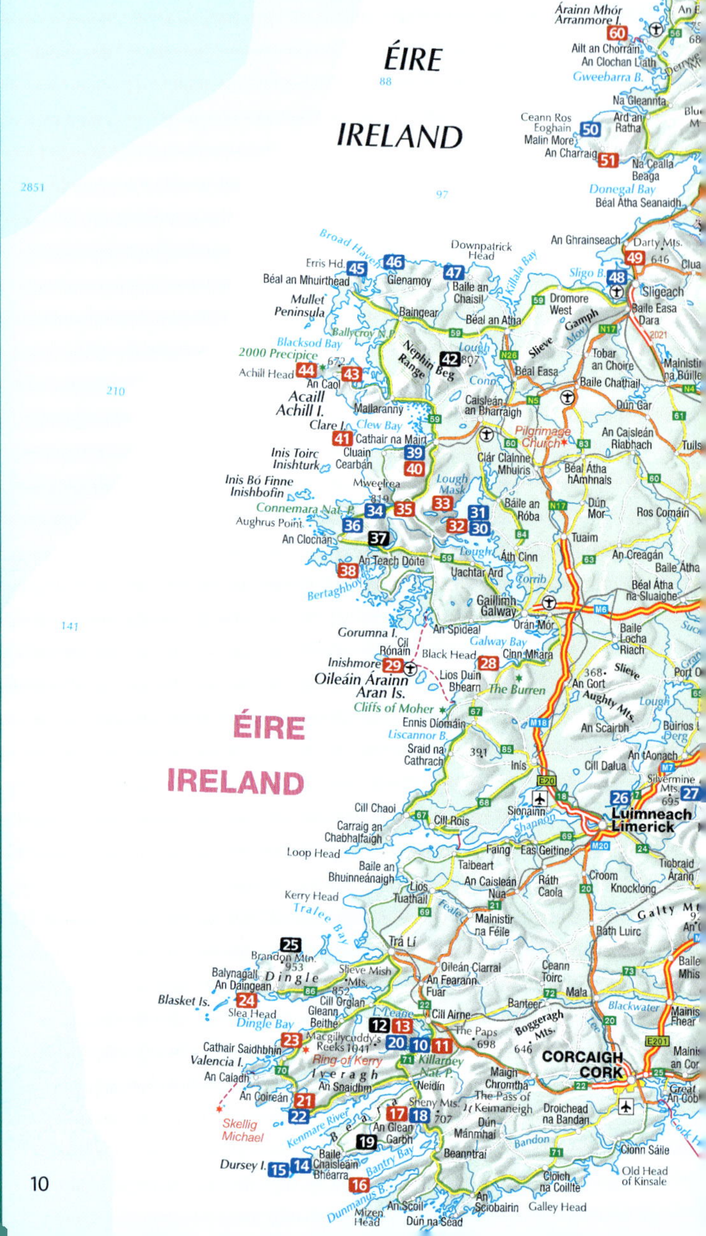

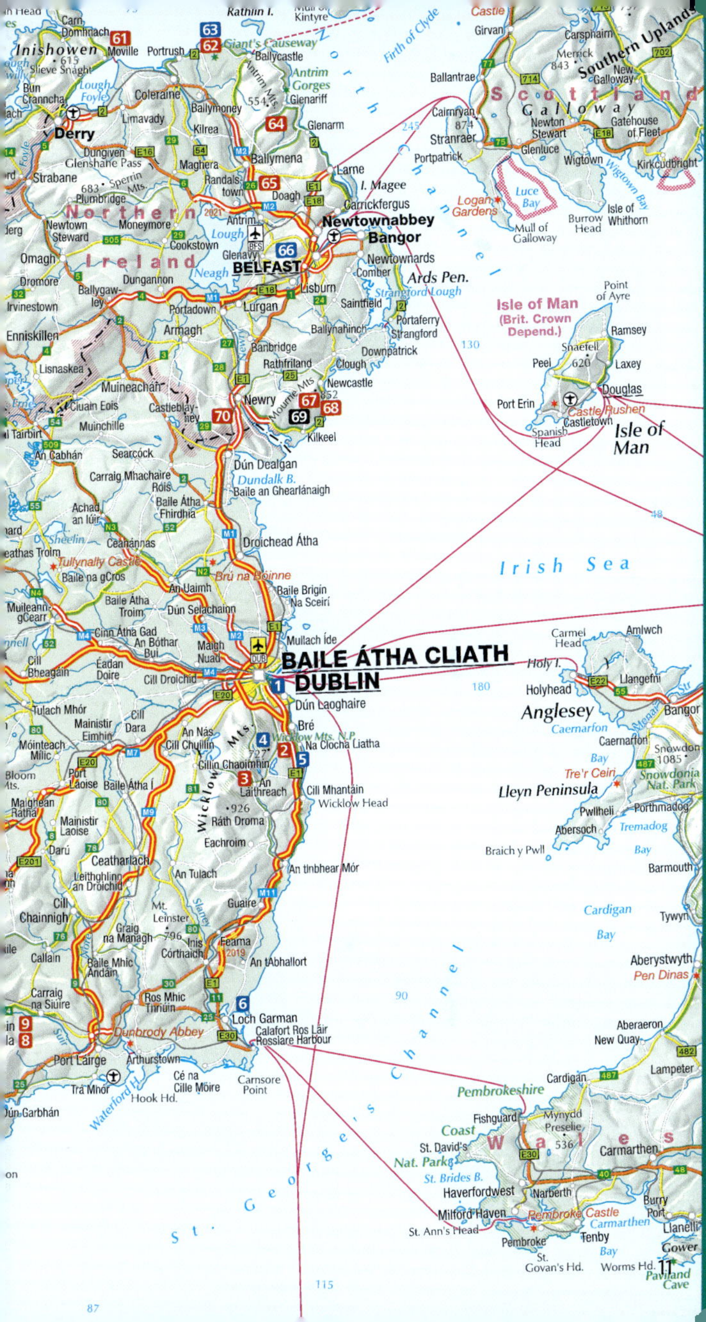

Inishowen
Moville
Portrush
Giant's Causeway
Ballycastle
Antrim Gorges
Glenariff
Antrim Mts.
North Channel
Firth of Clyde
Castle
Girvan
Carsphairn
Southern Uplands
Merrick
843
New Galloway
Ballantrae
Scotland
Galloway
Cairnryan
Newton Stewart
Gatehouse of Fleet
Stranraer
Glenluce
Portpatrick
Wigtown
Kirkcudbright
Wigtown Bay
Luce Bay
Logan Gardens
Mull of Galloway
Burrow Head
Isle of Whithorn
Slieve Snaght
Lough Foyle
Coleraine
Ballymoney
Limavady
Kilrea
Derry
Glenarm
Ballymena
Larne
I. Magee
Dungiven
Glenshane Pass
Maghera
Randalstown
Doagh
Carrickfergus
Strabane
Sperrin Mts.
Plumbridge
Northern Ireland
Antrim
Newtownabbey
Bangor
Newtown Steward
Moneymore
Lough Neagh
Cookstown
Glenavy
BELFAST
Newtownards
Comber
Ards Pen.
Omagh
Dromore
Dungannon
Lisburn
Strangford Lough
Ballygawley
Portadown
Lurgan
Saintfield
Portaferry
Strangford
Irvinestown
Enniskillen
Armagh
Ballynahinch
Banbridge
Downpatrick
Lisnaskea
Rathfriland
Clough
Muineachán
Mourne Mts
Newcastle
Cluain Eois
Castleblayney
Newry
Kilkeel
Muinchille
Isle of Man (Brit. Crown Depend.)
Point of Ayre
Ramsey
Snaefell
620
Peel
Laxey
Douglas
Port Erin
Castle Rushen
Castletown
Spanish Head
Isle of Man
An Cabhán
Searcóck
Dún Dealgan
Dundalk B.
Carraig Mhachaire Rois
Baile an Ghearlánaigh
Baile Átha Fhirdhia
Achad an Iúir
Sheelin
Ceanánnas
Droichead Átha
Tullynally Castle
Brú na Bóinne
Baile na gCros
An Uaimh
Baile Brigín
Na Sceirí
Irish Sea
Muileann gCearr
Baile Átha Troim
Dún Selachainn
Cinn Átha Gad
An Bóthar Bui
Maigh Nuad
Mullach Íde
BAILE ÁTHA CLIATH
DUBLIN
Carmel Head
Amlwch
Holy I.
Holyhead
Llangefni
Cill Bheagáin
Éadan Doire
Cill Droichid
Dún Laoghaire
Anglesey
Bangor
Caernarfon
Tulach Mhór
Mainistir Eimhín
Cill Dara
An Nás
Bré
Wicklow Mts. N.P.
Móinteach Mílic
Cill Chuillin
Na Clocha Liatha
Caernarfon Bay
Snowdon
1085
Cillín Chaoimhín
Port Laoise
Baile Átha Í
An Laithreach
Tre'r Ceiri
Snowdonia Nat. Park
Lleyn Peninsula
Wicklow Mts.
Cill Mhantáin
Wicklow Head
Mainistir Laoise
Ráth Droma
Pwllheli
Porthmadog
Tremadog Bay
Abersoch
Darú
Eachroim
Braich y Pwll
Ceatharlach
An Tulach
An tInbhear Mór
Barmouth
Leithghlinn an Droichid
Cill Chainnigh
Mt. Leinster
796
Guaire
Cardigan Bay
Tywyn
Graig na Managh
Inis Córthaidh
Fearna
An tAbhallort
Callain
Baile Mhic Andáin
Aberystwyth
Pen Dinas
Carraig na Siúire
Ros Mhic Thriúin
Loch Garman
Calafort Ros Láir
Rosslare Harbour
Dunbrody Abbey
Aberaeron
New Quay
Port Láirge
Arthurstown
Lampeter
Trá Mhór
Cé na Cille Móire
Carnsore Point
Cardigan
Waterford H.
Hook Hd.
Pembrokeshire Coast Nat. Park
Dún Garbhán
Fishguard
Mynydd Preselie
536
Wales
St. David's
Carmarthen
St. Brides B.
Haverfordwest
Narberth
St. George's Channel
Milford Haven
Pembroke Castle
Carmarthen Bay
Burry Port
Llanelli
St. Ann's Head
Pembroke
Tenby
Gower
St. Govan's Hd.
Worms Hd.
Paviland Cave

DAS GEBIET

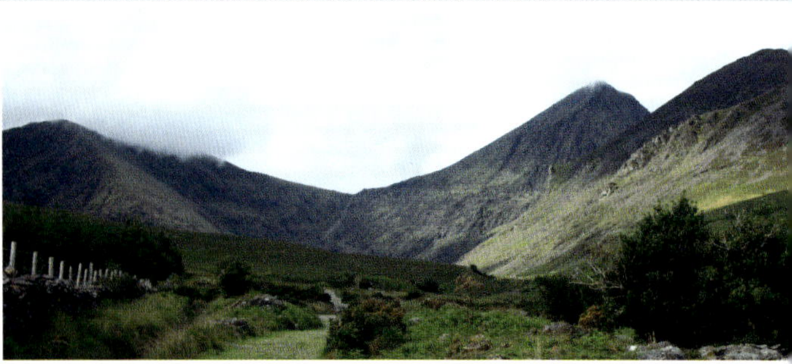

Blick auf den Carrauntoohil, bei vergleichsweise gutem Wetter, Tour 12.

Wer in Irland als auch Nordirland wandern möchte, sollte einiges beachten. Zum einen ist es empfehlenswert, einen fahrbaren Untersatz für die hier vorgestellten Touren zu nutzen, da die Versorgung mit öffentlichen Verkehrsmitteln auf dem Land in vielen Teilen entweder nicht vorhanden ist, oder aber eine stark unterrepräsentierte Nutzung bereitstellt. Für Individualisten kann aufs „hitchhiken" (per Anhalter fahren) zurückgegriffen werden, was sehr gut funktionieren, aber auch sehr langwierig werden kann. Falls einem eine andere Möglichkeit des Transportes bietet, sollte diese jedoch bevorzugt werden.

Zum anderen muss zu jeder Zeit mit Regen gerechnet werden, was wetterfeste Kleidung voraussetzt. Zwar ist das Wetter sehr wechselhaft, aber es kann sich beizeiten auch länger einregnen. Gutes Schuhwerk als auch Gamaschen seien ebenso auf die Liste zu setzen.

Prinzipiell ist das Wetter an der Ostküste etwas freundlicher als an der Westküste, da dort der Atlantik Wolkenbildung stark beeinflusst.

Die wenigsten hier vorgestellten Touren besitzen weder festdefinierte Wege noch Markierungen. Das bedeutet, es geht sehr oft, allen voran in den Bergen, über teils gut, meist aber weniger gut erkennbare Pfade und auch über Stock und Stein.

Die hier vorgestellten Wege sind generell sehr nass, was auf sumpfiges und torfreiches Gelände zurückzuführen ist. All das macht das Wandern zu einem Abenteuer und abschnittsweise auch zu einem kräftezehrenden Unterfangen.

Trotz der, im Vergleich zu anderen Destinationen, geringen Höhe der Berge sollten jene in keinem Aspekt unterschätzt werden. Zwar ist das Gelände immer offen, aber sehr oft hängen Wolken so tief, dass die Sicht auf wenige Meter abfällt.

So sollte stets ein Auge auf den Wetterbericht geworfen und gerade Touren in die Berge hinein ausschließlich bei guter Sicht angegangen werden. Für das Wetter in den Bergen empfiehlt sich ein Blick auf die Website des „Mountain forecast" (www.mountain-

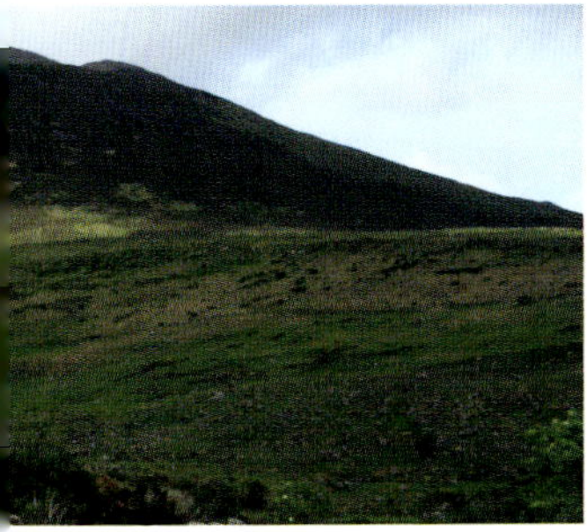

forecast.com), wo fast alle hier vorgestellten Berge Erwähnung finden. Wertvoll ist die Seite insbesondere deswegen, da sie das Wetter direkt auf dem Gipfel und zudem auch Windstärken bietet, wenn auch, wie überall, nicht immer ganz zuverlässig.

Weitere Gefahren bestehen in eben genannten starken Winden, die das Wandern in Höhenlagen nicht nur schwer, sondern auch besonders gefährlich machen. Ferner sollte man sich vor den sogenannten „Bog Holes“ (Moor-/Sumpflöcher) in Acht nehmen. Im Gelände gibt es immer wieder viele sehr große Erosionsbereiche, wo Torf und Sumpf-/Moorlandschaften offen liegen. Niemals sollte von einer Anhöhe heruntergesprungen werden, da man an falschen Stellen schnell sehr tief versinken kann. Das Herauskommen erweist sich als schwierig und kräftezehrend. Daher mögen offene Moor- und Sumpflandschaften im besten Falle großzügig umgangen werden.

Zwar ist dies immer wieder eine Gefahr und man hört oft auch von Todesfällen in den Bergen (die dann meistens durch schlechtes Wetter, schlechte Vorbereitung und stures Voranschreiten statt umzukehren passieren), allerdings sollte einem dies auch nicht den Spaß am Wandern nehmen, lediglich potentielle Gefahren aufzeigen.

Ferner ist es am besten, mit leichtem Gepäck zu reisen und dort ausreichend Wasser und Verpflegung (insbesondere für jene als „Schwer“ klassifizierte Touren) mitzuführen. An ein aufgeladenes Handy, mit ausreichend Guthaben, sollte für den Notfall auch gedacht werden. Die freiwilligen Helfer der Mountain Rescue stehen unter 999/112 für den äußersten Notfall zur Verfügung.

Ein weiterer Punkt, der Beachtung finden sollte, spiegelt sich darin, dass nahezu sämtliche hier vorgestellten Wanderungen über privates Land gehen. Generell ist das Durch- und Überqueren von Gattern und Zäunen gestattet, jedoch gibt es kein allgemeines Wegerecht, sodass ein Farmer, der einem von seinem Land verweist, im Recht wäre. Es ist darauf zu achten, stets die Gatter hinter sich zu schließen. Wo es Probleme gibt, wird im Text gesondert darauf hingewiesen. Hunde mitzuführen, ist aufgrund dessen generell verboten. Es gibt Schilder, die das schonungslose Erschießen proklamieren.

Der Wanderführer ist so geschrieben, dass jene Wanderungen auch ohne GPS gegangen werden können, für einige (insbesondere schwere) Touren ist es jedoch vom Vorteil, ein Gerät dabeizuhaben, gerade weil das Gelände sehr oft keine guten Orientierungspunkte bietet.

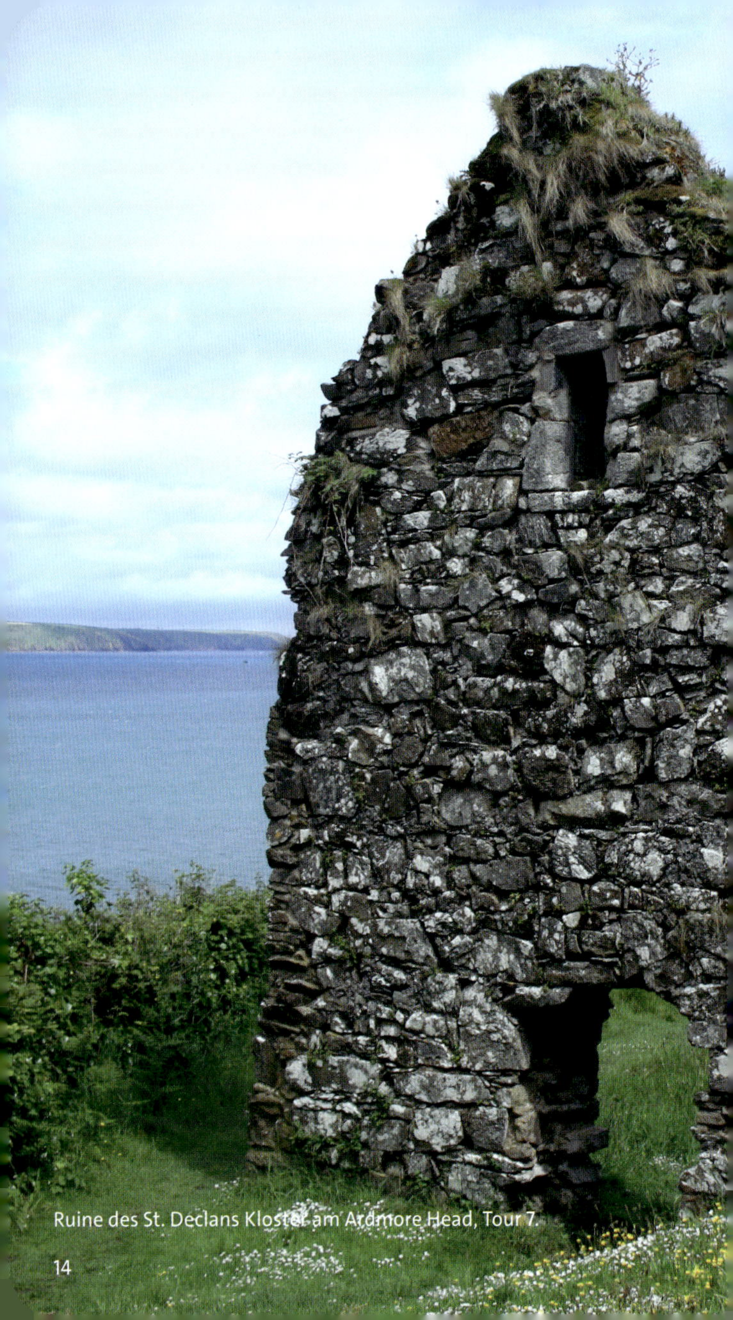

Ruine des St. Declans Kloster am Ardmore Head, Tour 7.

SCHWIERIGKEITSGRADE

■ LEICHT

Wege, die entweder gut markiert, ausgebaut oder klar ersichtlich sind. Ferner ist die Steigung zumeist gering und lässt sich dadurch gut auf vorwiegend trockenem Grund laufen. Sie beinhalten keine besonderen Ansprüche.

■ MITTEL

Allgemein sind die Wege weitaus rauer und von der Steigung her anspruchsvoller. Orientierung und Navigationsfähigkeiten sind stellenweise gefragt. Es kann gebietsweise zu sumpfigem und moorigem Terrain kommen. Im Text selbst wird jedoch noch einmal gesondert darauf hingewiesen.

■ SCHWER

Diese Wege sind allen voran körperlich als auch mental anspruchsvoll. Sie erfordern in einigen Bereichen das Klettern, teils auch unter Einsatz der Hände, als auch Trittsicherheit, Orientierungs-, Navigationsfähigkeiten und ein Gefühl für das Gelände, da es oft über große Geröllfelder mit teils sehr steilen Passagen geht.

EINKEHRMÖGLICHKEITEN

Fast alle Wege befinden sich in der Nähe von kleinen Städten oder Orten, die Unterkünfte bieten, entweder in Form von B&B, Hostels oder auch Hotels. Im Anhang befinden sich zu jedem Track ein paar Übernachtungsmöglichkeiten aufgelistet. In der Saison sollte zeitnah im Voraus gebucht werden.

HINWEIS

Alle aufgelisteten Gehzeiten sind als Richtwerte zu verstehen, da diese nicht nur von der körperlichen Fitness abhängen, sondern auch stark wetter- und witterungsbedingt sind. Auch können sich die Wege je nach Wetter als weitaus schwieriger erweisen als hier angegeben.

MEINE LIEBLINGSTOUR

Mt. Brandon (Tour 25) hat alles, was eine gute Tour auszeichnet. Leichte, schwere, anstrengende und fordernde Passagen im Wechsel als auch fabelhafte Aussichten, die nicht nur einen erstaunlichen Weitblick fördern, sondern ebenso eine abwechslungsreiche Landschaft bereithalten. Eine Tour, die dennoch nicht zu unterschätzen sei und nur von erfahreneren als auch ausdauernden Wanderern angegangen werden sollte. Matschige und rutschige Areale sind insbesondere im hinteren Teil der Tour stark ausgeprägt.

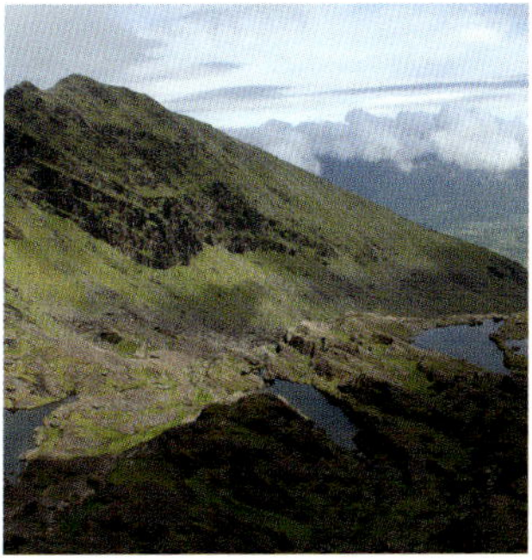

Ein fantastischer Ausblick kurz unterhalb des Gipfels Mount Brandons!

MEINE HIGHLIGHTS

1

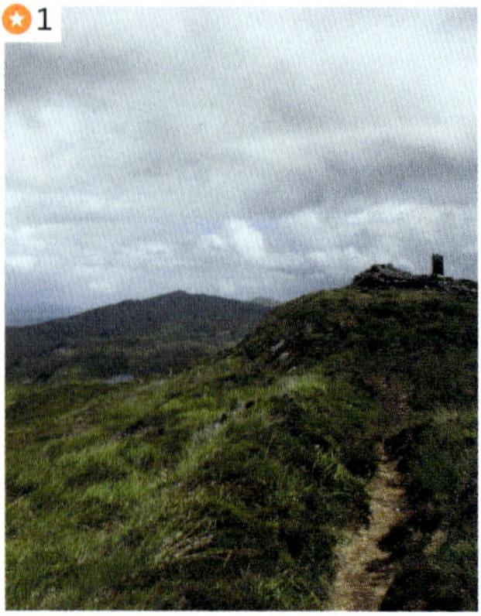

2

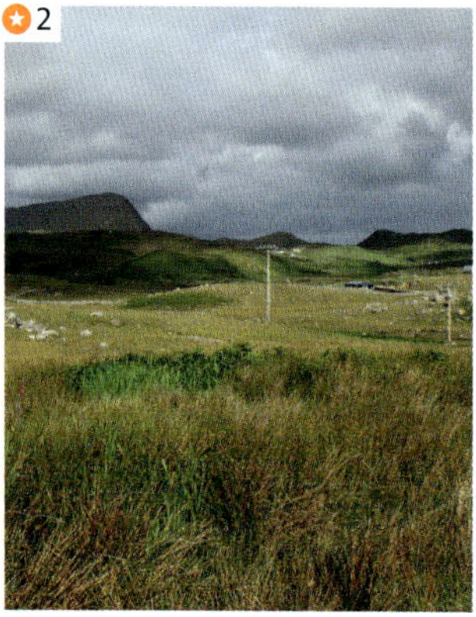

1: Sheeps Head: Der Sheeps Head bietet eine wunderschöne Landschaft mit tadellosen Panoramaausblicken auf abwechslungsreichen Wegen in einer „Berg-/Hügel-", als auch einer interessanten „Steilklippenlandschaft".
→ Tour 16, Seite 69

2: Clare Island: Unter den Inseln Irlands ein Muss. Nicht nur durch ihre durchwegs interessante Historie, bietet Clare Island, als größter Außenposten der Clew Bay, zudem auch eine ausgezeichnete, teils anstrengende Wanderung auf den Knockmore, mit Aussichten hinüber nach Achill Island jenseits der Bucht, als auch zum markanten Croagh Patrick. → Tour 41, Seite 153

3: Slieve League: Die Klippen des Slieve League gehören mit zu den höchsten Seeklippen Europas, lediglich durch jene am Croaghaun (Achill Island) und einige in Norwegen ausgestochen. Der Weg entlang ist steinig und nicht immer ganz leicht zu finden, die Aussichten dafür umso lohnender.
→ Tour 51, Seite 185

4: Mt. Errigal: Wie eine große Landmarke ragt der nackte Errigal bereits in der Ferne deutlich über die Lande auf. Der Fuß ist mit ausgedehnten Matsch- und Torfarealen ausgekleidet, während der Aufstieg selbst steinig und felsig verläuft. Ausblicke – insbesondere zum Abend hin – gehören zu den schönsten in Donegal.
→ Tour 52, Seite 189

5: Arranmore Island: Eine weitere Insel, die auf keiner Liste fehlen sollte! Arranmore ist auf der einen Seite wahrlich geschäftig, auf der anderen Seite auch unglaublich ruhig, entspannt und einsam. Wer Kontraste mag, wird diese Tour lieben!
→ Tour 60, Seite 215

3

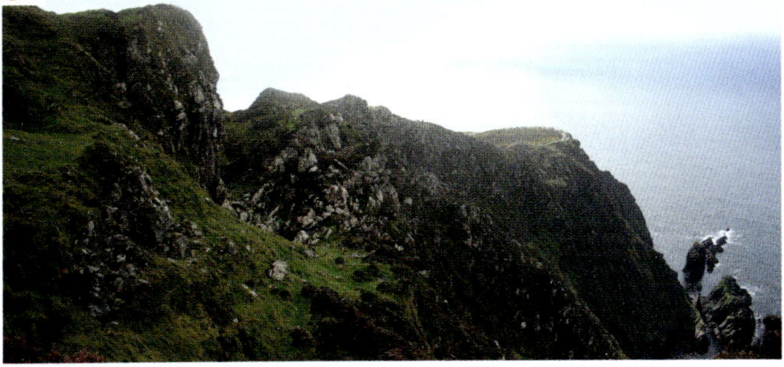

4

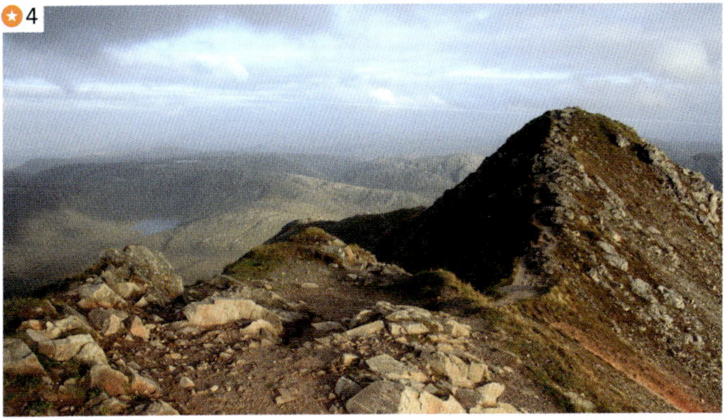

5

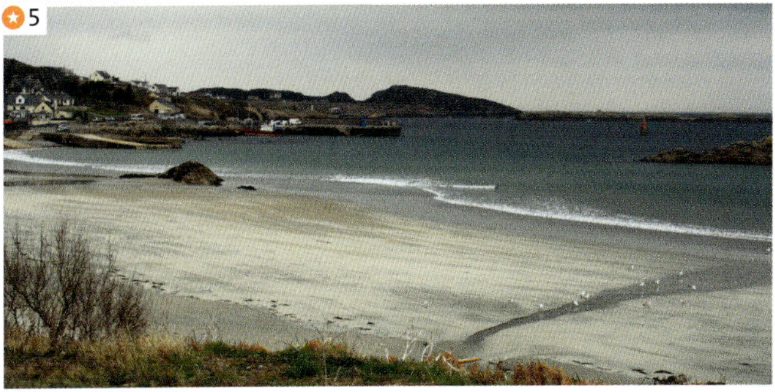

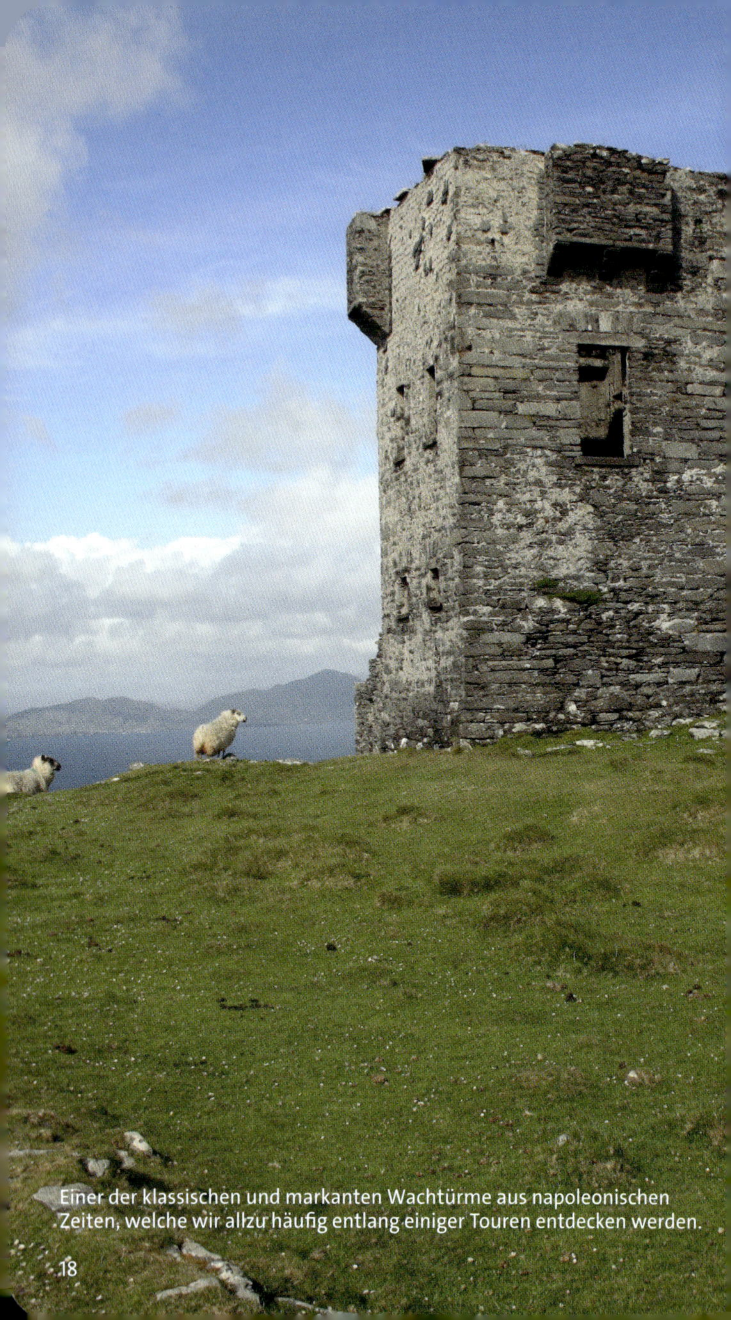

Einer der klassischen und markanten Wachtürme aus napoleonischen Zeiten, welche wir allzu häufig entlang einiger Touren entdecken werden.

Irland

Die zur EU gehörende Republik Irland spiegelt das Kernland Irlands wieder und bietet auf vielen Ebenen abwechslungsreiche Landschaften, Städte und Wege. 60, die Küsten- und Berglandschaften abdeckende Touren, fallen hierauf ab und führen durch die markantesten und schönsten Regionen Irlands, nebst, als auch abseits der ausgetretenen Touristenpfade. Für groß und klein, für alt und jung, für Individualisten, als auch für Gruppen ist für jeden etwas dabei.

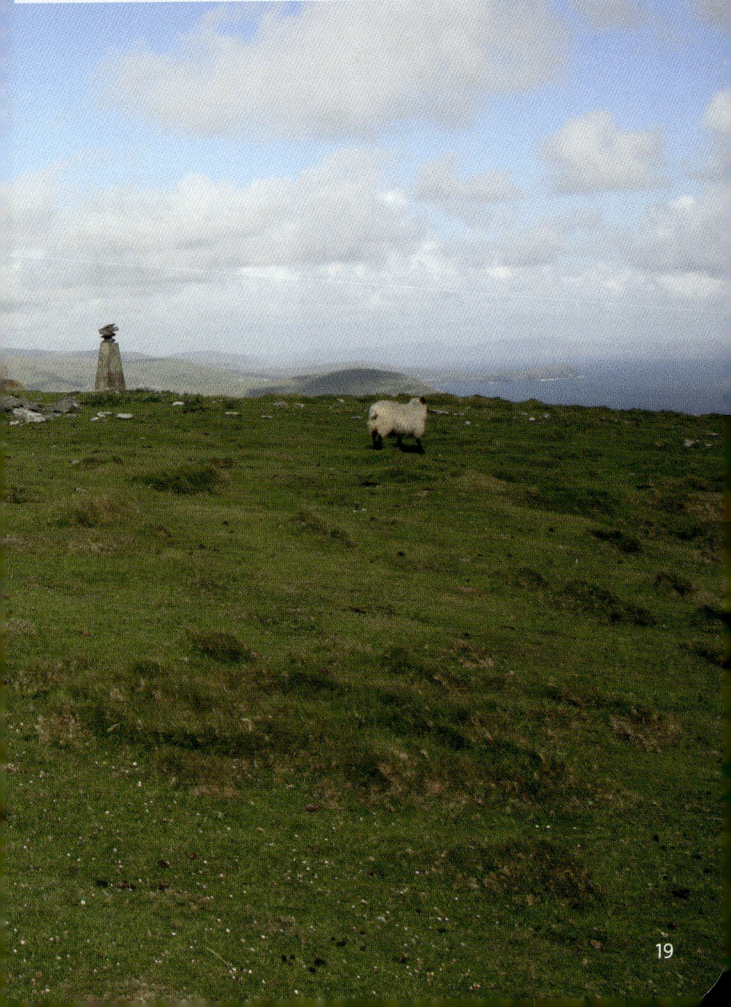

HOWTH HEAD (CEANN BHINN ÉADAIR) • 55 m

Klippenweg mit schönen Aussichtspunkten

12,4 km 2:45 h 346 hm 346 hm

START | Howth, nördlich von Dublin, großer Parkplatz in Bahnhofsnähe. [GPS: UTM Zone 29 x: 694.546 m y: 5.919.546 m]
CHARAKTER | Sehr einfacher und gut zu folgender Weg, der ein paar szenisch schöne Aussichtspunkte preisgibt. Durch die geringen Ansprüche sollte allein etwas physische Fitness als Voraussetzung mitgebracht werden.

Der Howth-Head-Rundwanderweg bietet abwechslungsreiche Szenerien. Von dem kleinen, beschaulichen Örtchen Howth, entlang der malerisch schönen Klippen, über das mit pittoresken Ausblicken bestückte Inland, zurück zum Ausgangspunkt. Ein Weg, der für die ganze Familie geeignet ist, doch Vorsicht an den ungesicherten Klippen.

▶ Vom Bahnhofsbereich ausgehend, beginnen wir unseren Weg entlang des Hafens, der Hauptstraße vorerst folgend. Wir kommen an einem **Information Point** 01 vorbei. Dort, wo die Hauptstraße rechts abgeht, verbleiben wir links auf der kleinen Landstraße und folgen dieser der Küste entlang. Am Ende der Straße findet sich der **Beginn des Klippenweges** 02. Mehrere Pfade führen uns von dort aus, in dieselbe Richtung, zu einer Landzunge. Dort befindet sich ein Leuchtturm, welcher bei Bedarf angesteu-

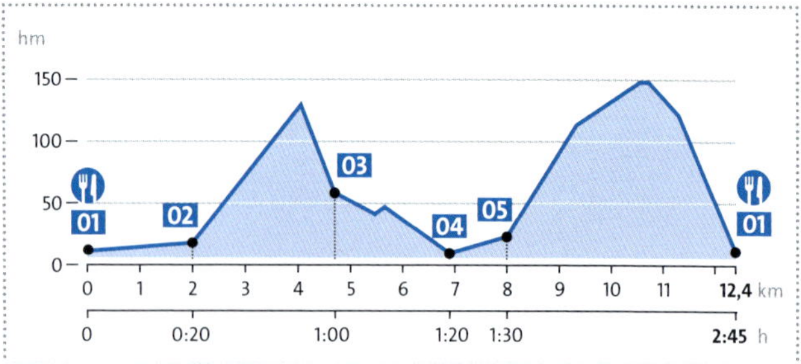

01 Startpunkt Information Point, 6 m; 02 Beginn des Klippenweges, 13 m; 03 Weg zum Leuchtturm, 55 m; 04 Begehbare Bucht, 4 m; 05 Abzweigung zum Inlandweg, 18 m

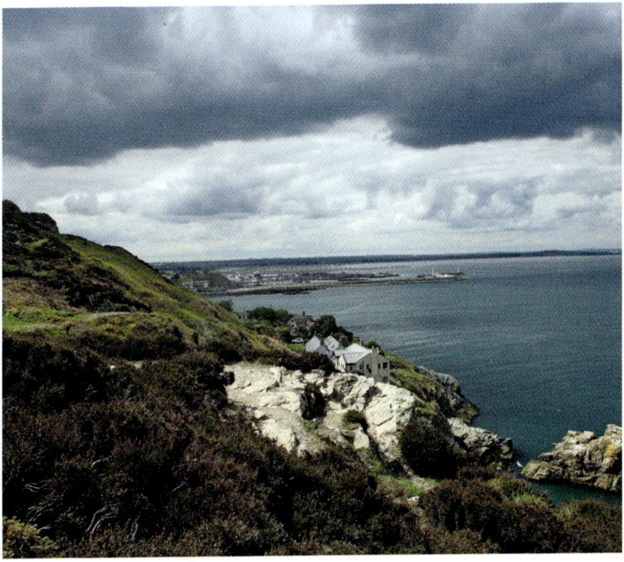

Blick auf Howth von den Klippen aus.

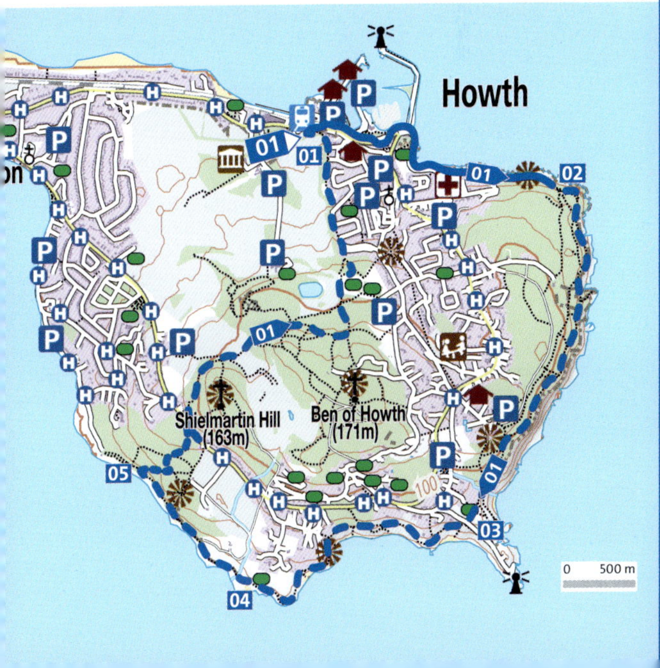

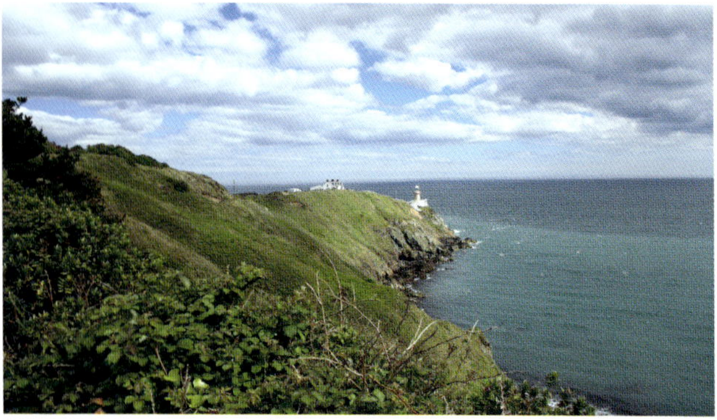

Der Leuchtturm von Howth.

ert werden kann. Der **Weg zum Leuchtturm** 03 ist dabei klar erkennbar.

Andernfalls gehen wir weiter entlang des Hauptweges, wo wir bald auf eine Straße treffen. Direkt vor dem ersten Haus, auf der gegenüberliegenden Seite, geht der Wanderweg Richtung Klippen ab (ein violetter Pfeil markiert den Weg) und zunächst in einen kleinen Hain hinein. Falls wir vom Leuchtturm kommen, folgen wir der Straße hinauf bis zur erwähnten Abzweigung. Etwas weiter geht es vornehmlich bergab, bis wir zu einer **begehbaren Bucht** 04 gelangen. Bei gutem Wetter lädt dieser Abschnitt des Weges zum Entspannen und (Sonnen-)Baden ein. Hinter dem großen, etwas felsigen *„roten Berg"* steht ein Pfeiler, der uns auf eine **Abzweigung zum Inlandweg** 05 bringt.

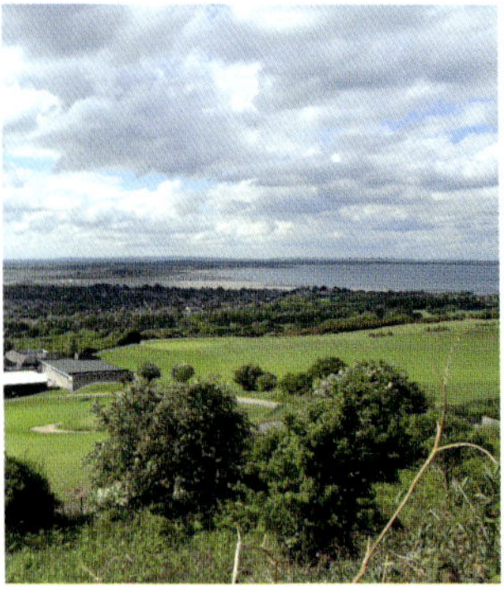

Blick in Richtung Landzunge und Dublin.

Im Zickzack über die Wiese, kommen wir an die Hauptstraße, der *„Carrickbrack Road"*. Die Wegmarkierungen gehen auf der anderen Seite weiter, an der NW-Seite des Berges entlang und geleiten uns mitten durch einen Golfplatz hindurch. Hierbei bitte die Wegweiser und Hinweisschilder beachten! Der Ausblick von dort, Richtung Dublin, und der Landbrücke zum Festland hinüber ist atemberaubend schön. Hinter dem Golfplatz führt uns der Weg erneut entlang eines Hains, bis wir zu den ersten Häusern von Howth zurückkommen. Wir gehen geradewegs den Berg hinab, wo wir letztlich durch eine kleine Parkanlage schreiten und direkt vor dem Bahnhof und unserem **Ausgangspunkt** 01 wieder herauskommen.

GREAT SUGAR LOAF (Ó CUALANN) • 497 m

Auf dem größeren der beiden Zuckerhüte

7,4 km · 2:30 h · ↗ 457 hm · ↘ 457 hm

START | Von Dublin aus fahren wir auf der N11 nach Kilmacanogue (dort von der Hauptstraße die Ausfahrt nehmen und am Kreisverkehr die dritte Ausfahrt über die Brücke auf die R755). Vor dem nächsten Kreisverkehr geht die kleine Quill Road links ab, die merken wir uns. Parken können wir mit Erfragung der Erlaubnis an der Glencormac Inn neben der Tankstelle (dazu nach dem Kreisverkehr kurzzeitig Richtung Dublin und vor der N11 dann links auf das große Gelände). Bus Eireann verbindet Dublin Busáras mit Kilmacanogue. Die Bushaltestelle befindet sich direkt vor der Ausfahrt der N11, wir nehmen denselben Weg.
[GPS: UTM Zone 29 x: 691.343 m y: 5.894.779 m]
CHARAKTER | Weitestgehend eine leichte Wanderung, die Besteigung kann jedoch etwas anspruchsvoller ausfallen. Auf dem Rückweg gehen wir durch Heideland, das mitunter durch Stolperfallen und nassem Grund gekennzeichnet ist.

Der Great Sugar Loaf, mit seiner markanten prymidenartigen Form, ist eine Landmarke und kann schnell als Vulkan missgedeutet werden. Seine Geologie besteht jedoch aus kambrischen

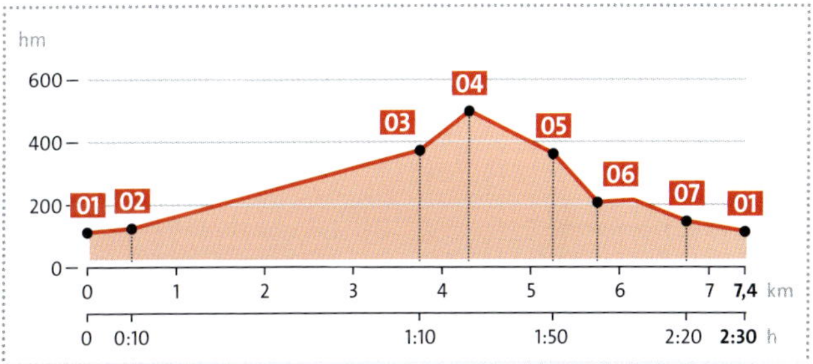

01 Geradeaus hinauf, 94 m; **02** Rechts ab, den Markierungen folgen, 107 m; **03** Links zum Berg hinauf, 364 m; **04** Gipfel des Great Sugar Loaf, 497 m; **05** Trampelpfad nach NO folgen, 352 m; **06** 90° links, 191 m; **07** Rugbyfeld, 128 m

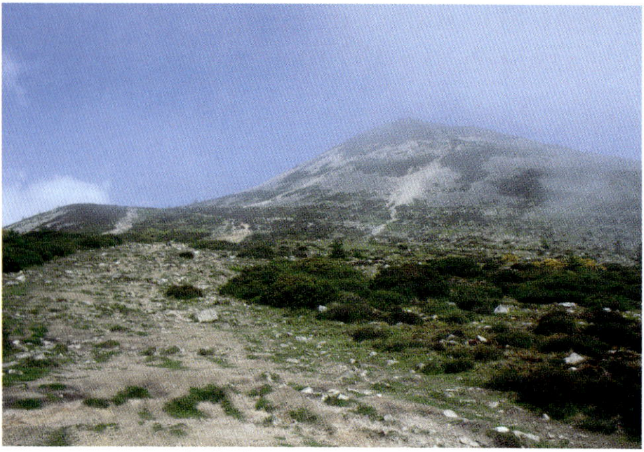

Der Great Sugar Loaf in leichte Zuckerwatte gehüllt.

Quarziten, die vor mehr als 500 Millionen Jahren in der Tiefsee entstanden und mit der Zeit, durch Hebung und Erosion, an seinen heutigen Platz gelangen. Der Berg gilt als beliebtes Ausflugsziel der Dubliner, da er bei guten Verhältnissen eine weite Sicht bietet, sogar bis nach Wales hinüber.

▶ Wir starten direkt an der Hillside Cottage, an der Einfahrt zur **Quill Road,** und gehen sie **geradeaus hinauf** **01**. Sobald wir die ersten Markierungen erreichen, gehen wir **rechts ab** **02**. Etwa fünf Minuten weiter kommen wir wieder an Häusern vorbei, zwischen zweien steht ein Tor, durch welches wir schreiten. Wir befinden uns nun auf einem Schotterweg, der Great Sugar Loaf befindet sich stets auf unserer linken Seite. Wir gehen an der Flanke des Berges vorbei und kommen dann an einer großen Fläche heraus, von der aus ein paar Pfade **links den Berg hinaufziehen** **03**. Welchen Weg wir nehmen, ist nebensächlich, so oder so wird der letzte Teil des Aufstieges etwas schwieriger, da wir über Geröllhalden laufen, wo Trittsicherheit gefordert ist. Mitunter kann es auch sehr steil werden.

Auf dem **Gipfel** **04** angelangt, bietet sich uns eine fantastische Aussicht bis hinüber nach Dublin und die Buchten. Um den Gipfel herum nehmen wir einen Abstieg in eine tiefe Rinne. Der Weg ist anfangs noch steil, flacht aber über kurz oder lang ab. Dann halten wir uns rechts auf diesem Pfad, Richtung NO, zwischen dem Sugar Loaf und dem kleineren, vorgelagerten Hügel. Ein weiterer, **kleiner Trampelpfad** **05** bietet sich uns begerab (NO). Alternativ können wir dem Hauptweg folgen und bei nächster Gelegenheit dann rechts abziehen. Am Fuße des Weges wird es sumpfig, was bei Regen oder Nässe eine gewisse Rutschgefahr mit sich bringt. Mit der Zeit gehen wir einen weiteren Trampelpfad **links ab** **06**. Wir gehen gerade auf den Hauptweg zu und folgen diesem dann rechts

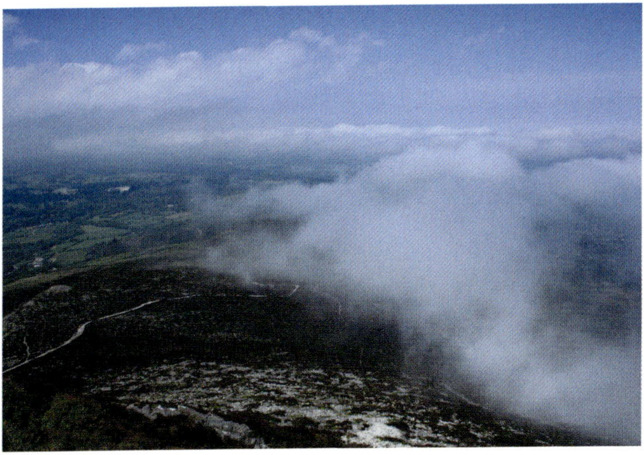

Vom Gipfel aus könnnen wir bis nach Dublin schauen.

entlang, Richtung Osten, bis wir an einen **Rugbyfeld** 07 herauskommen. Anschließend laufen wir auf der Straße bis zum **Punkt** 02 zurück und hinab zum **Ausgangspunkt** 01.

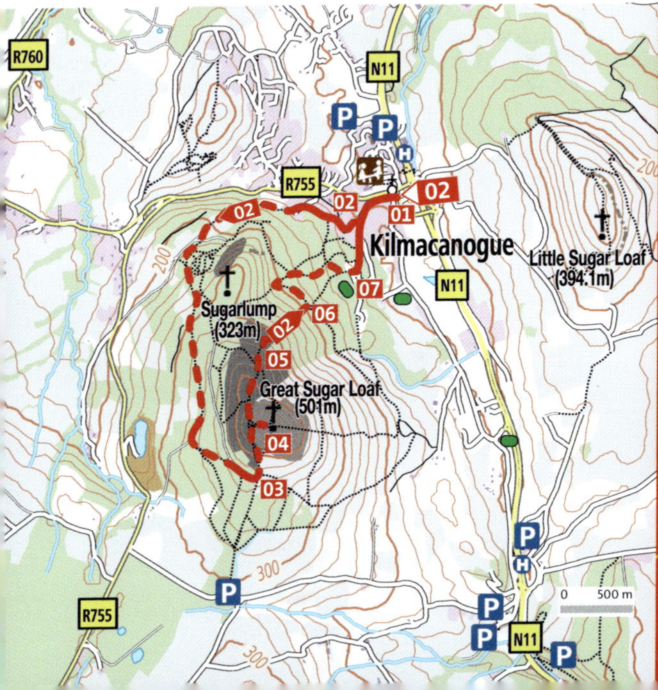

3

MULLACOR (MULLAIGH MHÓR) • 657 m

Sanfte, offene Berglandschaft im südlichen Wicklow NP

15,3 km 5:00 h 731 hm 744 hm

START | Glendalough, etwa 40 km südlich von Dublin. Keine direkten Busverbindungen. Genügend Parkplätze sind vorhanden. [GPS: UTM Zone 29 x: 678.156 m y: 5.876.416 m]
CHARAKTER | Auf weiten Teilen findet sich ein sehr gut ausgebauter und beschilderter Weg. Bei klarer Sicht bieten sich wunderbare Aussichten auf die beiden Seen und die nähere Umgebung. Sollte sich das Wetter verschlechtern und die Sicht begrenzen, kann der Weg an zwei Stellen abgekürzt werden.

Der Weg hinauf zum Mullacor bietet ausladend schöne Naturszenerien, zwei prachtvolle, klare Seen, ein wenig Historie des alten Bergbaus als auch einfach schöne Aussichten von oben auf. Bei schlechter Sicht jedoch ist es nicht ratsam weiterzulaufen, denn trotz des sehr offenen Geländes ist es dann problemlos möglich, sich zu verlaufen. In Glendalough selbst gibt es ein Visitor Center, in dem vorher Wetter- und allgemeine Informationen eingeholt werden können.

Der Startpunkt des Weges befindet sich am **Parkplatz des Upper Lakes** 01. Von dort ausgehend, folgen wir der Straße am See entlang, bis sie ins **Miners Valley** 02 führt. Dort finden sich viele Schutthalden und ein paar Ruinen

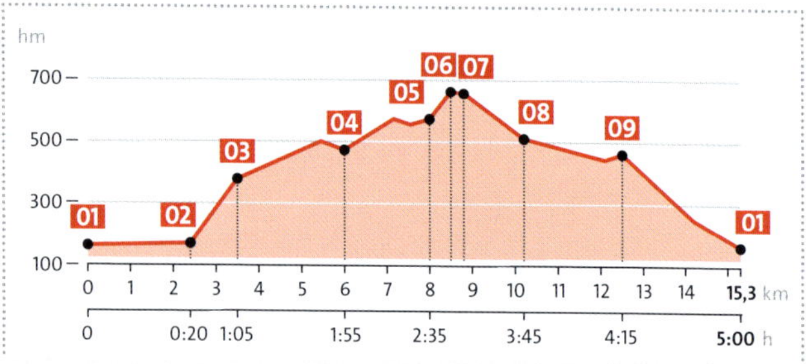

01 Start am Upper Lake, 142 m; 02 Miners Valley, 150 m; 03 Hier Brücke überqueren, 366 m; 04 The Spink, 464 m; 05 Wicklow Way kreuzen, querfeldein gehen, 569 m; 06 Gipfelplateau des Mullacor, 662 m; 07 Geradeaus über dem Bergkamm, 656 m; 08 Beim Pfeiler links ab, 504 m; 09 Abstieg, 453 m

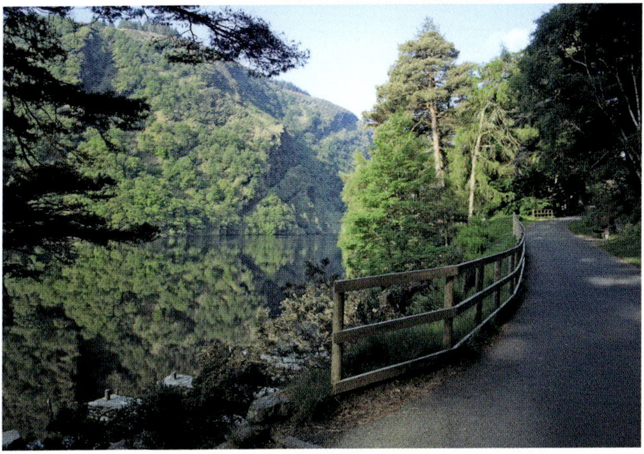

Der Upper Lake am Startpunkt des Weges.

als Zeugen ehemaliger Minenarbeit. Ein deutlicher Weg zieht entlang des Flusses den Berg hinauf. Der recht grobe, wenn auch feste Geröllweg lässt sich sehr gut gehen, anschließend ist allerdings etwas mehr Trittsicherheit gefragt. Wir überqueren oben auf mehrere kleine Brücken. Mit der letzten großen **Brücke** 03 führt ein mit Planken versehener Weg auf der anderen Seite des Flusses den Berg hinauf. Mit etwas Glück können ausgewilderte Ziegen und sogar Rehe beobachtet werden. Oben angekommen, erhaschen wir bereits einen phänomenalen Ausblick auf die Landschaft und den See unter uns. Etwas weiter erreichen wir eine Wegscheide (**The Spink** 04).

Von dort aus geht es geradeaus auf einem Rundweg zurück zum Ausgangspunkt. Wir gehen aber halb rechts, am Waldrand vorbei, einer deutlichen, teils stark ausgewaschenen Wegnarbe folgend. Mächtige Torfschichten säumen unseren Weg. Erneut an einem grasbewachsenen Berg angekommen, geht es nun, dem roten Pfeil folgend, querfeldein (nach links) hinab. Vor uns sehen wir den recht flachen und sanften Mullacor. Das gesamte Gebiet von da an kann je nach Witterung sehr nass und matschig werden. Sind wir in der Senke zwischen den beiden Bergen angekommen, kreuzen Planken des **„Wicklow Way“** 05 unseren Weg. Sollte sich das Wetter verschlechtern und der Mullacor verdeckt sein, gehen wir dem roten Pfeil entlang, links ab und zurück zum Ausgangspunkt. Wir benötigen gute Sichtverhältnisse für den weiteren Verlauf.

Wir gehen aber direkt von der Senke aus auf den Gipfel zu und kreuzen damit den Wicklow Way. Der Gipfel selbst ist recht unspektakulär und ausschließlich mit einem Steinmann gekennzeichnet. Durch das sehr flache **Gipfelplateau des Mullacor** 06 ist die Aussicht zudem begrenzt. Vom Steinmann aus bleiben wir auf dem Plateau und laufen grob Richtung

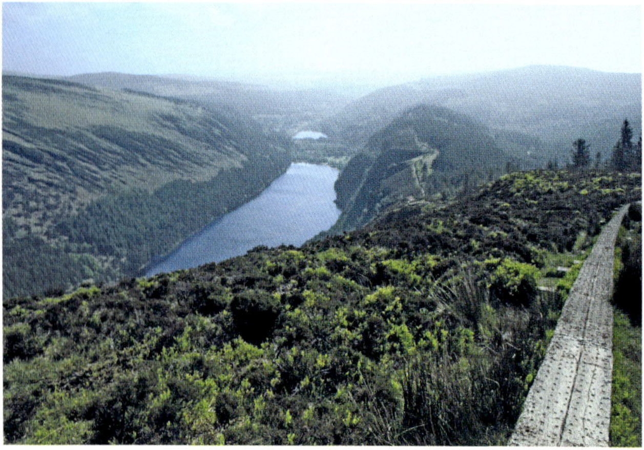

Ausblick auf die beiden Seen in Glendalough, nahe „The Spink".

Osten, bis wir auf zwei Pfeiler treffen. Auf letzterem steht „Ende des Wicklow NP" geschrieben. Von da aus gehen wir **geradeaus über den Bergkamm** 07 weiter. Nach einiger Zeit erreichen wir ein rechtwinklig angelegtes, eingezäuntes Gebiet, an dessen Winkel sich erneut ein Pfeiler befindet und wir über den Zaun steigen können. Entlang dessen gehend, treffen wir nach kurzer Zeit erneut auf einen Pfeiler. Von dem aus gehen wir in einer 90°-Wende nach **links ab** 08 und folgen einem deutlichen Trampelpfad. Der Weg bis zum Abstieg dauert gute 30 Minuten und führt uns über mehrere kleinere Hügel, Richtung N – NO. Wir kommen dann an eine Stelle, an der links hinab ein deutlicher Pfad über recht steiles Terrain führt. Vorsicht beim **Abstieg** 09, ist der Weg doch geröllbeladen und unwegsam!

Ist dies geschafft, überqueren wir einen Zaun und kreuzen dreimal die in Serpentinen verlaufende Straße durch den Wald und gehen dann anschließend rechts dem Asphalt folgend hinab, wo wir letztlich am **Parkplatz** 01 wieder herauskommen.

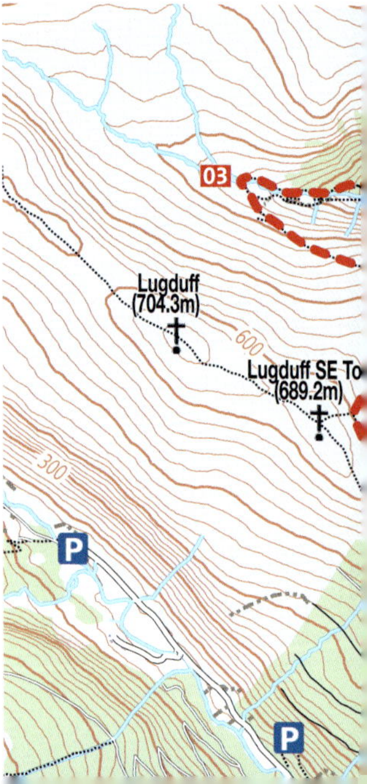

Miners Valley

Die Anfänge der Minenarbeit in Glendalough als auch im benachbarten Tal Glendasan gehen auf das Jahr 1790 zurück. Bis 1957 wurde hier nach Zink, Silber und Blei geschürft, mit bis zu 2.000 Beschäftigten in der Blütezeit. Heute ist dort vom alten Glanz nichts mehr zu sehen, außer ausgedehnten Schutthalden und Ruinen von Häusern, die dem Zerfall preisgegeben sind, aber dennoch ein klassisch irisches Charakteristikum darstellen.

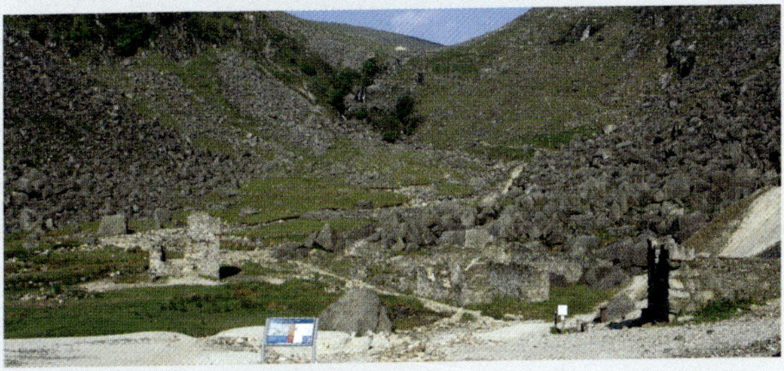

Die Ruinen des Miners Valley.

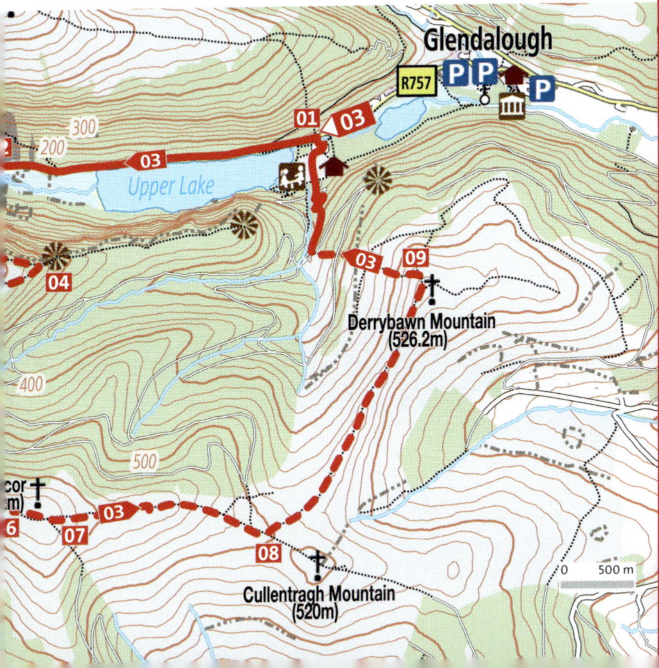

DJOUCE MOUNTAIN (DIOGHAIS) • 725 m

In den Wicklow Mountains

8,3 km 1:30 h 388 hm 388 hm

START | Ausgangspunkt ist der JB Malone Parkplatz, oberhalb vom Lough Tay auf der R759, Richtung Sally Gap.
[GPS: UTM Zone 29 x: 683.677 m y:5.887.698 m]
CHARAKTER | Der Djouce Mountain liegt im Nordosten der Wicklow Mountains. Der Weg, der hinaufführt, ist fast komplett ausgebaut und daher sehr leicht zu gehen. Auf dem gesamten Weg gibt es atemberaubende Ausblicke zu genießen.

Allein schon der Ausgangspunkt des recht kurzen, aber nicht minder schönen Rundweges bietet wunderbare Ausblicke auf die Wicklow Mountains als auch den tiefblauen Lough Tay unterhalb des Parkplatzes. Vom Gipfel des Djouce selbst reicht die Sicht bis nach Dublin, gutes Wetter vorausgesetzt.

▶ Direkt oberhalb des Lough Tay befindet sich der **Startpunkt am Parkplatz** 01. Von da aus gehen wir durch den kleinen Hain hindurch und folgen dem Weg den Berg hinauf. Nach kurzer Zeit erreichen wir einen Aussichtspunkt sowie einen **Memorial Stone für J.B. Malone** 02. Die Aussichten sind äußerst reizvoll.

Weiter bergauf kommen wir an einen Zaun, gehen auf die andere Seite und laufen weiter zum **White Hill** 03 hinauf; einen recht unmarkanter Hügel, der lediglich daran zu erkennen ist, die höchste

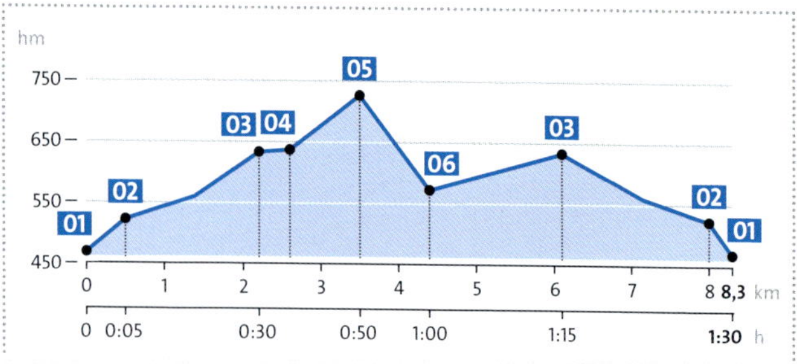

01 Start am Parkplatz, 458 m; 02 Memorial Stone für J.B. Malone, 514 m; 03 White Hill, 629 m; 04 Aufstieg zum Djouce Mountain, 633 m; 05 Gipfel des Djouce Mountain, 726 m; 06 Wicklow Way, rechts ab folgen, 566 m

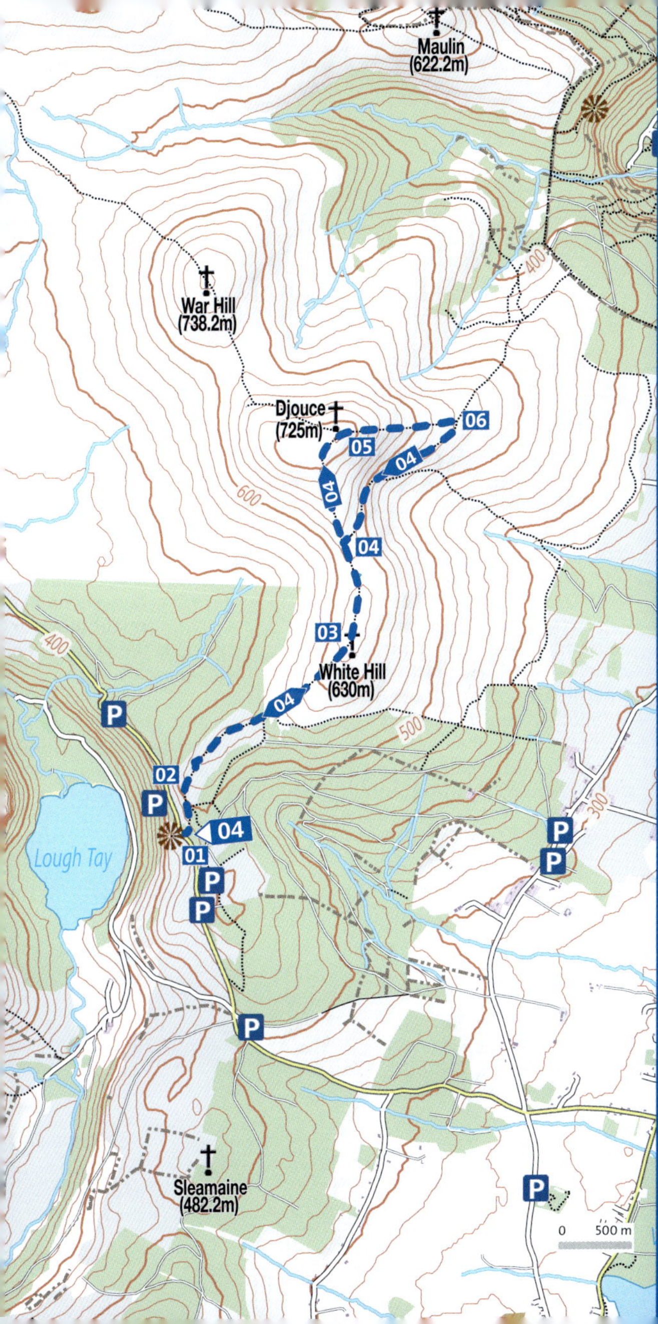

Maulin
(622.2m)
War Hill
(738.2m)
Djouce
(725m)
White Hill
(630m)
Lough Tay
Sleamaine
(482.2m)
01
02
03
04
05
06
400
500
600
300
0 500 m

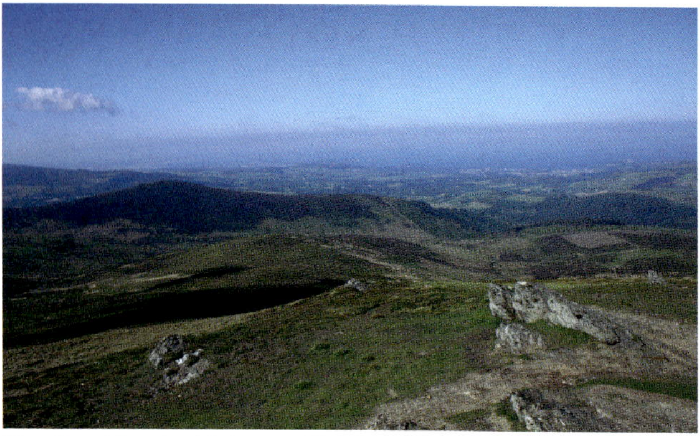

Wunderschöne Ausblicke vom Gipfel des Djouce Mountain.

Stelle in der näheren Umgebung zu sein. Von dort aus folgen wir weiter dem Plankenweg, der in eine sumpfige Senke herunterzieht. Dahinter geht der Weg dann scharf rechts ab, an dem Gipfel des Djouce Mountain vorbei. Wir jedoch gehen über einen deutlich erkennbaren Pfad den **Djouce Mountain hinauf** 04.

Am **Gipfel** 05 angekommen, eröffnet sich uns eine noch bessere Aussicht. So erkennen wir den Great Sugar Loaf an seiner Form als auch Dublin weiter nördlich. Vom Gipfel aus zieht ein Geröllweg Richtung Osten abwärts, bis wir wieder auf dem Plankenweg des Wicklow Ways angelangen.

Von dort aus gehen wir nun dem **Wicklow Way rechts ab** 06 und zurück zum **Ausgangspunkt** 01.

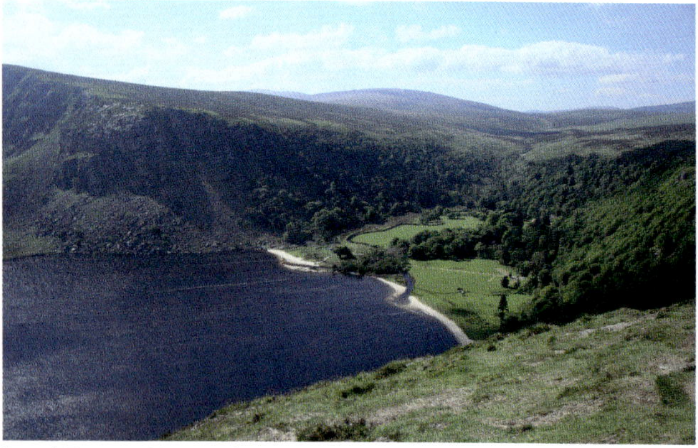

Lough Tay, am Startpunkt.

BRAY HEAD (CEANN BHRÉ) • 241 m

Entlang der Küste nach Greystone

11 km 2:45 h 307 hm 301 hm

START | Startpunkt ist Bray, ein Ort etwa 20 km südlich von Dublin, und ist bequem mit dem Zug (DARTS) oder Bussen zu erreichen. Startpunkt ist der Bahnhof. Wer mit dem Auto kommt, kann bevorzugt unterhalb des markanten Bray Heads parken und den Weg von dort aus angehen.
[GPS: UTM Zone 29 x: 693.607 m y: 5.898.925 m]
CHARAKTER | Sehr leichter, gut ausgebauter, stark frequentierter und szenisch schön gelegener Weg, der schon auf die Wikinger zurückgehen soll. Viele Möwen brüten an den steilen Hängen, welche schöne Aussichten bieten. Vom Bray Head selbst erlebt man bei klarer Sicht einen wunderschönen 360°-Blick über die nähere Umgebung.

Dieser Weg ist einer der wenigen, hier vorgestellten, welcher anderswo endet, als er beginnt. Um an den Ausgangspunkt zurückzukehren, bietet sich daher die Nutzung der Bahn oder von Bussen an. Der Bray Head selbst ist ein markanter Aussichtspunkt, der unbedingt bei klaren Sichtverhältnissen aufgesucht werden sollte. Der Weg nach Greystone verläuft oberhalb der Bahnlinie und entlang von gesicherten Klippen.

Ausgangspunkt unserer Wanderung ist der **Bahnhof Bray** 01. Wenn wir aus diesem herausschreiten, gehen wir zweimal

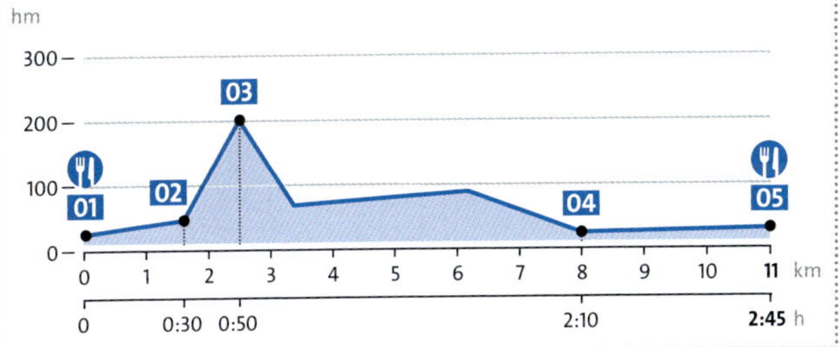

01 Start am Bahnhof von Bray, 15 m; 02 Aufstieg Bray Head, 37 m; 03 Gipfel des Bray Head, 198 m; 04 links halten, 37 m; 05 Greystone Bahnhof, 20 m

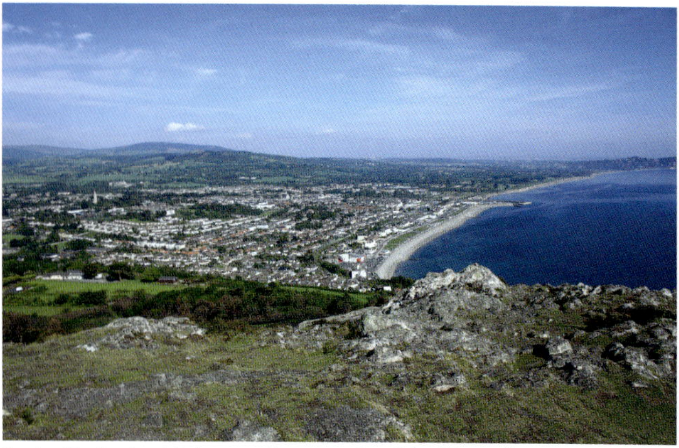

Fantastische Ausblicke vom Bray Head auf das kleine Örtchen Bray.

rechts über die Schienen hinunter zur Strandpromenade. Von dort aus laufen wir parallel zur Küstenlinie auf den Bray Head zu, der bereits mächtig über die Stadt blickt. Die Straße verengt sich im Folgenden und geht weiter direkt an der Küste entlang, vorbei am *„Bray Head Inn"*. Über eine Brücke gehend, kommt rechts ein großer Parkplatz und geradezu der Eingang zum **Aufstieg des Bray Heads** 02. Der Weg durch den Wald ist nicht befestigt, aber deutlich erkennbar. Ein grüner Pfeil markiert dabei den Hauptweg. Das **Gipfelkreuz** 03 erreicht, etwas südlich davon liegt der eigentlich höchste Punkt, dennoch ist selbst die Aussicht von dort, über Bray bis nach Dublin, großartig. Bei besonders guten Sichtverhältnissen soll im Osten sogar Wales in Sicht kommen.

Der Abstieg erfolgt auf demselben Weg. Wieder bei **Punkt** 02 angekommen, folgen wir nun dem *„Cliff Walk"* nach Greystone zu unserer Rechten. Zu den Klippen hin schützt eine hüfthohe Mauer vor Fehltritten. Unterhalb des Weges operiert die Bahn. Sind wir von den Klippen in die Ebene abgestiegen und kommen an eine T-förmige Kreuzung, folgen wir **linker Hand** 04 dem Hauptweg und bleiben damit links der Schienen. Der Weg macht einige Schlenker, geht unter anderem an neu gebauten Häusern entlang, kurz zum Strand hinunter und läuft anschließend an der Marina entlang. Aufgrund von großen Baustellen, im Mai 2017, kann es mit Beendigung der Arbeiten zu einer direkteren Wegführung kommen (welche dann ausgeschildert werden sollte). Ist die Marina durchquert, kommen wir auf einen langen, breiten Weg, der immer geradeaus bereits zum Bahnhof führt. Der schönere Weg jedoch geht direkt an der Küste, entlang der Promenade. Während der Weg bei der großen eingezäunten Schule einen Bogen nach rechts beschreibt, kommen wir direkt auf die Schienen, überqueren diese über die Brücke und gehen links ab auf **Bahnhof Greystone** 05 zu, dem Ende der Wanderung.

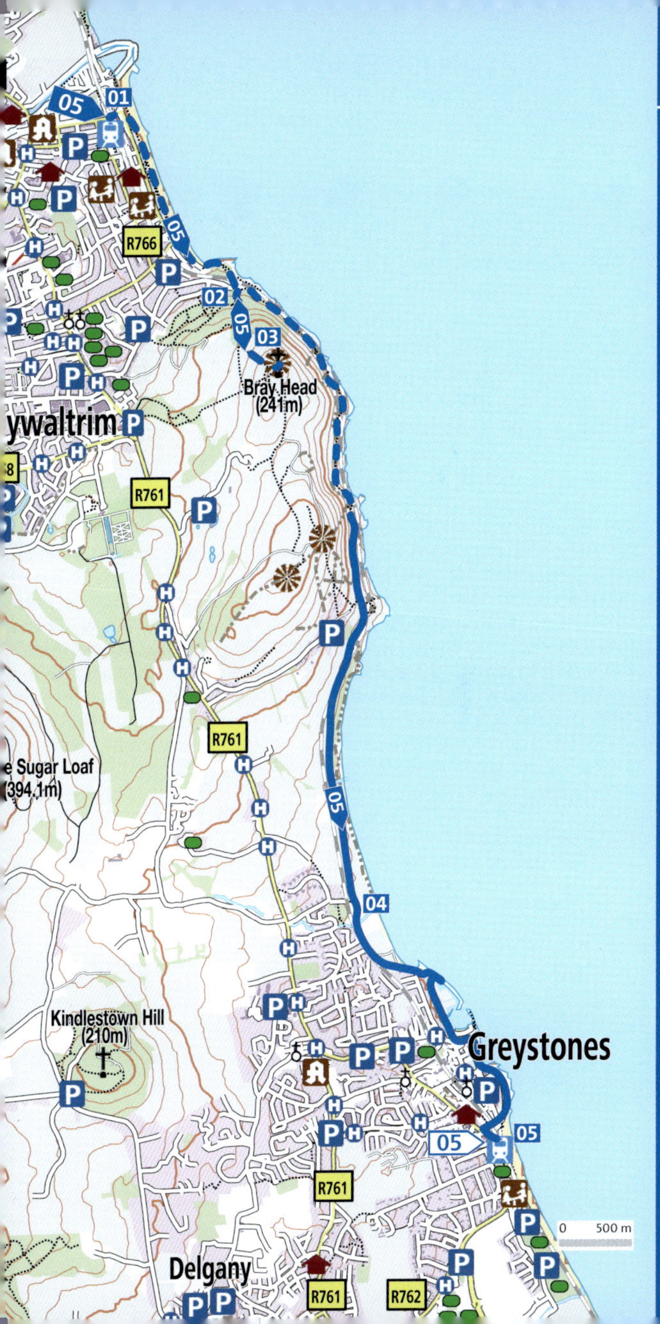
05
01
R766
02
05
03
Bray Head
(241m)
ywaltrim
R761
R761
e Sugar Loaf
(394.1m)
05
04
Greystones
Kindlestown Hill
(210m)
05
05
R761
0 500 m
Delgany
R761
R762

RAVEN POINT • 23 m

Fabelhafte Strand- und Dünenlandschaft

9,5 km · 2:00 h · 91 hm · 130 hm

START | Raven Wood Parkplatz, nahe des kleinen Dorfes Curracloe im County Wexford.
[GPS: UTM Zone 29 x: 679.168 m y: 5.806.627 m]
CHARAKTER | Anspruchsloser, dafür aber schöner Rundwanderweg entlang eines teils dichten, teils lichten Kiefernwaldes. In der richtigen Jahreszeit lädt das Wasser zum Baden und der Strand zum Verweilen ein.

Der Raven Point selbst ist eine Nehrung und von einem Kiefernwald bewachsen. Zahlreiche Dünen bieten einen recht unebenen Untergrund, allerdings auch eine interessante Küstenlandschaft. Die Strände dort sind mit der blauen Flagge ausgezeichnet (einem Qualitätsgarant für Wasser und Strand) und eignen sich somit hervorragend zum Schwimmen und Baden.

▶ Startpunkt ist der **Parkplatz** 01. Von dort aus folgen wir dem Weg durch den Wald, hinter der Schranke geradeaus. Nach etwa drei Kilometern kommen wir an einen Pfeiler mit der Aufschrift *„Bench 09"* und einem Pfeil, der nach links weiter in den Wald hineingeht. Wir aber gehen geradeaus auf die bereits erkennbaren Dünen zu, wo uns ein Vogelschutzgebiet erwartet.

An der **offenen Dünenlandschaft** 02 angekommen, gehen mehrere Wege ab. Einer rechts, geradeaus und links. Wir halten

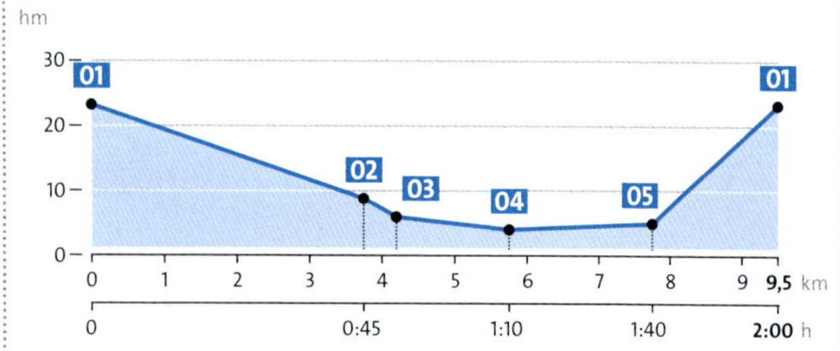

01 Parkplatz Start, 23 m; 02 Offene Dünenlandschaft, 8 m; 03 Links ab, 5 m; 04 Rechts durch den Wald, 3 m; 05 Labyrinth aus Dünenwegen, 4 m

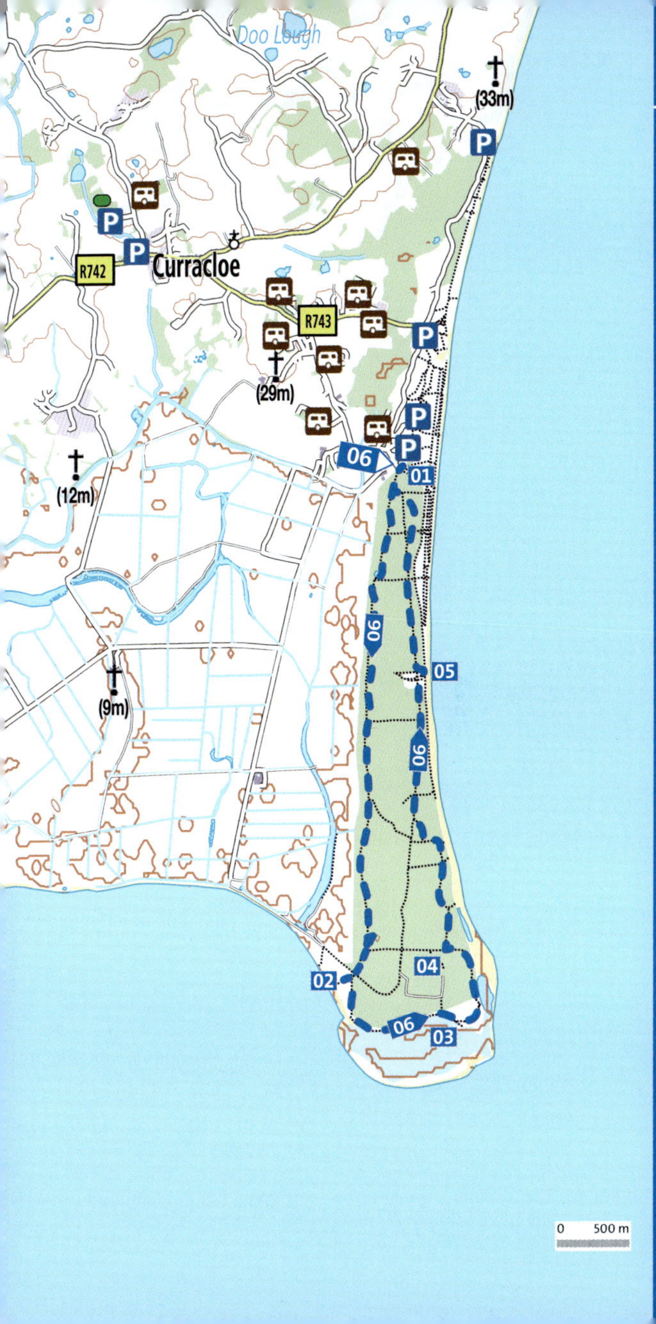

Doo Lough
(33m)
Curracloe
R742
R743
(29m)
(12m)
(9m)
06
01
02
03
04
05
0 500 m

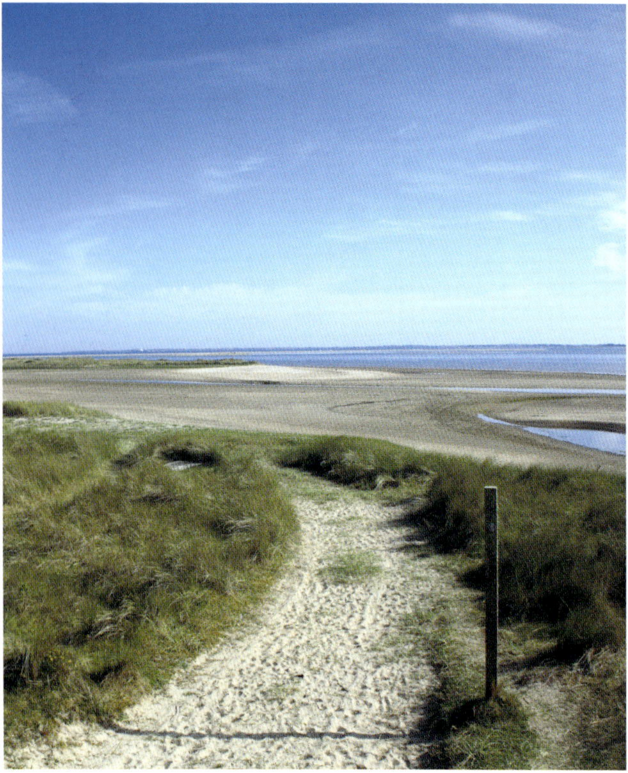

Ausladende Strände und Dünenlandschaften am Raven Point.

uns links, entlang des Waldrandes, wiederum an einem Pfeiler vorbei. Kurze Zeit später treffen wir auf einen verblassenden Pfeil, der uns erneut **nach links führt** 03 und wir von nun an durch den Wald gehen. Bei Ebbe oder ruhiger See steht einer Wanderung entlang des Strandes nichts im Weg.

Andernfalls führen viele Wege durch den Wald selbst, wir bleiben dabei immer möglichst parallel zur Küstenlinie. Hier und da müssen wir einen kleinen Umweg gehen, biegen aber immer wieder **rechts ab** 04. Egal, welchen Weg wir letztlich wählen, kommen wir doch immer wieder auf Höhe des Parkplatzes heraus.

Unterwegs erreichen wir eine große Dünenschneise im Wald, eine Art **Labyrinth aus Dünenwegen** 05 offenbart sich uns. Anschließend ist es nicht mehr weit bis zum **Ausgangspunkt** 01, was die Wanderung zu einem recht kurzweiligen, aber dafür recht eindrücklichen Erlebnis macht. Wer Zeit hat, sollte sie am Strand nutzen.

ARDMORE HEAD (CEANN AIRD MHÓR) • 53 m

Historisch angehauchter Rundweg über den Klippen Ardmores

5,1 km 1:15 h 112 hm 116 hm

START | Startpunkt ist der kleine Ort Ardmore im County Waterford. Busse fahren von Cork ausgehend nach Ardmore (Bus Éireann Linie 260).
[GPS: UTM Zone 29 x: 587.943 m y: 5.756.289 m]
CHARAKTER | Ein kurzweiliger Rundwanderweg, der fantastische Aussichten über die Steilküste bietet und sogar historisch ein paar interessante Punkte aufweist.

Ardmore ist ein beschauliches kleines Örtchen mit einem großen, einladenden Strand und einem Rundwanderweg, der alle paar Meter mit Geschichte vollgepackt ist. Sei der Rundwanderweg auch noch so kurz, ist er für Irlandinteressierte ein klares Muss.

Wir starten unseren Rundweg an einem **Parkplatz im Ort Ardmore 01**. Dem Weg ist einfach zu folgen und geht die Straße, direkt an den Klippen entlang, hinauf. Dem Zeichen für *„Cliff Walk"* folgen wir, vorbei am Cliff Hotel. Bis dahin geht es leicht bergauf. Kurz darauf startet dann auch schon der eigentliche Wanderweg, an dessen Anfang die Ruinen des St. Declan Klosters zu sehen sind. Von da aus ist der Weg entlang der Klippen nicht durch Zäune oder Mauern gesichert, aber auch

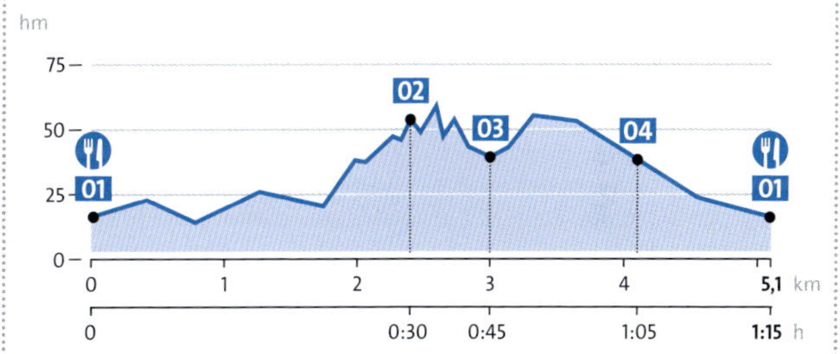

01 Start am Parkplatz (Steilküste), 14 m; 02 Ram Head, 53 m; 03 Father O'Donnells Well, 38 m; 04 Roundtower und Friedhof, 37 m

Historisches um Ardmore

St. Declan war ein Missionar, der als wichtigster christlicher Missionar im südlichen Irland gilt, noch vor Ankunft St. Patricks. Auch heute noch sind die Ruinen, gleich am Anfang des Weges, ein beliebter Touristenspot. Es gibt kein genaues Alter für das Kloster, dennoch sollte seine Geschichte gute 1.600 Jahre zurückreichen. Auf dem Weg zum Ram Head befindet sich ein alter Schwimmkran direkt an den Klippen. Das Kranschiff Samson geriet in einen Sturm, wodurch die Seile rissen und den Kran am 12. Dezember 1987, samt zweiköpfiger – später geretteter – Mannschaft, an die Klippen spülte. Seitdem liegt er dort und bildet ein markantes Highlight auf dem Weg. Die beiden Wachposten am Ram Head haben ebenso ein paar Geschichten zu erzählen. Vom größeren gibt es mehrere entlang der Küste Irlands. Sie wurden ursprünglich zu Zeiten Napoleons erbaut, da die Iren damals einen Angriff Frankreichs fürchteten. Später wurden sie im Zuge der Weltkriege erneut als Wachturm eingesetzt. Das kleine betonierte Kabuff hingegen wurde 1940 errichtet und stellt lediglich einen Aussichtspunkt dar, der im Zuge des Zweiten Weltkrieges genutzt wurde, um einen Überblick über vorbeiziehende Schiffe und Flugzeuge zu erhalten.
Dem „Father O'Donnells Well" wird nachgesagt, heilende Wirkungen, insbesondere für Augenleiden, zu haben. Nicht viel ist über den Hintergrund bekannt, nur soll eben jener Priester an der Stelle gebetet haben, wodurch die Quelle zu Tage trat. Seitdem läuft das Quellwasser die Klippen hinab. Das Konstrukt um den Brunnen herum wurde 1928 u.a. Mr. Rahilly aus Ehrerbietung gegenüber der heilenden Wirkung des Wassers erbaut.
Die letzte Sehenswürdigkeit entlang des Weges sind der Friedhof als auch der große Rundturm, von denen es auch einige in Irland und auf weiteren Wegen zu sehen gibt. Der Turm in Ardmore gilt als einer der besterhaltensten, ist 30 m hoch und besitzt 5 Stockwerke. Im 12. Jahrhundert von Mönchen erbaut, wurde er als letzter Rückzugsort im Falle eines Angriffs auf das angrenzende Kloster genutzt. Der Eingang befindet sich in 4 m Höhe und wurde mittels einer Holzleiter erreicht.

nicht weiter gefährlich. Dennoch sollten wir einen respektablen Abstand zum Abgrund halten. Auf dem Weg zum Ram Head liegt ein alter Schwimmkran im Wasser, der sich 1987 bei starken Winden vom Mutterschiff gelöst hatte, zwei Seile waren gerissen und der Sturm trieb den Kran an die Klippen heran. Am **Ram Head** **02** selbst befindet sich ein alter etwas inlandstehender Wachtturm, welcher schon zu Zeiten Napoleons genutzt wurde und uns auf unseren Wanderungen nicht zum letzten Mal begegnen wird. Im Ersten Weltkrieg wurde dieser erneut zur Bewachung der Küstenlinie eingesetzt. Nahe der Klippen selbst steht wiederum ein kleines

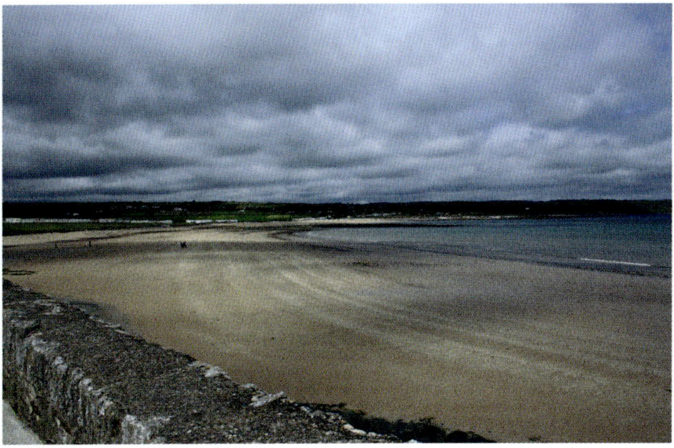

Der wunderschöne Strand von Ardmore!

Wachhäuschen, was mit dem Zweiten Weltkrieg erbaut wurde. Eben dort kommt es auch immer wieder zu Walsichtungen, haben wir doch einen hervorragenden Blick auf das Meer.

Vom Ram Head aus folgen wir dem Weg weiter, der uns kurze Zeit später zum **„Father O'Donnells Well"** 03 bringt. Auch heute tritt noch aktiv Trinkwasser daraus hervor und fließt ungenutzt die Klippen hinab. Gleich nachdem wir den Brunnen passiert haben, geht der Weg ins Inland führend ab und trifft bald schon auf eine befestigte Straße, die uns zu einem alten Friedhof mit einem großen, im 12. Jahrhundert errichteten **Roundtower** 04 bringt. Die Straße geleitet uns letztlich bis zur Hauptstraße R673, an der wir dann, rechts abbiegend, zurück zum **Parkplatz** 01 gehen und unsere Wanderung beenden.

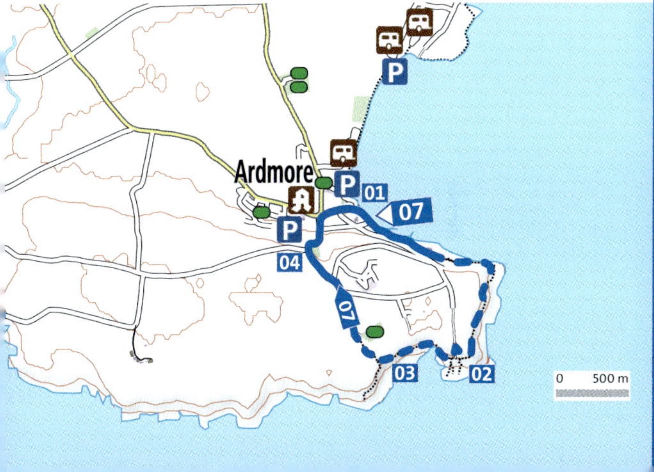

8

KNOCKANAFFRIN (CNOCÁN AN AIFRINN) • 753 m

In den Comeragh Mountains

9,5 km 3:30 h 610 hm 560 hm

START | Nire Valley Parkplatz. Es gibt keine öffentlichen Verkehrsmittel.
[GPS: UTM Zone 29 x: 595.862 m y: 5.791.672 m]
CHARAKTER | Eine recht raue Wanderung, die mitunter auch über felsiges Gelände verläuft. Vorsicht vor überwachsenen Löchern, können diese doch zu Stolperfallen werden!

Wer den Knockanaffrin besteigen möchte, braucht gute körperliche Fitness. Steiniges Terrain und teils recht steile Anstiege säumen den Weg, belohnen dafür aber auch mit guten Ausblicken um das Nire Valley als auch in alle anderen Himmelsrichtungen. Hier gilt, wie bei allen anderen Bergen im Allgemeinen, dass sich das Wetter sehr schnell ändern und man gerade noch im Sonnenschein laufend, sich nun in dichten Wolken/Nebel/Regen wiederfinden kann. Der Weg kann allgemein sehr nass und rutschig werden.

▶ Wir starten am **Nire Valley Parkplatz** 01, an dem es auch eine grobe Informationstafel über die Wege zum Gipfel gibt. Wir folgen dem grünen Pfeil, der einen Trampelpfad hinauf zu „*The Gap*“ markiert. Durch maximal kniehohes Heidekraut und anderer buschartigen Vegetation geht

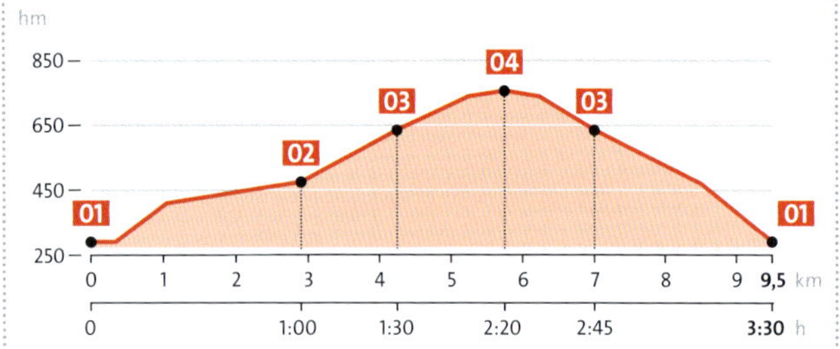

01 Start am Nire Valley Parkplatz, 269 m; 02 Coumduala Loop Markierung folgen, 461 m; 03 Coumduala Lough, 627 m; 04 Gipfel des Knockanaffrin, 753 m

Messesteine

Der Knockanaffrin war einer der geheimen Messesteine in Irland des frühen 18. Jahrhunderts. Als es den Iren damals von Seiten der britischen Herrschaft untersagt war, den katholischen Glauben anzunehmen und auszuleben, wurde an geheimen Orten Messen abgehalten, um eben jene Willigen zum Katholizismus zu konvertieren. Dazu wurde ein Stein einer Kirchruine entwendet, mit einem Kreuz versehen und in abgelegene Orte gebracht. Diese hatten dann die Funktion einer provisorischen Kirche.

es auf übersichtiges Gelände über Weideland. Schon bald gelangen wir an ein Gatter, das wir durchqueren, dem Weg weiterhin folgend. Je höher wir wandern, desto schöner wird der Ausblick zurück ins Tal. Vor und über uns können wir in der Ferne bereits einen langen, quer laufenden Zaun erblicken. Dort angekommen, können wir über die Klippen in die vorliegende Niederung blicken. Von dort aus folgen wir linker Hand dem **violetten Pfeil des Coumduala Loop 02**, welcher uns zu einem Ausblick auf den Coumduala Lough führen wird. Wir laufen parallel am Zaun entlang Der Weg ist allgemein einfach zu gehen, hat aber auch ein paar kleine, steilere Passagen und ist längst nicht mehr so sanft wie der

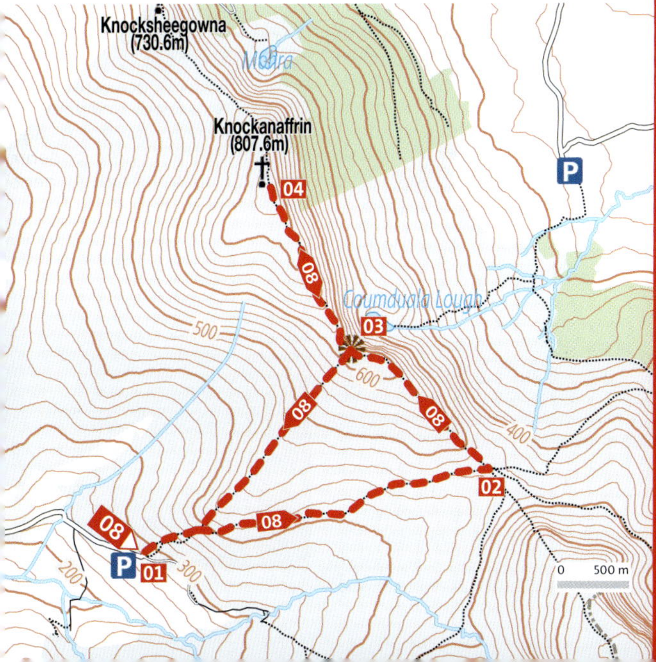

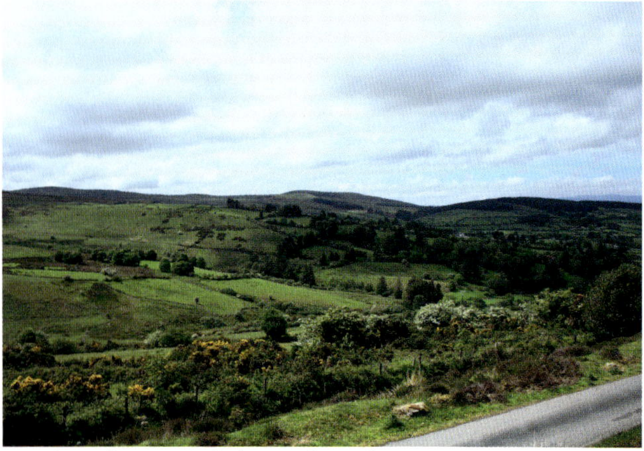

Das Nire Valley vom Parkplatz aus betrachtet.

Weg zur *„Gap"*. Wir steigen über einen, den Berghang abgehenden, Zaun an der dafür vorgesehenen Stelle hinüber. Links hinab würde der Coumduala Loop zurück zum Parkplatz gehen, dem folgen wir auf dem Rückweg. Vorerst geht es weiter den Berg hinauf, wofür wir nun auf die rechte Seite des bergaufziehenden Zaunes wechseln, und können von dort einen Blick auf den tiefblauen **Coumduala Lough** 03 unter uns werfen als auch eine kurze Rast einlegen.

Es geht weiter bergauf, immer entlang des Zaunes, mal links-, mal rechtsseitig, aber immer mit genügend Abstand zu den Steilabbrüchen. Unterwegs können immer wieder größere Nassstellen auftauchen, die sich mit tiefen Torfmatsch auszeichnen. Im Allgemeinen sind jene Stellen bypassbar. Zum **Gipfel des Knockanaffrins** 04 selbst wird es dann felsig. Sofern keine Wolken die Sicht versperren, lässt sich ein 360°-Blick über die Landschaft genießen. Optional können wir weitergehen, entlang des Bergrückens zum nächsten Gipfel, dem Knocksheegowna.

Ansonsten folgen wir denselben Weg zurück bis zum **Coumduala Lough** 03 und gehen entlang des Zaunes hangabwärts, auf mitunter recht steilem, mit losen Steinen beladenem und unwegsamem Gelände. An einem Gatter angekommen, geht es dann auf entspannteren Pfaden zurück zum **Parkplatz** 01.

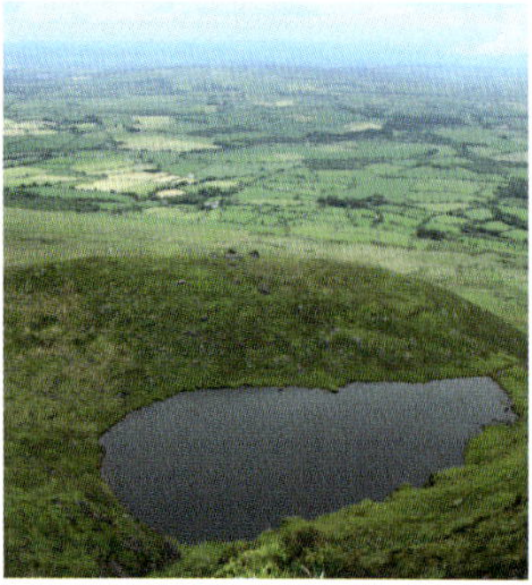

Der Coumduala Lough.

GALTYMORE MOUNTAINS (CNOC MÓR NA NGAIBHLTE) • 916 m

Eine recht lange Wanderung in den Galtys

13,2 km | 4:45 h | 1094 hm | 1084 hm

START | Von Tipparary ausgehend, folgen wir vorerst der Ausschilderung entlang der R664 Richtung Glen of Aherlow. Bei Newtown wechseln wir der Ausschilderung folgend die R664 und biegen dann über den Fluss Aherlow nach rechts ab und danach wieder rechts. Wir kommen über die sehr unscheinbare Clydagh-Brücke direkt zum Parkplatz. Keine öffentlichen Verkehrsmittel. [GPS: UTM Zone 29 x: 555.430 m y: 5.806.047 m]
CHARAKTER | Uns erwartet ein recht langer und teils kräftezehrender Weg, mit steilen Auf- und Abstiegen.

Der Galtymore ist der 14-höchste Berg Irlands und der höchste im Inland gelegene. Unterwegs gibt es viele gute Möglichkeiten, fantastische Aussichten zu genießen. Da es eine recht lange Wanderung werden wird, sollte vorher unbedingt der Wetterbericht konsultiert werden. Ein Aufstieg bei Wolken lohnt sich nicht, die durch die Höhe der Galtys schon einmal sehr tief hängen können.

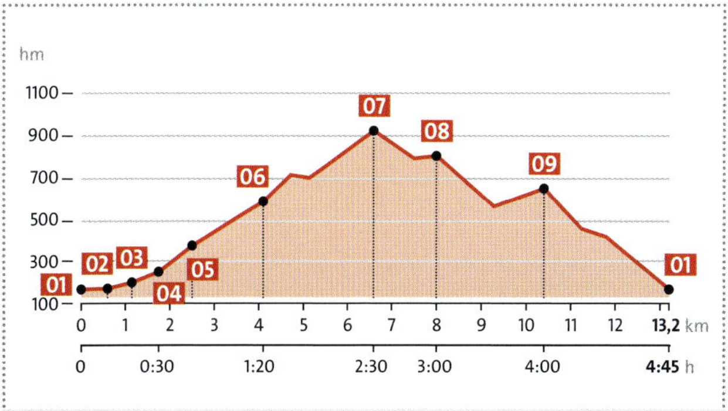

01 Parkplatz hinter der Brücke, 138 m; 02 Links ab, 142 m; 03 Abkürzung links, 172 m; 04 Durch den Hain, 224 m; 05 Grassy Knowl, 352 m; 06 Lough Curra, 570 m; 07 Gipfel des Galtymore, 916 m, 08 Gipfel des Galtybeg, 793 m; 09 Gipfel des Cush, 633 m

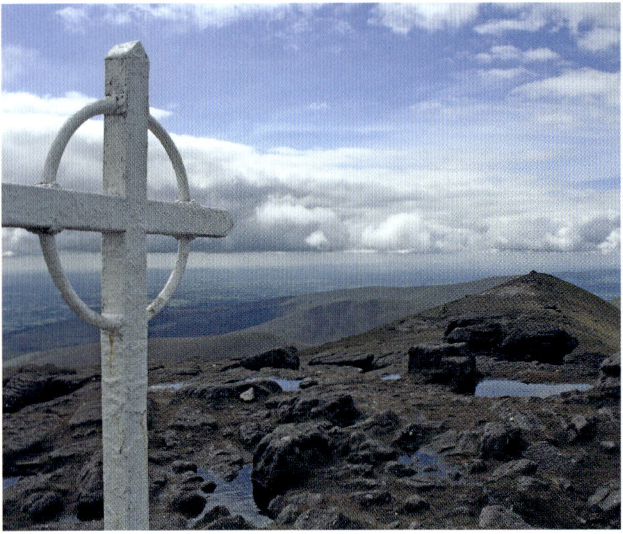

Am Gipfelkreuz des Galtymore Mountain.

▶ Wir starten am **Parkplatz hinter der Brücke** 01 und folgen dem Weg rechts. Nach einigen Minuten überqueren wir einen Fluss und bleiben links, danach erneut **links ab** 02 (Abkürzung, Richtung Galtymore Stile 03).

Wir folgen der Ausschilderung auf einer Schotterpiste und begegnen Schilder, die zum Lough Curra führen. Durch einen kleinen **Hain** 04 hindurch blicken wir auf offenes Gelände; steigen über den Zaun und begegnen dem ersten Aufstieg. Wegweiser sind in regelmäßigen Abständen vorhanden. Wir erreichen den **Grassy Knowl** 05, einen großen, roten Sandsteinblock, an dem vorbei der Weg vorerst eben verläuft.

Anschließend geht es an Überresten einer alten Mauer auf unwegsamen Pfaden zum **Lough Curra** 06 hinauf. Der Anblick lädt zu einer Pause ein, dann geht es von dort aus die Flanke rechts hinauf, die bereits von unten steil anmutet. Beim Aufsteigen gilt es mit Vorsicht zu wandeln, gibt es doch einige Geröllhalden und lose Steine. Nach Möglichkeit meiden wir die Geröllfelder zwecks Löcher und Stolperfallen. Ist diese Hürde geschafft, geht es fürs Erste wieder auf gerader Ebene, um den Lough herum und hinauf auf den Galtymore selbst. Ein recht entspannter Weg, mit deutlichen Pfadspuren, aber auch teils ausgedehnten Matsch- und Nässearealen. Die Wege parallel der Steilabstürze, beziehungsweise der Mauer, bilden die trockensten Pfade.

Am ersten Steinmann oben angekommen, befinden wir uns vorerst auf dem Vorgipfel, etwas weiter können wir bereits das eigentliche **Gipfelkreuz des Galtymore** 07

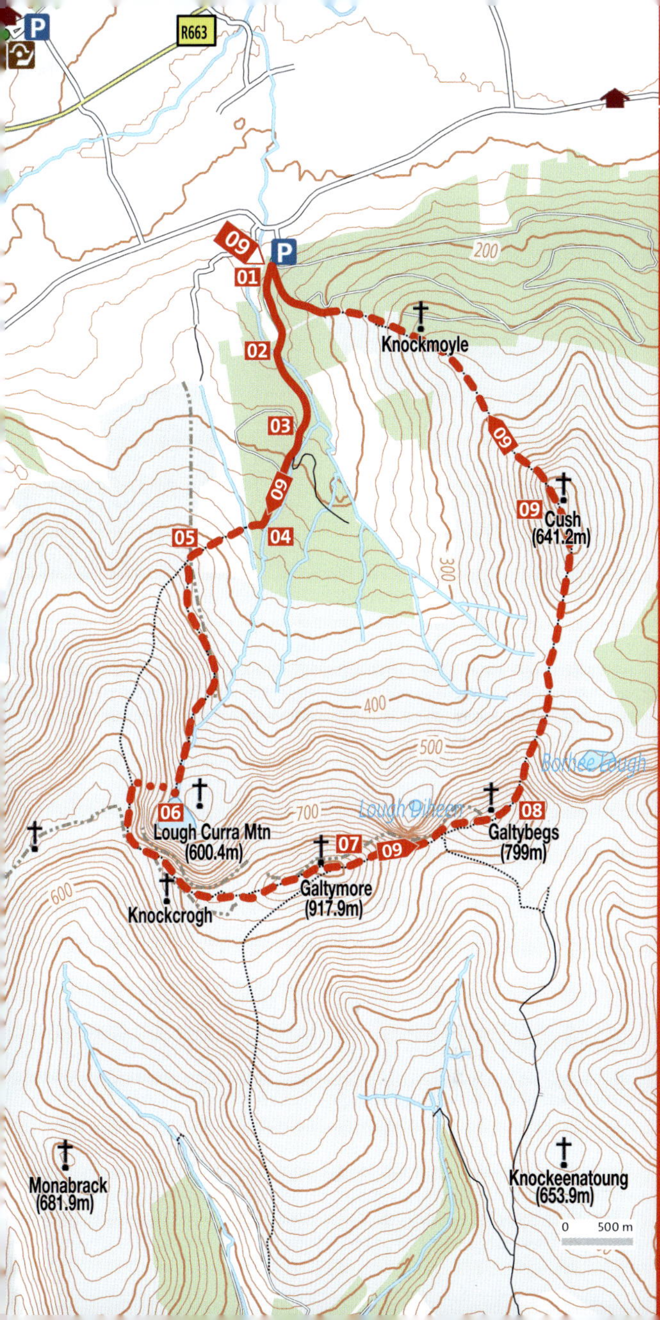

R663
P
09
01
02
03
04
05
06
07
08
Knockmoyle
Cush
(641.2m)
Lough Curra Mtn
(600.4m)
Knockcrogh
Galtymore
(917.9m)
Galtybegs
(799m)
Lough Diheen
Monabrack
(681.9m)
Knockeenatoung
(653.9m)
200
300
400
500
600
700
0 500 m

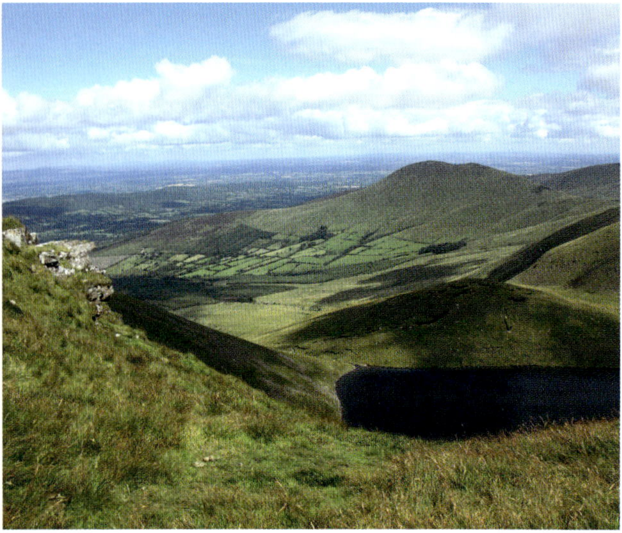

Fabelhaftes Wetter mit Blick auf den Lough Diheen.

erblicken. Die Aussichten sind überragend. Von dort aus gehen wir weiter, entlang des Rückens, zum Galtybeg. Der Weg hinab des Galtymore ist steil, rutschig und im unteren Bereich von großen, ausgedehnten matschigen Torfflächen gekennzeichnet. Diese lassen sich entlang der Steilabstürze auf einem gut sichtbaren Weg umgehen. In der Senke angekommen, können wir einen schönen Blick auf Lough Diheen erhaschen, bevor es wieder etwas hinaufgeht.

Vom **Gipfel des Galtybegs** 08 aus erweist sich der Abstieg in die Senke als sehr langwierig, sehr steil und auch etwas rutschig, wohingegen die Senke selbst von weitreichenden Sumpfteppichen belegt ist, die mitunter umgangen werden können. Der Weg hinauf zum letzten Gipfel verläuft dahingehend weitestgehend trocken. Der Abschnitt zwischen dem Galtybeg und The Cush empfindet sich als der anstrengendste Teil des Weges. Dafür lohnt der Aufstieg auf dem deutlich zu erkennenden Trampelpfad zum **Gipfel des Cush** 09 umso mehr, handelt es sich doch um den schönsten der Wanderung.

Weiter geht es entlang des gut sichtbaren Pfades den steilen Hang hinab. In der Ferne sehen wir einen Zaun um ein Waldstück herum, auf den wir zulaufen. Da der Abstieg erneut sehr steil ist, gilt es mit Vorsicht zu wandern; hohe Stolpergefahr! Der Pfad entlang des folgenden flachen Hügelrückens ist dafür umso leichter zu gehen. Wir folgen dem Lauf des Zaunes bis hin zum Waldrand, an dem wir einen Überstieg nehmen und den breiten Weg hinab, über die Straße, zum **Parkplatz** 01 gehen.

MUCKROSS LAKE UND TORC MOUNTAIN • 525 m

Ein schöner Rundweg mit anschließender leichter Bergbesteigung

19,9 km | 5:45 h | 694 hm | 734 hm

START | Das Muckross-Anwesen, etwa 5,5 km südlich von Killarney. Mit dem Auto von Killarney die N71 nehmen, Richtung Killmare. Nach etwa 5 km die rechte Abzweigung zum gut ausgeschilderten Muckross House nehmen. Es gibt einen Shuttlebus von Killarney zum Anwesen. [GPS: UTM Zone 29 x: 465.392 m y: 5.763.221 m]
CHARAKTER | Einfacher und in allen Etappen sehr gut ausgebauter Weg, der selbst bei wolkenbedecktem Himmel einen enormen Reiz versprüht.

Das Muckross-Anwesen bietet neben einer Besichtigung ein sehr schönes Café als auch einen irlandtypischen Shop, an dem eine kleine Buchbinderei angeschlossen ist. Man sollte etwas mehr Zeit einplanen, um den Aufenthalt zu genießen. Die Wege selbst sind recht anspruchslos und für jedes Alter geeignet, eine gute Fitness vorausgesetzt. Auch der Weg hinauf zum Torc Mountain ist vollständig ausgebaut, was es zu einer leichten Besteigung macht.

Beim **Start am Muckross-Anwesen** 01 stechen die vielen sauber gepflegten Parks und Gärten ins Auge und laden von vornherein zum Schlendern und Verwei-

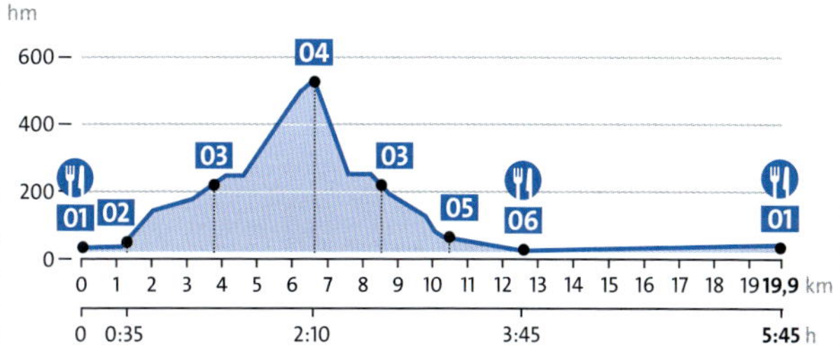

01 Start am Muckross House, 13 m; 02 Torc Wasserfall, 52 m; 03 Aufstieg zum Torc Mt., 205 m; 04 Torc Mt. Gipfel, 525 m; 05 Parkplatz, 45 m; 06 Dinis Cottage, 13 m

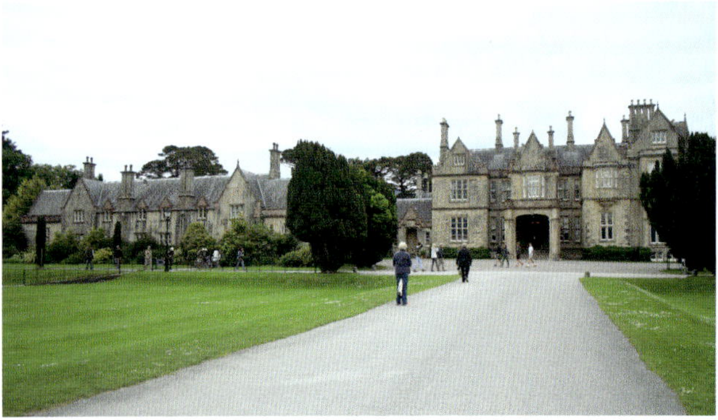

Das Muckross House.

len ein. Von der Frontseite des Anwesens gehen wir über den Rasen hinunter zum See und folgen seiner Linie Richtung des Torc Mt. Die Natur öffnet sich darauf kurzzeitig zu einer Weidelandschaft und bei der nachfolgenden Abzweigung verbleiben wir links, den Wegweisern folgend. Unter der Brücke durch geht es weiter zum **Torc Wasserfall** **02** hinan.

Wir folgen dem einzigen Pfad, der mal auf, mal ab und an ein paar wunderbar gelegenen Aussichtspunkten vorbeiführt. Schöne Aussichten auf den See und das umgebende Hinterland bieten sich an. Sobald wir die große Steinbrücke über den Fluss erreicht haben, gehen wir bis zur nächsten Abzweigung, dann links und parallel zum Fluss (nicht beschildert). Bei der Abzweigung kurz darauf bleiben wir wieder links (erneut nicht beschildert). Anschließend folgen wir dem Weg geradeaus, bis der Wald in eine Strauch- und Weidelandschaft übergeht und nicht weit dahinter die Abzweigung zum **Aufstieg des Torc Mt.** **03** in Sicht kommt. Der Aufstieg verläuft

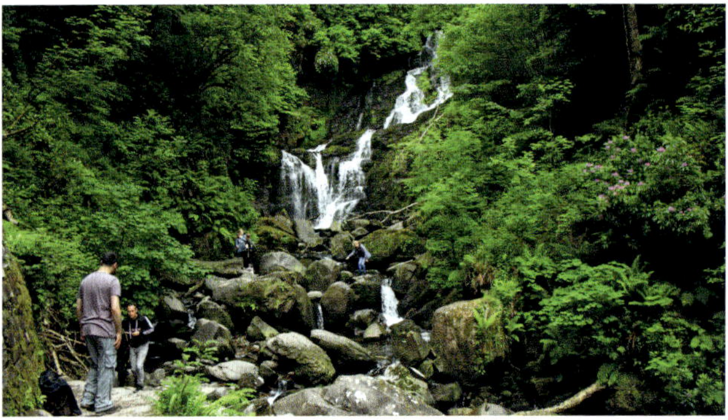

Der Torc Wasserfall ist ein beliebtes Touristenziel.

entlang von sich abwechselnden Stein- und Plankenwegen. Auf dem **Gipfel des Torc Mt.** 04 angekommen, eröffnet sich uns ein fabelhafter Ausblick auf Berge, Flachland und Seen!

Von da an, denselben Weg hinunternehmend, laufen wir bis zu der Abzweigung an der Steinbrücke zurück, gehen diesmal aber den Markierungen folgend links ab, sodass wir letztlich an der Straße (an einem **Parkplatz** 05) herauskommen. Von dort aus gehen wir nun um den Muckross Lake herum. Bis zum nächsten Punkt, **Dinis Cottage** 06, ist es nicht weit. Wir gehen entlang von zahlreichen Rhododendren, die im Mai/Juni in voller Blütenpracht am Nordhang des Torc Mountains stehen.

Nach einiger Zeit gelangen wir an eine alte steinerne Brücke, die über eine Verbindung zwischen Muckross Lake und Lough Leane führt. Weiter durch den Wald gibt es immer wieder kleine Abzweigungen, die zum See hinunterführen und entweder kleine Strände offenbaren oder ebenso schöne Felsformationen. Sobald wir das erste Haus auf dem Weg erreichen und die Straße ein Dreieck bildet, gehen wir rechts ab und folgen der Markierung zurück zum **Muckross-Anwesen** 01.

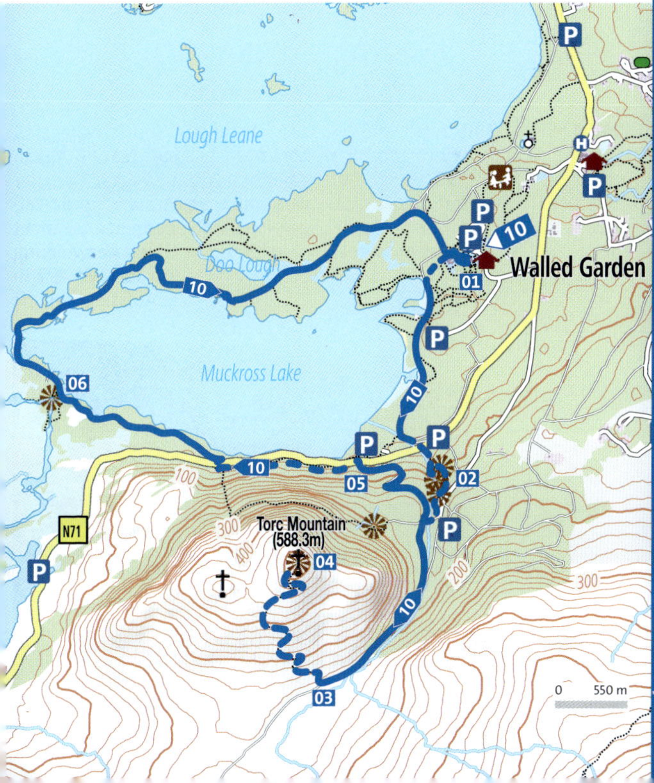

11

MANGERTON MOUNTAIN (MHANGARTA) • 813 m

Etwas langwieriger Aufstieg mit schönen Ausblicken

9,4 km | 3:00 h | 637 hm | 704 hm

START | Von Killarney die N71 Richtung Killmare nehmen, 1 km vor dem Muckross House findet sich auf der linken Seite das Muckross Park Hotel und das Jervey's Rest. Direkt dahinter geht die ausgeschilderte L3016 ab, die zum Mangerton Mt. führt. Es gibt ein paar wenige Parkmöglichkeiten am Start. Keine öffentlichen Verkehrsmittel.
[GPS: UTM Zone 29 x: 467.029 m y: 5.761.892 m]
CHARAKTER | Bei guter Sicht ein wirklich lohnender Aufstieg. Vorsicht ist auf der gesamten Tour geboten, was vor allem loses Gestein anbelangt.

Wir folgen der L3016 durch ein kleines Dorf hindurch und kommen auch an ein paar B&B vorbei. Am Ende der Häuser geht eine Straße nach rechts ab, die viele Schlaglöcher aufweist. Jene führt uns direkt zum Parkplatz (mit begrenzten Stellmöglichkeiten, max. 5 Autos) am Anfang des Weges. Ein Hinweisschild, welches uns das Besteigen von Bergen und seine Gefahren näherbringt, markiert den Anfang.

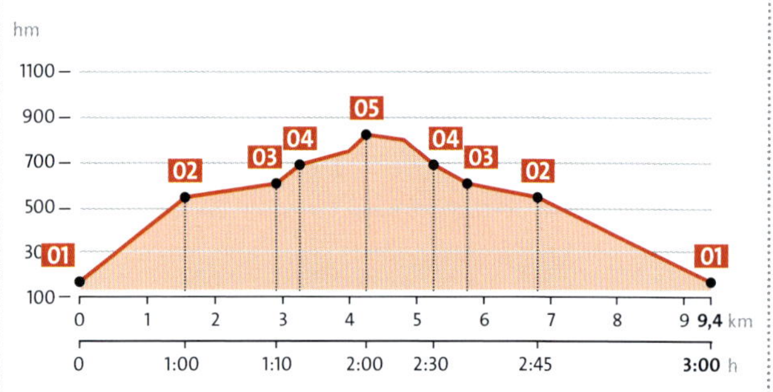

01 Parkplatz, 138 m; **02** Drei Steinmänner, 524 m; **03** Bei Gabelung geradeaus, 587 m; **04** Devils Punchbowl, 673 m; **05** Gipfelplateau des Mangerton Mt., 813 m

Start am Parkplatz 01. Direkt dahinter queren wir den Fluss Finoulagh und bleiben parallel zum Zaun auf einem Steinpfad mit teils losem Geröll. Mit und nach Regen ist das Gebiet sehr nass und matschig. Wir passieren ein Zauntor und laufen weiter hinan. Kurz darauf folgen wir dem Abfluss des über uns liegenden Loughs auf seiner linken Seite.

Das erste wirkliche Orientierungszeichen sind drei aufeinanderfolgende **Steinmänner 02** weiter oben. Kurz darauf wird das Gelände ebener, was das Vorankommen deutlich erleichtert. Über einen

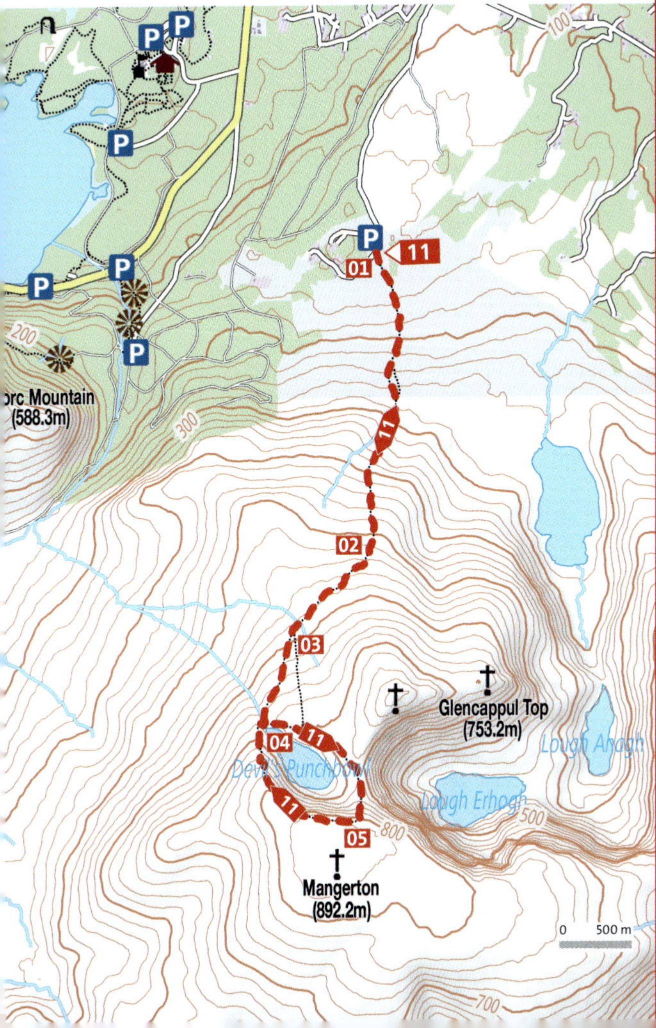

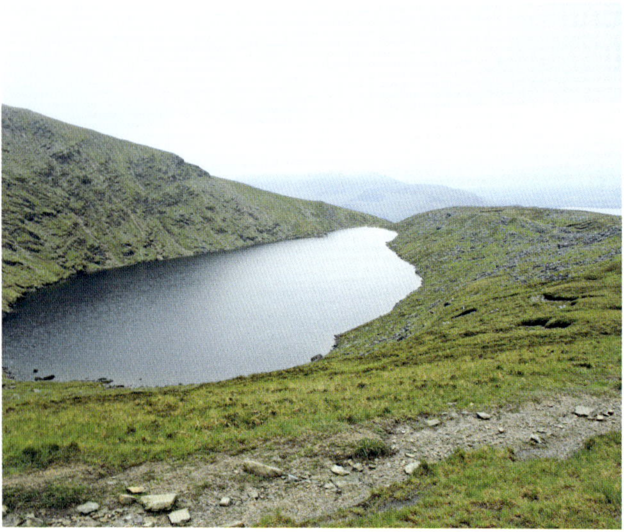

Devils Punchbowl.

kleinen Rinnsal hinüber ist links an einem Felsen eine verrostete Eisenstange befestigt. Hier spaltet sich der Weg ab, wir gehen **an dieser Gabelung weiter geradeaus 03**.

Kurze Zeit später kommen wir direkt am Kopfende des Loughs (**Devils Punchbowl 04**) an, wo auch der Abfluss ins Tal hinabführt. Ein linksseitiger Aufstieg sei empfohlen, da der Abstieg dort etwas schwieriger ist. Wir kommen an alten Mauerruinen vorbei, um die herum sehr große Felsblöcke liegen. Sind wir an der Ostflanke des Berges angekommen, liegt links von uns der Lough Erhogh. Von da an geht es steil über loses Geröll! Weiter oben bilden dann Gesteinsschichten natürliche Stufen, bis wir das Plateau und damit den **Gipfel 05** erreichen. Streng genommen liegt der eigentliche Gipfel etwas weiter südlich vom Plateau, welcher bei guten Verhältnissen gerne angepeilt werden kann. Andernfalls folgen wir den Steilabstürzen mit genügend Abstand, genießen die Landschaft und laufen auf einer ebenen Gras-/Torf-/Steinebene entlang des Plateaus. Weiter an einem Steinmann vorbei, geht es langsam zum Abstieg. Wer die Möglichkeit hat, sollte die Sicht hier noch etwas länger genießen! Wir blicken grob westlich, über den Torc Mt., hinunter auf die Seen und die dahinterliegende Landschaft.

Für den Abstieg folgen wir dem gut sichtbaren Pfad hinab, entlang erneut losem Geröll. Im Vergleich zur linken Seite zieht sich der Hang mehr, ist aber dafür weiter gefasst, nicht so steil und somit einfacher zu folgen. Erreichen wir erneut den Abfluss des Loughs, nehmen wir denselben Weg zurück zum **Ausgangspunkt 01**.

CARRAUNTOOHIL (CORRÁN TUATHAIL) • 1.039 m

Auf dem höchsten Berg Irlands

13,5 km 6:00 h 1053 hm 1029 hm

START | Es gibt keine öffentlichen Verkehrsmittel zum Startpunkt des Carrauntoohil, aber die Möglichkeit, sich ein Fahrrad in Killarney zu leihen. Wir folgen der N72 Richtung Killorglin, von Killarney aus, und zweigen kurz hinter dem kleinen Ort Fossa links ab auf die „Gap Road“. Der folgen wir dann bis in das kleine Örtchen Carhoonahone, von wo aus es links ab, der Beschilderung folgend, zum Startpunkt Cronins Yard/Carrauntoohil geht.
[GPS: UTM Zone 29 x: 452.254 m y: 5.764.235 m]
CHARAKTER | Anspruchsvolle und lange Bergtour, die neben körperlicher auch mentale Fitness voraussetzt. Der hier vorgestellte Abstieg stellt hohe Ansprüche an den Wanderer, welcher nicht nur Erfahrungen im Wandern selbst, sondern auch im alpinen Bereich vorweisen sollte, da es unter anderem äußerst steile Kletterpassagen hinabzugehen gilt.

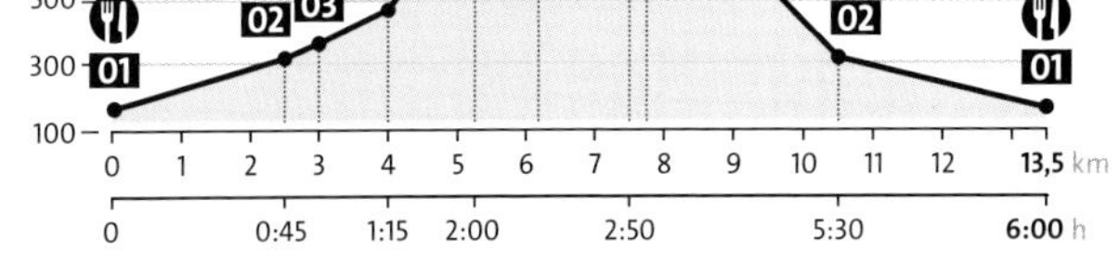

01 Startpunk Cronins Yard, 135 m; 02 Abzweigung zum Hag's Tooth, 292 m; 03 Linker Spur folgen, 338 m; 04 Bypass, links hinauf, 441 m; 05 Steinmann, höchster Punkt des Berges, 826 m; 06 Devils Ladder, oberes Ende, 735 m; 07 Carrauntoohil Gipfelkreuz, 1.039 m; 08 Abstieg, steil!, 913 m

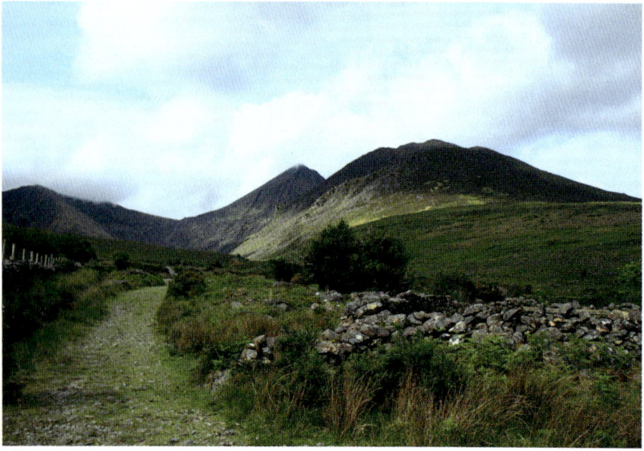

Blick auf den Carrauntoohil, an einem der wenigen sonnigen Tage.

Der höchste Berg Irlands ist zugleich auch einer der am meistbesuchtesten. Dennoch sollte dies nicht über die Tatsache hinwegtäuschen, dass es vor allem durch sich rasch ändernde Wetterbedingungen schnell ungemütlich werden, die Sicht auf wenige Meter herabsinken und der Wind einen ungeschützt von der einen zur anderen Seite schieben kann. Wer dennoch die Strapazen bei guten Bedingungen auf sich nimmt, wird mit traumhaften Ausblicken und Szenerien belohnt. Nur für erfahrene Wanderer und Bergsteiger zu empfehlen!

▶ Start ist **Cronins Yard 01**, ein kleines Teehaus, in dem es Camping- und Duschmöglichkeiten gibt. Von dort aus geht der Weg zum Carrauntoohil ab. Entlang eines Gatters, am Campingplatz vorbei und über zwei Brücken hinüber, gelangen wir an eine Abzweigung, der wir links folgen. Wir treffen auf ein weiteres Gatter, das wir passieren. Kurz bevor wir den Flusslauf über ein paar große Steine überqueren, geht rechts ein Pfad hinauf am **Hag's Tooth 02** vorbei.

Wir gehen geradeaus weiter, der Aufstieg von der **linken Seite 03** her ist einfacher, während es sich über Hag's Tooth als sehr steil und langwierig entwickelt (was der spätere Abstieg wird). Über den Fluss geradeaus weiter, gelangen wir zur Devil's Ladder. Der Weg bis dahin ist steinig, zumeist aber trocken. Hier stehen wir erneut vor einer Wahl. Da in der Saison viele Leute die Devil's Ladder auf- und auch absteigen, der Weg sehr steil und von losem Geröll gezeichnet ist, erweist sich dieser Aufstieg als nicht ungefährlich.

Eine bessere Alternative stellt der **Bypass links 04** auf den Berggrat hinauf dar. Er folgt vorerst, in Serpentinen, schwachen Pfadspuren, um dann auf halber Höhe mal mehr, mal weniger steil die Bergflanke hinaufzugehen. Dieser Aufstieg (links der Devil's Ladder) ist zudem szenisch schöner, da sich erste Ausblicke über das untenliegende Tal mit seinen Seen bieten. Oben auf dem Bergrücken angekommen, treffen wir auf einen **Steinmann, dem höchsten Punkt des Berges** **05**. Wir folgen dem leicht zu gehenden Weg und treffen bald auf das **obere Ende der Devil's Ladder** **06**. Vorsicht vor starken Winden!

Von da an startet der eigentliche Aufstieg zum Gipfel des Carrauntoohil, welcher anhand eines deutlichen Geröllpfades und zahlreichen Steinmännern, die den Weg weisen, selbst bei schlechter Sicht noch gut zu finden ist. Dennoch sollte auch hier Vorsicht vor Steinschlägen, ausgelöst durch andere Wanderer, genommen werden. Haben wir das **Gipfelkreuz** **07** erreicht, bietet sich uns ein fabelhafter Ausblick über die umliegenden Berge und Täler. Der gesamte Abstieg bis Hag's Tooth kann bis zu 2,5 Stunden in

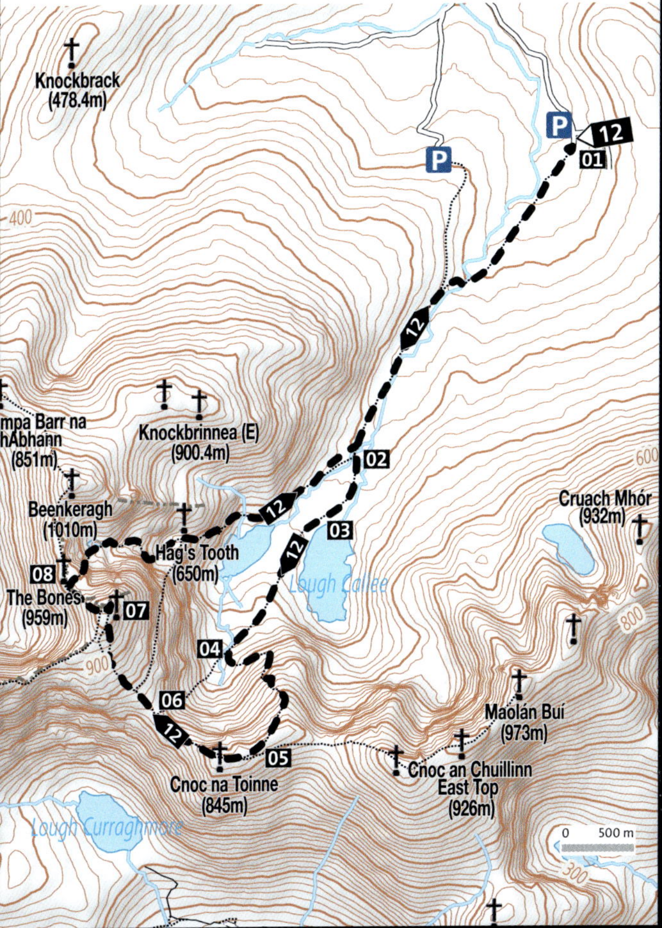

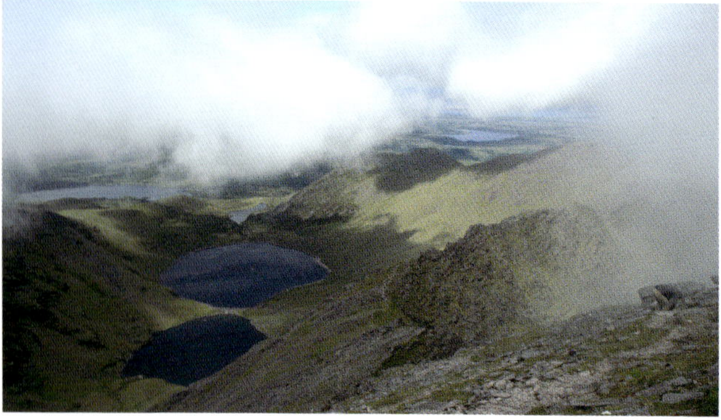

Ein kurzes Wolkenloch am Gipfel des Carruntoohil offenbart die Schönheit der Landschaft.

Anspruch nehmen. Hat man keine große Wandererfahrung oder traut sich allgemein diesen Weg nicht zu (weiter unten gibt's große Geröllfelder), kann vom Gipfel aus der Aufstiegsweg zurück genommen werden.

Für den Abstieg gehen wir entlang eines kleinen unscheinbaren Pfades in Richtung SW, immer an der Seite der Klippen haltend (rechts von uns), wo wir bereits auf sehr steil stehende Felsen treffen, die kurzzeitig hinabgeklettert werden müssen. In einem kleinen Sattel angekommen, geht von da aus der eigentliche, sehr steile und mitunter auch, wegen losem Geröll, nicht ungefährlich anmutende **Abstieg** **08** los. Ferner gibt es vor allem im Anfangsbereich Kletterpassagen, die den Einsatz der Hände voraussetzen. Links des nicht fest definierten Pfades gibt es unterhalb des Sattels natürliche Grasstufen, die wir benutzen können und den Abstieg so leichter machen. Dennoch muss sich hier jeder seinen eigenen Weg, langsam und vorausschauend, zum kleinen See hin suchen.

Am See (erste Ebene) angekommen, geht der Weg deutlicher am Felsen rechts von uns vorbei hinab. Von da aus werden wir mit einer weiteren schönen Aussicht belohnt. Sobald wir den steinigen Weg hinunter auf die zweite Ebene genommen haben, geht es wieder geradeaus über Geröll und Gras weiter, auf einem recht gut erkennbaren Weg. Für den weiteren Verlauf bleiben wir rechts des kleinen Baches und gehen an der Felsseite hinab zur nächsten Ebene, was abschnittsweise den Einsatz der Hände verlangt und im unteren Bereich nochmals von Geröll gekennzeichnet ist. Von da aus wird das Terrain allgemein ebener und weniger anspruchsvoll. Ein gut sichtbarer Pfad führt uns über die Ebene, links entlang der Klippen, über den Bach hinüber und auf eine Wiese an herausstechenden Steinen vorbei.

Nach kurzer Zeit kommen wir dann auf den Weg, welcher uns beim **Hag's Tooth** **02** herausbringt, von wo aus wir den Weg zurück zum Ausgangspunkt nehmen.

PURPLE MOUNTAIN (AN SLIABH CORCRA) • 850 m

Eine lange und anspruchsvolle, wenn auch durchweg lohnende Tour

16 km | 4:45 h | 1007 hm | 1008 hm

START | Wir folgen der N72 Richtung Killorglin, von Killarney aus, und zweigen kurz hinter dem kleinen Ort Fossa links ab, auf die „Gap Road". Weiter treffen wir auf die linksabgehende Straße zum „Gap of Dunloe" und fahren bis zu „Kate Kearney's Cottage", wo wir parken können. Ein Shuttlebus fährt zweimal am Tag von Killarney bis zum „Gap of Dunloe".
[GPS: UTM Zone 29 x: 456.682 m y: 5.765.698 m]
CHARAKTER | Der Aufstieg ist an einer Stelle steiler, ansonsten zeichnet sich das Gelände als sehr sanft. Der Abstieg hingegen ist umso rauer, erneut sehr steil und mit Geröllfeldern beladen. Äußerste Vorsicht gilt dabei. Starke Winde können einen zusätzlich zu schaffen machen, daher nur bei guten Bedingungen aufsteigen und nicht im Nebel/Wolken.

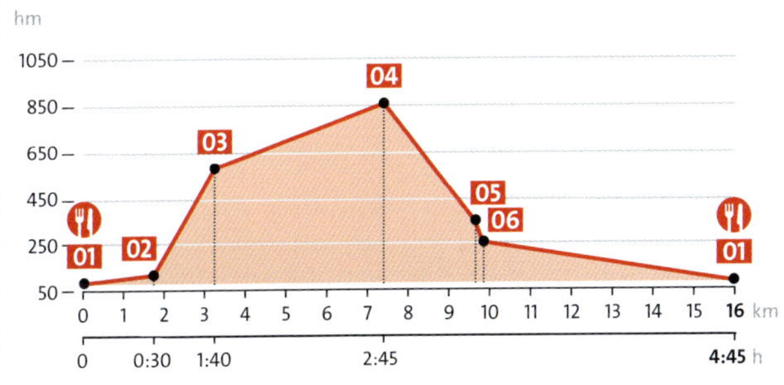

01 Start an Kate Kearney's Cottage, 53 m; **02** Rechts über den Zaun, entlang dessen, 89 m; **03** Tommies Rock, 563 m; **04** Purple Mt., 850 m; **05** Rechts ab, zur Straße hinunter, 325 m; **06** Straße bis zum Ausgangspunkt folgen, 230 m

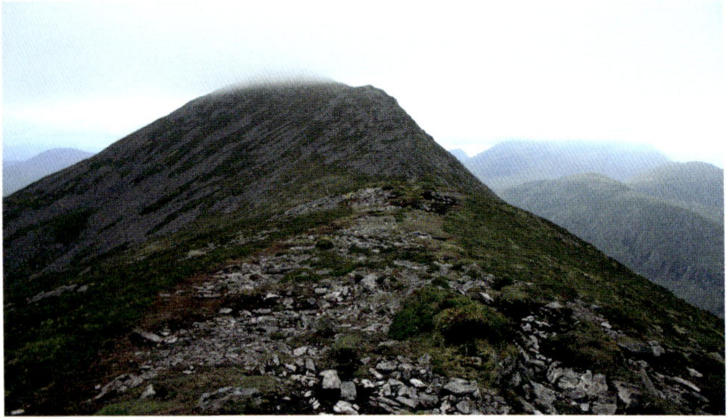

Kurz vor dem Erreichen des Gipfels.

Den Namen „Purple Mountain", hat der Berg durch seine anstehenden Gesteine, rotvioletten Schiefer, erhalten. Bereits aus der Ferne lässt sich die Farbe gut ausmachen und sorgt für ein charakteristischen Gipfelgrat. Kate Kearney's Cottage lädt zu einer guten Mahlzeit nach den Strapazen ein, welche wir uns anschließend durchweg verdient haben.

▶ An **Kate Kearney's Cottage** 01 angekommen, gehen wir gute 400 m zurück, an Heathers vorbei, über die Brücke, bis an der rechten Seite das Riverloe House steht und ein Schotterweg hineinführt. Am Ende dessen, gelangen wir an einen Bauernhof und durchqueren zwei Gatter und gehen entlang des Zaunes (der links den Hang hochgeht) weiter. Es empfiehlt sich vorher die Anwohner um Erlaubnis zu fragen. Wir passieren ein weiteres Gatter, das entlang des Zaunes führt. Trifft jener Zaun einen zweiten, steigen wir etwas umständlich am Treffpunkt beider Zäune hinüber und wandern **entlang seiner rechten Seite** 02 den Berg hinan. Es geht durch Farn, Ginster und Heidekraut bewachsenes Gelände. Läuft jener im rechten Winkel nach links ab, gehen wir nun querfeldein, über einen mehr oder weniger gut zu folgenden Pfad, die Bergflanke hinauf. Von da aus können wir auch die Spitzen des Carrauntoohil, nebst seines Gipfelkreuzes, sehen (rechts von uns). Obenan stehen wir auf **Tommies Rock** 03. Im Süden sehen wir Tommies Mt., dahinter den langen Grat des Purple Mt.

Über Tommies Rock herüber kommen wir nach einem kleinen Sattel, den Pfad folgend, an der Ostflanke des Tommies Mt. vorbei. Alternativ kann dieser auch bestiegen werden, jedoch befindet sich viel loses Geröll auf der Spitze. Wir erreichen einen weiteren Sattel zwischen Tommies Mt. und Sheya Mt. und gehen weiter um Tommies Mt. herum. Bis zum nächsten Berg ist es recht einfach zu laufen. Wir befinden uns am Point of no return. Sollte schlechtes Wetter, Wolken oder dergleichen aufziehen, gilt es, sofort umzukehren. Für den Abstieg gibt es keinen eindeutigen Pfad, sondern ausgedehnte und steile Geröllfel-

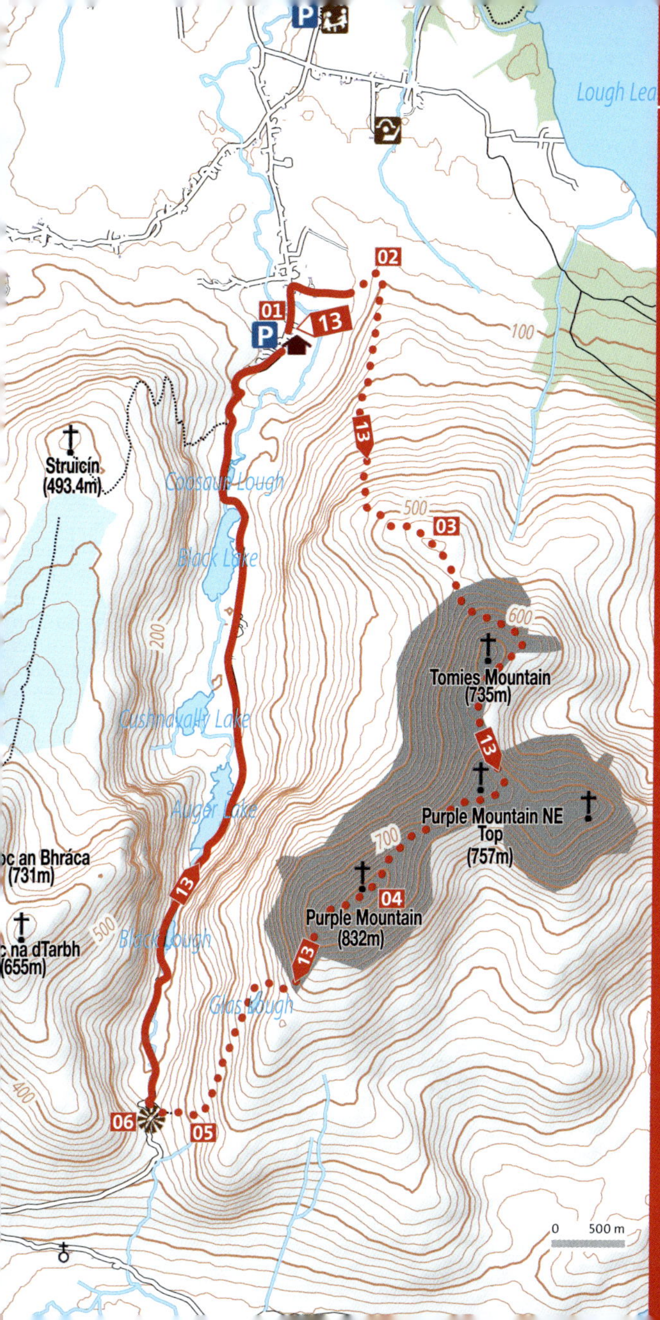
Lough Lea
02
01
13
100
Struicín
(493.4m)
Coosaun Lough
Black Lake
500
03
600
Tomies Mountain
(735m)
200
Cushnavally Lake
13
Purple Mountain NE
Top
(757m)
Auger Lake
700
oc an Bhráca
(731m)
13
04
Purple Mountain
(832m)
500
Black Lough
c na dTarbh
(655m)
13
Glas Lough
400
06
05
0 500 m

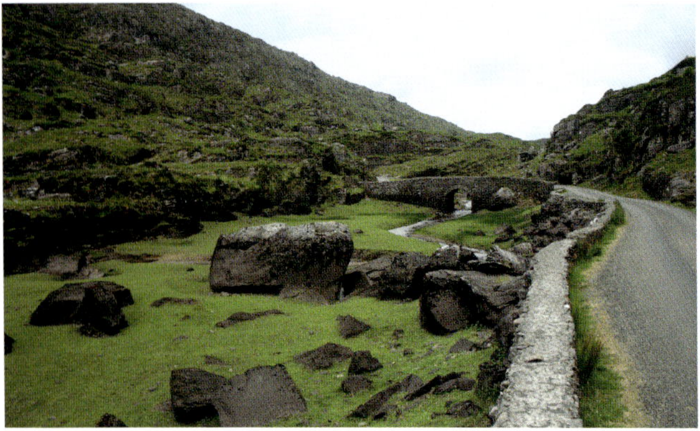

Rückweg, auf der Straße zum ‚Gap of Dunloe'.

der, die weite Sicht unbedingt voraussetzen. Am **Gipfel des Purple Mt.** **04** angekommen, erhalten wir eine überragend schöne Aussicht!

Weiter geht es hangabwärts. Das Ziel ist der See, zu dem ein vorerst deutlicher Pfad hinführt und an einer Felswand abgeht. Der Abstieg kann anstrengend werden und sich ziehen. Trittsicherheit ist hier vonnöten. Am See angekommen, gehen wir an seiner langen Seite parallel entlang und folgen schwachen, aber recht deutlichen Pfadspuren für etwa 1,5 km über Gras und Felsen geradeaus. Der Weg geht gen Süden und scheint zuerst kein Ende zu nehmen, bis wir an einen deutlichen Pfad ankommen, der **rechts abzweigt, runter zur Straße** **05**. **Der Straße entlang** **06** geht es für etwa 6 km zurück zum **Ausgangspunkt** **01**, entlang einer wunderschönen Natur mit einigen Seen und steilen Hängen.

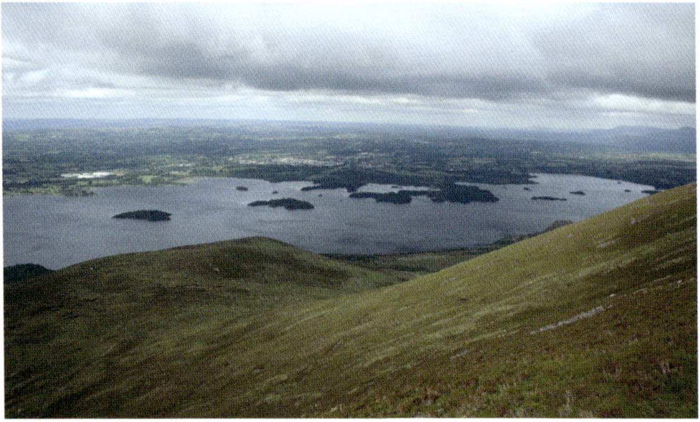

Blick auf Killarney während des Ausftiegs zum Tommies Rock.

GARNISH LOOP • 148 m

Kleiner Rundwanderweg, vor Dursey Island

5,3 km · 1:15 h · 247 hm · 236 hm

START | Es gibt, wie sooft keinen öffentlichen Personennahverkehr. Von Castletownbere oder Glengarrif aus, führt die R572 zum Garnish Point herunter. Die Straße geht immer geradeaus und die einzige Abzweigung, die man nehmen muss, ist in Richtung Dursey Island ausgeschildert. Wir erreichen am Ende der Straße den Parkplatz. [GPS: UTM Zone 29 x: 420.022 m y: 5.718.283 m]
CHARAKTER | Anspruchslose, lückenlos ausgeschilderte Tour mit schönen Aussichten.

Sind wir zum Beispiel, während der Mittagspause, an der Seilbahn und möchten nach Dursey Island, können wir die Wartezeit als kleines Warm-up nutzen.

▶ Wir starten direkt am **Parkplatz der Seilbahn** 01 und gehen vorerst Richtung Westen über einen Zaun und folgen dann den Wegen entlang der Küste und Klippen. Die Leiter steht direkt zwischen zwei großen Strommasten. Wir schreiten über Schafsweiden und teils steile Hügellandschaften. Die Pfeiler führen uns zu einem weiteren **Zaun-Überstieg** 02. Bis dahin gibt es mehrere Trampelpfade zur Auswahl, die u.a. eine gute Sicht über die Klippen und bei gutem Wetter nach Kerry im Westen bieten.

Auf dem Weg zum **höchsten Punkt des Loops** 03 kommen wir an alten Steinmauern und einem Zaun vorbei. Oben angekommen, können wir einen wunderschö-

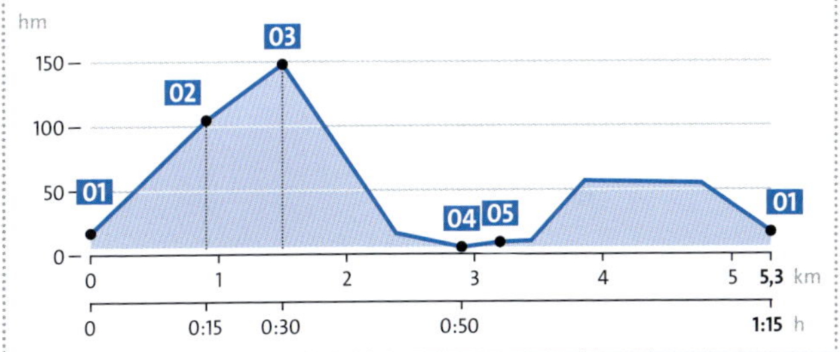

01 Parkplatz an der Seilbahn, 12 m; 02 Zaun Überstieg, 103 m; 03 Höchster Punkt des Garnish Loop, 148 m; 04 Hafen, 0 m; 05 Strand, 4 m

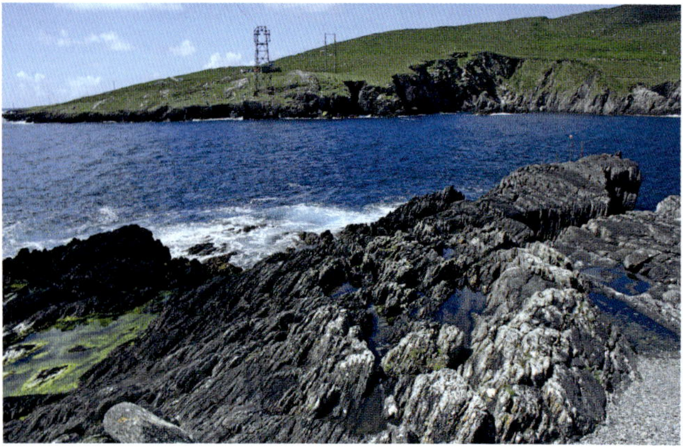

Aussicht auf Dursey Island, am strömungsintensiven Dursey Sound, direkt neben der Seilbahn.

nen 360°-Blick über das gesamte umliegende Land genießen. Wir folgen dem Weg weiter und kurz, nachdem wir den „Gipfel" passiert haben, überqueren wir zwei hintereinanderfolgende Überstiege. Weiter geht es nun Richtung Bucht, dem Hügel hinabfolgend. Vom zweiten Überstieg aus sehen wir bereits den kleinen Hafen als auch ein paar Häuser sowie einen kurzen, aber schönen Strandabschnitt, der insbesondere im Sommer zum Baden verführt.

Am Wasser angekommen, führt der Weg über einen letzten Überstieg zum **Hafen** **04** hin, wo wir

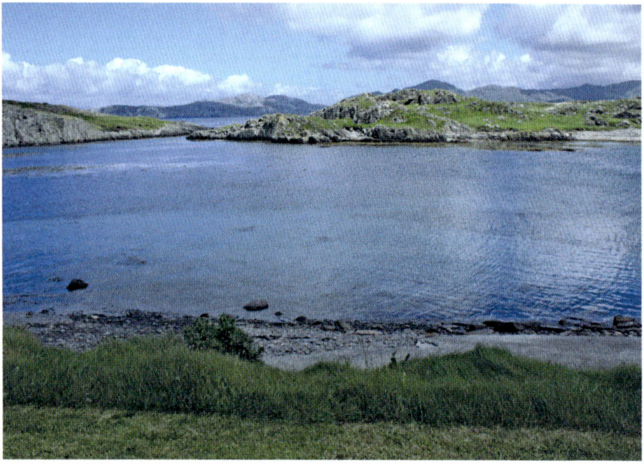

Bucht auf der anderen Seite des Weges, nahe des Strandes.

dann der Straße folgen, die uns kurze Zeit darauf an den kleinen, aber traumhaft schönen **Strandabschnitt** 05 führt. Am Strand vorbei nehmen wir die nächste Abzweigung rechts und gehen entlang von Weiden, auf einem etwas verwilderten Weg, wieder aufwärts. Wir halten uns rechts, kommen bald auf die Hauptstraße und laufen sie hinab zurück zur **Seilbahn** 01.

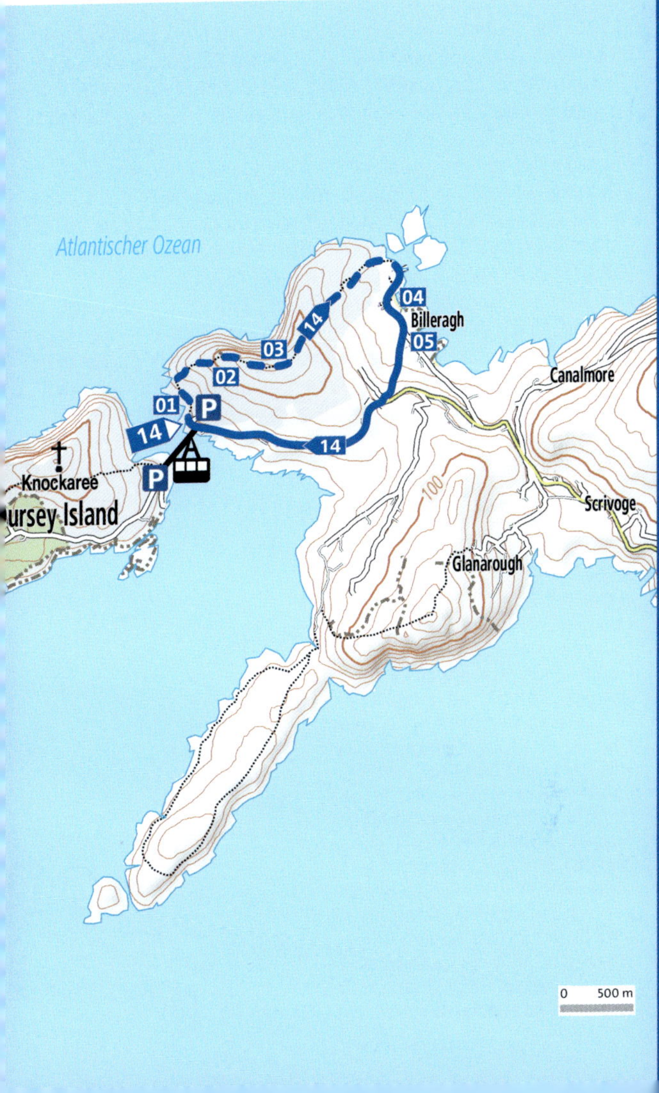

DURSEY ISLAND (BAOI BHÉARRA) • 257 m

Das Ende des Baera Ways

13,9 km 3:00 h 548 hm 536 hm

START | Die Seilbahn am Garnish Point. Es gibt wie sooft keinen öffentlichen Personennahverkehr, aber von Castletownbere oder Glengarrif aus führt die R572 zum Garnish Point herunter. Die Straße geht immer geradeaus und die einzige Abzweigung, die man nehmen muss, ist als solche ausgeschildert. Man landet direkt an der Seilbahn, die nach Dursey Island führt, was auch gleichzeitig Start und Endpunkt für diesen Weg ist. Die Zeitpläne für die Seilbahn und die aktuellen Preise möge man zuvor bitte auf www.durseyisland.ie/cable-car-timetable.html entnehmen. [GPS: UTM Zone 29 x: 420.031 m y: 5.718.289 m]
CHARAKTER | Der Weg führt auf der einzigen Straße der Insel entlang, durch das kleine Dorf hindurch. Abgesehen davon, folgen wir im letzten Abschnitt Trampelpfade über offenes Weidegelände, was steil auf und ab geht. Außer einer generellen körperlichen Fitness, bietet Dursey Island keine nennenswerten Herausforderungen. Das Wetter kann jedoch sehr schnell umschwenken, weshalb an wetterfeste Kleidung gedacht werden sollte.

Die Überfahrt dauert etwa 6 Minuten und es können maximal sechs Personen gleichzeitig herübergeführt werden. Bei großen Touristenandrängen, die in der Hauptsaison zu erwarten sind, kann es deshalb zu erheblichen Wartezeiten kommen! Zudem gibt es eine lange Mittagspause von 2,5 h und eine Nachmittagspause von 2 h, was das ganze Unterfangen sehr zeitaufwändig macht, weshalb lieber der ganze Tag für Dursey eingeplant sein sollte. Für den Rundweg benötigen wir bei straffem Gang bis zu drei Stunden. Ein kleiner Imbiss sowie eine Toilette sind am Parkplatz vorhanden. Wer gerade während der Mittagspause ankommt,

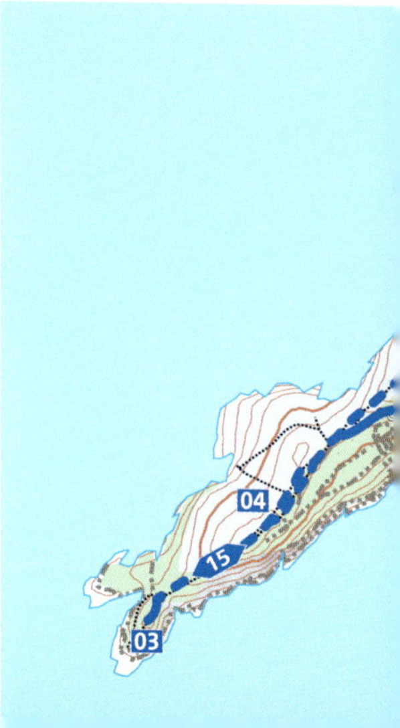

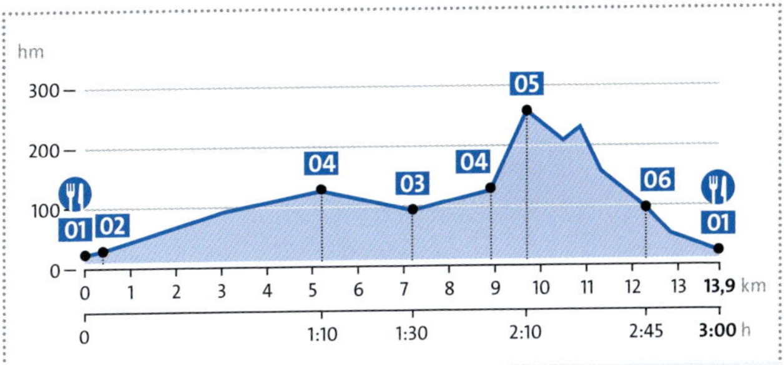

01 Parkplatz an der Seilbahn, 12 m; **02** Start an der Seilbahnstation, 19 m; **03** Dursey Head, 94 m; **04** Beim Rückweg links entlang (bergauf), 121 m; **05** Signal Tower Ruine, 257 m; **06** Rechts ab, 89 m

kann sich die Zeit mit dem Garnish Loop (siehe Track 14) vertreiben.

▶ Ausgangspunkt ist der **Parkplatz an der Seilbahn** 01. An der **Seilbahnstation** 02 angekommen, folgen wir der einzigen Straße auf der Insel durch ein kleines Dorf hindurch, das aus sehr alten irlandtypischen Häuserruinen und sehr neuen Ferien- und Wohnhäusern besteht. Am Ende des Dorfes angekommen, geht rechts ein Weg **bergauf entlang** 04, den wir auf dem Rückweg nehmen.

Vorerst bleiben wir auf gerader Spur und schreiten den Hügel hinauf, auf der anderen Seite herunter und den **Dursey Head** 03 wieder hinauf. Unterwegs erblicken wir einen elektronisch betriebenen Leuchtturm auf einer kleinen vorgelagerten Insel (Bull Rock).

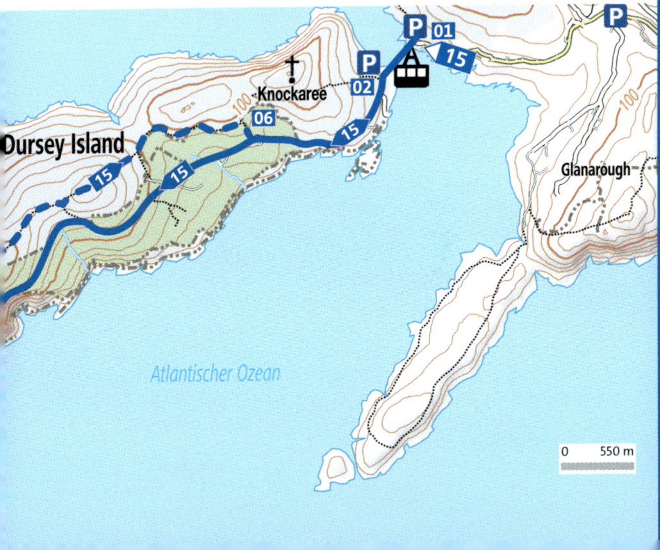

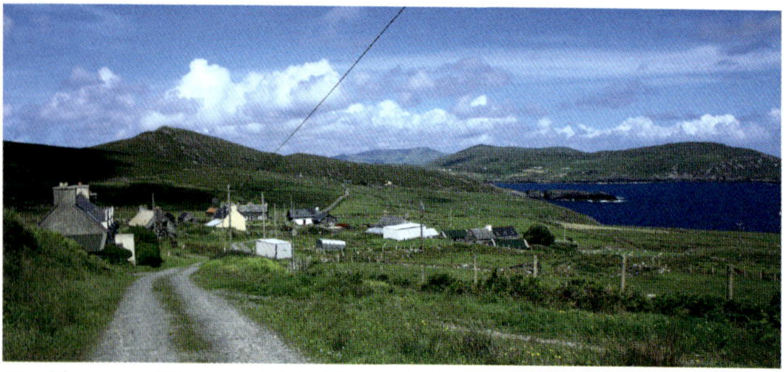

Das kleine, auf Dursey sich befindende Dorf, besteht heutzutage hauptsächlich aus Ferienhäusern.

Unterhalb vom Dursey Head selbst befindet sich die Ruine eines anderen alten Leuchtturmes. Wir folgen dem Weg zurück zu den ersten Häusern und gehen dann beim letzten Haus den **Weg links bergauf** 04, wo der Pfad uns zum alten **„Signal Tower“** 05 führt, welcher bereits aus weiter Ferne zu beobachten ist, bildet er doch den mit gut 252 m höchsten Punkt der Insel.

Wir verbleiben auf dem Weg, der nun auf und ab über das offene Weideland führt, bis wir in den Bereich der ersten Häuser kommen und auf einen Zaun mit unterlegten Steinen treffen. Hier können wir uns entscheiden, rechts (gleich zurück zur Straße) oder links (weiter entlang der Bergflanke) abzugehen. Linker Hand entlang gehen wir vom Weg ab über einen Überstieg und parallel zum Zaun auf einem gut erkennbaren Trampelpfad. Kommen wir erneut an eine Gabelung, gehen wir **rechts ab** 06 zur Straße hinunter, auf dessen Weg wir noch ein Gatter passieren. Von dort aus geht es auf der Straße zurück zur **Seilbahn** 01.

Entwicklung von Dursey Island

Einer Insulanerin zufolge, leben derzeit (Juni 2017) lediglich zwei Menschen ganzjährig auf der Insel. Die Besiedlung von Dursey geht über mehrere Jahrhunderte zurück und florierte zu Blütezeiten mit bis zu 350 Einwohnern, die hauptsächlich von der Fischerei, sowie der Viehzucht lebten. Selbst die Schule war ehemals gut besucht. In den 1970er-Jahren jedoch gingen die Fangmengen stark zurück und der Staat förderte die Umsiedlung der Bevölkerung auf das Festland. Bevor die Seilbahn 1969 errichtet wurde (um den Tourismus anzukurbeln), wurden Transporte mit Fähren und Booten über den recht strömungsintensiven Dursey Sound vollzogen. Je ein Pier am Festland und der Insel erinnert an jene Zeiten. Heute gibt es ein paar Ferienhäuser auf der Insel, die Ruhe versprechen und im Voraus gebucht werden müssen. Es gibt keine Einkaufsmöglichkeiten in der näheren Umgebung.

SHEEPS HEAD (RINN MHUINTIR BHÁIRE) • 242 m

Auf einem sehr eindrücklichen und abwechslungsreichen Rundweg

15,9 km | 4:30 h | 588 hm | 584 hm

START | Von Bantry aus fahren wir auf der N71 Richtung Skibbereen und nehmen nach geradewegs 4 km die R591 nach Durrus und fahren bei der Abzweigung rechts weiter nach Ahakista und Kilcrohane. Etwa 4 km von Kilcrohane aus, kommen wir an das kleine Örtchen Ballyroon, wo wir an ein altes geschlossenes Café „Alice West's, The Black Gate" treffen, an dem wir parken können. Ein weiterer Parkplatz kurz darauf soll weitestgehend für Busse zum Wenden freigehalten werden. Es gibt keinen öffentlichen Personennahverkehr! [GPS: UTM Zone 29 x: 447.351 m y: 5.712.768 m]
CHARAKTER | Mit den etwas mehr als 16 km ist der Sheeps Head ein sehr abwechslungsreicher, wenn auch ausdauernder Wanderweg, der bei guter Sicht erstaunlich gute Ausblicke liefert. Er führt auf einen Bergrücken, über offene Sumpflandschaften und Weiden.

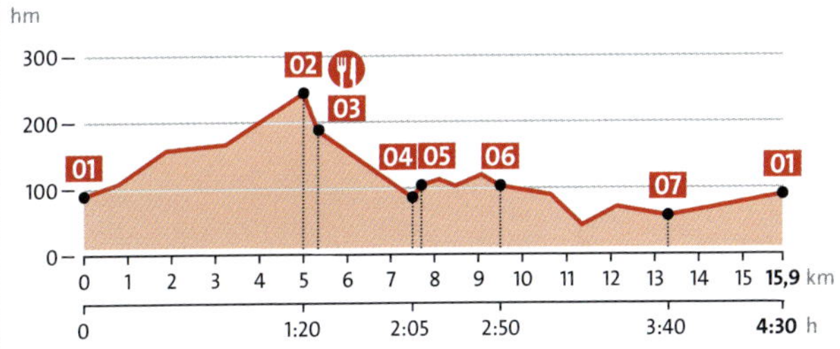

01 Start kurz hinter Alice West's, The Black Gate', 82 m; 02 Höchster Punkt des Sheeps Head, 242 m; 03 Raststätte Toreen, 183 m; 04 Leuchtturm am Sheeps Head, 78 m; 05 Abzweigung nach links, 97 m; 06 Wegzweigung, 96 m; 07 Poet's Way folgen, 49 m

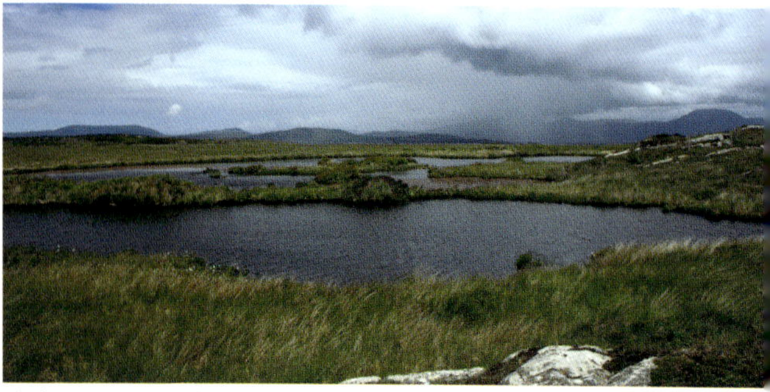

Blick zur Baera Halbinsel.

Der Rundweg wurde 2009 im Rahmen des EDEN (European Destination of Excellence) ausgezeichnet, unter der Prämisse des schonenden Tourismus eines geschützten Naturgebietes. Der hier beschriebene Rundwanderweg ist allerdings nur ein kleiner Teil des eigentlich 88 km langen Sheeps-Head-Wanderweges, der um die gesamte Halbinsel verläuft und in Bantry startet.

▶ Wir starten direkt am **Parkplatz des geschlossenen Alice West Cafés** 01 und folgen der Straße. Direkt am zweiten Haus, das wir antreffen, finden wir das Zeichen eines gelben Wanderers, der uns den Weg nach rechts durch das rechte Gatter weist. Wir folgen dem Hauptweg, kommen an ein weiteres Gatter, an dem ein Weg über die Mauer führt. Der folgende Abschnitt kann matschig und nass werden. Wir treffen auf den Poet's Way (rechter Hand), jener Punkt, an dem wir später wieder herauskommen werden. Weiter geradeaus geht es über einige Bergrücken und Wiesen. Kurz darauf passieren wir einen kleinen See und kommen an eine breite Schotterpiste, die auf die Straße führt. Rechts liegt der Laharandota Lough, wir aber laufen den Pfeilen folgend dem markanten Felsrücken entlang zum Signal Tower hinauf. Ein Weg, der einfach zu folgen ist, auf und

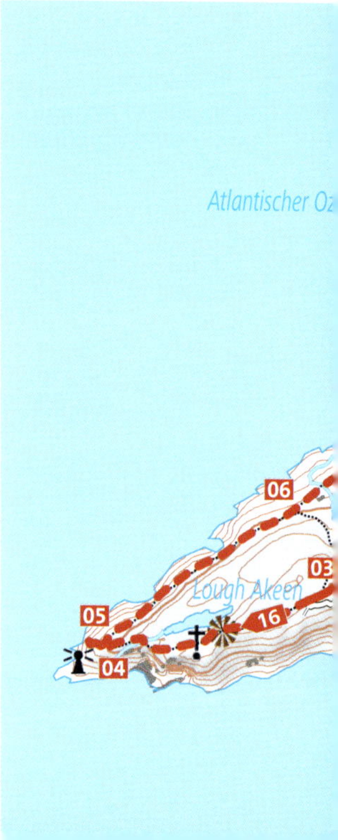

ab verläuft und mit seinen Gesteinsformationen und Wiesen eine sehr reizvolle Landschaft bildet. Der Ausblick von weiter oben ist überragend! Der Signal Tower selbst ist mittlerweile nur noch eine Ruine, an der man schnell vorbeiläuft. Jener war hauptsächlich als Aussichtsturm während des Krieges aktiv in Nutzung. Weiter, entlang des Weges, kommen wir an dem **höchsten Punkt dessen 02** an. Kurz darauf steht ein kleiner verfallener WK-Ausguck. Den Weg abwärts folgend, sehen wir bereits einige Häuser und letztlich die **Raststätte Toreen 03**. Von dort aus sind es noch gute 2 km bis zum Leuchtturm, direkt am Sheeps Head. Der Weg besteht aus einem Schotterweg und geht entlang des von Felsen umringten Lough Akeen. Wir gehen über die Brücke hinüber zum **Leuchtturm 04**.

Auf dem Rückweg geht ein paar Meter dahinter eine **Abzweigung links entlang 05**. Ein Schild warnt uns vor rutschigen und nassen Abschnitten, je nach Wetterlage. Wir sollten mit Vorsicht laufen oder alternativ nach Toreen zurückgehen und die Straße zum Ausgangspunkt nehmen. Es empfiehlt sich, auf den sehr gut markierten Wegen zu bleiben, die u.a. über Geröll und Felsen sowie vorbei an ungesicherten Klippen führen. Ferner gibt es immer wie-

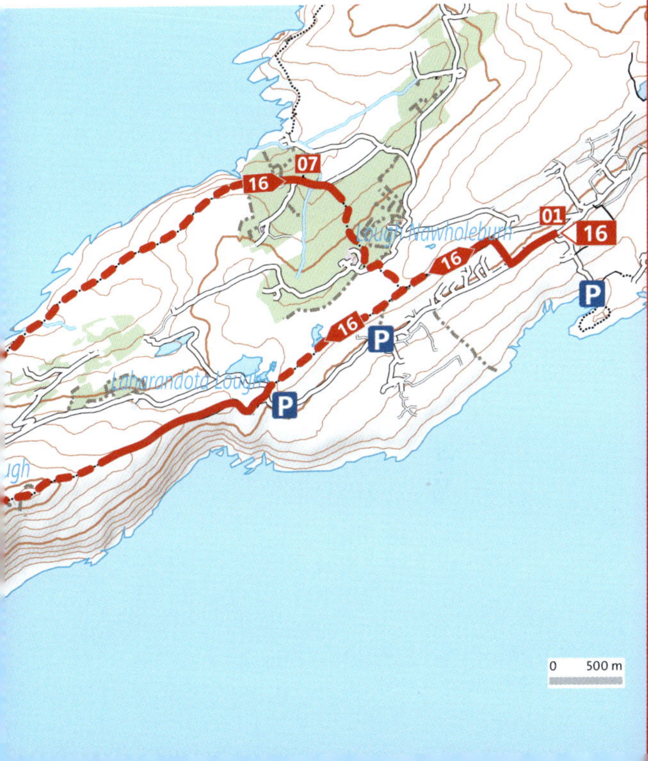

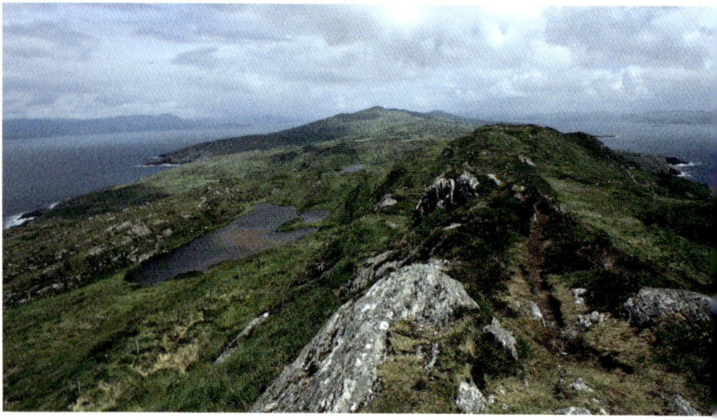

Aussicht vom höchsten Punkt des Weges.

der sehr sumpfige Abschnitte. Der Weg bietet gute Ausblicke auf Klippen und Brandungen. Nach den ersten etwa 1,5 km öffnet sich die Landschaft ein wenig und wird allgemein sanfter.

An einer **Wegzweigung** 06 geht es rechts ab zur Raststätte Toreen. Über zwei, recht weit auseinanderliegende Überstiege folgen wir dem Weg weiter entlang der Klippen. Es zieht sich noch ein ganzes Stück, erreicht aber letztlich eine Fahrspur. Kurz hinter dem Haus gelangen wir an eine Straße, wo sich der Sheeps Head und der **Poet's Way** treffen, dem wir **folgen** 07. Wir kommen an ein Memorial Stone vorbei und kurz darauf gehen wir über einen Überstieg und folgen dem Weg bergauf. Nach drei weiteren Überstiegen erreichen wir einen geteerten Weg, den wir, den Pfeilen folgend, links abgehen. Kurz darauf treffen wir auf jenen Pfeiler, den wir auf dem Hinweg bereits gekreuzt haben. Davon ausgehend gehen wir den gleichen Weg zurück zum **Ausgangspunkt** 01.

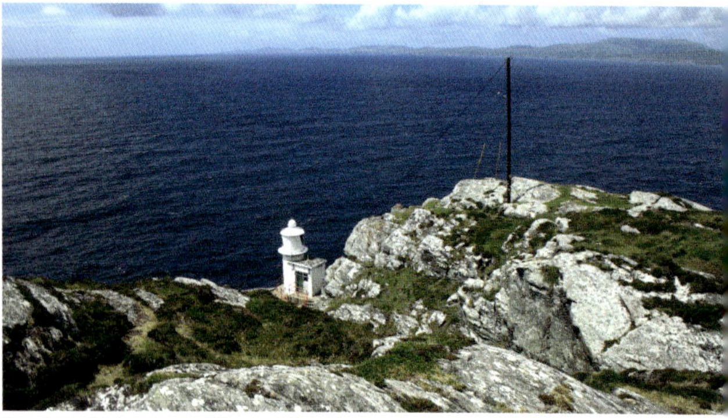

Der Leuchtturm am Sheeps Head.

BARLEY LAKE • 443 m

Recht anspruchsvolle Wanderung in den Caha Mountains

6,5 km | 3:00 h | 330 hm | 328 hm

START | Von Glengarriff kommend, die N71 Richtung Kenmare nehmen und nach etwa 1,5 km, kurz hinter dem Parkplatz zum Glengarriff Garden/Woods der ausgeschilderten Straße zum Barley Lake folgen (links). Die Straße hinter dem Dorf geht steil den Berg auf enger Fahrspur hinauf. Der Parkplatz findet sich obenan. [GPS: UTM Zone 29 x: 457.020 m y: 5.734.314 m]
CHARAKTER | Es empfiehlt sich, einen Wanderstock und Gamaschen mitzuführen, kann das weglose Gelände doch ausgesprochen nass und rutschig sein!

In der Regel ist es so, dass die schwierigsten Wege die besten Aussichten und Landschaften bieten. Zwar ist der Weg selbst nicht der schwerste, aber dafür mit ausgedehntem sumpfigem Gelände sehr nass und anspruchsvoll. Dennoch bieten sich einem, bei guten Sichtverhältnissen, sehr gute Ausblicke auf die Bantry Bucht und die Berge im Umland.

▶ Wir starten direkt hinterm **Parkplatz** 01 und folgen dem Zaun entlang. Da wir auf Sicht navigieren müssen, gehen wir ausschließlich bei guten Bedingungen. Sobald der Zaun im rechten

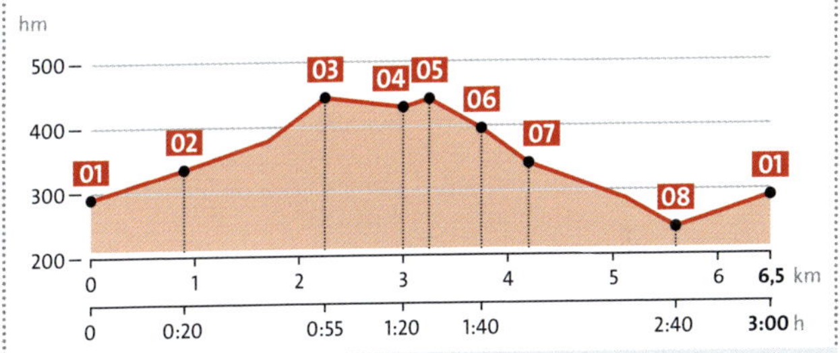

01 Startpunkt am Parkplatz, 282 m; 02 Richtung Westen, 329 m; 03 Gipfelplateau, 443 m; 04 See, 427 m; 05 Steinmann mit Aussichtspunkt, 440 m; 06 Rechts abgehen, 392 m; 07 Um den Berg herum, 336 m; 08 Mündung des Barley Lakes, 232 m

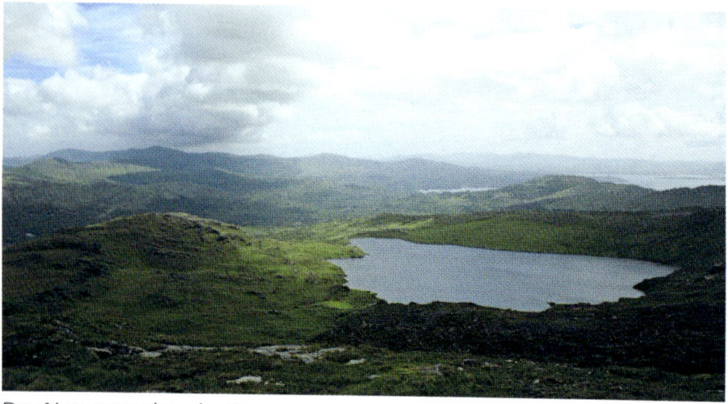

Der Namensgeber der Tour.

Winkel abgeht, laufen wir geradezu **Richtung Westen** **02** auf den vor uns liegenden Hügel. Von da aus links auf den größeren hinauf. Obenauf können wir uns einen Weg zwischen den steilgestellten schnittigen Felsen bahnen, bis wir auf dessen Gipfel zukommen. Oben angekommen, bahnt sich ein kleiner, unscheinbarer Pfad entlang der Felsen, welcher uns an eine größere, nasse und recht breite Wiesenebene bringt. Der Pfad geht an den Felsen entlang, ein Stück landeinwärts, zu einem kleinen namenlosen Lough. An dessen Nase ist die Überquerung am sinnvollsten.

Wir befinden uns nun auf dem **Plateau** **03**, von wo aus wir grob Richtung SO gehen. Hier ist der Trampelpfad vorerst besser erkennbar und führt uns entlang des Sees herum, um eine weitere Grasfläche zu umgehen. Wir kommen an eine hügelige, mit „Kanälen“ durchzogene Torflandschaft, die wir überqueren müssen. Der Wechsel aus Fels, nasser Graslandschaft und torfigen Arealen wiederholt sich auf dem Plateau mehrmals. Wir überqueren einen kleinen Fluss an einer passablen Stelle und kommen über ein paar Umwege an einen zweiten **See** **04** unterhalb eines Berges mit einem kleinen **Steinmann** **05**, von wo aus wir einen schönen Überblick über den Barley Lake und auch die Bucht von Glengarriff genießen können. Schauen wir weiter Richtung SO, zum Ende des Sees hinüber, sehen wir eine kleine Senke, durch die wir zum Abstieg gelangen. Hinter der Senke treffen wir auf einen relativ gut erkennbaren Weg und folgen ihm links entlang (NO-O). Kurz darauf können wir dann in die tiefere schmale Senke hineingehen, wo auch ein Trampelpfad entlangzieht. Am Ende der Senke erwartet uns ein kleiner Hügel, an dem wir kurz davor **rechts** zu den Felsen hin **abbiegen** **06** und einen anderen Trampelpfad nehmen, der uns um die Flanken um den See führt. **Vorsicht!** Es geht auf und ab, ist sehr rutschig und felsig, teils sehr steil! An einer Stelle geht es über einen nicht einmal halben Meter breiten Weg, auf unebenen 20 m hohen Felsen hinab. Der Abschnitt ist nicht sehr groß, aber Haltemöglichkeiten sind begrenzt! Sind wir unten angekommen, wird diese Senke von einer alten Steinmauer durchzogen. Zum nächsten Berg hinauf gehen wir an dessen Flanke entlang und kommen darauf erneut in eine Senke. Dort zieht sich dann ein langer Bergrücken den See entlang.

Zuerst gehen wir **um den Bergrücken herum** **07**, können dabei Richtung Westen auf zwei andere Loughs blicken und Richtung S-SO in ein schönes Tal hineinschauen. Anschließend geht es am besten auf dem Rücken selbst weiter. Wir bleiben parallel zum See und müssen bald auf eine der weglosen Wiesen herunter. Vorsicht vor Stellen mit trockenem Gras auf dem Boden, dort ist es meist durch nassen Torf sehr rutschig! Wir gehen dann querfeldein bis zur **Mündung des Barley Lakes** **08**, überqueren den Ausfluss

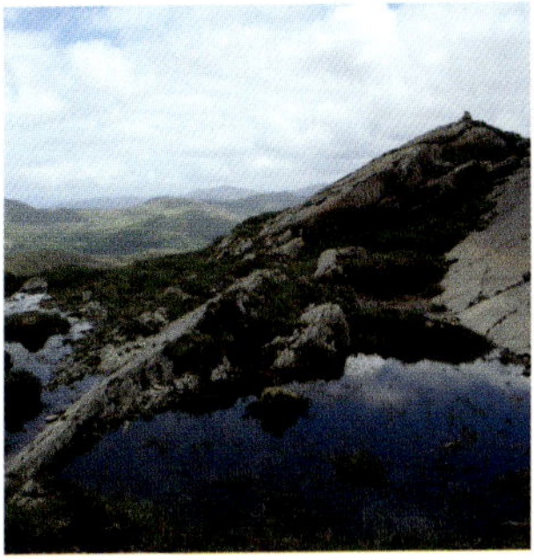

Sumpfiges Gelände oberhalb des Barley Lakes.

und folgen mehr oder weniger geradeaus einem Pfad (der sich verlieren kann) an zwei Felsrücken vorbei, bis wir auf einen breiten Torfweg nach rechts abzweigen und kurz darauf wieder den **Parkplatz** **01** erreichen.

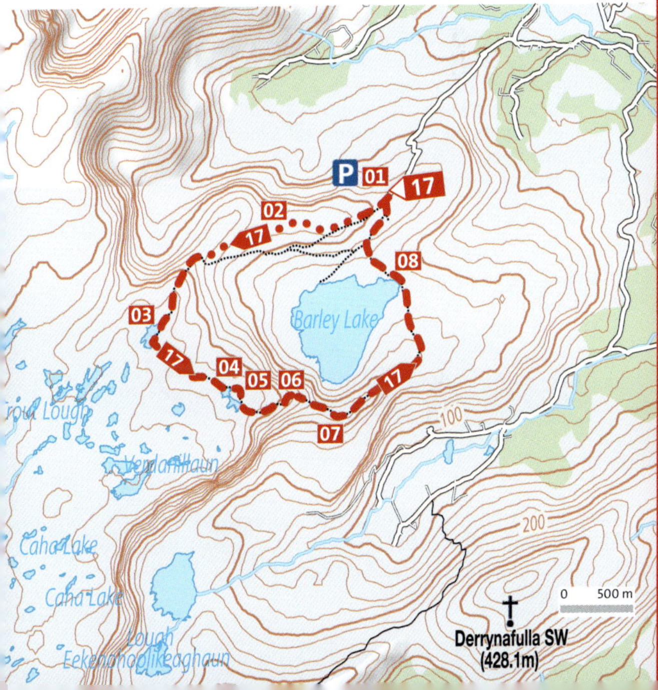

18

GLENGARRIFF WOODS • 58 m

Durch einen der wenigen Waldwege Irlands

8,4 km | 2:00 h | 235 hm | 263 hm

START | Von Glengarriff aus auf die N71 Richtung Kenmare, nach etwas weniger als 1,5 km findet man links eine Einfahrt an einem kleinen Haus zu den Glengarriff Woods, nach 300 m kommt der Parkplatz. Keine öffentlichen Verkehrsmittel.
[GPS: UTM Zone 29 x: 460.953 m y: 5.733.848 m]
CHARAKTER | Sehr leichter und durchweg ausgeschildeter als auch befestigter Rundgang, der an mehreren Stellen abgekürzt werden kann. Für jedes Alter geeignet und recht abwechslungsreich in seiner Szenerie.

Da die Berge in Irland allesamt freie Sicht bieten, stellt es durchaus eine Abwechslung dar, einmal durch sattes Grün und allen voran trockenen Fußes durch einen Wald zu wandern. Zur richtigen Jahreszeit (Sommer) wird man viele andere Menschen dort verweilen sehen. Wer also Ruhe sucht, sollte lieber früh aufstehen, oder in der Nebensaison den Weg in Angriff nehmen. Wer eine größere Herausforderung benötigt, dem würde sich der Barley Lake (siehe Track 17) anbieten, welcher nicht weit von den Woods entfernt thront.

▶ Am **Parkplatz der Glengarriff Woods** 01 starten wir unsere Wanderung und folgen dem Fahrweg, von wo aus wir die Beschil-

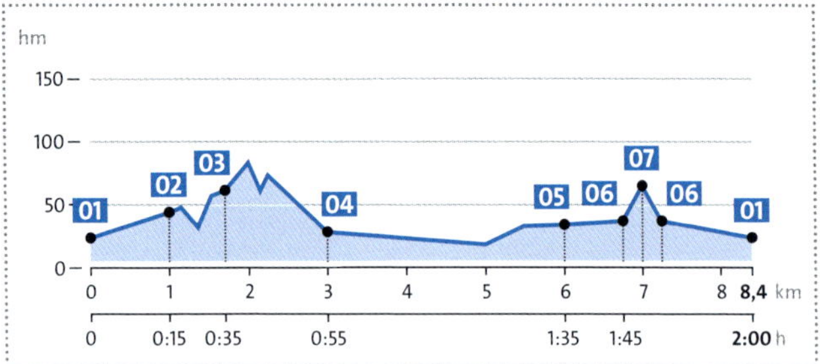

01 Parkplatz der Glengarrif Woods, 19 m; 02 Wasserfälle, 40 m; 03 Aussichtspunkt, 58 m; 04 Geradeaus, 24 m; 05 Lady Bantry Lookout Walk folgen, 30 m; 06 Zum Aussichtspunkt folgen, 33 m; 07 Lady Bantry Aussichtspunkt, 62 m

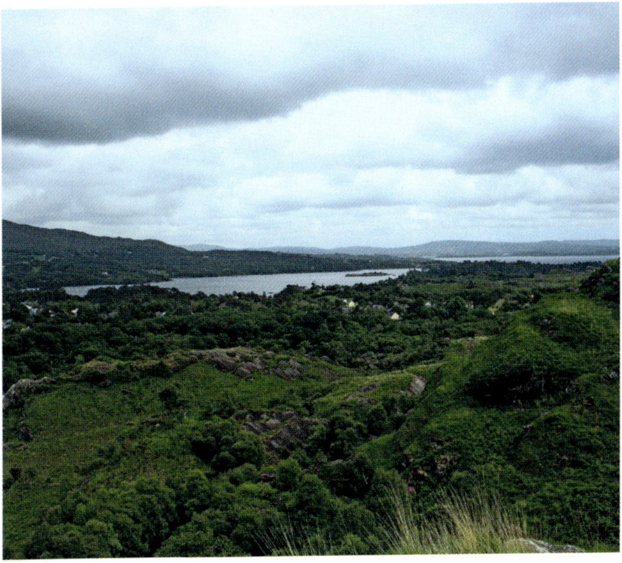

Aussichtspunkt am ‚Bantry Lookout'.

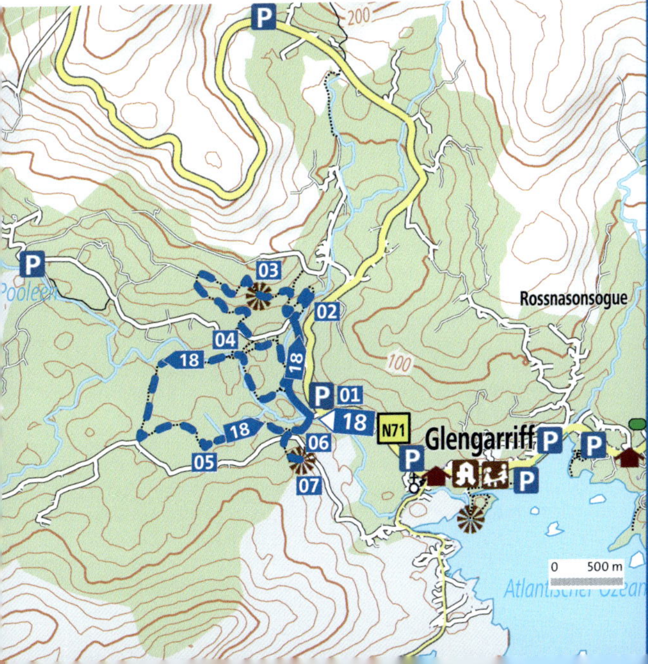

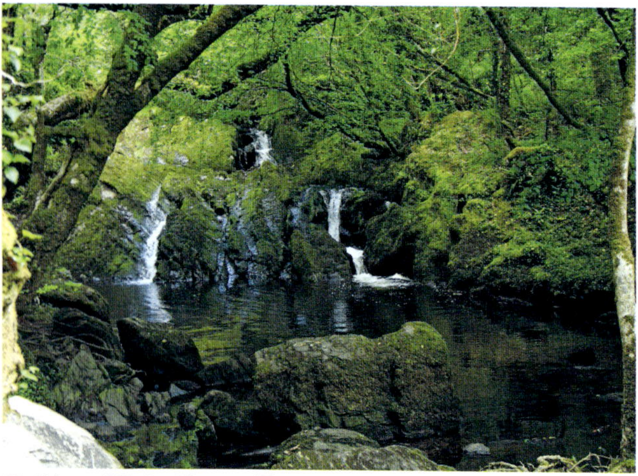

Die Wasserfälle im Glengarriff Forest.

derung zum „Esknamucky Walk", vorfinden. Kurz darauf treffen wir auf eine Querstraße (sie führt zum Barley Lake hinauf), der wir bis hinter die Brücke entlanggehen. Rechts ab befinden wir uns auf dem Weg zu den **Wasserfällen** **02**. Sie selbst sind klein, aber nicht minder schön.

Wir folgen dem Waldpfad bis kurz vor dem kleinen Parkplatz und nehmen dann die Abzweigung rechts weiter auf dem „Eskanmucky Walk", der nun etwas auf und ab geht, und uns von der Straße wegführt. **Aussichtspunkte** **03** und Bänke zur Rast sind ebenso vorhanden. Gehen wir den Waldweg weiter, halten wir uns bei Abzweigungen links. Kurz bevor wir wieder auf die Straße treffen, gehen wir bei der letzten Abzweigung jedoch **geradeaus** **04**. Diese überqueren wir, links abgehend, und folgen von nun an dem „River Walk". An der ersten Brücke vorbei (welche wieder zum Ausgangspunkt zurückführt) nehmen wir die kurze Zeit später auftauchende zweite Brücke, um den Fluss zu überqueren und nun auf dem „Big Meadow Walk" zu wandeln. Dieser verläuft durch eine zunächst offene Wiesenlandschaft (daher der Name) und führt über kurz oder lang in einen Hain hinein.

Letztlich geht der „Big Meadow Walk" nahtlos in den **„Bantry Lookout Walk"** über, dem wir als letztes **folgen** **05** werden. Schon bald erreichen wir eine weitere Abzweigung, die als **Aussichtspunkt** **06** betitelt ist und rechts abgeht.

Über Stufen hinauf und eine Straße überquerend kommen wir auf eben jenem **Aussichtspunkt** **07** an, der uns fantastische Überblicke über Glengarriff und die Bucht, als auch die Bantry Bucht selbst, bietet. Von dort aus laufen wir bis zum Wegweiser zurück, gehen geradeaus über die Brücke zu den **Parkplätzen** **01** und beenden damit unsere Wanderung.

HUNGRY HILL (CNOC DAOD) • 688 m

Auf dem höchsten Berg der Caha Mountains

12,6 km 4:30 h 935 hm 851 hm

START | Aus Richtung Glengarriff kommend auf der R572 Richtung Castletownbere. Etwa 6 km nach Adrigole und 300 m vor einer kleinen blaugestrichenen Kirche (ohne Turm) kommt eine Einfahrt nach rechts, die L95723-16, welche man sehr schnell verpassen kann, da es keine Hinweisschilder zum Hungry Hill gibt. Der kleine Ort heißt Curryglass/Rossmackowen. Nachdem wir die Straße genommen haben, geht der Weg gleich nach dem ersten Haus rechts ab. Der Straße für etwa 1 km folgen und hinter einem gelben Haus (Nora's Cottage) die Parkmöglichkeit nehmen.
[GPS: UTM Zone 29 x: 444.160 m y: 5.724.893 m]
CHARAKTER | Der hier vorgestellte Aufstieg ist langwierig und schwer und die Rundwanderung selbst mitunter sehr nass und matschig.

Ein richtiges Timing zur Besteigung zu finden, mag nicht immer einfach sein, da absolut gutes Wetter und wenig Wind als wichtige Voraussetzungen anzusehen sind. Davon abgesehen, bietet sich uns ein traumhaft schöner Überblick über Beara.

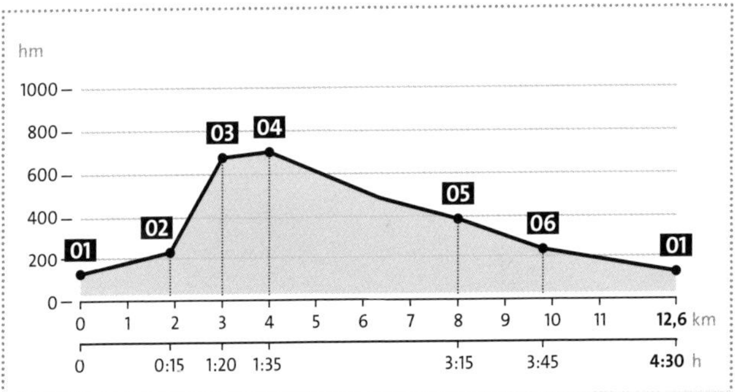

01 Parkplatz am Hungry Hill, 100 m; **02** 90°-Knick am Bach, direkt zum Berg hin, 205 m; **03** Hungry Hill Plateau, 661 m; **04** Gipfel des Hungry Hill, 688 m; **05** Fahrspur hinab folgen, 358 m; **06** Querfeldein, Beschilderung folgen, 211 m

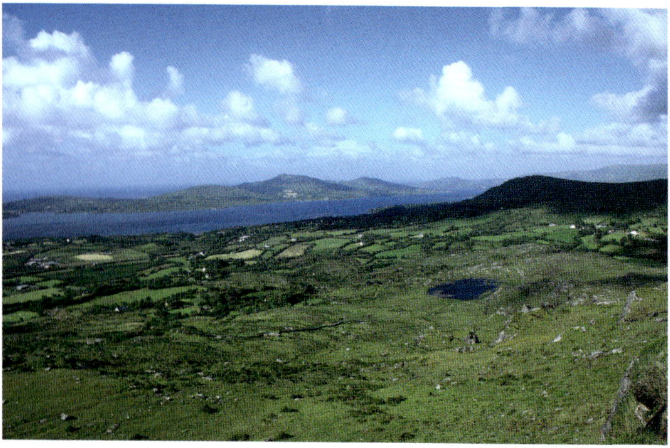

Auf halber Höhe zum Hungry Hill. In der Ferne ist der Sheeps Head (Tour 16) zu erkennen.

▶ Wir beginnen am „**Parkplatz**", nahe **des Hungry Hill 01** und folgen der Straße bis zu ihrem Ende, durchqueren ein Gatter, gehen den Weg hinauf und genießen einen ersten Ausblick auf den Park Lough. Rechts von uns geht ein Zaun entlang, in dessen Nähe wir auch die ersten Markierungen für den „Beara Way" vorfinden. Dem folgen wir vorerst hangaufwärts, bis der **Zaun einen 90°-Knick macht 02**.

Kurz darauf kommen wir an ein sehr steiles Bachbett, das vom Berg herunterzieht und wir nun zum Berg hinan folgen. Sobald wir auf die ersten großen Felsen zukommen, sehen wir deutliche Pfadspuren nach links abgehen. Eine große Grasebene erreicht, zieht diese steil zum Berg hinan, wird oben deutlich schmaler und endet zwischen zwei Felsvorsprüngen. Dies ist eine Route (die hier Beschriebene), die wir wählen können, welche am Ende dessen Klettern verlangt. Eine weitere wäre die Grasnarbe, die diagonal nach rechts hinaufzieht, welche etwas einfacher sein sollte und direkt zum Gipfelplateau führt. Sie sollte mit roten Farbmarkierungen an den Felsen (in regelmäßigen Abständen) gekennzeichnet sein. Wir nehmen jedoch die schwere Route und müssen uns auf durchweg nasses und teils rutschiges/steiles Terrain gefasst machen. Die kommenden Kletterpassagen sind nicht sonderlich groß, da der Berg aus zahlreichen Terrassen aufgebaut ist. Bis zum Plateau hinauf zieht sich der Weg jedoch ein ganzes Stück. Markierungen hinauf gibt es keine, ein Weg muss selbst gesucht werden. Haben wir es bis auf das **Hungry Hill Plateau 03** geschafft, eröffnet sich einem ein lohnender Blick über die Landschaft!

Obenauf laufen wir über eine flache, weite Torf- und Graslandschaft, was nach dem harten Aufstieg eine willkommene Abwechslung darstellt. Richtung NO blickend, können wir bereits den markierten höchsten Punkt des

Hungry Hill erkennen. Ab dem **Gipfel des Hungry Hill 04** geht es leicht bergab auf einem langen, nassen, matschigen Weg.

Vorerst laufen wir jedoch Richtung Norden, dann nach Westen (etwa auf Höhe der Gräben), mit Kurs auf die in der Ferne bereits erkennbaren Glas Loughs. Es gibt in den Felsen, durch die wir schreiten, regelmäßig auftauchende Markierungen roter und gelber Farbe mit Punkten und Pfeilen. Diese müssen aber erst einmal unter den vielen Möglichkeiten gefunden werden. Leider sind viele der Markierungen schon verblasst, was die Suche nicht einfacher macht. Der Weg zu den Seen zieht sich sehr und geht oberhalb an den Glas Loughs vorbei. Verlieren wir die Markierungen zwischendrin, laufen wir Richtung Westen, wo wir über kurz oder lang auf eine Fahrspur treffen. Durch Nässe und gebildete kleinräumige Seen müssen wir ggf. immer wieder kurze Umwege in Kauf nehmen.

An der **Fahrspur** angekommen, folgen wir ihr **hinab 05**, solange, bis wir an den ersten Pfeiler für den „Beara Way" kommen und uns zu den Felsen, links hinab, ins Tal führt, sodass wir **querfeldein der Beschilderung folgen 06**. Die Fahrspur selbst führt direkt zur Hauptstraße R572 zurück, was bei aufziehendem schlechten Wetter in Betracht gezogen werden sollte. Über nasses Weideland, Bachläufe und entlang von Felswänden gelangen wir nach etwa 1,5 km an eine Abzweigung (in der Nähe einer Brücke), die wiederum um die nun auftauchende Nase des Hungry Hills führt und uns auf direktem Wege vorbei an den Park Lough zurück zum Gatter und letztlich zum **Ausgangspunkt 01** bringt.

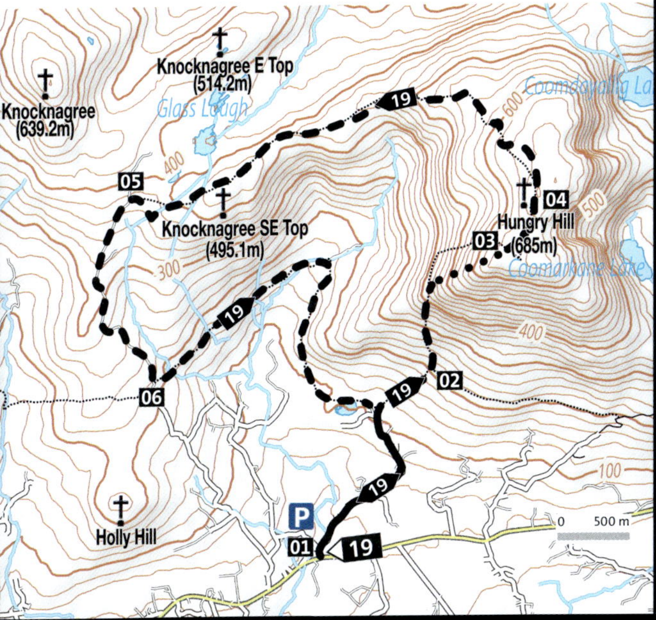

LOMANAGH GEO-TRAIL • 160 m

Einer von zwei Geo-Trails um Sneem

10,5 km | 2:45 h | 176 hm | 191 hm

START | Startpunkt ist die Charles De Gaulle Gedenkstätte, direkt in Sneem auf dem „Ring of Kerry" (N70), am Rande eines kleinen Parks. Neben dem Lomanagh Geo-Trail gibt es noch den Fermoyle Geo-Trail, welcher denselben Startpunkt hat.
[GPS: UTM Zone 29 x: 437.864 m y: 5.743.501 m]
CHARAKTER | Trotz der Bezeichnung „Geo-Trail" finden sich auf dem Weg keinerlei Informationen zur dortigen Geologie. Nichtsdestotrotz bietet der Weg viele schöne Aussichtspunkte auf die umliegende Landschaft und ist recht einfach zu begehen.

Der Weg selbst ist nach den ersten zwei Kilometern noch recht abwechslungsreich und führt über Weideland und einen kleinen Hain hindurch. Im Hinterland erhält man zudem Ausblick auf die majestätische Berglandschaft Kerrys, an der auch der Sneem River entspringt.

▶ Wir beginnen unsere Wanderung direkt an der **Charles De Gaulle Gedenkstätte** 01. Wir folgen vorerst rechtsseitig der N70, Richtung Waterville, bis eine kleine Straße rechts abgeht und der „Kerry Way" ausgeschildert ist. Wir folgen der Straße für einige Kilometer Richtung Westen und kommen an Farmland vorbei. Am Ende der Straße gelangen wir an eine Brücke, **vor der wir rechts abbiegen** 02, den Pfeilen folgend. Kurz darauf überqueren wir eine

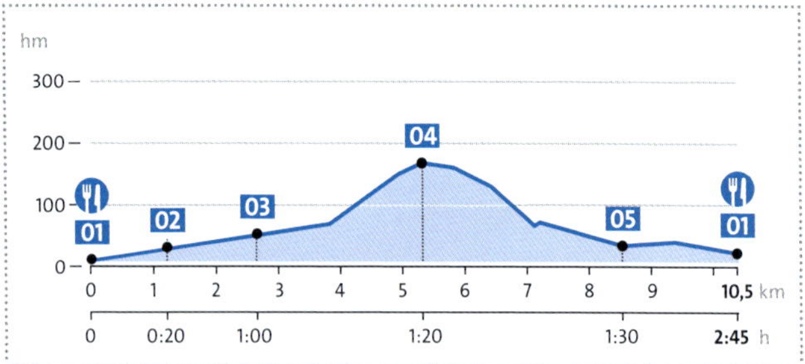

01 Start an der Charles De Gaulle Gedenkstätte, 10 m;
02 Vor der Brücke rechts, 25 m; 03 Farmland, 47 m;
04 Höchster Punkt, 160 m; 05 Rechts ab, Straße folgend, 34 m

Leiter und durchqueren privates Farmland. Bis hierhin mag es landschaftlich nicht sonderlich reizvoll gewesen sein, dafür ist es von nun an im Detail durchaus sehenswert. Viele kleine Bäche, leichte Hügel, satte Wiesen und ganz viel Moos an den Bäumen und alte Steinmauern lassen es doch wie aus einer anderen Zeit wirken. Nachdem wir eine kleine Brücke überquert haben, geht es nun direkt über **Weidegründe 03**. Der Pfad folgt weglosem Gelände, regelmäßig auftauchende Markierung jedoch weisen uns die richtige Richtung. Wir durchqueren ein neues Gatter und gehen geradeaus weiter, der nächste Pfeiler liegt etwas entfernter. Am

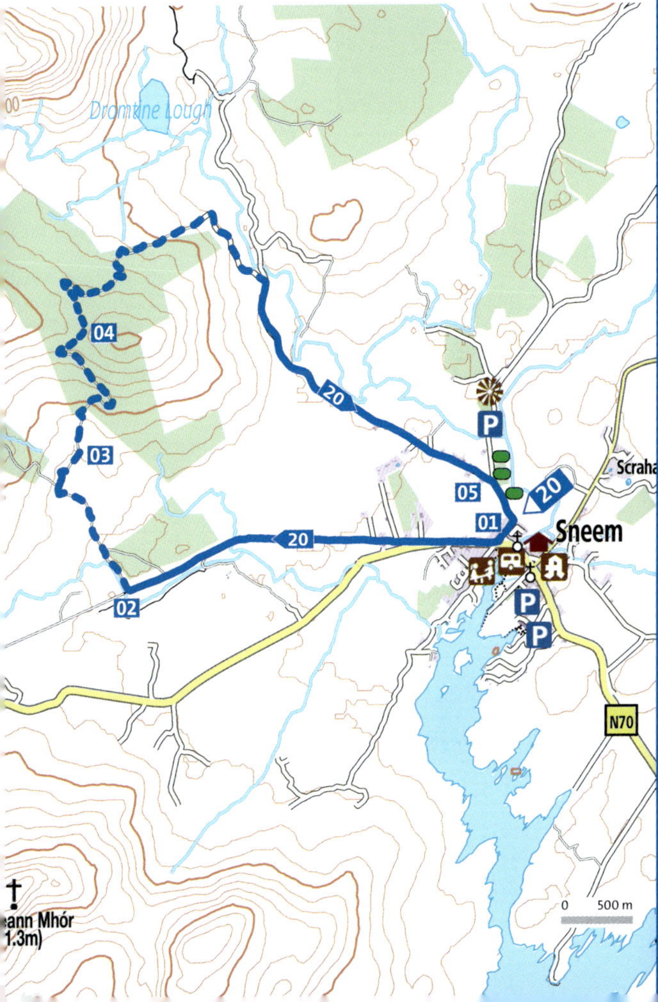

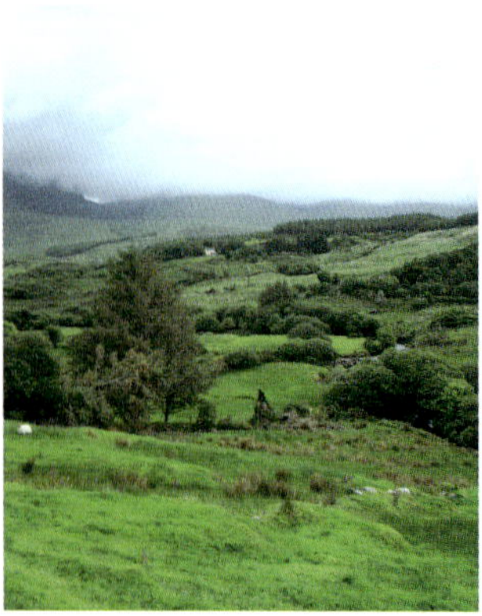

Aussicht auf satte Wiesem im Hinterland von Sneem.

Ende der Weiden angekommen, führt ein Überstieg über den Zaun. Der Weg, der sich nach kurzer Zeit nicht nur lichtet, sondern auch breiter wird, mündet in einen großen Platz. Rechts ab säumen junge Bäume den Weg, die uns fast schon die Aussicht auf die Bucht, an dem mit etwa 160 m **höchstgelegenen Punkt des Weges 04**, versperren. Bergab gehend, folgen wir der Schotterstraße nach rechts und genießen den Ausblick aufs Tal links von uns mit Blick auf den „Dromtine Lough". Schaut man vom Lough zu den Bergen hinauf, erblickt man eine deutlich breite Senke mit steilen Flanken, von wo ein Wasserfall hinabfließt. Dieser bildet einen der Zuflüsse des Sneem Rivers. Bald schon kommen wir an ein Gatter an.

Wir folgen dem Weg weiter, grob entlang des sich windenden Sneem Rivers, den wir jedoch nicht direkt zu Gesicht bekommen. Wir gelangen an eine geteerte **Querstraße und gehen rechts ab 05**. Pfeile und Wegweiser finden sich ab hier keine mehr. Sie teilt sich den Weg nun mit dem Fermoyle Geo-Trail, der nach links weitergeht und durch weiße Pfeile gekennzeichnet ist. Bis zurück zum **Ausgangspunkt 01** gehen beide Wege hier entlang.

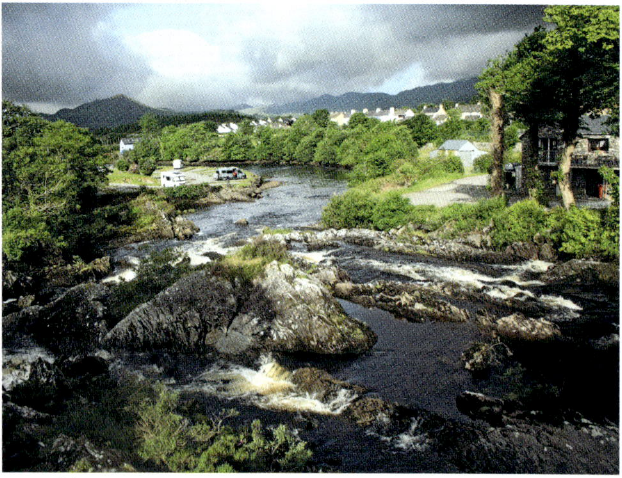

Der wilde Sneem River.

KERRY WAY (SLÍ UÍBH RÁTHAIGH) • 410 m

Ein Stück auf dem Kerry Way

30,3 km | 7:00 h | 1100 hm | 1101 hm

START | Startpunkt ist in Waterville, welches man von Killarney kommend auf dem Ring of Kerry (N70, beidseitig) erreichen kann. In Waterville gibt es viele Parkmöglichkeiten. Keine bis eingeschränkte öffentliche Verkehrsmittel.
[GPS: UTM Zone 29 x: 419.226 m y: 5.742.146 m]
CHARAKTER | Der Kerry Way ist mit gut 31 km die längste hier vorgestellte Tour. Weitestgehend geht es auf guten Wegen und Straßen voran, zwischen Caherdaniel und Windy Gap sowie dem folgenden Abstieg wird es jedoch etwas anspruchsvoller und je nach Wetterlage sehr nass.

Der eigentliche Kerry Way ist ein 214 km langer Fernweg, der in Killarney startet, rund um die Iveragh-Halbinsel zieht und auch wieder in Killarney endet. An Anlehnung an den Mutterweg stellt dieser Abschnitt nur einen kleinen Auszug dessen dar, der nicht in Gänze den Pfaden des eigentlichen Kerry Ways folgt. Nichtsdestotrotz eröffnen sich einem bei guten Verhältnissen wunderschöne Ausblicke, die diese Tour zu wahrscheinlich einer der schönsten in Irland macht.

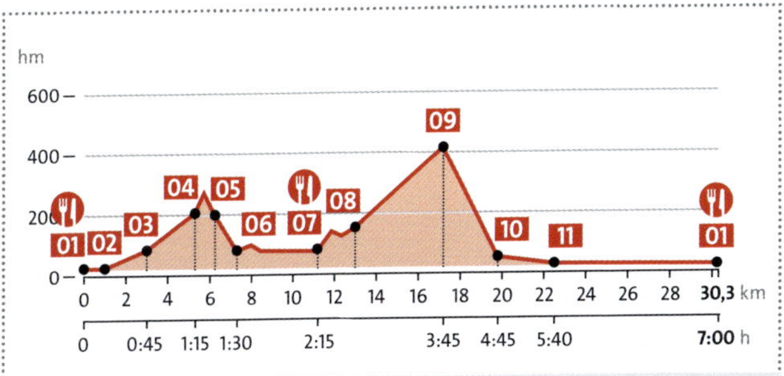

01 Start in Waterville, 4 m; **02** Rechts abbiegen, 4 m; **03** Auf Farmland, 65 m; **04** N70 überqueren, 191 m; **05** Über die N70, bei Pfeil rechts ab, 184 m; **06** Links (K) abbiegen [Anm.: ‚K' steht für Kerry Way], 62 m; **07** Caherdaniel, 58 m; **08** Kerry Way nach Waterville folgen, 137 m; **09** Windy Gap, 410 m; **10** Straße nach Waterville folgen, 33 m; **11** Geradeaus, 8 m

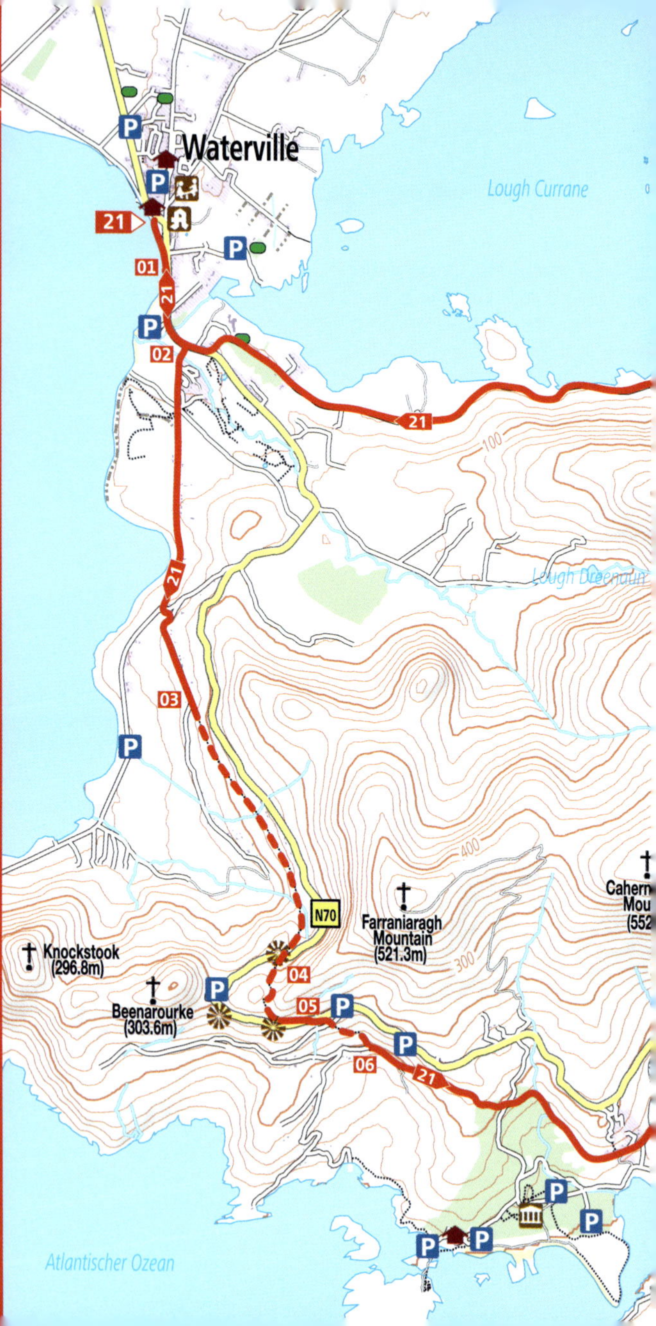
Waterville
Lough Currane
21
01
02
03
04
05
06
Lough Dreenaun
100
400
300
N70
Knockstook
(296.8m)
Beenarourke
(303.6m)
Farraniaragh
Mountain
(521.3m)
Atlantischer Ozean

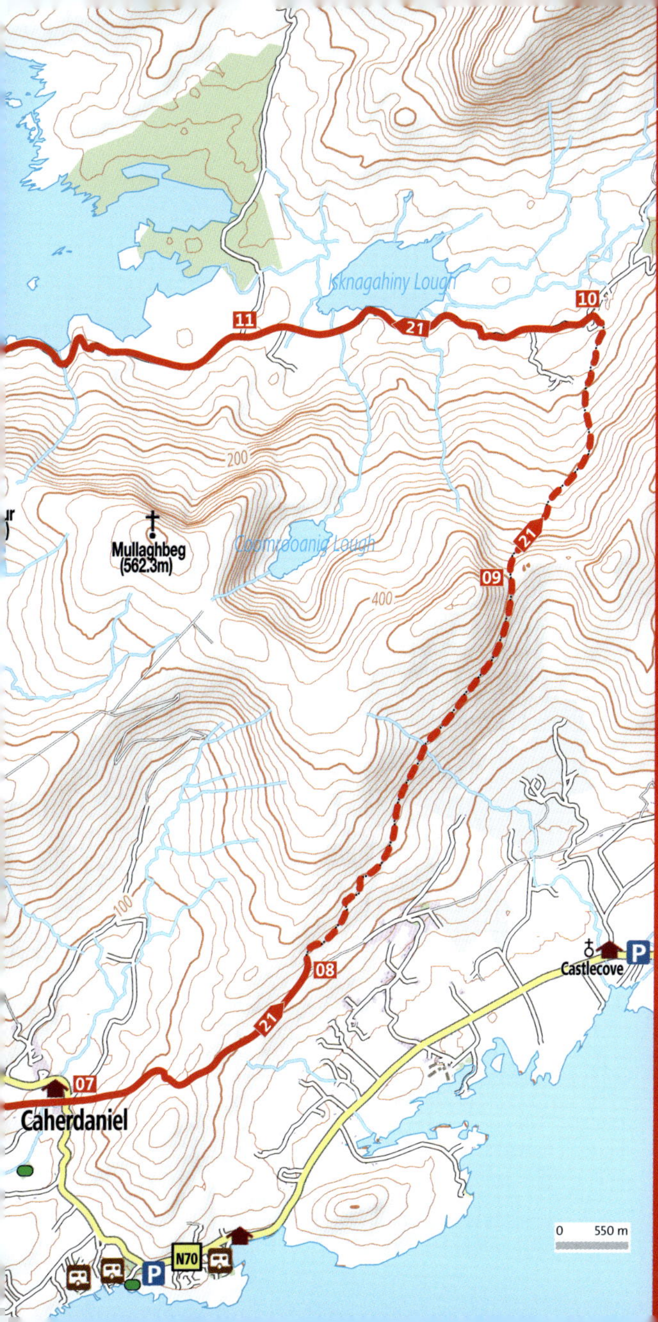
Isknagahiny Lough
10
11
21
200
Mullaghbeg
(562.3m)
Coomrooanig Lough
09
400
100
08
Castlecove
07
Caherdaniel
N70
0 550 m

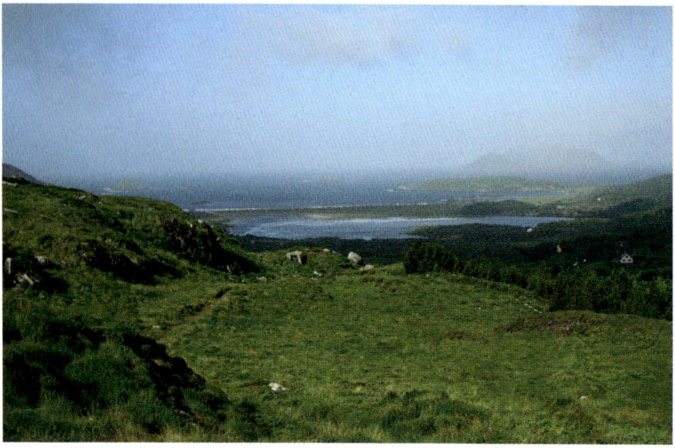

Oberhalb von Caherdaniel mit Blick auf den Derrynane Nationalpark (Tour 22).

▶ Wir beginnen die Wanderung in **Waterville** 01 und laufen entlang der N70 in Richtung Caherdaniel nach Süden weiter. Vorsicht, da es entlang der N70 keinen Fußgängerbereich gibt. Die Straße führt über einen Fluss bis hin zum ersten Haus, von wo aus der ausgeschilderte Weg **rechts abgeht** 02.

Nach etwa 2 km, hinter den Klippen und den letzten Häusern, führt uns ein beschilderter Schleichweg über eine Abkürzung von der Straße herunter. Diese kann sehr matschig und rutschig sein. Anschließend geht es wieder auf eine Straße, die nun parallel, aber unterhalb der N70 verläuft. Nach etwa 1 km führt der „Kerry Way" links ab und geht über eine Leiter nun **über Farmland** 03. Der letzte Abschnitt zur Überquerung der N70 hinauf ist erneut von deutlich matschigem und rutschigem Terrain gekennzeichnet. Wir überqueren die Hauptstraße und ziehen einen Pass zwischen den Bergen *Farraniaragh* (links) und *Beenarourke* (rechts) hinauf. Den Pass überquerend, folgen wir mit Vorsicht erneut ein Stück weit der N70 und **überqueren diese** 04, sobald ein Schild nach rechts über den Zaun leitet. Wir klettern **über den Zaun** 05 und gehen unterhalb der N70 entlang. Die Aussicht ist überragend und in der Ferne sind bereits die ausgedehnten Strände von Derrynane zu sehen.

Dem Weg entlang, treffen wir auf Markierungen, die **links ab** 06 den Hauptweg verlassen. Sind wir an einer Straße angekommen, folgen wir dieser etwa 10 m bergab, um dann wieder in den Wald hineinzuschreiten. Der Weg dort ist generell etwas nasser und matschiger. Durch den Wald kommen wir alsbald an einem Haus heraus. Wir gehen nun entlang der Zufahrtsstraße immer geradeaus, den Wegmarkierungen folgend. Letztlich geht es über eine Wiesenlandschaft und zwischen Weiden hindurch, bis wir bald an einer anderen Straße herauskommen, der wir bis zur N70 direkt hinaufgehen, überqueren und geradezu der Markierung folgen. Der Ort heißt **Caherdaniel** 07, wo es auch die Möglichkeit gibt, zu nächtigen.

Von nun an geht es eine ganze Weile lang über unbefestigte Wege, die nach Regenfällen äußerst matschig und nass werden. Dem Weg durch das Gatter hinauf ist sehr einfach zu folgen, obenauf jedoch bietet sich uns ein kleiner Überblick über die Küste und die vor uns liegende Hügel- und Berglandschaft. Haben wir den Pass überquert, schauen wir auf die Ostküste von Iveragh. Etwa 2,5 km nach Caherdaniel erreichen wir eine Wegkreuzung und **folgen der Beschilderung nach Waterville** 08, links von uns, weiter zum Windy Gap hinzu. Der Weg ist deutlich breiter, kann jedoch komplett nass, matschig und stark unterspült sein. Die **Windy Gap** 09 bildet den höchsten Punkt des Tracks. Von hier an geht es über Weiden abwärts. Vorsicht! Für den Abstieg zur geteerten Straße müssen wir uns Zeit nehmen und gute Sicht haben. Pfadspuren sind nicht eindeutig und der steile und nasse Charakter des Hanges sorgt für so manch einen Ausrutscher. Einzige Orientierungsmöglichkeit bieten die teils sehr weit auseinanderliegenden Wegmarkierungen (Pfeiler), die angepeilt werden müssen.

Wir bahnen uns unseren Weg abwärts und erreichen nach einiger Zeit ein Gatter und erste Höfe. Sobald das Gatter durchquert ist, geht es hauptsächlich durch Adlerfarn. Kurz vor dem ersten Haus wird es nochmal steinig mit großen Felsbrocken. Wir überqueren zwei Überstiege und kommen an einer **Straße heraus** 10, der wir links gehend für die nächsten 10 km geradeaus folgen werden. Zwischen den *Loughs* zeigt der Wegweiser rechts nach Waterville, wir gehen aber **weiter geradeaus** 11. Sobald wir an der N70 ankommen, biegen wir rechts ab, für einen Kilometer über den Abfluss des *Lough Currane*, und zurück nach **Waterville** 01.

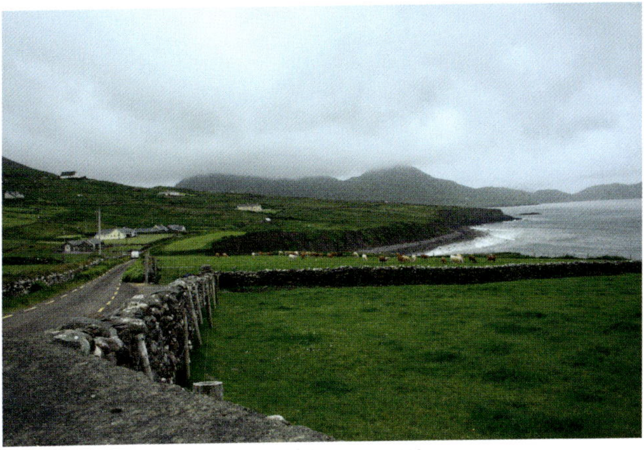

Irlandtypisches Küstenwetter auf dem Kerry Way.

DERRYNANE NATIONAL PARK (PÁIRC STAIRIÚIL NÁISIÚNTA DHOIRE FHÍONÁIN) • 86 m

An der Südwestküste Iveraghs

9 km 2:00 h 286 hm 299 hm

START | Aus Waterville kommend, fahren wir entlang des Ring of Kerry (N70 Richtung Caherdaniel), bis wir an das Hostel gleich links an der Straße in Caherdaniel kommen. Dort hinten nehmen wir die Straße rechts und folgen der Beschilderung zum Derrynane House, wo es genügend Parkmöglichkeiten gibt. Aus Richtung Sneem kommend, nehmen wir etwa 100 m vor dem Hostel die Abzweigung links in Caherdaniel, Richtung Derrynane House (ausgeschildert). Öffentliche Verkehrsmittel gibt es nicht. [GPS: UTM Zone 29 x: 422.091 m y: 5.735.297 m]
CHARAKTER | Eine wirklich szenisch schöne und leicht zu folgende Wanderung, die mit abwechslungsreichen Wegen Ausblicke über die Bucht und Strände bietet. Dadurch dass der Weg auch auf Teilen dem Kerry Way folgt, bekommen wir eine schöne Übersicht.

Neben dem Derrynane Haus gibt es zudem auf einer kleinen „Insel" einen alten Friedhof mit etwas Hintergrundgeschichte zu erkunden. Von diesen Sehenswürdigkeiten einmal abgesehen, bietet der Rundweg einen schönen Rundumschlag an Stränden, Wäldchen, Buchten und Natur allgemein. Die Landschaft ändert sich auf den

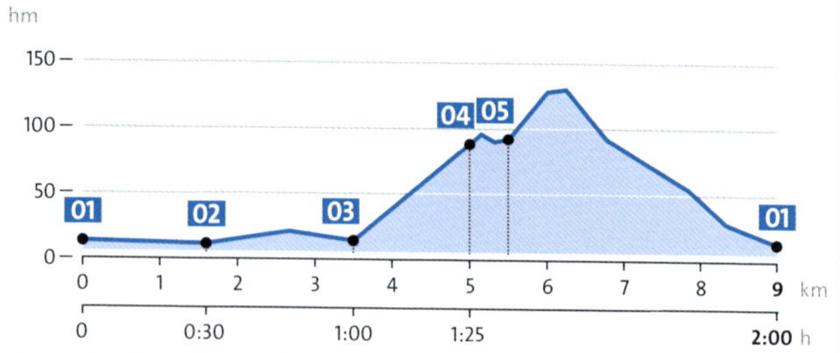

01 Startpunkt Parkplatz, 8 m; 02 Derrynane Abbey, 2 m; 03 Straße folgen, 1 m; 04 Kerry Way Beschilderung folgen, 86 m; 05 Rechts abbiegen, 17 m

knapp 9 km immer wieder und stellt seine zahlreichen Facetten zur Schau.

▶ Wir beginnen unseren Weg direkt am **Parkplatz vor dem Derrynane House** 01. Von da an gehen wir auf das Anwesen zu, halten uns links und schreiten durch ein Gatter zum Strand hinunter, wo wir entlang der Düne dem deutlichen Weg folgen. Wir kommen am Häuschen der Rettungsschwimmer vorbei, wo man sich nach den Gezeiten erkundigen kann. Ist die Tide günstig, gehen wir entlang des Strandes Richtung Derrynane Abbey. Alternativ können wir die Straße nehmen, die zu einem Parkplatz führt.

Auf der Insel angekommen, kann die alte **Derrynane Abbey** 02 als auch der dazugehörige Friedhof besucht werden. Früher gab es einen Rundweg um die Insel, der jedoch schon lange nicht mehr instand gesetzt wurde. Vorsicht in der Abbey zwecks Stolperfallen. Anschließend geht es vom anliegenden Parkplatz aus auf einem kleinen Schleichweg (Eingang an der Mauer) über die „Derrynane Inshore Rescue", weiter entlang des Hafens mit wunderschönen Ausblicken über die Bucht. Der Weg führt entlang von Felsen und kleinen Hainen, ist teils etwas matschig, aber sehr gut zu verfolgen. Wir kommen kurze Zeit später an eine Straße und gehen

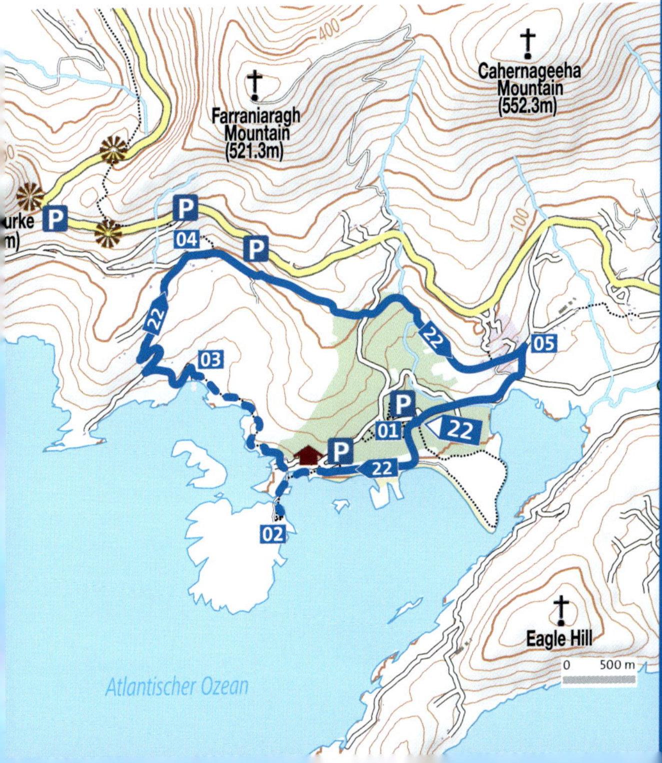

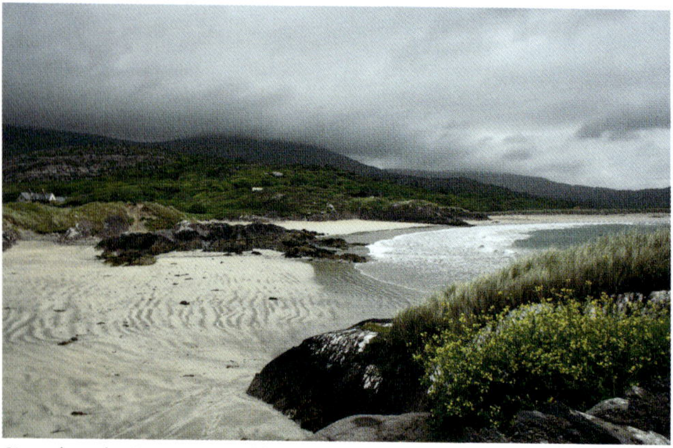

Strand an der Derrynane Abbey.

weiter geradeaus bis zu dem langen Pier. Dort **folgen wir der Straße** 03 über mehrere Serpentinen entlang, die uns hinauf Richtung N70 bringen.

Sind wir an einer **Abzweigung** 04 angekommen, finden wir ein Schild für den Kerry Way vor, welchen wir rechts abgehend und parallel unterhalb der N70 entlanggehen. Nachdem wir ein Gatter zwecks einer Leiter überquert haben, weisen uns die Markierungen kurze Zeit darauf nach links, den Hauptweg verlassend. Nach einem leichten Abstieg eröffnet sich uns ein schöner Panoramablick über Derrynane! Der Weg ist allgemein gut zu laufen, beim Abstieg liegt allerdings viel Geröll auf dem Weg. Abschnittsweise leichter Matsch.

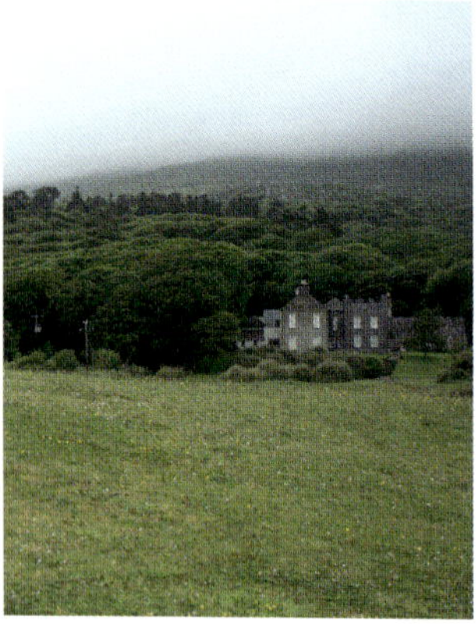

Das Derrynane House.

An einer Straße ankommend, gehen wir diese etwa 10 m herunter und dann wieder in den Wald hinein, welcher generell etwas nasser und matschiger ist. Alternativ kann auch die Straße hinabgenommen werden, sie führt zum Derrynane House herunter. Durch den Wald kommen wir dann bald an offeneres Gelände heraus und nach einiger Zeit an einem Haus heraus. Die Zufahrtsstraße gehen wir hinab, bis eine zweite sehr schmale Straße in jene mündet. Der Kerry Way geht links hinauf, wir aber gehen **rechts ab** 05 (Vorsicht vor Verkehr!), zurück zum **Derrynane House** 01 (an der nächsten Straße dann rechts).

KNOCKNADOBAR (CNOC NA DTOBAR) • 681 m

Auf den Spuren eines alten Pilgerweges

8,5 km | 2:15 h | 682 hm | 692 hm

START | Von Cahersiveen, auf der N70 ausgehend, zweigen wir hinter dem Stadtzentrum Richtung „The Old Barrack" ab, wo wir über die Brücke des Valencia River schreiten und der Straße bis zur nächsten großen Kreuzung folgen. Von da aus ist der Weg zum Knocknadobar ausgeschildert (in Irisch), was bis zum Parkplatz nochmal 2,7 km in Anspruch nimmt.
[GPS: UTM Zone 29 x: 416.795 m y: 5.759.332 m]
CHARAKTER | Ein durchaus leicht zu erklimmender Berg, der zwar einige Matschpassagen bietet, diese aber teilweise auch umgangen werden können. Es geht stetig bergauf, was eine gewisse körperliche Fitness voraussetzt; dafür wird man bei gutem Wetter mit einem wunderschönen Ausblick belohnt. Bei wolkenverhangenem Gipfel jedoch sollte man von einem Aufstieg absehen.

Der Knocknadobar ist ein Pilgerweg, an dessen Spitze auch heute noch eine jährliche Messe abgehalten wird. 1885 wurden die heute noch vorhandenen 14 Steinkreuze errichtet, die symbolisch für die 14 Etappen des Leidensweges Jesus stehen. Auch vor der Chris-

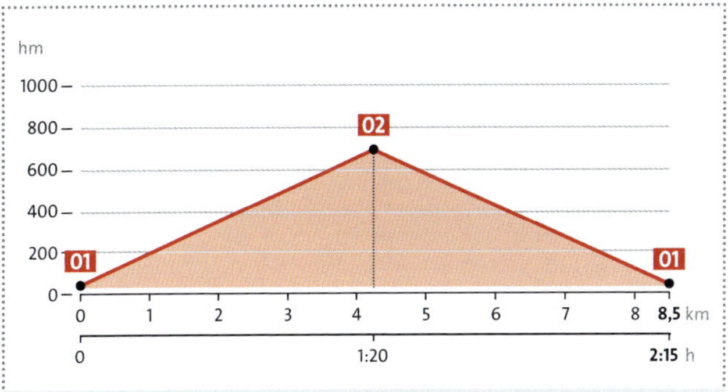

01 Parkplatz am Knocknadobar, 12 m; 02 Gipfelkreuz, 681 m

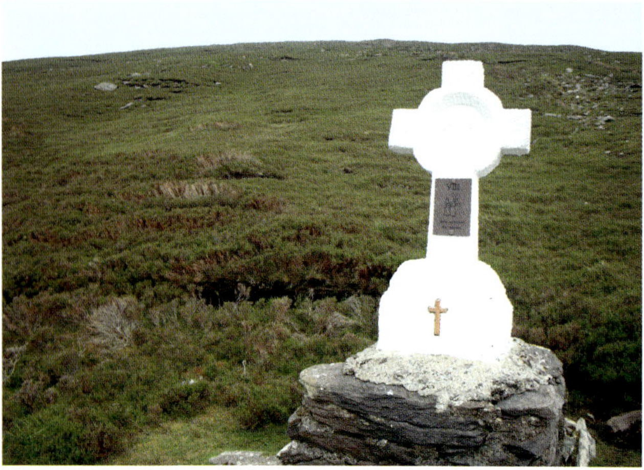

Eines der 14 markanten weißen Kreuze, die uns auf unserem Weg begleiten.

tianisierung Irlands hatte der Berg eine heidnische Bedeutung, versammelte man sich dort u.a. zum Zelebrieren von Festen, wie etwa dem „Lughnasa“, dem Erntefest.

▶ Am Fuße des Berges befindet sich ein **Parkplatz** 01, welcher als Startpunkt dient. Der gesamte Weg zur Spitze ist mit weißen, recht nah beieinanderstehenden Pfeilern sowie 14 großen, weißen Steinkreuzen markiert, die bereits vom Parkplatz aus deutlich ins Auge fallen. Vom Startpunkt aus gehen wir durch ein Gatter auf Farmland und folgen dem sehr matschigen Weg entlang der Markierungen, wo wir kurze Zeit darauf erneut an ein Gatter gelangen. Allgemein ist es im unteren Teil des Weges am nassesten und matschigsten. Wir gelangen an einem Punkt, an dem wir gelben Pfeilen nach rechts folgen sollen. Nun ist der Weg aber besonders von Nässe und Matsch gekennzeichnet, da er recht eben liegt. Wenn es die Tage zuvor geregnet hat, empfiehlt es sich, geradezu, querfeldein zu laufen, wo es trockener ist und zudem auch ein wenig kürzer. Wir kommen dann etwas höher wieder auf den Weg hinauf. Ferner finden sich auch immer wieder nasse und matschige Passagen am Hang selbst, vornehmlich geht es aber über steiniges Terrain. Die Aussicht kann bereits von verschiedenen Höhenpunkten am Hang genossen werden, am schönsten ist es allerdings obenauf, wo – bei guter Sicht – bis nach Dingle und Carrauntoohil/Kerry geschaut werden kann. Verdecken dichte Wolken den Gipfel, sollte über eine Rückkehr nachgedacht werden. Die Winde obenauf, gepaart mit starken Regenfällen, und eine ohnehin aussichtslose graue Suppe sind nicht besonders reizvoll. Das **Gipfelkreuz** 02 zeigt nicht den höchsten Punkt an, dieser liegt noch ein paar Meter weiter oberhalb.

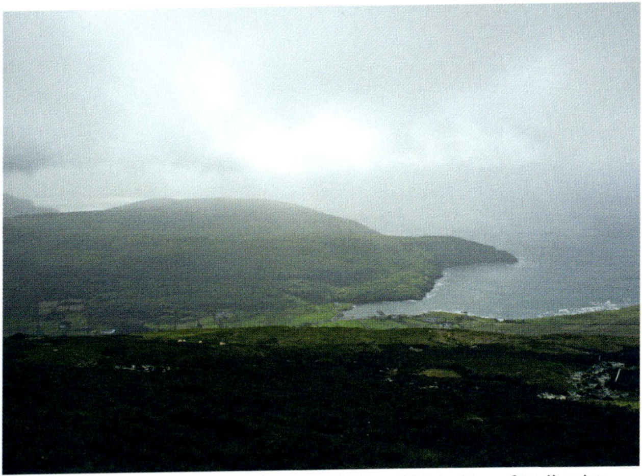

Gepeitscht von Regen und Winden mit einer Sicht, die auf Null geht, gilt es, aus dem Gipfelbereich herauszukommen.

Beim Abstieg können wir nach Möglichkeit, durch die guten Sichtverhältnisse und dem klaren Gelände, einige Wege abkürzen. Vorsicht ist natürlich, gerade bei matschigem Untergrund, geboten. Der Weg ist allgemein immer deutlich, aber nicht zwangsläufig wegsam.

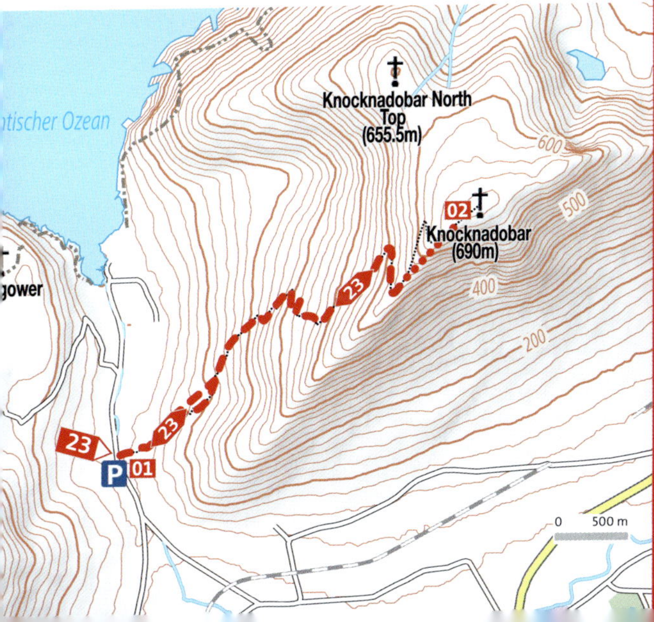

MT. EAGLE (SLIABH AN IOLAIR) • 517 m

Am Slea Head unterwegs

9,2 km | 2:15 h | 486 hm | 477 hm

START | Von Dingle kommend, fahren wir auf der R559 Richtung Slea Head, entweder entlang der Küste oder über Dunquin. Den Küstenweg nehmend, kommen wir bald an ein kleines Örtchen mit dem Namen Coumeenoole, kurz davor gibt es einen Aussichtspunkt (Radharc na mBlascaoidí), wo geparkt werden kann (viele Touristen!) und unsere Wanderung startet. Es gibt keine öffentlichen Verkehrsmittel.
[GPS: UTM Zone 29 x: 400.324 m y: 5.773.727 m]
CHARAKTER | Ein kontinuierlicher, aber leicht zu folgender Aufstieg, der hauptsächlich über Weideland, weiter oben auch über Steine/Felsen und im Gipfelbereich über Sumpfgebiete führt.

Hat man Glück mit dem Wetter, eröffnet sich ein sehr schöner Rundumschlag an Aussichten, was der Lage des Mt. Eagle am Slea Head geschuldet ist. Geschichtlich hervorzuheben wäre, dass Mt. Eagle das erste Stück europäisches Land gewesen war, welches Lindbergh 1927 mit dem ersten transatlantischen Überflug gesehen hatte.

▶ Vom **Parkplatz (Radharc na mBlascaoidí)** 01 aus gehen wir gut 200 m die R559 zurück, bis wir links auf den mit gelbem Pfeil und Wanderer markierten „Dingle Way“ kommen. Wir steigen über den Überstieg und gehen den Weg in recht steilen Kurven hinan. Sobald wir an einen Zaun mit Durchgang kommen, **wechseln wir die Seiten** 02, ignorieren die

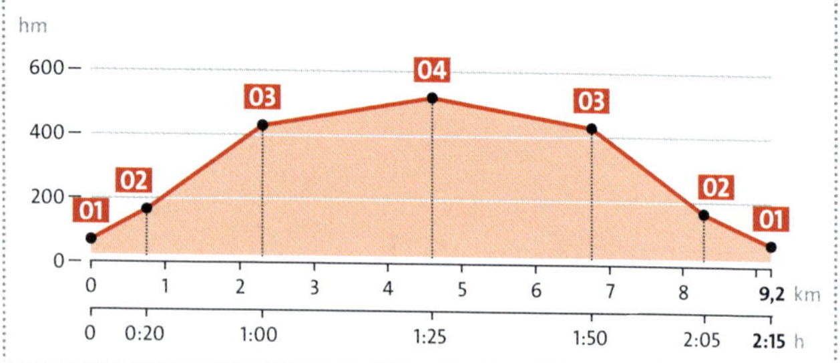

01 Radharc na mBlascaoidí Aussichtspunkt, 49 m; 02 Seitenwechsel, 149 m; 03 Binn an Choma, 423 m: 04 Mt. Eagle Gipfel, 517 m

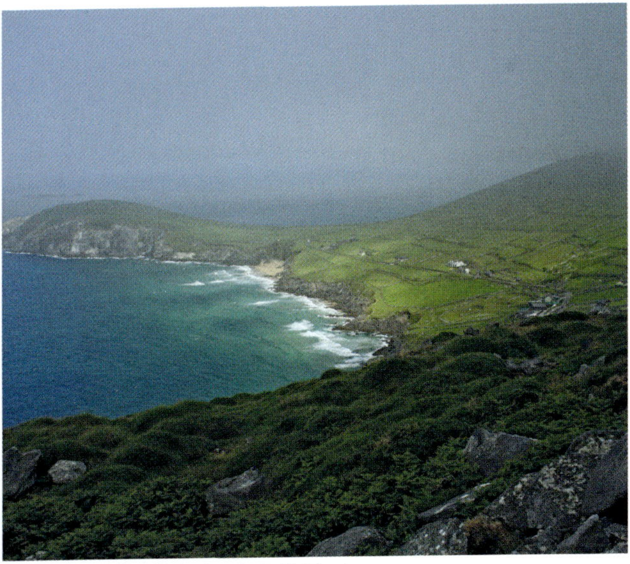

Ausblick auf die Küstenlandschaft Dingles.

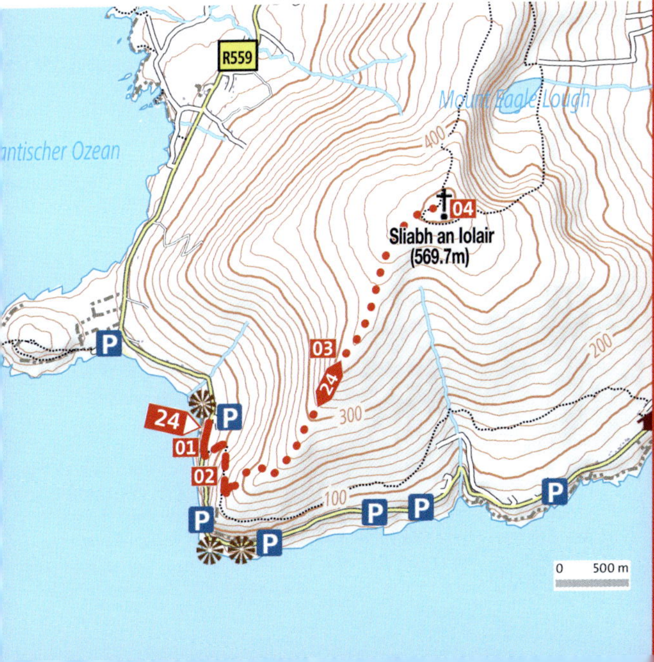

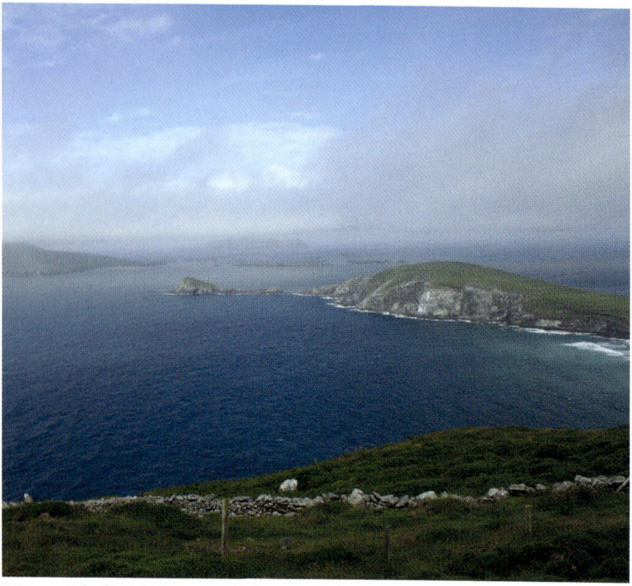

Wenn sich die Wolken verziehen und die Natur zum Verweilen einlädt.

Wegmarkierungen und folgen dem Zaun für ein kleines Stück entlang einer Grasnarbe auf der anderen Seite. In mehreren Kurven laufen wir entlang von großen Steinhaufen und kommen bald an ein weiteres Gatter. Gleich dahinter treffen wir auf eine Stromleitung, die wir dem Weg folgend unterqueren. Wir erreichen eine quergehende alte Steinmauer, die sich entlang des Bergrückens hinaufzieht. Linksseitig geht es immer entlang der Mauer den Berg hinauf. Ab etwa 350 Hm wird das Gelände steiler und auch deutlich felsenreicher, wo uns ein recht deutlicher Trampelpfad hindurchführt. Ein kleiner Steinhaufen links der Mauer markiert den unmarkanten Vorgipfel **Binn an Choma** 03. Der Weg bleibt links der Mauer auf ebenem Grund. Weiter oben auf der Ebene verliert sich der Weg sowie die Überreste der Mauer hin und wieder im nassen Grasland. Bei schlechter Sicht gehen wir strikt nach NNO. Kurze Zeit später kommt der Pfad jedoch wieder deutlicher hervor. Der Aufstieg bis zum Gipfelplateau ist einfach und dort angekommen, erwartet uns erneut ein sehr nasses/sumpfiges Terrain, welches jedoch über ein paar Steine und dicke Torfflächen übergangen werden kann. Nach ein paar weiteren Metern auf nur schwach erkennbaren Pfaden kommen wir zum Vermessungspunkt, dem **Gipfel** 04.

Von hier an nehmen wir denselben Weg bergab. Alternativ, können wir noch bei sehr guten Sichtverhältnissen, einen Rundweg um den etwas hinter dem Gipfelplateau liegenden Lough angehen.

MT. BRANDON (CNOC BRÉANAINN) • 955 m

Benannt nach St. Brandon

19,7 km 6:00 h 1141 hm 1149 hm

START | Von Dingle kommend, geht die recht unscheinbare Straße R560 Richtung Connor Pass. Wir fahren weiter (später auf der R550) nach Cloghane, wo wir zwischen dem O'Connors Guesthouse und dem Brandon Hostel die Wegmarkierung des Dingle Way vorfinden (gelber Pfeil mit Wanderer) sowie ein Schild, das uns zu den „Burial Grounds" führt. Zwischen zwei Häusern geht der unscheinbare Weg hinauf. Geparkt werden kann im Ort. Es gibt keine öffentlichen Verkehrsmittel nach Cloghane. [GPS: UTM Zone 29 x: 419.271 m y: 5.787.885 m]
CHARAKTER | Langer und felsiger Aufstieg. Der letzte Teil dessen ist steil und bietet Kletterpassagen. Der Abstieg hingegen ist mitunter steil, äußerst rutschig, matschig, sumpfig und kann sich trotz der recht geringen Entfernung zur nächsten Schotterpiste doch recht lang ziehen.

Die Besteigung des Mt. Brandon ist wahrhaftig traumhaft schön. So anstrengend es für den einen oder anderen auch sein mag, so sehr lohnt es sich für diese atemberaubenden Ausblicke! Der Weg

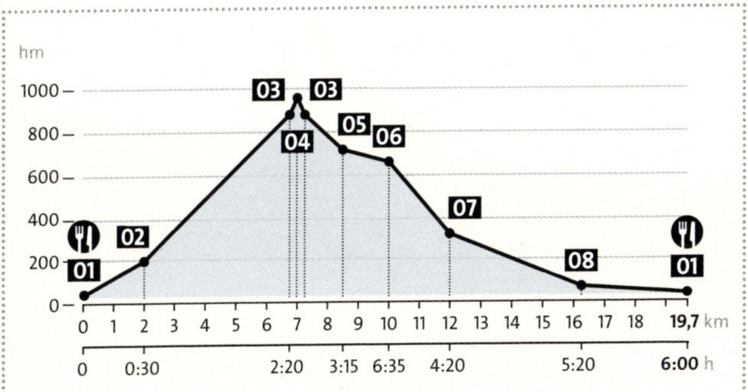

01 Startpunkt in Cloghane, 8 m; **02** Parkplatz, 172 m; **03** Pass, 874 m; **04** Mt. Brandon Gipfelkreuz, 955 m; **05** Piaras Mór, 704 m; **06** Ogham Stone, 645 m; **07** Rechts ab, 298 m; **08** Hauptstraße geradeaus folgen, 41 m

ist auch bei schlechter Sicht zu finden, allerdings mindert dies natürlich die Ausblicke. Sollte schlechtes Wetter während der Besteigung aufziehen, ist es ratsam, denselben Weg abzusteigen, gleiches gilt bei sehr starken Winden, denen man obenauf schutzlos ausgesetzt ist. Für den Abstieg ist Ausdauer und Trittsicherheit vonnöten.

▶ Vom Startpunkt an der Hauptstraße in **Cloghane** **01** ausgehend, kommen wir schnell an einer alten Kirchenruine samt Friedhof (den „Burial Grounds") vorbei. Wir folgen den Wegmarkierungen über Weiden, bis wir auf eine Straße gelangen und entgegen den Markierungen (für den Dingle Way), links auf der Straße, den Berg hinaufziehen. Am Ende des befestigten Weges gibt es einen **Parkplatz** **02**. Falls es im Dorf keine Möglichkeiten gab, nimmt man die nächste Straße, direkt nach dem Hostel links, und fährt sie bis ans Ende hinauf.

Von da aus geht der durchgängig markierte und leicht zu folgende Weg ab, der uns durch zwei Gatter führend an einen Altar bringt und letztlich diagonal den Berg entlangführt. Der Weg selbst ist eine Geröllschneise inmitten einer intakten Graslandschaft. Ab etwa 600 Höhenmetern ebnet sich der Pfad vorerst und führt weiter seitwärts an der Flanke des Berges. Sobald wir um die Kurve laufen,

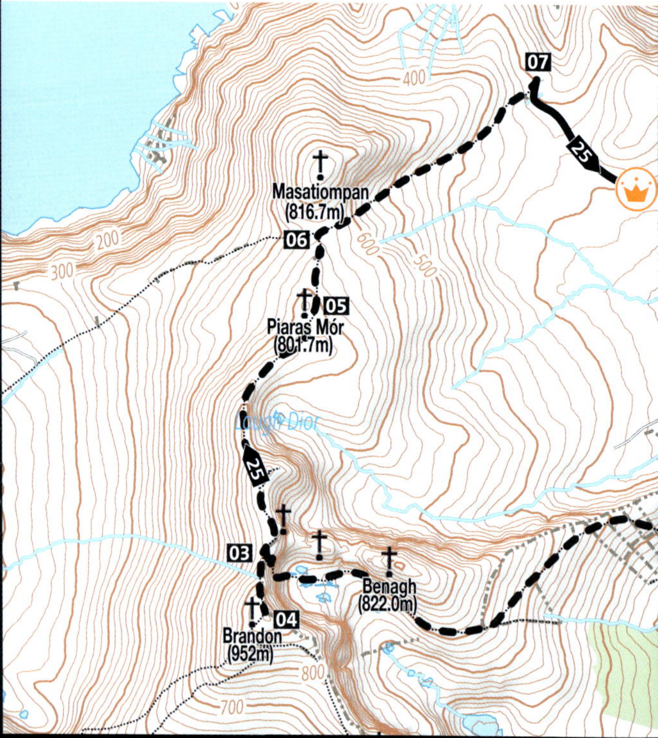

St. Brandon

St. Brandon („*Brendan der Reisende*“) wurde im 5. Jahrhundert auf der Dingle-Halbinsel in der Nähe von Tralee geboren und war Seefahrer sowie Priester und Gründer einiger Klöster in Irland. Er schrieb das Buch „Navigatio Sancti Brendani“ und hatte im Westen des Atlantiks nach dem Heiligen Land gesucht. Dabei könnte er möglicherweise Amerika noch vor den Wikingern erreicht haben. Selbst Columbus soll ins County Galway gekommen sein (Brandons ist dort gestorben), um die Berichte von Brandon zu lesen, um dann ins Gelobte Land Brandons zu reisen.

eröffnet sich ein atemberaubender Blick ins Tal, was von den Bergen zu drei Seiten umschlossen liegt. Viele kleine Bergseen, ein langer Flusslauf, sanfte und spitze Felsen sowie sattes Moos und Gras prägen diese unberührte Wildnis. Der Weg wird etwas undeutlicher, sobald wir den ersten kleinen Lough erreicht haben. Von da an beginnt es deutlich steiler zu werden. Markierungen sind ausschließlich vereinzelt durch, auf Felsen aufgemalte Pfeile ge-

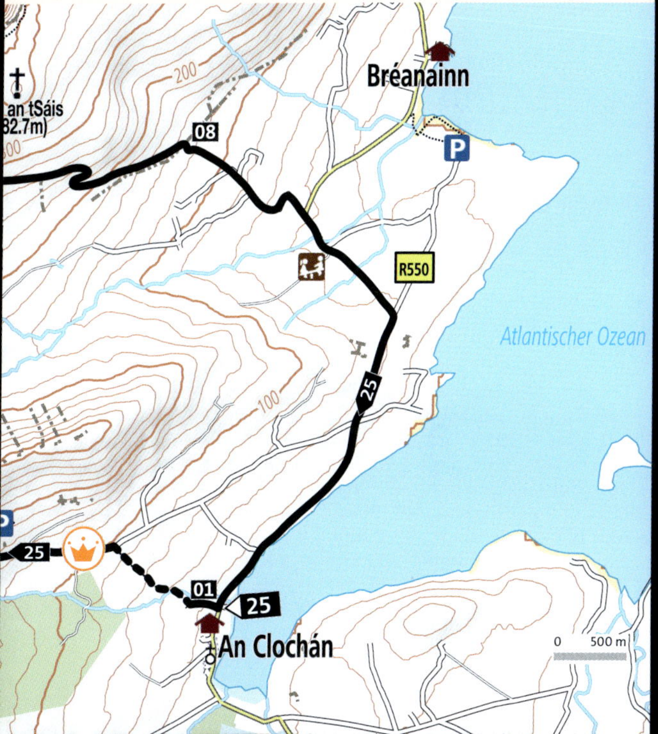

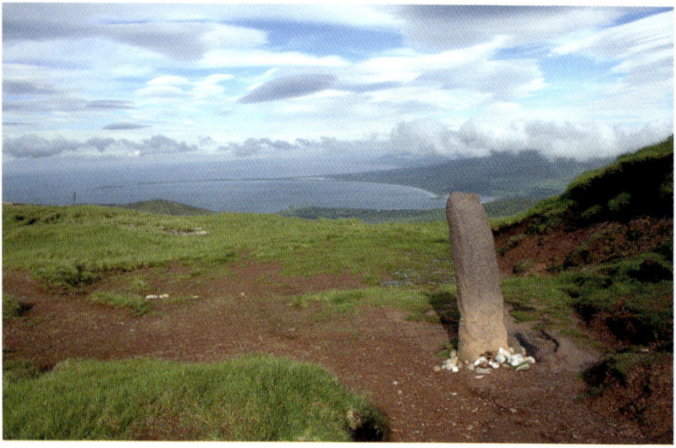

Ogham Stone.

geben. Dem Weg (Geröll) ist aber sehr leicht zu folgen, manchmal jedoch etwas irreführend. Es geht im Zickzack über Felsen auf sehr steilem Gelände hinauf, der Ausblick ist überragend! Gute Trittsicherheit als auch der Einsatz der Hände sind hier Voraussetzung. Auf dem **Pass** **03** angekommen, geht es auf einen kurzen Weg nach links zum **Gipfel des Mt. Brandon** **04**.

Wir gehen den Weg zurück, am Aufstiegspunkt vorbei, über die Berghänge. Den weiteren Weg ist denkbar einfach zu folgen. Ein alter Zaun, von dem ausschließlich noch die Pfeiler übrig sind, weist uns den gesamten Weg. Es geht dabei immer wieder auf und ab, auf vorwiegend trockenem, aber teils etwas steinigem Gelände. Aus der Ferne sehen wir bereits den sehr markanten **Piaras Mór** **05**, der sehr spitz und kahl, aber dafür kleinräumig aus der Landschaft heraussticht. In der Senke, direkt am Fuße des Berges, müssen wir ein Feuchtgebiet über Grasflächen und Steine überqueren, folgen aber weiter den Zaunpfeilern. Wegmarkierungen allgemein gibt es nur sehr vereinzelt. Kurz dahinter kommen wir in eine weitere Senke, wo der Dingle Way die Zaunpfeiler kreuzt (markiert), welchen wir fortan Richtung Osten (rechts) und somit absteigend folgen werden. Gleich hinter der Abzweigung befindet sich ein *„Ogham Stone“* **06**, ein alter keltischer, mit Zeichen beritzter Stein, von denen es in Irland so einige gibt.

Von da an folgt der Abstieg, welcher sich als äußerst schwierig erweist. Viel und tiefer Schlamm (teils knöcheltief), Nässe sowie steiles Terrain machen das Unterfangen zeitaufwändig und kräftezehrend. Der Schlamm und die Nässe bleiben uns bis zur Schotterpiste erhalten, man rutscht sehr leicht aus! Dort angelangt, gehen wir **rechts** **07** für etwas mehr als 3 km ab und folgen dem Weg bis zur R550. An dieser angekommen, verläuft der Dingle Way links ab, wir aber schreiten **geradeaus** **08** für weitere rund 3 km zum **Ausgangspunkt** **01** zurück.

O'BRIENSBRIDGE (DROICHEAD UÍ BHRIAIN) • 36 m

Entlang des Shannon durch ein verschlafenes kleines Örtchen

15,3 km 3:30 h 86 hm 100 hm

START | Von Limerick aus kommen wir auf der R463 nach O'Briensbridge. Wir können direkt neben der markanten Brücke über den Shannon parken. Es gibt keine direkten öffentlichen Verkehrsmittel. [GPS: UTM Zone 29 x: 533.726 m y: 5.844.861 m]
CHARAKTER | Ein durchweg einfacher, befestigter und gut ausgeschildeter Weg, welcher entlang vom Shannon als auch des parallel verlaufenden Kanals verläuft.

Die titelgebende O'Briensbridge wurde 1506 von Bischof Kilaloe Turlough O'Brien erbaut, daher der Name. Entlang ein paar alten Zeugnissen der Vergangenheit. In Ardnacrusha, etwas flussabwärts, wurde 1929 unter großer Teilnahme von Siemens ein großer Staudamm zur Gewinnung von Strom errichtet. Trotz der Eingriffe in die natürlichen Verhältnisse des größten Flusses Irlands holt sich die Natur immer wieder Teile der Flussufer zurück, wie wir auch auf dem Weg sehen können.

▶ Wir starten unsere Wanderung direkt am **Parkplatz der O'Briensbridge** 01 und laufen Richtung Osten, dem grünen Pfeil des *„Parteen Weir Loop"* folgend. Früher ging der Weg direkt unter der O'Briensbridge hindurch, ist aber jetzt gesperrt. Ein schwarzer

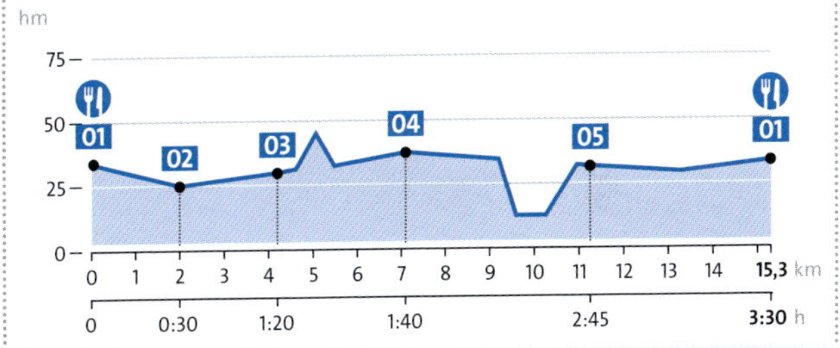

01 Parkplatz an der O'Briensbridge, 32 m; 02 Staudamm, 23 m; 03 Rechts ab, 28 m; 04 Geradeaus, 36 m; 05 Unter der Brücke durch, 30 m

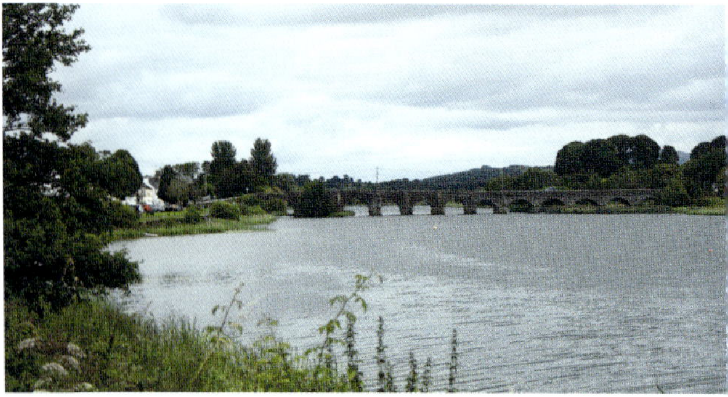

Die O'Briensbridge.

Pfeil („*Loop Walk Diversion*") führt einen links der Brücke auf eine Umleitung. Hinter der Brücke bleiben wir am Fluss und folgen dem sehr gut ausgebauten Weg. Wir treffen auf ein paar Tafeln, die etwas zu der Geschichte erzählen, unter anderem kommen wir an einer vorbei, die von einer alten Kirche auf einer Insel im Fluss erzählt, von der nur noch Ruinen übrig sind.

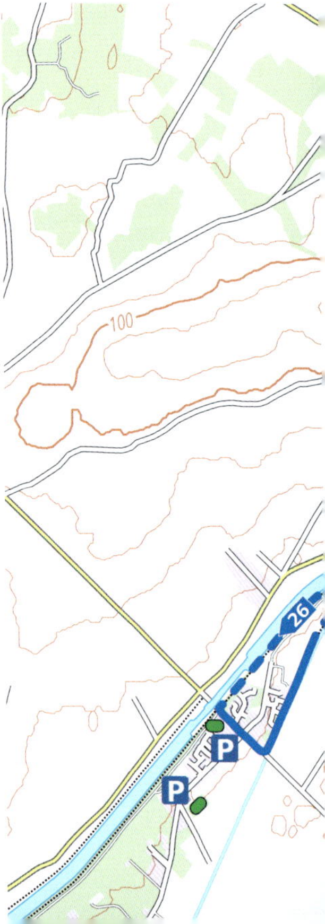

Nach kurzer Zeit gelangen wir an einen **Staudamm** 02. Von dort aus geht es, dem grünen Pfeil entlang, auf Schotterwegen nebst eines Kanals. Wir können entweder unterhalb oder auf dem Deich entlanggehen und einen besseren Blick auf die Dammanlage und die dahinterliegenden Berge werfen. Sobald wir an ein Gatter und das erste Haus kommen, gehen wir rechts davon vorbei auf der Wiese entlang. An einer Brücke angekommen, folgen wir der Straße für etwa 100 m links ab, um dann die nächste Straße **rechts ab** 03 zu gehen und von nun an dem blauen Pfeil („*Errina Bridge Loop*") entlangzugehen. Wir folgen der Straße, bis sie einen Schlenker nach links macht, und gehen weiter durch das Gatter am Fluss entlang. Wenn der blaue Pfeil nach links weist, folgen wir fortan dem roten Pfeil (**Old Barge Loop**) für ein paar weitere Kilometer **geradeaus** 04.

Entlang des Kanals, bis zur nächsten Brücke, gehen wir links ab nach Clonlara immer geradeaus der Hauptstraße und nehmen die dritte Straße links, direkt am Kanal entlang. Sobald der rote Pfeil nach links zeigt, betreten wir Privatland und gehen an Koppeln vorbei. Hier ist es jetzt wichtig aufzupassen, da unklare Zeichenlage.

Kurz bevor wir an die Straße auf Höhe von Punkt 04 kommen, treffen wir auf einen Holzzaun, durch den wir gehen können. Dort laufen wir **unter der Brücke entlang** 05, direkt am Kanal. Wir folgen diesem entlang, welcher uns letztlich direkt an das Ufer des Shannon bringt und dort in diesen mündet. Von dort aus ist es nicht mehr weit zurück zur **O'Briensbridge** 01.

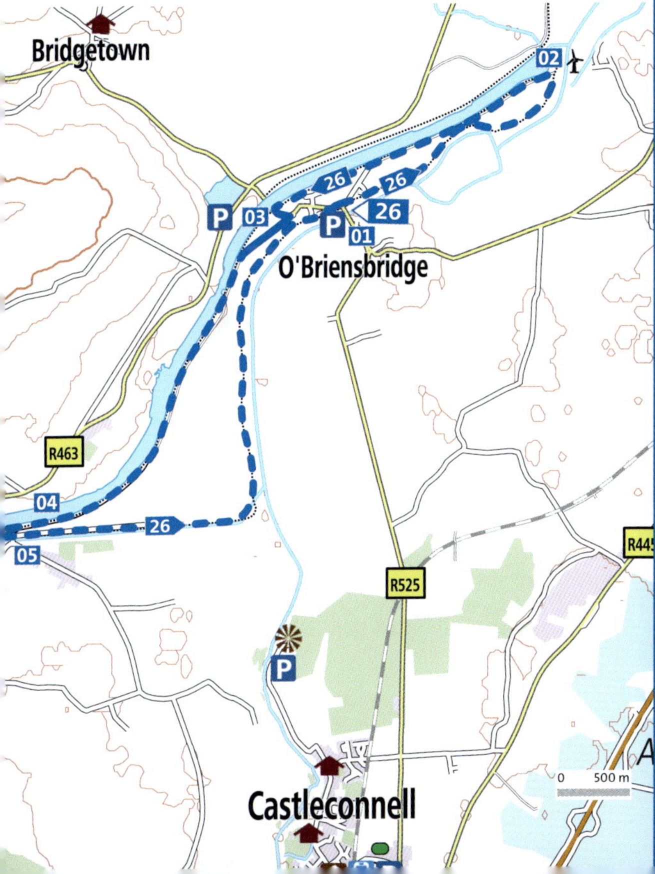

BALLYHOURIGAN WOODS & KEEPER HILL • 683 m

Auf den höchsten Berg im Bereich des Shannon

16,3 km | 3:20 h | 562 hm | 561 hm

START | Von Limerick kommend, nehmen wir die R445 Richtung Birdhill, sobald wir aber an den großen Kreisverkehr direkt an der M7 kommen, nehmen wir die Ausfahrt nach Newport auf der R503. Unser Ziel sind die Ballyhourigan Woods, Toor, wofür wir auf unbenannten Nebenstraßen fahren. Es gibt keine öffentlichen Vekehrsmittel. Am Parkplatz angekommen, fahren wir noch einen km weiter, wo wir an einen zweiten Parkplatz kommen und direkt am Trailhead starten.
[GPS: UTM Zone 29 x: 545.822 m y: 5.844.749 m]
CHARAKTER | Der Weg durch den Wald ist durchgängig markiert und mit Schotter ausgelegt, ebenso der Weg hinauf zum Keeper Hill, der aber auch recht stark erodiert sein kann. Dennoch gibt es keine großen Herausforderungen.

Der Keeper Hill ist Teil der Slieve Felim Mountain Range und zugleich ein ausgewiesenes Naturschutzreservoir, da es viele schutzbedürftige Tier- und Pflanzenarten beherbergt. Der den Berg umgebende Wald ist sehr dicht bewachsen und stellt im Vergleich zum sonst sehr offenen Gelände eine willkommene Abwechslung dar.

▶ Am **Trailhead** 01 folgen wir dem Waldweg. Dieser führt stetig, aber sachte bergauf, durch den Wald hindurch. Wir folgen immer dem ausgeschilderten Hauptweg, auf dem roten Pfeil. Nach einiger Zeit gelangen wir an eine große Wegscheide und offenes Gelände, an der es **links ab zum Keeper Hill** 02 geht. Kurz darauf

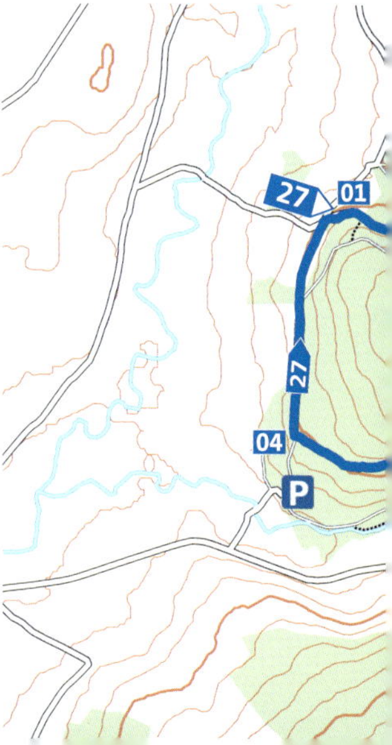

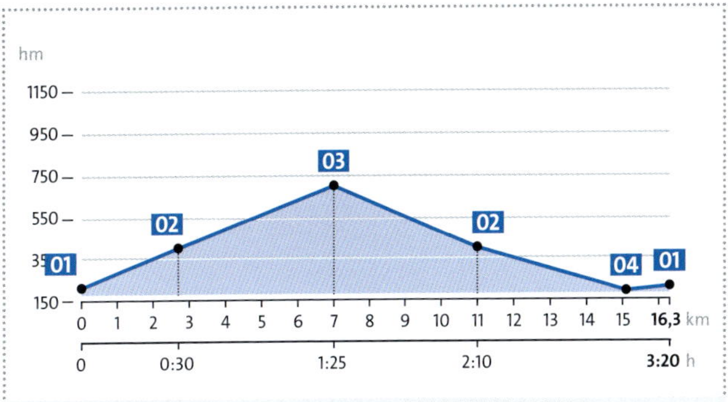

01 Startpunkt am Trailhed, 184 m; **02** Abzweigung Keeper Hill, 377 m; **03** Gipfel Keeper Hill, 747 m; **04** Rechts ab, 162 m

genießen wir bereits aufgrund von großflächigen Kahlschlägen einen guten Überblick über das Hinterland. Auch hier geht es beständig bergauf, auf Schotterwegen, die im oberen Bereich etwas unwegsamer werden können. Verlaufen können wir uns nicht, da auch hier Abzweigungen wieder gut beschildert sind.

Auf dem **Gipfel des Keeper Hill** **03** angekommen, eröffnet sich uns dann ein besserer 360°-Panoramablick über den Shannon, die Loughs und die hügelige Landschaft. Wir können sogar bis zur

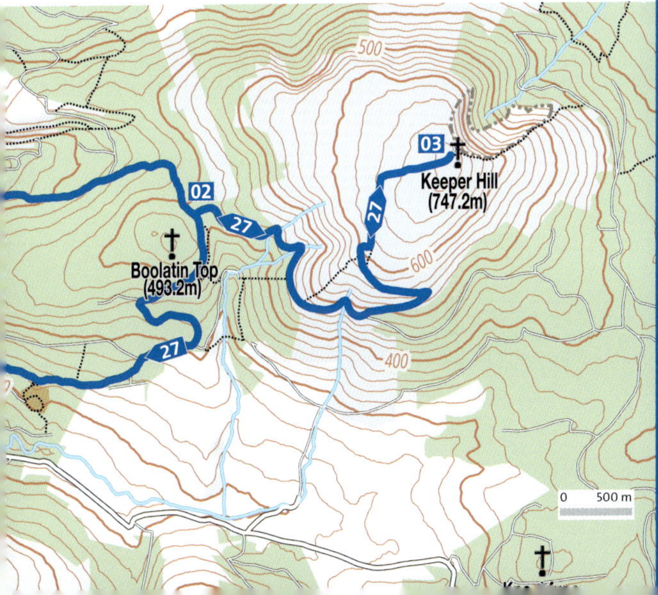

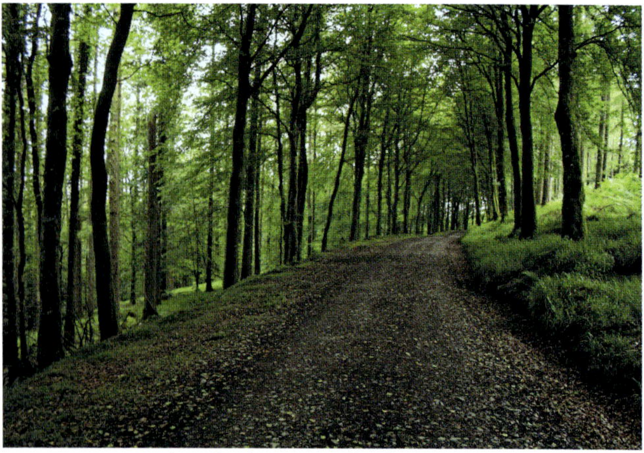

Entspanntes Wandern durch einen Buchenforst am Ende des Rundweges.

O'Briensbridge, Richtung Norden, sehen. Für den Abstieg gehen wir denselben Weg zurück bis zur Abzweigung von Punkt 02.

Von dort können wir uns entscheiden, denselben Weg zurückzulaufen, oder dem blauen Pfeil links ab zu folgen, um den Loop zu beenden. Letzteres nimmt etwa eine Stunde in Anspruch. Auch hier fand wieder eine ausreichend gute Beschilderung statt, was anhand einiger Abzweigungen durchaus hilfreich ist. Der Wald links und rechts von uns ist allgemein sehr dicht, lockert sich aber im letzten Stück durch herausstechende Buchen deutlich auf. Kommen wir am ersten Parkplatz vorbei, geht es dann **rechts ab** 04 zurück zum **Ausgangspunkt** 01.

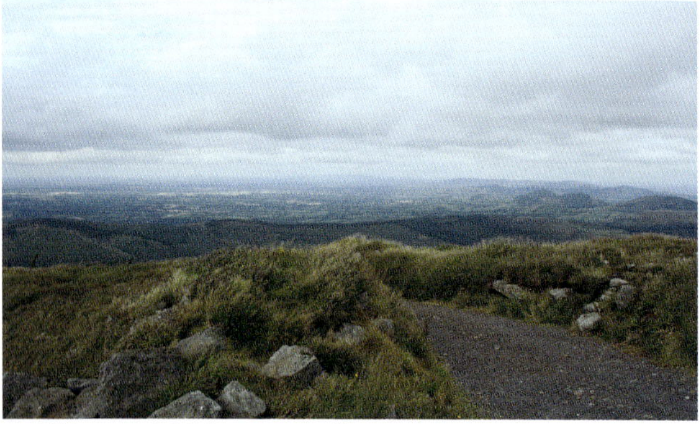

Ausblick vom Gipfel des Keeper Hill.

BLACK HEAD (CEANN BOIRNE) • 314 m

Auf schönen, wenn auch landschaftlich recht eintönigen Pfaden

20,7 km 5:00 h 672 hm 668 hm

START | Ausgangspunkt ist der Parkplatz am Strand von Fanore. Aus Galway kommend, fahren wir auf der N67 nach Ballyvaughan, dann auf der R477 bis Fanore und Richtung Strand hinunter. Bus Eireann verbindet Galway mit Fanore/Lisdoonvarana/Doolin. [GPS: UTM Zone 29 x: 480.986 m y: 5.885.266 m]
CHARAKTER | Die Tour geht weitestgehend über Karstgelände, was auf nassem Grund sehr rutschig sein kann. Vor den Erosionsrinnen und losen Kalkplatten sollte man sich in Acht nehmen, dienen sie doch als Stolperfallen.

Ein wirklich schöner und gut zu gehender Weg, der auch etwas abseits der ausgewiesenen Touristenpfade verläuft und teils gute Aussichten über die Landschaft bietet. Nur stellenweise gibt es nasse Areale, wenn dann aber nach Regen etwas heftigere. Teils wird Geschick verlangt, wenn es über die Kalksteinplatten geht. Der Weg sollte nur bei guten Wetterbedingungen angegangen werden.

▶ Am **Fanore Beach** 01 gehen wir die Straße wieder hinauf und anschließend links. Wir kommen

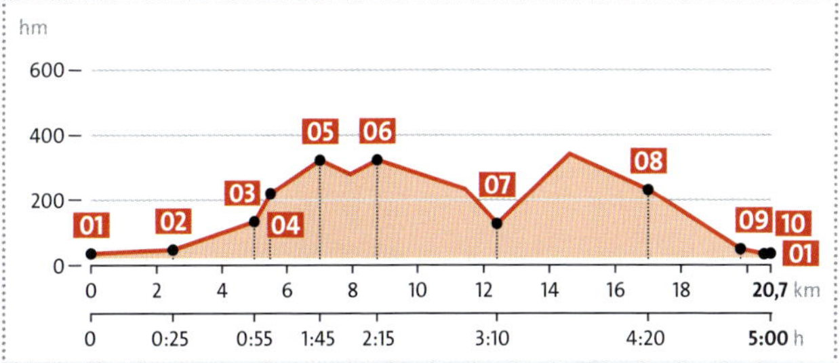

01 Start am Fanore Beach, 14 m; 02 Seitenstraße geradeaus folgen, 26 m; 03 Trampelpfad, 116 m; 04 Cathair Dhuin Irghius, 205 m; 05 Cairn, 313 m; 06 Vermessungspunkt des Gleninagh Mountain, 314 m; 07 Rechts zurück nach Fanore, 109 m; 08 Rechts herum, 218 m; 09 Rechts ab, Weg bis zur R477 folgen, 28 m; 10 Hauptstraße, nächste links zum Ausgangspunkt, 12 m

am Caher River vorbei und folgen dem lila Pfeil in eine **Seitenstraße** **02** hinein. Von da aus, bei der nächsten Zweigung, geradeaus. Am Ende des Weges betreten wir teils sehr matschiges Farmland und laufen auf einem deutlich erkennbaren Weg entlang, mit Ausblick auf die gut sichtbaren Kalksteinterrassen vor uns. Auf den Weiden selbst gibt es Kühe, daher sollten wir langsam und behutsam schreiten. Kurz vor dem eigentlichen Black Head passieren wir ein weiteres Gatter.

Wir gehen den Hauptweg entlang, bis auf dem nächsten Plateau ein kleiner **Trampelpfad** **03** deutlich diagonal hinaufzieht und vom Hauptpfad abgeht. Zieht schlechtes Wetter auf, gehen wir weiter auf dem Hauptweg, entlang des Black Head Loops, oder kehren um. Im Folgenden sind wir dem Wetter schutzlos ausgeliefert. Sobald sich der kleine Trampelpfad verliert, laufen wir den Berg gerade hoch (Richtung SO) und kommen bald an erste Steinmänner an. Der Anstieg ist nicht sonderlich steil und läuft sich damit recht gut. Wir gelangen an eine **Ruine eines keltischen Ringfort (Cathair Dhuin Irghius)** **04**, gehen weiter, geradezu den Berg hinauf und queren zwei Mauern an nicht sehr deutlichen, mit blau markierten Stellen. Anschließend folgen wir der zweiten Mauer hinauf und erreichen über mehrere Geländestufen den **Cairn und Gipfel** **05**.

Zum nächsten Gipfel geht es weiter nach SO. Wir halten uns eher links, überqueren eine Schotterpiste und unterqueren einen Zaun an der nächsten Terrasse. Den Berg hinauf kommen wir am **Vermessungspunkt** **06** an. Für

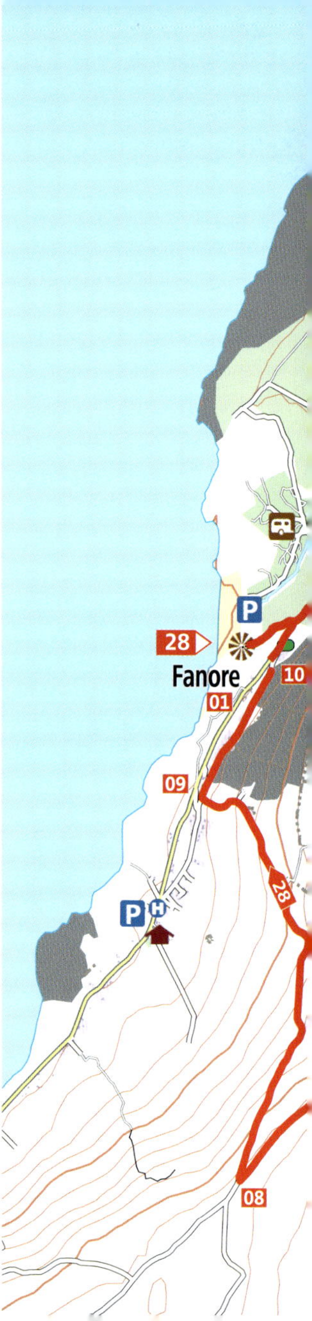

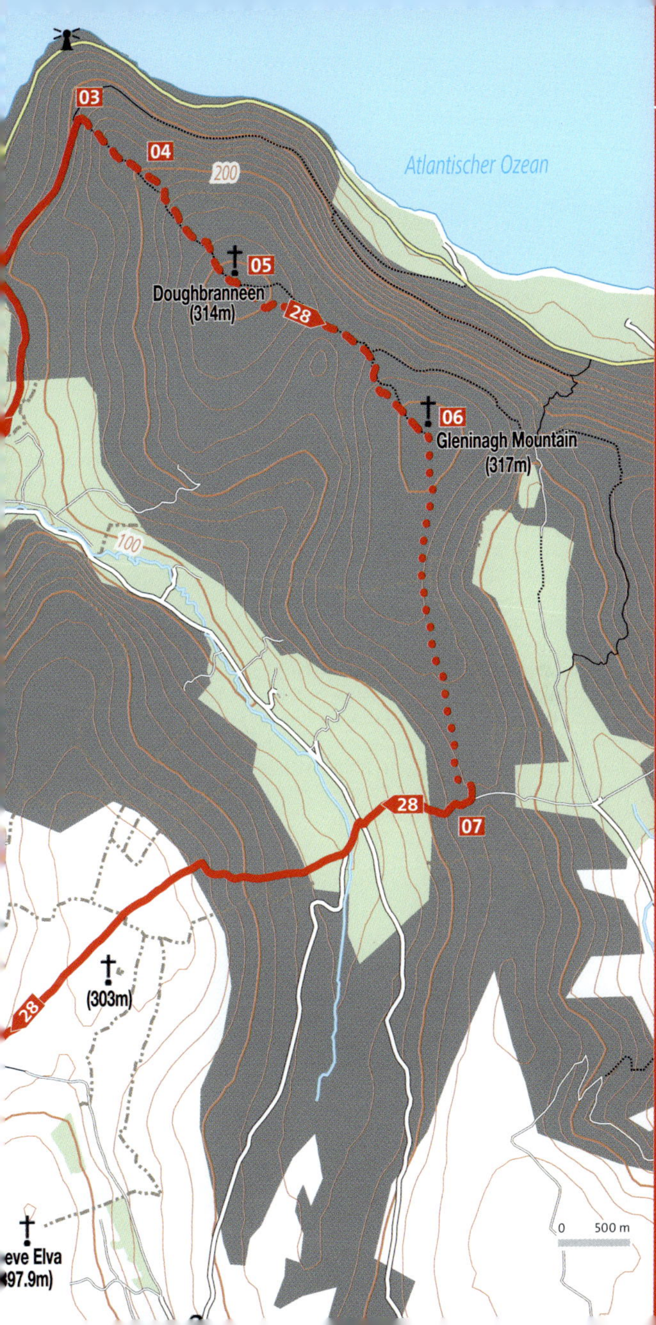
03
04
200
Atlantischer Ozean
05
Doughbranneen (314m)
28
06
Gleninagh Mountain (317m)
100
28
07
(303m)
28
eve Elva
97.9m)
0
500 m

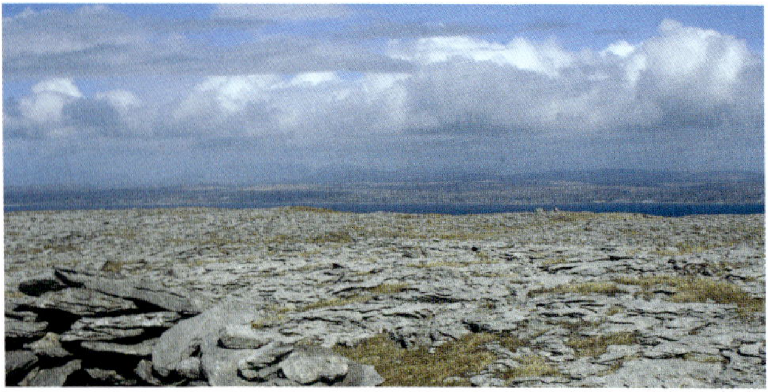

Eine kahle, durch Kalkstein gepräge Landschaft, zeichnet den ‚Burren' aus.

den weiteren Verlauf ist gute Sicht unabdingbar. Für gute 2,5 km laufen wir strikt nach Süden. Bis hin zur Straße ist es ein sehr gemächlicher Abstieg mit einigen nassen Arealen. Wir müssen einige, teils auch unwegsame Mauern vorsichtig überqueren und kommen letztlich an einer Schotterpiste heraus, der wir rechts ab folgen. Am gegenüberliegenden Hügel sehen wir den breiten Weg, auf den wir zugehen. An der Hauptstraße angekommen, halten wir uns kurz rechts, dann wieder links. Rechts geht es **zurück nach Fanore** **07**, links weiter auf dem Weg. An der nächsten Zweigung laufen wir für einige Kilometer rechts auf dem sehr breiten Burren Way entlang. An dessen vermeintlichem Ende kommen wir wieder auf Asphalt und steigen nun stetig mit wundervollen Ausblicken **rechts den Berg hinab** **08**.

Kurz vor der Hauptstraße geht rechts ein **Weg bis zur R477 ab** **09**, der ungefährlicher zu laufen ist als die parallel verlaufende Hauptstraße etwas weiter unten. Am **Straßenanschluss** **10** angekommen, gehen wir zurück zum **Ausgangspunkt** **01**.

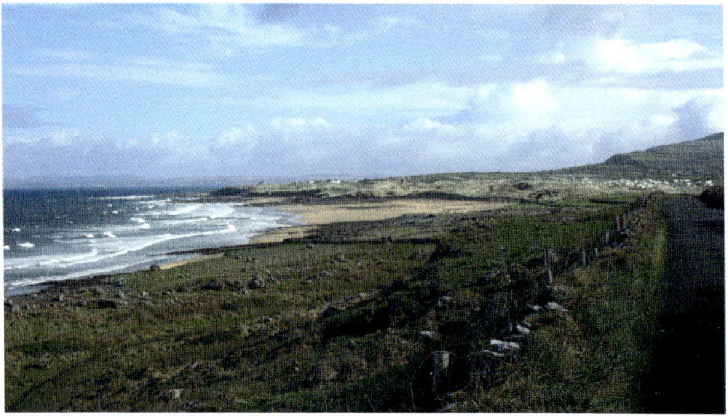

Blick auf den Strand von Fanore.

INISHMORE (INIS MÓR) • 82 m

Auf der größten der Aran Islands

17,2 km 4:15 h 348 hm 349 hm

START | Fährt man ohne Auto, kommt man von Galway mit dem Shuttlebus zum Fährhafen (Rossaveal). Für die Fahrt verantwortlich zeigt sich www.aranislandferries.com. Alternativ kann auch von Doolin (etwas südwestlich von Galway) aus gefahren werden (www.doolinferries.com). Mit Auto fahren wir von Galway aus zirka 35 km weiter westlich nach Rossaveal (Ros a Mhil). [GPS: UTM Zone 29 x: 455.438 m y: 5.885.768 m]
CHARAKTER | Die Wanderung führt uns um einen Großteil der Insel, zumeist entlang auf ausgebauten Wegen oder Schotterpisten. Steile Passagen sind nicht vorhanden.
Sehr rutschig kann es über den offenen Kalkstein werden, Vorsicht bei schlechtem Wetter.

Vom **Pier** 01 aus gehen wir links zur Touristen Information. Von da aus die nächste Straße hinter dem Hostel hinauf, am Spar vorbei und dann wieder rechts auf die Hauptstraße, der wir folgen. Am *„Ji Joe Watty's"*, nehmen wir die Straße rechts und folgen ihr. An einem Punkt vor dem *„Loch Port Chorrúch"*, gehen die Pfeile nach links, wir jedoch bleiben auf der Straße. Vorbei an dem See finden wir zur Linken eine Ruine, in der im 19. Jahrhundert bis ins 20. hinein Seetang zu Dünger verarbeitet wurde. Wir gehen weiter, entlang

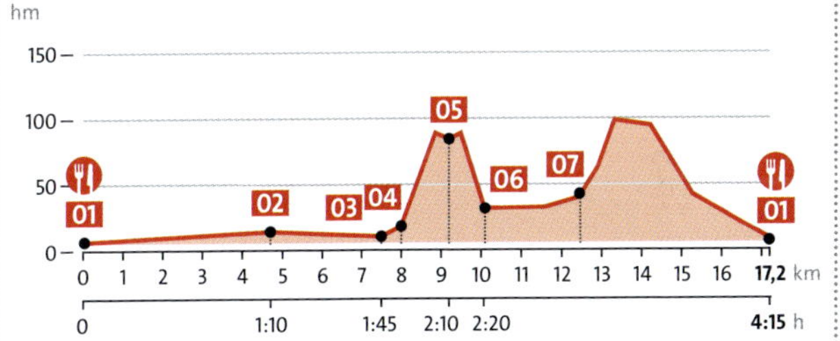

01 Start am Pier, 4 m; 02 Aussichtspunkt, 9 m; 03 Geradeaus weiter, 5 m; 04 Dún Aonghasa Visitor Center, 13 m; 05 Dún Aonghasa Fort, 82 m; 06 Durch das Gatter rechts, 27 m; 07 Poll na bPéist, 32 m

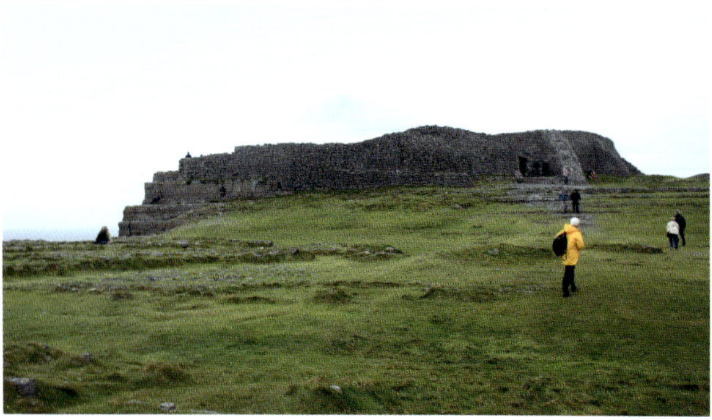

Die alte Festung Dun Aonghasa.

der für die Gegend typischen, aus Kalkstein aufgebauten, terrassenartigen Küste. Hin und wieder können Fossilien (Muschelreste) darin ausgemacht werden. Wir kommen an einen alten Kiosk mit **Aussichtspunkt** **02**, von wo aus wir bei guten Bedingungen Seehunde beobachten können.

Weiter der Straße entlang, geht es am Ende des Strandes strikt

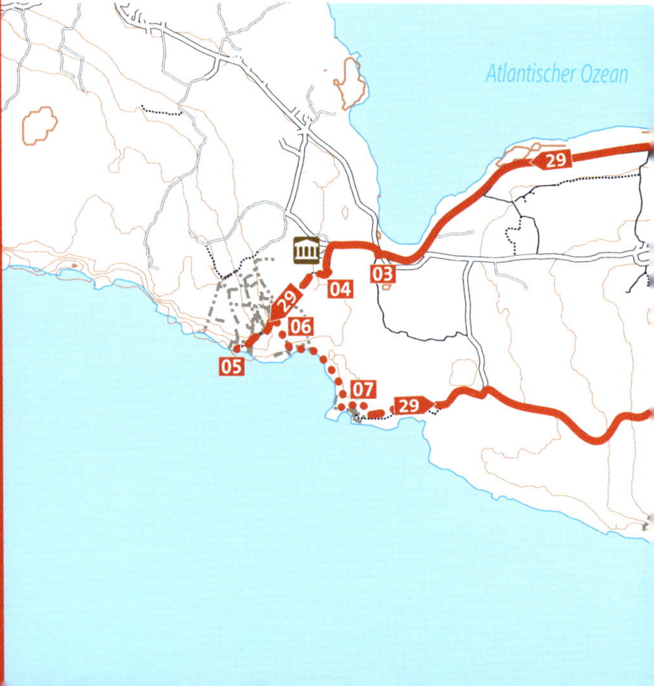

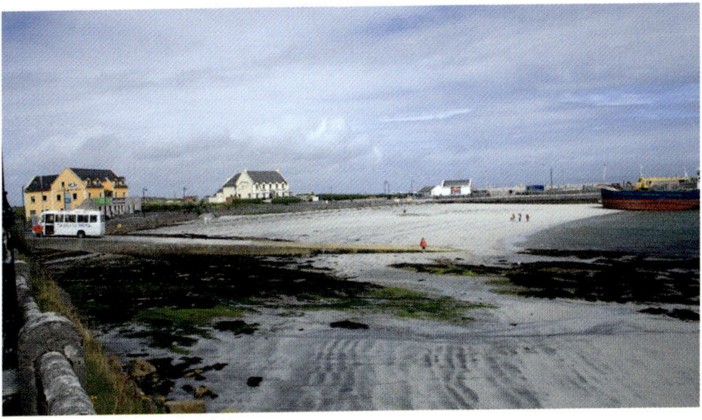

Ebbe im Hafen von Inishmore.

geradeaus 03. Wir kommen an einem kleinen Friedhof vorbei und erblicken kurz darauf ein paar Souvenirshops. Links führt uns die Straße zum *Dún Aonghasa* Visitor Center 04 (Eintritt 5 € für Erwachsene). Von dort aus geht der Weg etwas hügelig und steiniger werdend zu den Steilklippen und dem alten **Fort Dún Aonghasa** 05 hinauf. Auf dem Weg zurück kommen wir nach etwa 400 m **rechts an**

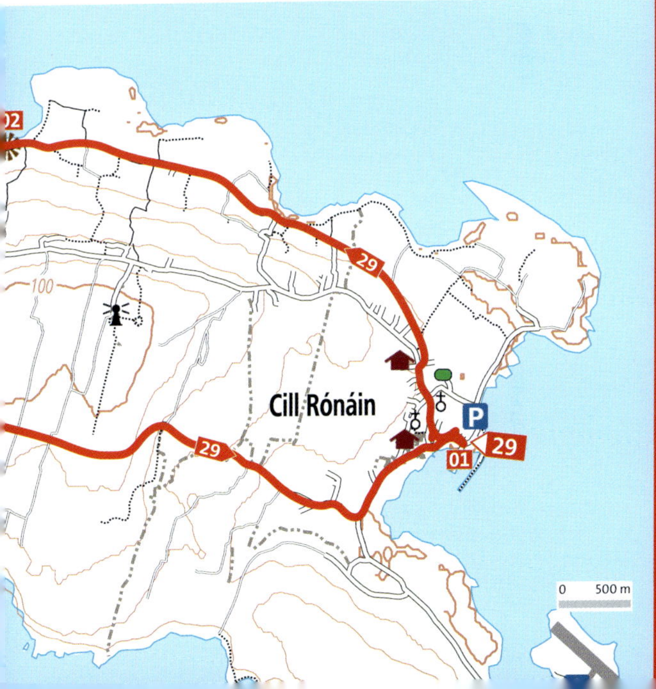

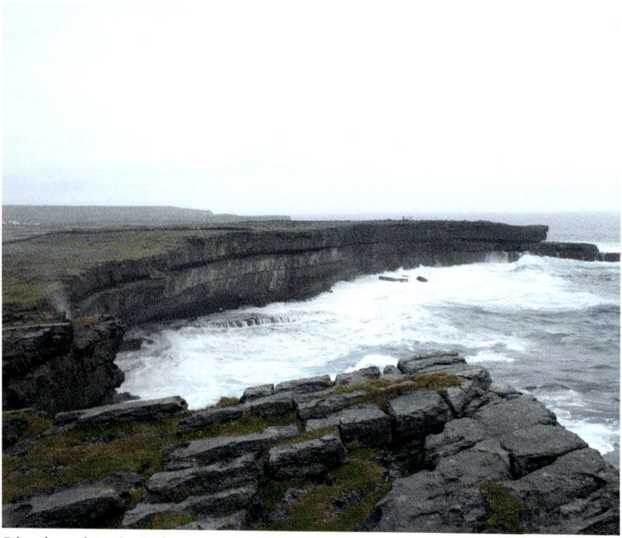

Die charakteristischen steilen Kalksteinklippen bei tosender See und Gischt.

ein Gatter 06, das wir hinter uns wieder schließend durchqueren und Richtung Klippen schreiten.

Von da an geht es direkt über Kalkstein, was den Pfad sehr unwegsam macht. Da es zudem keine Markierungen gibt, suchen wir uns selbst einen Weg. Zu jener Zeit wurden Bauarbeiten in dem Gebiet durchgeführt, was künftig in einen besser ausgewiesenen Weg münden sollte. Die teils lose liegenden Kalksteinplatten und -blöcke sind bei Nässe sehr rutschanfällig und können durch vorhandene Löcher und Spalten zu Stolperfallen werden. Wir orientieren unseren Gang an einer kleinen Mauer, die sich bis zur Klippe hinabzieht. Dort angekommen, gibt es auch an anderen Mauern kleine Durchgänge, die wir nutzen, um entlang der Klippen zum *„Poll na bPéist“* 07 (auch Wurmloch genannt) zu gelangen. Dabei handelt es sich um ein Becken in einer der unterhalb der Klippen befindlichen Terrassen, welches eine unterirdische Verbindung zum Meer aufweist und bei starkem Seegang Wasser aus dem Loch, geysirartig, in die Höhe springen lässt. Wir laufen weiter, entlang der Klippen, bis wir an eine Mauer gelangen, die rechts von ihr einen Weg bereithält (vorerst rote Pfeile auf Steinen). Dieser verliert sich, wenn wir zu großen Kalkplatten kommen, welche wir grob Richtung Osten überqueren. Kurz darauf folgen wir wieder Pfadspuren, die teils etwas blasser zu einem Gatter und vielen Steinmauern führen. Wir nehmen den Weg bis zur Straße, der wir der Markierung folgend rechts abgehen. Am Meer angekommen, geht es auf der Hauptstraße nach links bis zum **Pier** 01 hinab.

CONG (CONGA) • 24 m

Auf abwechslungsreichen Wegen durch die Wälder Congs

10,2 km | 2:00 h | 114 hm | 134 hm

START | Von Galway aus kommend auf der N84 bis nach Headford, von dort aus auf der R334 über das Örtchen Cross die R345 nach Cong nehmen. Am Ortseingang gibt es einen großen Parkplatz. Von dort aus gehen wir hinunter zur alten Abbey, den Startpunkt der Wanderung. Bus Eireann fährt unregelmäßig von Galway aus Cong an. [GPS: UTM Zone 29 x: 480.958 m y: 5.932.540 m]
CHARAKTER | Ein sehr abwechslungsreicher und interessanter Weg, der uns über 10 km durch einen dichten, artenreichen Wald führt. Der Weg folgt meistens Schotterpisten, oder Asphalt, kann aber abschnittsweise – etwa im Wald – auch mal sehr matschig werden.

Cong ist ein wunderschönes, kleines, idyllisch/paradiesisch gelegenes Dorf, das ein wenig wie aus der Zeit gefallen anmutet. Viel Wasser und Wald umgibt es und der Wald selbst wirkt fast schon urig. Ferner hat es ein paar Sehenswürdigkeiten zu bieten, z.B. die alte Abbey als auch das Ashford Castle (ein Luxushotel). Weitere Berühmtheit erhielt das Örtchen auch durch den Filmdreh zu „The Quiet Man“ (Dt.: Der Sieger).

▶ Von der **Abtei** 01 aus gehen wir zum Fluss und über die beiden

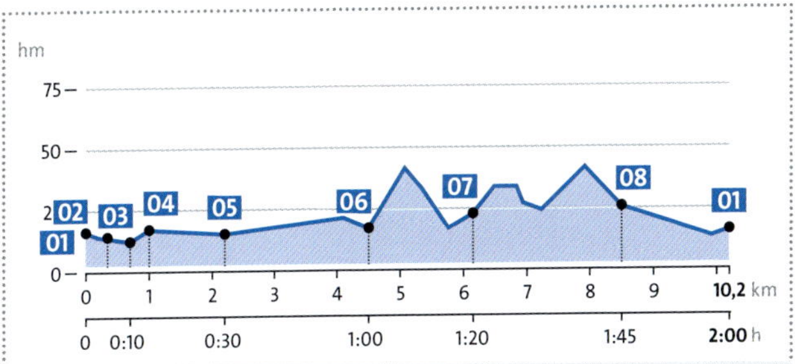

01 Start an der Abtei, 14 m; 02 Rechts ab, 12 m; 03 Grotte, 10 m; 04 Aussichtsturm, 15 m; 05 Ashford Castle, 2 m; 06 Chalet/Aussichtspunkt, 2 m; 07 Alte Schule, 3 m; 08 Pigeon Forest, 24 m

Brücken. Anschließend biegen wir links ab, durch die urigen und dichten Wälder.

Nach einigen Metern kommen wir an ein eisernes Tor, wo **rechts ab** 02 ein Weg in den Wald hineinführt, den wir auch einschlagen. Bei der nächsten Kreuzung bleiben wir geradeaus und kommen schon bald an einer **Grotte** 03 an, durch die unterirdisch ein Bach fließt.

Gehen wir den Hauptweg weiter, kommen wir an eine Y-förmige Gabelung und folgen dem Weg auf der linken Seite. Dort baut sich ein alter **Aussichtsturm** 04 vor uns auf, der bestiegen werden kann. Der weitere Weg kann mitunter sehr matschbelastet sein, führt aber letztlich auf eine Schotterpiste, der wir links ab zurück zur Kreuzung im Wald folgen und von dort aus rechts hinunter zum eisernen Tor gehen und nun den Weg entlang des Flusses laufen. Nach kurzer Zeit öffnet sich die Landschaft und wir erblicken das **Ashford Castle** 05.

Auf dem Parkplatz vor dem Schloss umqueren wir das Anwesen und gehen dort, wo der alte Wachturm und Reste einer Mauer stehen, den Weg hinab auf einen geteerten Parallelweg. Über eine Schranke gelangen wir wieder in den Wald und folgen fortan der Uferlinie des Lough Coirib. Nach einiger Zeit treffen wir auf einen Aussichtspunkt, an dem sich auch ein kleines Häuschen befindet, das **Chalet** 06. Wir bleiben auf dem Hauptweg, gehen über den Parkplatz und bei der nächsten Kreuzung geradeaus durch den Wald. Kommen wir erneut an eine Straße, gehen wir rechts ab und erreichen, nach etwa 1 km, die **„Old School"** 07.

Wir verbleiben geradeaus, bis die nächste Straße nach links abgeht, der wir dann für einige Zeit entlanggehen. Hier ändert sich

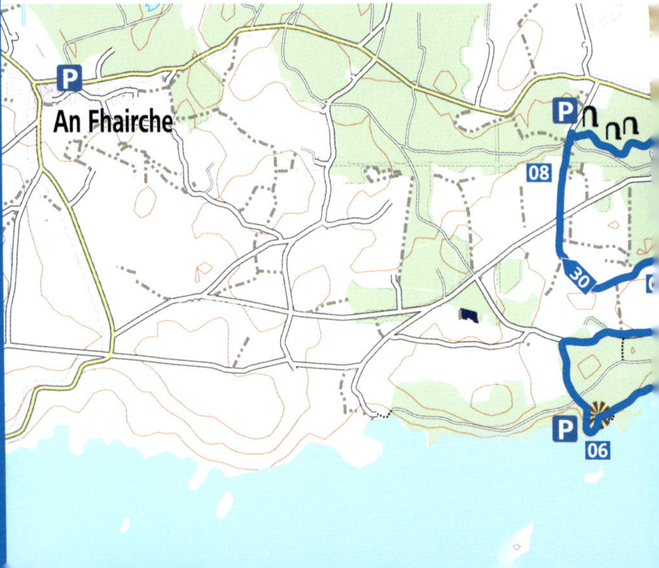

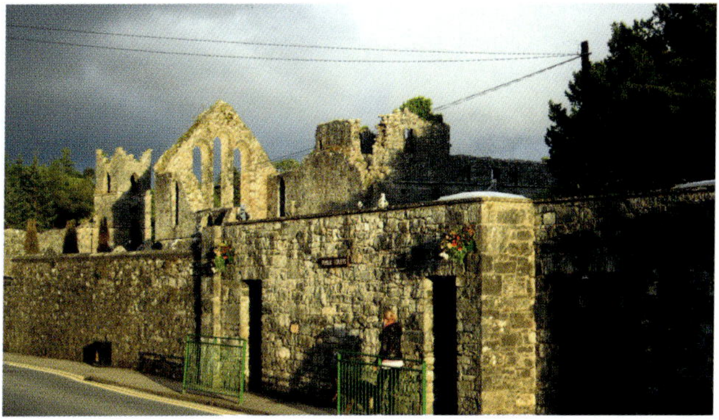

Die markante Cong Abbey im Licht der Abendsonne.

die Landschaft und geht in die klassisch irische Weidelandschaft über. Kommen wir erneut an eine große Kreuzung, geht es weiter geradeaus, für etwa 500 m. Wir sehen auf der rechten Seite einen Parkplatz und ein Schild mit der Aufschrift **„Pigeon Forest"** 08. Dort gehen wir durch einen kleinen Spalt in der Mauer auf den Hauptweg. Kurze Zeit später kommen wir an eine Höhle („Pigeon Hole"), in die wir zu einem unterirdischen Fluss hinabsteigen können, allerdings nur mit Licht! Vorsicht rutschig!

Wir bleiben auf dem Hauptweg, unterqueren eine Straße und gehen dann entlang eines Kanals. Der Weg führt uns direkt zum **Ausgangspunkt** 01 zurück.

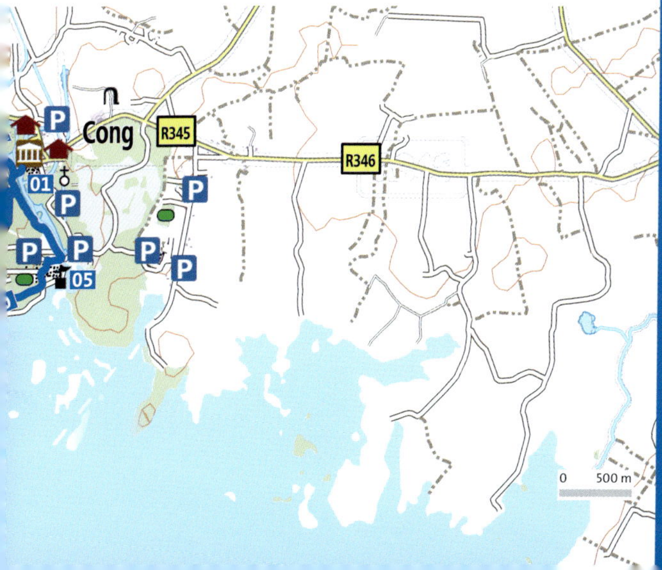

CONG – CLONBUR (CONGA – AN FHAIRCHE) FOREST WALK • 6 m

Durch den Wald zwischen Cong und Clonbur

8 km 1:40 h 95 hm 84 hm

START | Von Galway aus kommend auf der N84 bis nach Headford, weiter auf der R334 über das Örtchen Cross und die R345 nach Cong nehmen. Am Ortseingang gibt es einen großen Parkplatz. Bus Eireann fährt von Galway aus Cong an.
[GPS: UTM Zone 29 x: 480.958 m y: 5.932.540 m]
CHARAKTER | Generell ein ausgesprochen schöner, durchgängig markierter und ausgebauter Weg, durch malerisch schöne Szenerien, wie man sie nur aus der irischen Folklore her kennt.

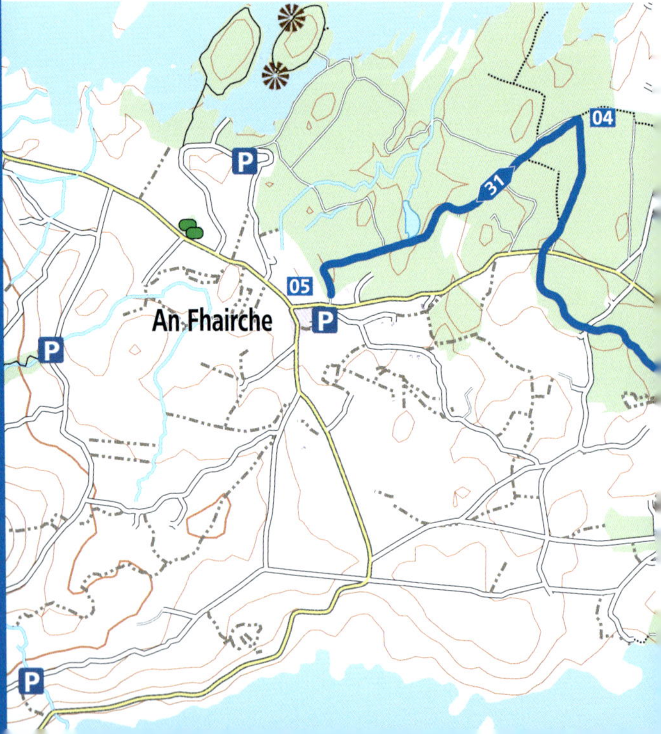

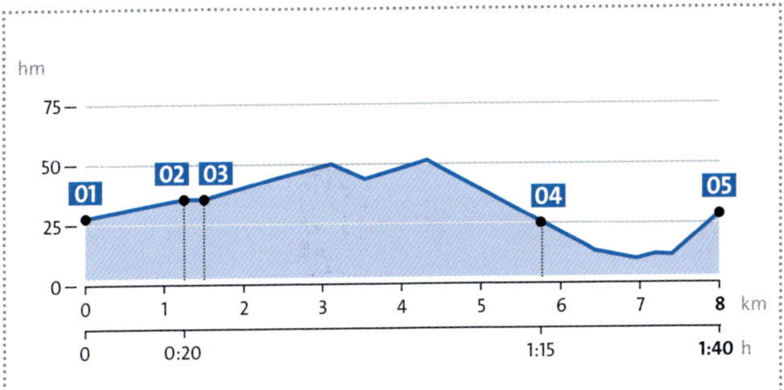

01 An der Brücke der alten Abtei, 26 m; **02** Priest Cave, 34 m; **03** Pigeon Holes, 34 m; **04** Hinweisschild, 25 m; **05** Parkplatz in Clonbur, 28 m

Da es sich hierbei um eine Streckentour handelt, muss derselbe Weg entweder zurückgelaufen oder per Anhalter nach Cong zurückgefahren werden. Möglich ist auch, dass einer in einer Gruppe das Auto nach Clonbur fährt, von da den Weg nach Cong läuft und

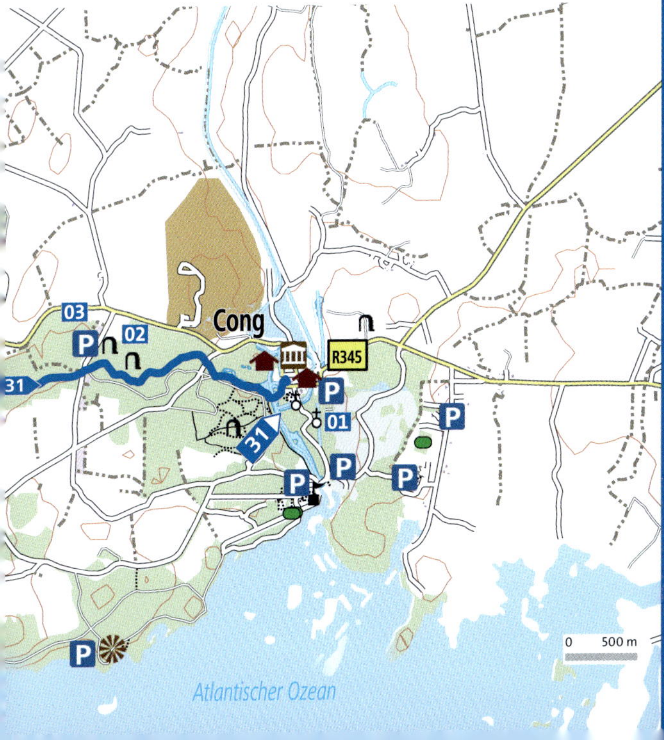

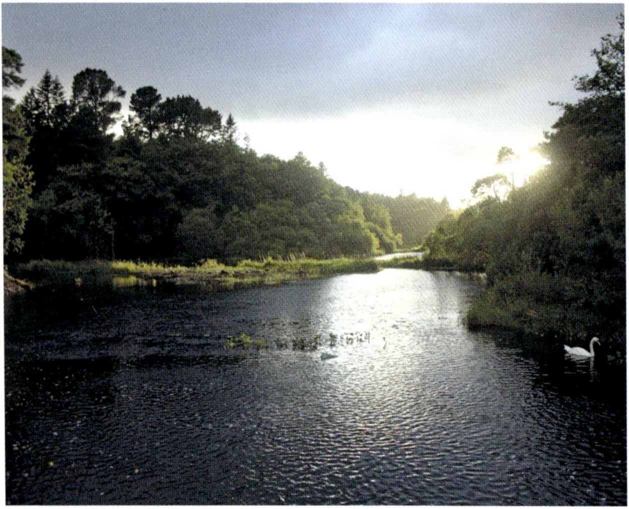

Die malerisch schöne Naturlandschaft an der Cong Abbey.

ein zweiter vice versa das Auto anschließend zurückfährt. Weiter lässt sich der Weg gut mit Tour 30 und 32 verbinden, wer eine exzessive Ganztageswanderung anstreben sollte.

▶ Wir beginnen die Wanderung an der **Brücke** **01** der alten Abbey in Cong. Der gesamte Weg ist sehr gut ausgeschildert, sowohl mit einem grünen Pfeil als auch mit Clonbur-Wegweisern. Über beide Brücken gehend, kommen wir direkt in den urigen Cong-Wald und halten uns rechts, wo wir entlang des Flusses gehen.

Wir laufen jetzt eine ganze Zeit lang durch einen wahrlich malerischen Bilderbuchwald, unterschreiten einen Tunnel und erreichen nach einiger Zeit die **Priest Cave** **02**, eine kleine Höhle im Gestein, und kurz darauf den großen Bruder **Pigeon Holes** **03**, in die wir absteigen können, jedoch die Höhlen selbst nur mit Taschenlampe betreten sollten.

Weiter geht der Weg zu einer Straße geradezu und auf einem Schotterweg weiter. Den Wald hinter uns lassend, öffnet sich die Landschaft und wechselt ständig zwischen verwilderter, gerodeter und Waldlandschaft. Immer weiter unterqueren wir zuerst eine und letztlich eine zweite Brücke, über der die Hauptstraße zwischen Cong und Clonbur entlangläuft. Wir gelangen wieder in Waldabschnitte und folgen weiterhin den grünen Pfeilen. Wir kommen an ein **Hinweisschild** **04**, welches uns über die verschiedenen heimischen Pflanzen und Tiere aufklärt.

Nun sind es noch gute zwei Kilometer, die wir auf der Schotterpiste zurücklegen, bis wir den Parkplatz in **Clonbur** **05** erreichen.

BENLEVY/MT. GABLE (BINN SHLEIBHE) • 417 m

Zwischen Lough Mask und Lough Corrib

13,9 km · 4:45 h · 474 hm · 477 hm

START | Von Galway aus kommend auf der N84 bis nach Headford, von dort aus auf der R334 über das Örtchen Cross und die R345 über Cong nach Clonbur (An Fhairche) nehmen. Direkt am Ortseingang gibt es rechts Parkmöglichkeiten. Keine öffentlichen Verkehrsmittel bis Clonbur.
[GPS: UTM Zone 29 x: 475.803 m y: 5.932.973 m]
CHARAKTER | Der Weg hinauf zum Benlevy oder auch Mount Gable ist recht mühsam aufgrund des nassen und schwammigen Terrains. Allerdings werden wir obenauf mit atemberaubend schönen Ausblicken über die umliegenden Berge und insbesondere den zwei Loughs samt kleinen Inseln in diesen belohnt. Zudem kommen wir an ein paar historisch interessanten Stellen vorbei.

Der Benlevy thront wie eine langgezogene Landmarke hinter Clonbur auf und ist allgemein ein beliebtes Ausflugsziel, wenn auch nicht in dem Rundgang, wie wir ihn angehen werden. Zumeist wird er lediglich von der Südseite aus bestiegen, wo ein Weg in Serpentinen hinaufführt. Die Nordseite hingegen wird

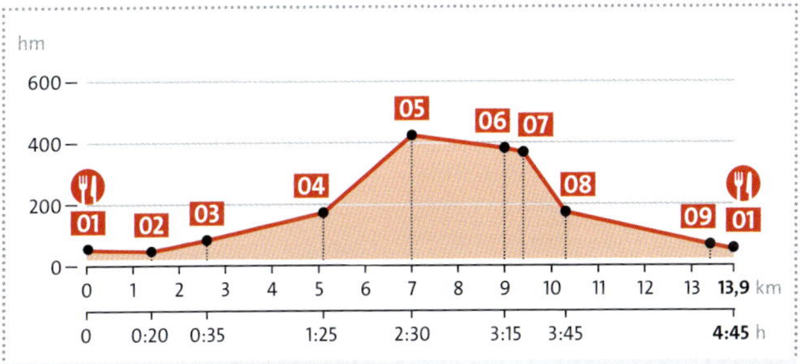

01 Start in Clonbur, 40 m; 02 Straße links bis zum Parkplatz, 27 m; 03 Weg durch den Hain, 65 m; 04 Deserted Village, 157 m; 05 Gipfel des Benlevy, 417 m; 06 Cairn, 374 m; 07 Weg hinab, 360 m; 08 Links ab, 158 m; 09 Hauptstraße links folgen, 48 m

Cairn

Cairn ist ein gälisches Wort und bezeichnet einen menschengemachten Steinhaufen, welcher mitunter Schutz bieten sollte, ein Grab darstellt oder einfach eine Markierung als Funktion hatte. In Irland wird man diesen Steinhäufen in unterschiedlicher Größe sehr oft begegnen.

vergleichsweise ruhiger werden. Sollte es jedoch die Tage davor arg geregnet haben, empfiehlt es sich, die Südseite zu nehmen, da es im Norden sehr nass sein wird, geschuldet dem Einzugsgebiet eines kleinen Sees/Flusses, durch das wir laufen müssen.

▶ **Startpunkt ist Clonbur (An Fhairche) 01**. Vom Zentrum aus, wo sich die Straße teilt, gehen wir rechts ab und folgen der R300 für etwa 1,5 km. Da es keinen Seitenbereich an der Straße gibt, ist Vorsicht geboten. Nachdem wir an einem Fußballplatz vorbeigekommen sind, kommen wir nach etwa 500 Metern an eine **kleine Straße, die links abgeht 02**.

Nach etwa 1 km erreichen wir den Fluss Ballyweeaun. Direkt dahinter befindet sich ein eingezäunter Parkplatz, wir gehen den **Weg durch den Hain 03**. Ein paar Meter weiter geht ein verwilderter Weg rechts über den Fluss. Dieser wurde scheinbar schon länger nicht mehr in Stand gesetzt. So zeichnet sich die erste Hälfte insbesondere durch zahlreich wuchernde Ginster sowie Brombeeren aus, während die zweite Hälfte hauptsächlich aus Matsch und Wasser besteht und das Vorankommen recht mühsam gestaltet. Sobald wir an ein Gatter gelangen, gibt es kurz darauf eine Brücke, die wir überqueren. Der Weg bis zum „deserted village" ist je nach Wetter sehr matschig. Hinzu kommt, dass er sich im letzten Abschnitt, um den See herum, verläuft und in einem Wirrwarr aus brusthohem Farn und alten Steinmauern verliert (Stolpergefahr). Läuft man aber recht nahe am See entlang, kommt man gut durch und erreicht das **verlassene Dorf 04**; von denen es mehrere in Irland gibt.

Beim Aufstieg bleiben wir rechts des Flusses und suchen uns einen Weg hinauf zum Sattel. Der Weg bleibt sehr schwammig und nass. Vom Sattel aus steigen wir weiter den teils steilen und zumeist nassen Benlevy hinauf. Auf dem Plateau angekommen, sehen wir in der Ferne den Vermessungspunkt, den wir ansteuern. Mit den tibetischen Gebetsfahnen und den Bergen im Hintergrund fühlt man sich wie nach Tibet versetzt. Vom

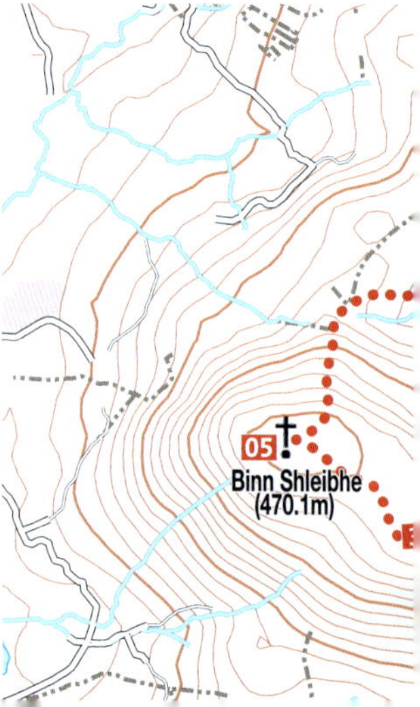

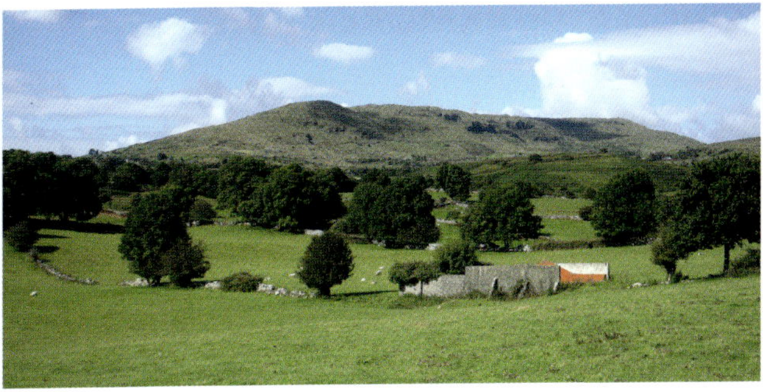

Der Benlevy bei bestem Wanderwetter.

Gipfel 05 aus gehen wir in Richtung SO auf dem Plateau entlang. Die Aussichten sind überragend! Das Plateau ist sehr uneben und durch weitläufige sumpfige Ebenen gekennzeichnet sowie stark erodiert, worum wir möglichst einen Bogen machen sollten.

Wir erreichen mit der Zeit kleine Mauerreste, von wo aus uns ein kleiner Pfad Richtung des **neolithischen Cairns** 06 führt. Von da an gehen wir etwas zurück nach SW, wo wir nach kurzer Zeit auf einen Weg in einer Rinne gelangen, der uns **nach unten führt** 07. Auch hier wird es erneut rutschig und weiter unten auch matschig. In der Ebene angekommen, überqueren wir einen Überstieg und kommen an einem Parkplatz heraus.

Von hier aus folgen wir der Straße zurück zum Ausgangspunkt. Dazu gehen wir **links ab** 08 und nach etwa 1 km rechts. Von da aus geradeaus zur Hauptstraße, die uns **links haltend** 09 zurück nach **Clonbur** 01 bringt.

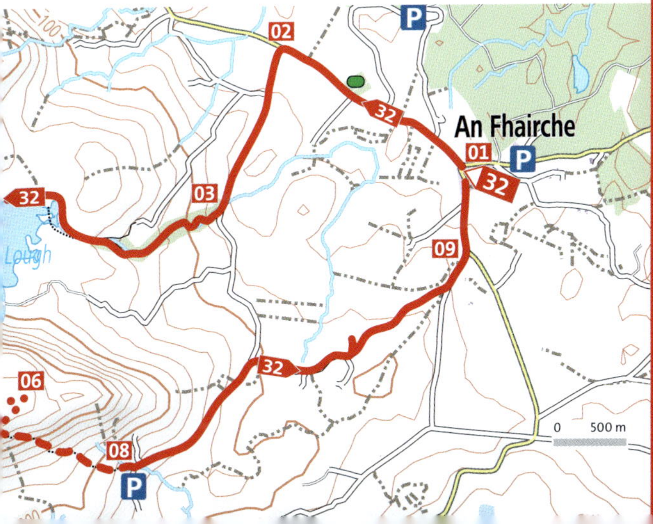

LOUGH NARDIKMORE • 515 m

In einem sehr abgelegenen Gebiet, mit wunderschöner Idylle

15,1 km | 4:45 h | 685 hm | 671 hm

START | Von Cong fahren wir nach Clonbur auf der R348. Dort dann rechts die R300 nehmen, bis wir zur Abzweigung nach „Tuar Mhic Eodaigh“ kommen (Lough Mask Drive). Die Straße folgt weiter der R300. Teilt sich die Straße erneut, nehmen wir die linke Spur (L5630) und fahren bis kurz hinter einem herabkommenden Fluss. Dahinter geht eine Straße links hinein, wo wir an einem Industriegebiet parken können. Keine öffentlichen Verkehrsmittel. [GPS: UTM Zone 29 x: 470.469 m y: 5.940.452 m]
CHARAKTER | Eine sehr schöne Wanderung mit zwar recht schwierigem Auf- und Abstieg sowie nassen Passagen, aber umso schöneren Aussichten über die umliegenden Seenlandschaften! Durch die recht ruhige und abgeschiedene Lage ist der Track eher ein Geheimtipp. Weitere Wanderer sind nicht zu erwarten.

Wer Abgeschiedenheit in Irlands Natur sucht, ist hier genau richtig. Die Landschaften zwischen Cong und Connemara sind im richtigen Licht atemberaubend idyllisch und schön, sodass es sich durchweg lohnt, mehr Zeit dort zu verbringen und die Gegend zu

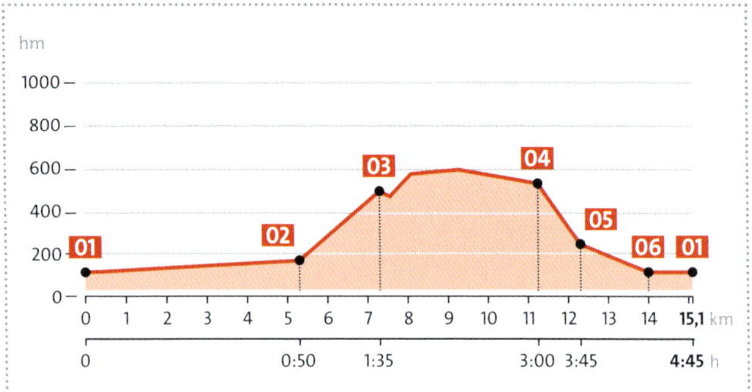

01 Start, 51 m; 02 Buckaun, 144 m; 03 Maumtasna Plateau, 477 m; 04 Gipfel des Binnaw, 515 m; 05 Schotterpiste, 221 m; 06 An der Straße links, 87 m

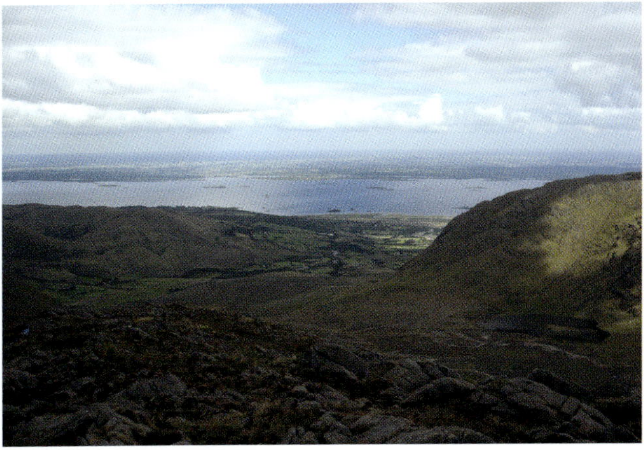

Die Aussichten in dieser Gegend Irlands gehören mit zu den Schönsten!

erkunden. Lough Nardikmore bildet dabei keine Ausnahme. Wie immer, gilt eine Besteigung nur dann als sinnvoll, wenn das Wetter mitspielt, da wir sehr oft auf Sicht navigieren müssen.

▶ Wir starten kurz unterhalb des **Parkplatzes** 01 und folgen der Straße geradeaus. Bei einer Abzweigung halten wir uns links und gehen kurze Zeit danach über eine Brücke, um auf einer Schotterpiste zu laufen. Wir schreiten durch ein Gatter und treffen bald darauf an ein weiteres kleines Bachbett. Rechts daneben geht ein loser Pfad zum Lough Nardikmore hin, entlang diesem gehen wir bis zum Ende, bis ein altes Holzgatter eine „Brücke" über einen kleinen Bach bietet. Von da an müssen wir uns selbst einen Weg zum Berg hin suchen. Das gesamte Gebiet dort ist sumpfig und rutschig, Vorsicht beim Überqueren! Auch die Bergbesteigung sowie der Rest des Weges zeichnen sich ohne deutliche Wege aus. Gegebenenfalls gibt es Pfadspuren hinauf, ansonsten sollten wir uns nicht zu weit rechts halten und den Berg am besten quer oder im Zickzack aufsteigen. Oben angekommen (je nachdem wie wir aufgestiegen sind), befinden wir uns auf dem Vorgipfel des **Buckauns** 02.

Von dort an laufen wir auf recht ebenem Terrain um die Wand herum, zuerst aber noch über einen kleinen Sattel auf das **Plateau des Maumtasna** 03. Den eigentlichen Gipfel dessen ignorieren wir und halten uns links. Obenauf gibt es viele Moore und Sumpfflächen, die jedoch weitestgehend über die Steine und Felsen linksseitig umgangen werden können. Um der Gefahr in einem Bog Hole (Moorloch) stecken zu bleiben vorzubeugen, sollte darauf verzichtet werden, solche Flächen zu kreuzen. Der Weg zieht sich sehr, ist aber generell gut zu gehen. Es finden sich immer wieder ein paar Pfade, denen gefolgt werden kann. Die schöne Aussicht, die man beiderseitig hat, ist einfach überragend.

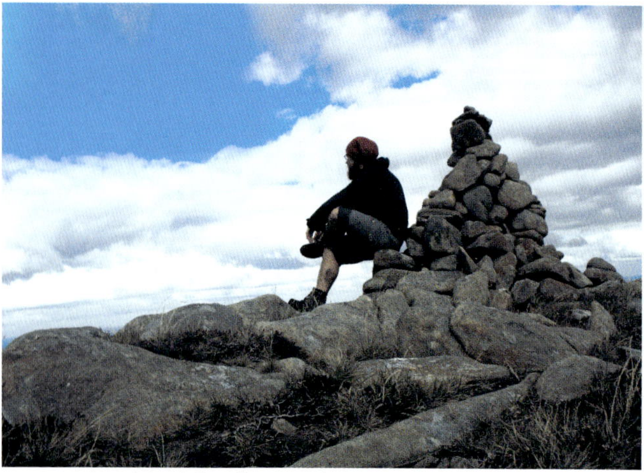

Kurze Rast und Genießen der Aussicht am Gipfel des Binnaw.

In der Ferne werden wir dann im letzten Drittel des Weges einen großen Steinmann erkennen. Dieser markiert den **Gipfel des Binnaw** 04 und auch gleichzeitig den Abstiegspunkt. Von dort aus steht etwas vor uns ein weiterer Steinmann, haben wir den erreicht, schauen wir Richtung Westen nach links, wo in der Ferne ein weiterer Steinmann steht. Von da aus geht es auf ein kleineres Plateau herunter und dann entlang einer Rinne in den Kessel hinein. Hier empfiehlt es sich, erst einmal ein paar Umwege zu laufen, um das Relief zu verstehen. Der Abstieg wird steil, nass und rutschig, also Vorsicht! Am besten gehen wir im Zickzack hinab. Von oben sehen wir bereits eine **Schotterpiste** 05, die unser Ziel darstellt.

Ist diese erreicht, folgen wir ihr bis zur Hauptstraße zurück. Von da aus halten wir uns **links** 06 und laufen für etwa 1,5 km zurück zum **Ausgangspunkt** 01.

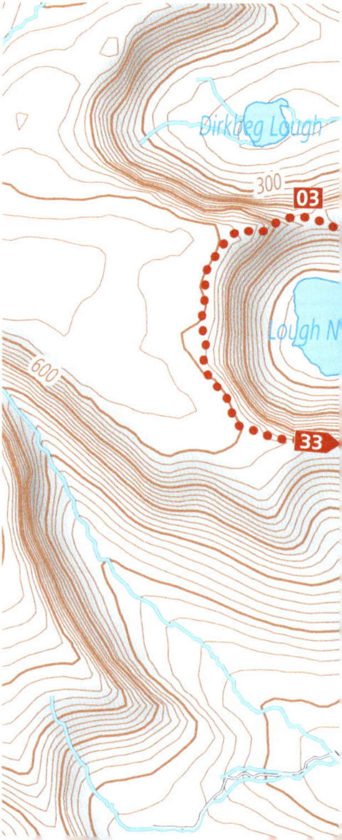

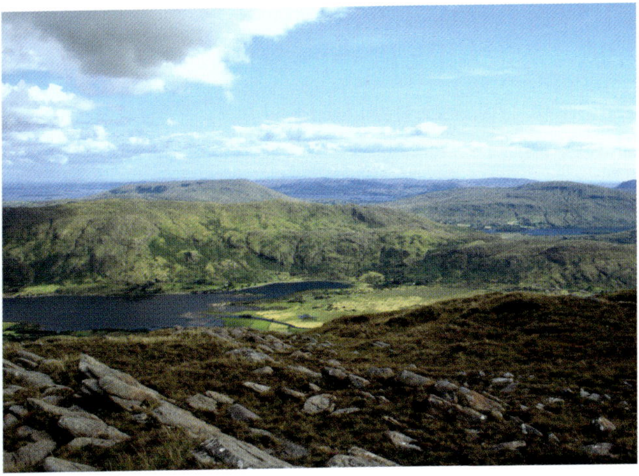

Ausblick nach Connemara.

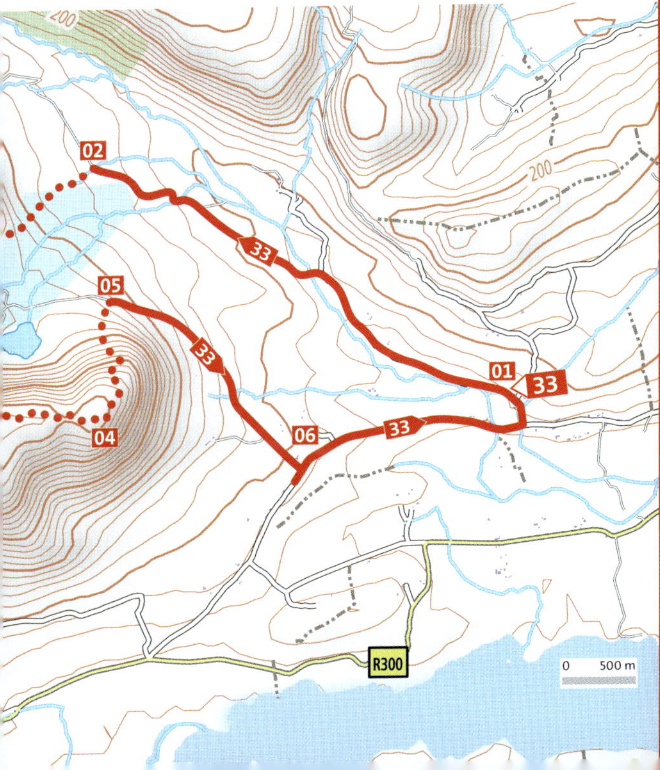

KILLARY HARBOUR (AN CAOLÁIRE RUA) • 80 m

Entlang Irlands einzigem Fjord

16,1 km | 3:45 h | 363 hm | 266 hm

START | Von Leenaun aus 7 km auf der N59 Richtung Letterfrack/Clifden, bis wir den recht unscheinbaren Bunow River überqueren. Kurz dahinter geht rechts die L51022 nach Bunowen und die „Killary Sheep Farm" ab. Der einzige Parkplatz findet sich direkt an der N59, hinter den Schildern, auf der linken Spur. Platz für maximal zwei Autos. Kurz davor gibt es einen weiteren größeren Platz zum Parken. Keine öffentlichen Verkehrsmittel. [GPS: UTM Zone 29 x: 448.312 m y: 5.937.459 m]
CHARAKTER | Eine sehr schöne, anspruchslose und damit leichte Wanderung entlang des einzigen Fjords Irlands, mit einer klassisch irischen Landschaft, vorbei an zwei schönen Loughs auf dem Rückweg.

Der Fjord hat eine Gesamtlänge von etwa 15 bis 16 km und ist durchschnittlich 45 m tief. An dessen Stirn liegt das idyllische Örtchen Leenaun, das allerdings außer einem sehenswerten Wollmuseum nicht viel zu bieten hat. Trotzdem wurde Leenaun als Drehkulisse für den Film „The Field", genutzt. Ferner sind im Fjord selbst Muschelzuchtfarmen ausgelegt, die u.a. nach Frankreich und Deutschland exportieren. Der Fjord lässt sich ferner auch per Sightseeing-Schiffstour befahren.

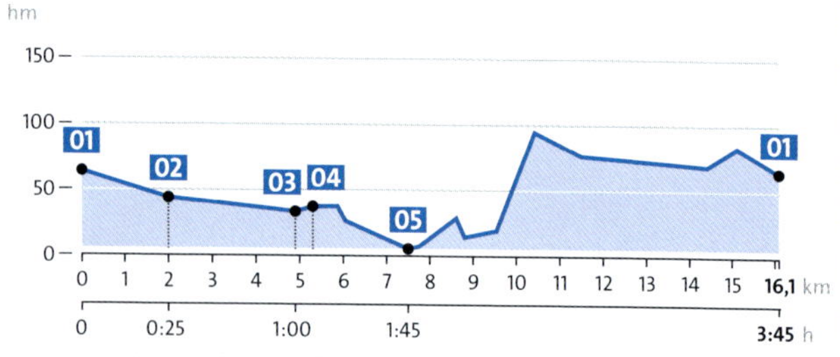

01 Start an der N59, 61 m; **02** Killary Sheep Farm, 40 m; **03** Verfallene Häuser, 29 m; **04** An der Fjordseite weiter, 33 m; **05** Hafen von Rosroe, 0 m

Vorsicht vor „bissigen“ Farmern!

In Irland ist so gut wie alles Land in Privatbesitz, sodass die Regierung Abkommen mit den Bauern abschließen, beziehungsweise ihnen Land abkaufen muss, um dort Wanderwege hinzusetzen. In meiner gesamten Zeit hatte ich nie Probleme mit Farmern, im Gegenteil, dennoch sind mir gerade für den Bereich um Leenaun/Killary Harbour Gerüchte von etwas pampigen Farmern zu Ohren gekommen, die etwas eigensinnig auf ihr Land pochen. In solchen Momenten gilt es, feinfühlig und freundlich zu bleiben. Am wenigsten möchte man Streit für sich und für künftige Wanderer. Dennoch ist es auch wahr, dass sie die Hoheit über ihr Land haben und Hinweisschilder strikt zu befolgen sind! Ein markantes Beispiel findet sich in der Wanderung auf den Leenaun Hill.

▶ **Von der N59 ausgehend** 01, folgen wir dem Straßenverlauf der L51022 für etwa 1,5 km in Richtung **„Killary Sheep Farm“** 02. Von dort aus geht es entlang des Fjords auf nunmehr unebenen Wegen. Der Track als solches ist nicht ausgeschildert, allerdings gibt es auch nur einen Weg, weshalb er leicht zu folgen ist. Kurz nachdem wir auf die Schotterpiste übergehen, durchqueren wir ein Gatter und betreten damit Privatland. Der Weg führt uns weiter entlang des Fjords und bietet uns bei guter Sicht ein paar schöne Ausblicke auf den Mweelrea.

Wir kommen an ein paar **verfallenen Häusern** 03 vorbei, die während der großen Hungersnot 1848 aufgegeben werden muss-

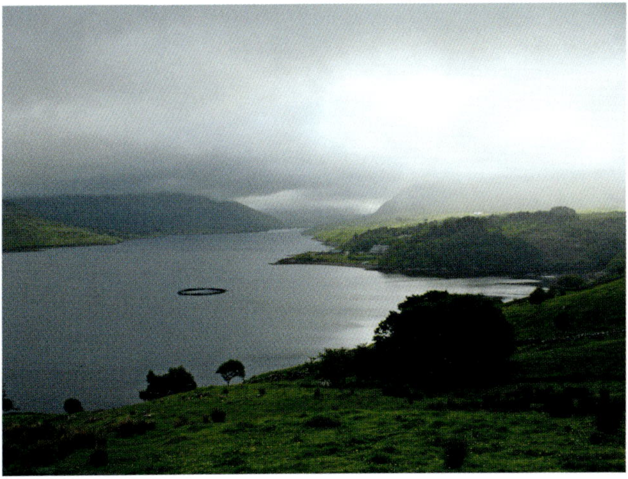

Der Killary Fjod bei irlandtypischem, wechselhaften Wetter.

ten. Heute dienen sie mitunter als Lagerraum für die ortsansässigen Farmer. Wir gehen weiter entlang des Fjords. Matschige oder nasse Bereiche entlang des Weges können stets umgangen werden, sind aber allgemein weniger vorhanden. Sobald wir an einen Zaun gelangen, den wir übersteigen müssen, führt ein recht unscheinbarer Pfad zu einem kleinen Sattel entlang der Mauer hinauf. Wir gehen aber **weiter geradeaus** **04**, entlang des nun schmaler und rauer werdenden Weges. Der Berg links von uns verliert im weiteren Verlauf des Weges an Höhe, bis wir auf eine große Mauer treffen, die um den Hügel herumzieht und uns auf eine befestigte Straße geleitet. Dieser folgen wir ab zum Hafen Rosroe, der sich nur wenige Meter davon befindet.

Direkt am **Hafen** **05** selbst steht ein altes Haus, in dem der öster-

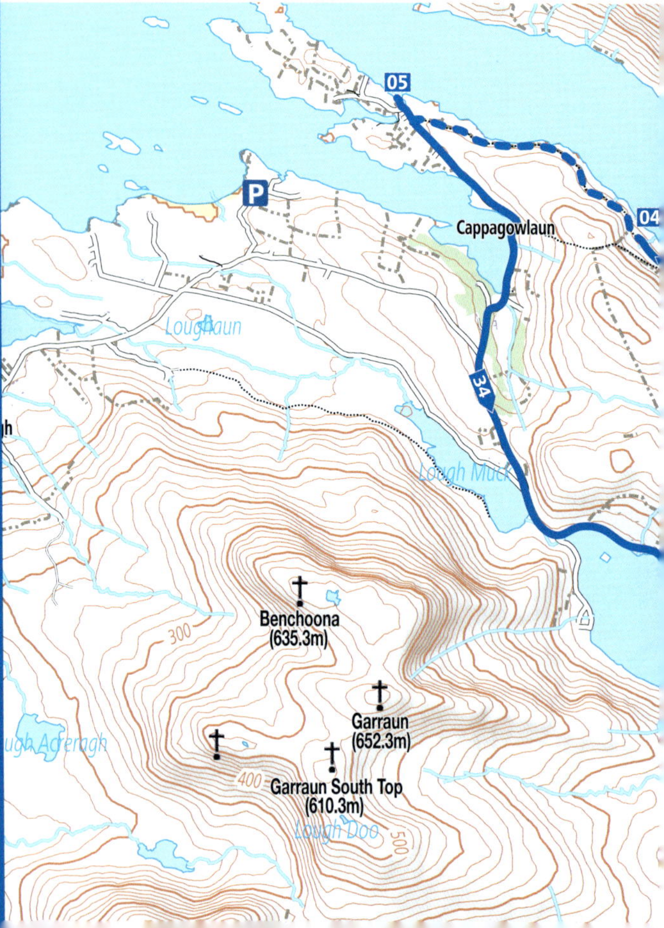

reichische Philosoph Ludwig Wittgenstein im Jahre 1948 für ein paar Monate residierte. Von dort aus folgen wir nun der Straße zurück auf einem abwechslungsreichen, unheimlich schönen und landschaftlich reizvollen Rückweg. Auf diesem Weg können sämtliche irlandtypischen Landschaftsbilder bestaunt werden. Ausgeprägte Weidelandschaften, Loughs und Berge, urige Steinmauern und hier und da ein paar Bäume, welche die Landschaft auflockern. Bei richtigem Licht ergeben sich dabei traumhaft schöne Landschaftsbilder. Wir passieren die beiden Loughs Muck und Fee und können durch die offene Weidelandschaft Ausblicke auf die Berge jenseits der N59 erhaschen. An der Hauptstraße angekommen, gehen wir links (mit Vorsicht!) Richtung Leenaun und kommen nach ein paar Minuten an unseren **Ausgangspunkt 01** zurück.

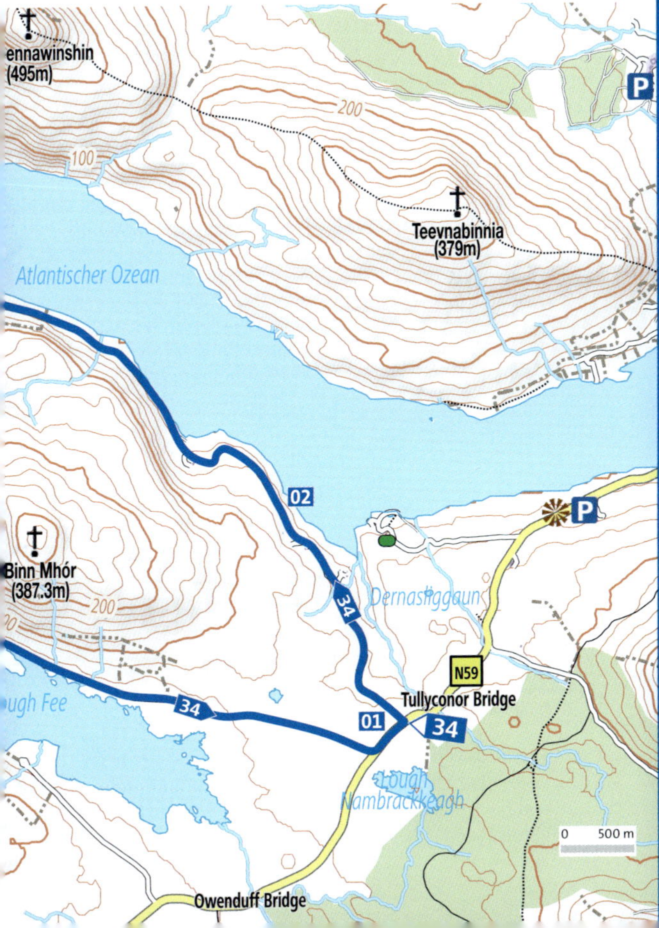

LEENAUN HILL (AN MEALL DUBH) • 613 m

Ein nicht zu unterschätzender Berg

12,6 km 4:15 h 719 hm 720 hm

START | Start ist direkt in Leenaun, wo es auch einen großen Parkplatz gibt. Öffentliche Verkehrsmittel (Bus Éireann) nur im Sommer, von Galway aus kommend.
[GPS: UTM Zone 29 x: 454.051 m y: 5.938.770 m]
CHARAKTER | Das ist ein Berg, auf dem es aktive Bog Holes (Moorlöcher) gibt! Weiträumige, freie Torf- und Moorflächen sind daher zu umgehen und niemals drauf zu springen. Ich selbst bin mit einem Bein bis zum Knie eingesunken und kam nur mit Mühe alleine heraus. Ansonsten ist der Weg ausschließlich bei guter Sicht zu gehen.

Der Leenaun Hill thront massiv über dem kleinen Örtchen und bietet spektakuläre Aussichten über den Killary Fjord und die umliegende Berglandschaft. Der Berg hat seine Tücken, ist beim Abstieg etwas langwierig, rutschig und teils steil. Einzuordnen wäre er in der Schwierigkeitsstufe Rot bis Schwarz, je nach Witterung.

Wir verlassen den **Parkplatz** 01 direkt am Fjord und gehen zuerst die R336 hinauf, bis wir an einen Fluss kommen. Direkt hinter dem Fluss führt ein Weg **rechts durch**

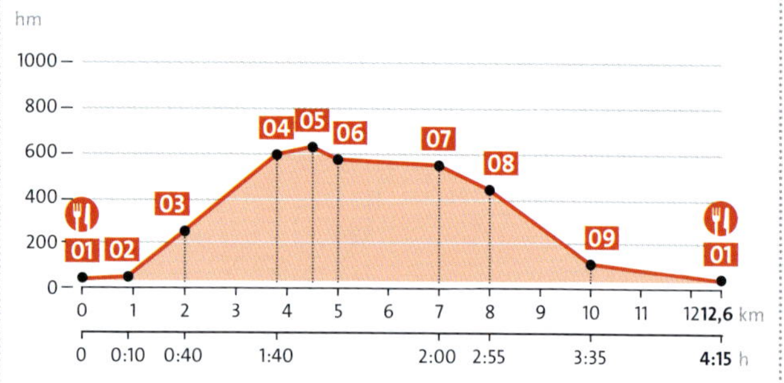

01 Start am Parkplatz in Leenaun, 2 m, 02 Rechts durch Gatter, 19 m; 03 Dem Zaun entlang folgen, 228 m; 04 Gipfelplateau, 578 m; 05 Gipfel des Leenaum Hill, 613 m; 06 Vorsicht Bog Holes in der Gegend!, 556 m; 07 Am Fuße des Bucan, 531 m; 08 See, 421 m; 09 Western Way, 84 m

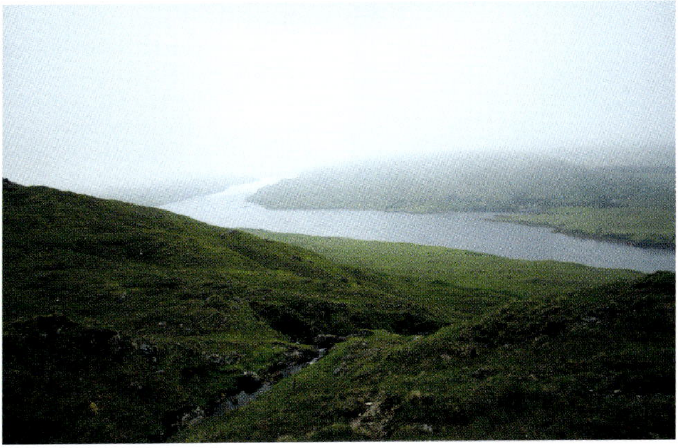

Es macht absolut keinen Spaß, bei einer dichten Wolkensuppe auf dem Berg herumzukriechen.

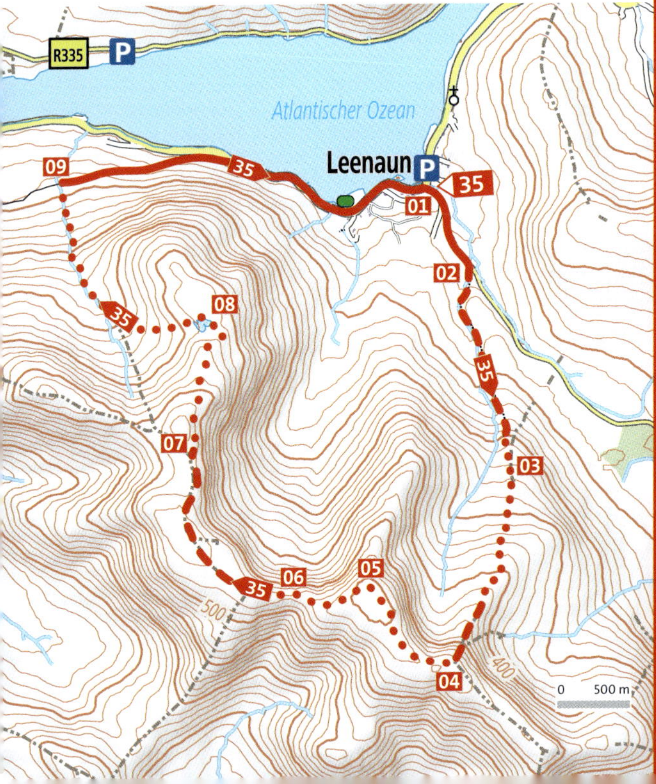

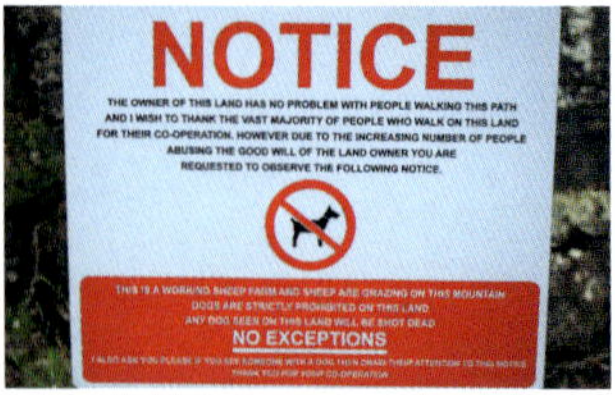

Wie dieses Schild ausdrücklich beschreibt, ist es verboten Hunde mitzunehmen, sonst droht das schonungslose Abschießen.

ein Gatter **02**, dem wir folgen. Der Weg wird schnell sehr nass, matschig und steil und geht eher in einen Trampelpfad über, folgt aber grob dem Flusslauf aufwärts.

Nach einiger Zeit erreichen wir einen querlaufenden Geröllpfad, dem wir zum Berg hin folgen. Kurz darauf verliert er sich. Wir gelangen an einen **Zaun**, dem wir den Berg hinauf nun **folgen** **03** werden. Bei aufziehender schlechter Sicht bilden Zäune die einzige Orientierungsmöglichkeit! Es bleibt weiterhin nass und matschig und die letzten 100 Hm vor dem Plateau selbst werden noch einmal richtig steil. **Auf dem Plateau** **04** geht der Zaun nach rechts ab. Wir können bei guter Sicht aber über das Plateau selbst laufen und kommen irgendwann an den Steinhaufen, der den **Gipfel des Leenaun Hills** **05** markiert, welcher linksseitig des Zaunes liegt. Vorsicht! Bei Nebel/Wolken keinerlei Sicht, die man dank des erosiven Terrains und des nassen moorigen Bodens zum Navigieren und Umgehen benötigt.

Von hier an folgen wir dem Plateau Richtung Westen. Durch die Unebenheit des Geländes müssen wir immer wieder kleinräumige Umwege angehen, letztlich kommen wir wieder an einen Zaun, den wir als Orientierung nutzen und dem Plateau entlang nach W bis NW folgen. Zwischen dem Leenaun Hill und dem Bucan gibt es **Bog Holes** **06**, Vorsicht also! Wir gehen dann, sobald der Zaun eher nach Westen abgeht, nach Norden und kommen direkt zu dem **Bucan (ein kleiner unmerklicher Gipfel)** **07**.

Wir gehen abwärts nach Norden zum großen **See** **08**, der unterhalb des Berges liegt, und gehen ihn rechtsseitig herum. An seinem Abfluss angekommen, folgen wir diesem. Vorsicht beim Abstieg! Sehr rutschig und teils felsig. Der Bach selbst geht teils unterirdisch durch einen Tunnel entlang, kommt aber immer wieder hervor. Wir müssen mehrmals die Seiten wechseln; bevor jener Fluss jedoch auf einen zweiten trifft, gehen wir zurück auf die rechte Seite (und laufen von nun an den Berg abwärts), wo wir erneut auf einen Zaun treffen, der dem Fluss folgend hinabzieht. Diesem gehen wir nun entlang und überqueren zwei quergehende Zäune (ohne Überstieg) und kommen bald an eine Stelle, an der der Zaun auf die andere Flussseite zieht. Wir bleiben rechts. Von da an wird das Gelände steil, steiniger und rutschig. Wir gehen vorsichtig im Zickzack und mit sicherem Tritt hinab. Unter uns sehen wir schon deutlich den querlaufenden **Western Way** **09**, auf den wir nun zugehen. Auf diesem angekommen, gehen wir ihn rechts entlang zur N59, auf der wir mit Vorsicht zurück nach Leenaun zu unserem **Ausgangspunkt** **01** gehen. Die Straße ist eng und die Sicht für die Autos durch die Vegetation begrenzt.

DIAMOND HILL (BINN GHUAIRE) • 437 m

Im Connemara National Park

7,3 km 2:00 h 411 hm 416 hm

START | Von Galway aus kommend, fahren wir die N59 über Clifden nach Letterfrack. Etwa 500 m vor dem Ort selbst kommt rechts eine Einfahrt zum Connemara Nationalpark, die uns zu einem Parkplatz bringt. Von Galway aus fährt City Link unregelmäßig Richtung Letterfrack. Aus Leenaun der N59 für etwa 20 km nach Letterfrack/Clifden folgen.
[GPS: UTM Zone 29 x: 436.956 m y: 5.934.094 m]
CHARAKTER | Eine sehr einfache, aber auch wunderschöne Wanderung, entlang durchgängig ausgebauten Wegen. Bei klarer Sicht genießt man eine unglaublich schöne Aussicht über die nähere Umgebung, Berge, Gras-/Moorlandschaften und dem Meer. Der obere Teil des Weges, zum Gipfelplateau hin, wird ein wenig rauer, der Weg ist aber dennoch eindeutig.

Das Visitor Center bietet einem ein paar interessante Fakten rund ums irische Torf und seine Geschichte. Ferner kann man sich vor Ort auch beraten lassen, was weitere Wanderungen in Connemara und allen voran Wetterbedingungen angeht. Es gibt ein sehr zu empfehlendes Hostel (The Old Monestry Hostel), direkt unterhalb des Visitor Centers.

▶ Startpunkt ist das **Visitor Center** 01 im National Park. Wir folgen den Wegweisern des „Sruffaunboy Walks“ (gelber Pfeil), vorbei

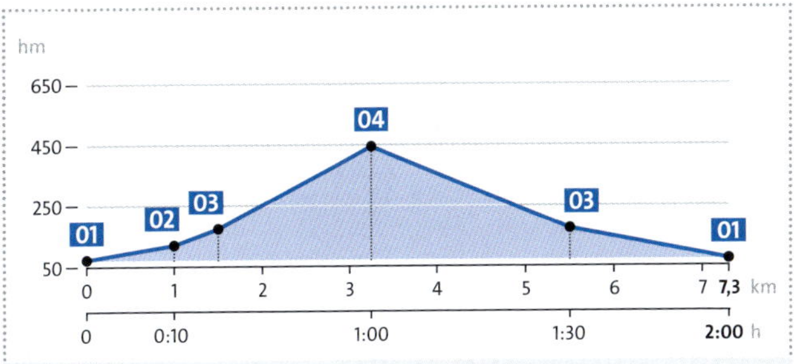

01 Visitor Center, 51 m; 02 Lower Diamond Hill Track folgen, 100 m; 03 Upper Diamond Hill Track folgen, 156 m; 04 Gipfel des Diamond Hill, 437 m

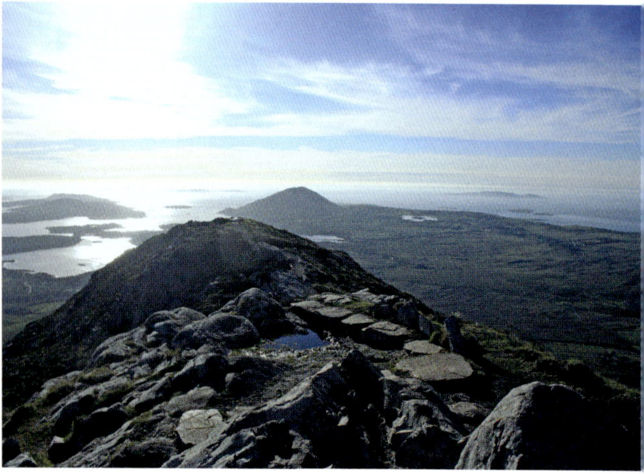

Nach der Besteigung wird man mit überragenden Aussichten vom Gipfel belohnt!

an einem Spielplatz und auf sehr gut ausgebauten Wegen den Berg langsam hinauf. Wir gelangen nachfolgend an eine Wegscheide, direkt nach einer **kleinen Brücke**. Dort verlassen wir den „Sruffaunboy Walk" und folgen dem **„Lower Diamond Hill Walk"** 02 (blauer Pfeil).

Von nun an führt der Weg über künstlich angelegte Steinstufen und folgt einem breiten Holzweg über eine längere ebene Sumpffläche. Am nächsten Wegweiser folgen wir dem **„Upper Diamond Hill Walk"** 03 (roter Pfeil) direkt zum Berg hinan.

Kurze Zeit später kommt noch eine Wegzweigung. Wir gehen geradeaus weiter. Auf dem abgehenden Pfad kommen wir später wieder hinab. Bis zum Fuße des eigentlichen Berges ist der Weg sehr leicht zu gehen, wird dann aber steiler, die Stufen höher und teils kleinräumig durch anstehendes Gestein abgelöst, worüber sich aber allgemein gut gehen lässt. Auf dem Gipfelplateau selbst genießen wir bereits den Lohn für den Aufstieg. Einen 360-Grad-Blick über einen Teil der zwölf Bens (siehe Tour 37), die untenliegende Moor-, Sumpf- und Graslandschaft, sowie über das Meer. Der **Gipfel** 04 selbst**,** ist durch einen Steinmann markiert.

Der Weg zurück geht geradezu hinter dem Gipfel hinab. Wenn einem die Midges in Ruhe lassen, sollte die Zeit jedoch genutzt werden, um ein wenig zu verweilen und die Aussicht zu genießen. Der Abstieg selbst ist erneut durch künstliche, aber stabile Steinstufen gelegt und lässt sich leichter laufen als der Aufstieg, da er etwas länger und weniger steil verläuft. Sobald wir den **Punkt** 03 erreichen, folgen wir nun dem „Lower Diamond Hill Walk", auf ausgebauten Wegen linksseitig zum **Visitor Center** 01 zurück.

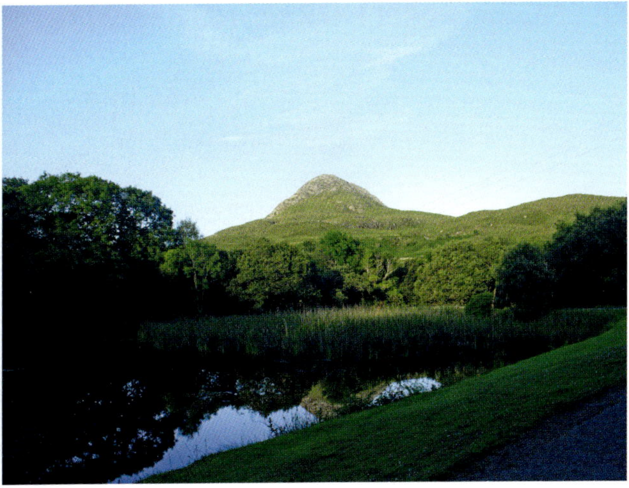

Der Diamond Hill vom Visitor Center aus betrachtet.

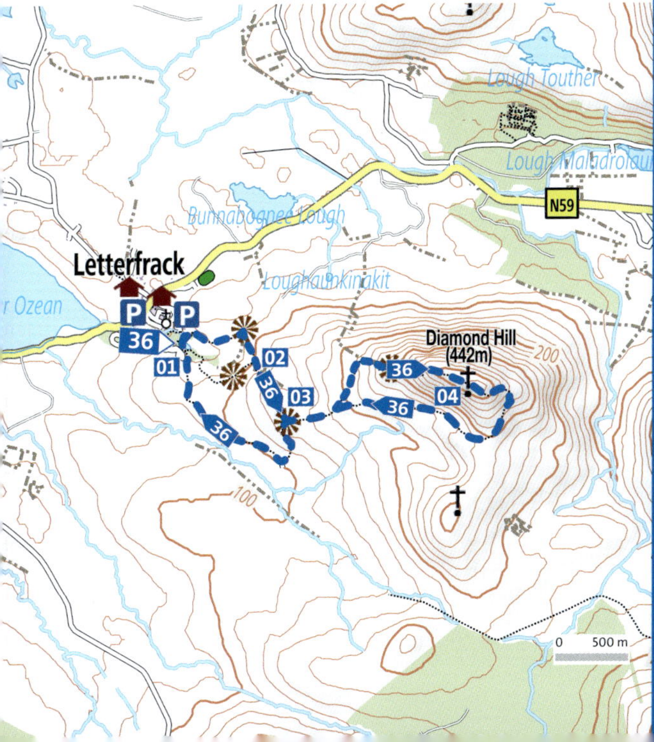

37

GLENCOAGHAN HORSESHOE • 704 m

Auf sechs der zwölf Bens

18 km · 9:00 h · 1597 hm · 1598 hm

START | Von Galway kommend auf der N59 Richtung Clifden. Rund 1 km nach der linksgehenden Abzweigung nach Roundstone (R341) geht rechts die L51374 nach „Doire na bhFlann“ ab, mit dem zusätzlichen Hinweisschild „Connemara Pony“. Von da aus folgen wir der Straße bis zu einer großen Fläche, an der man rechts parken kann. Links findet sich ein großer Stein mit Pferdekopf und Eichhörnchen. City Link verbindet Clifden und Galway. Auf Anfrage lassen einen die sehr netten und kulanten Busfahrer auch an der Abzweigung an der N59 heraus. Zu Fuß dann noch ein Kilometer bis zum Ausgangspunkt.
[GPS: UTM Zone 29 x: 446.447 m y: 5.925.276 m]
CHARAKTER | Dieser Track ist beileibe die schwerste und ausdauerndste Bergtour der hier vorgestellten und nicht zu unterschätzen. Ausgezeichnete Wetterverhältnisse, ausreichend Wasser und Nahrung sind unabdingbar. Es gibt Passagen, die sehr steil sind und Klettern voraussetzen. Kompass und Karte wären hier von Vorteil. Nicht bei schlechtem Wetter laufen!

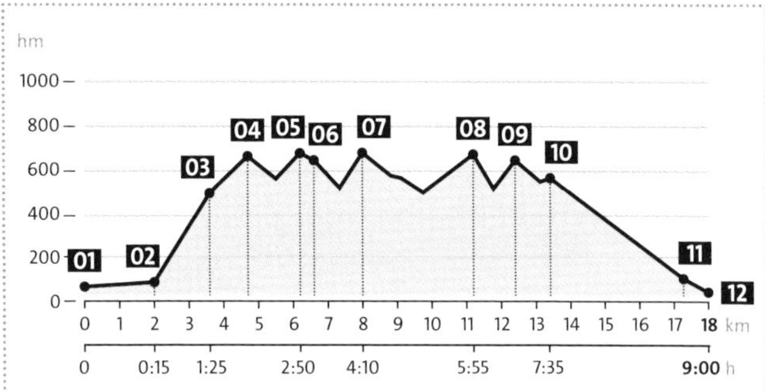

01 Parkplatz an der Brücke, 37 m; **02** Nach rechts über Farmland, 58 m; **03** Vorgipfel des Derryclare, 505 m; **04** Gipfel des Derryclare, 666 m; **05** Gipfel des Bencorr, 704 m; **06** Richtung Westen absteigen, 681 m; **07** Gipfel des Bencollaghduff, 686 m; **08** Gipfel des Benbreen, 686 m; **09** Gipfel des Glengower, 657 m; **10** Gipfel des Benlettery, 571 m; **11** Zaunüberstieg, 77 m; **12** Benlettery Hostel/N59, 14 m

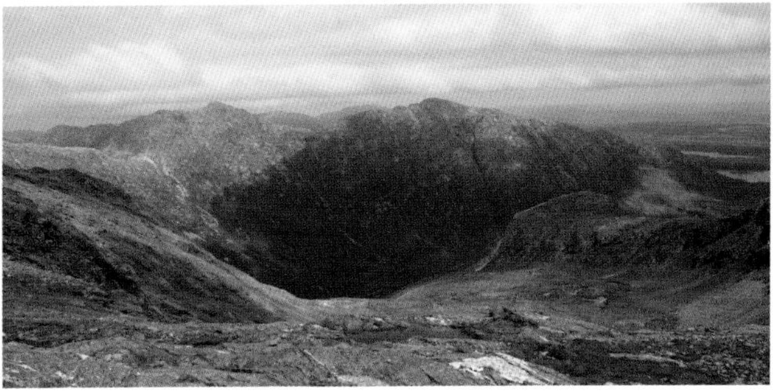

Blick auf den Derryclare und Bencorr.

Der Glencoaghan Horseshoe führt über sechs der zwölf Bens (oder auch Pins) und verführt mit atemberaubend schönen Ausblicken, die jedoch nicht immer einfach zu erreichen sind. Jener Track ist ein durchgehend alpiner, trotz der vergleichbar geringen Höhe der Berge. Hier lässt sich Connemara am besten erleben und etwas Ruhe generieren. Trotz der Schwierigkeit (oder gerade deswegen) kann man immer wieder auf andere Wanderer treffen, einige sogar, die alle zwölf Gipfel an einem Tag anlaufen.

▶ Vom **Parkplatz 01** aus gehen wir etwa 600 m geradeaus weiter. Wo der Zaun auf der rechten Seite abknickt und eine offene Weidelandschaft offenbart, geht **ein Trampelpfad rechts ab 02**, der sich schnell verliert. Wir peilen jedoch den kommenden Hang des Derryclare an, über etwas sumpfiges, wegloses Terrain. Es geht sehr steil über Felsen und Pfade, die gerade einmal Schuhbreite aufweisen können. Der Weg zieht sich und es empfiehlt sich, im Zickzack hinaufzusteigen.

Auf dem **Vorgipfel 03** bei etwa 505 Hm angekommen, haben wir den Aufstieg fast geschafft. Weiter oben finden wir etwas deutlichere Pfade, die uns zum **Gipfel des Derryclare 04** leiten (je nachdem wie wir aufsteigen!). Von hier geht es abwärts in den Sattel und zum nächsten Gipfel auf gut erkennbaren Wegen. Der Abstieg selbst kann sehr steil entlang losem Geröll verlaufen! Vorsicht vor rutschigem Gelände.

Der Anstieg zum Bencorr ist ebenso geröllbehaftet. Auf dem **Gipfel 05** dessen angekommen, steigen wir anschließend über die SO-Seite auf eine zweite Anhöhe. Wir kommen an zwei Steinmännern vorbei und gehen allgemein **Richtung W mit steilem Abstieg 06** beim rechten Steinmann ab. Vor uns sehen wir bereits den hoch aufragenden dritten Pin, den Bencollaghduff.

Der Abstieg in den zweiten Sattel ist sehr anstrengend und von losem Geröll gekennzeichnet. Ferner beinhaltet er kleinräumige Kletterpassagen. Der Aufstieg zum dritten Gipfel jedoch verläuft einfacher, nur im oberen Teil treffen wir auf Geröll und Felsen. Wenige Steinmänner weisen einen losen Weg. Der **Gipfel des Bencollagh-**

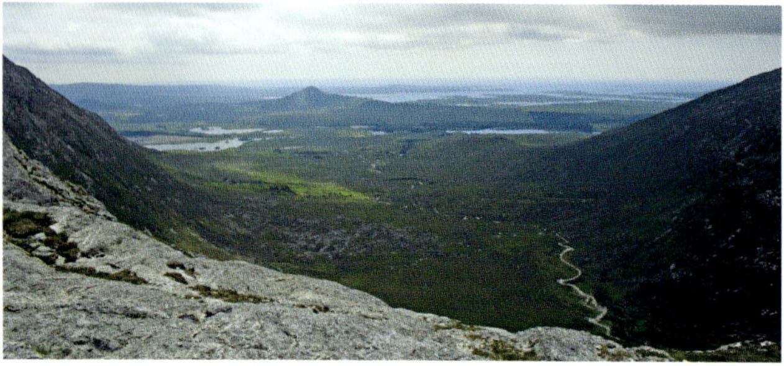

Aussicht zum Errisbeg (Tour 38) und der Gurteen/Dogs Bay im Hintergrund dessen.

duff 07 ist 686 m hoch. Sollte sich das Wetter verschlechtern oder man sich nicht in der Lage fühlen weiterzulaufen (es kommen noch ein paar sehr harte und Ausdauer sowie Konzentration verlangende Abstiege auf uns zu), kann man im nächsten Sattel, dem Flusslauf ins Tal folgend, absteigen. Der Weg sollte allerdings recht sumpfig sein.

Weiter geht es Richtung SW zum Benbreen. Der Abstieg vom Bencollaghduff ist erneut von steilen Passagen und viel losem Geröll gesäumt. Am Sattel angekommen, geht es dann wieder aufwärts, mehr oder weniger gut, auf erkennbaren Pfadspuren. Links entlang der Klippen ließ es sich relativ gut laufen. Es wird aber erneut sehr felsig und steil entlang von großen Geröllfeldern. Im oberen Bereich müssen wir erneut die Hände zum Klettern nutzen. Auf dem Plateau (durch den ersten Steinmann gekennzeichnet) angekommen, befindet sich der **Gipfel des Benbreen 08**, jedoch erst am Ende dessen. Der Weg dahin verläuft zur Abwechslung recht einfach.
Folgend kommen wir an den bisher schwersten und gefährlichsten Teil des Weges. Es ist ein einziges großes und steil angesetztes Geröllfeld, das keinerlei Haltemöglichkeiten bietet. Am besten gehen wir es quer, leicht und kontrolliert abrutschend, hinab. Alternativ können wir einen großen Halbbogen rechts vom Geröllfeld machen und unten am Ende des Hangschutts herauskommen. Trittsicherheit sowie ein gutes Einschätzungsvermögen, was das Gelände angeht, sind hier sehr wichtig.

Haben wir das geschafft, gelangen wir direkt zum Aufstieg des fünften Pin, dem Glengower, welcher erneut einige Kletterpassagen bietet. Wir müssen ein wenig suchen, um richtige Stellen zu finden. Blicken wir vom **Gipfel des Glengower 09** direkt nach Süden, sehen wir den letzten Gipfel der sechs Pins und direkt am Meer den Errisbeg (Tour 38).

Bis zum Benlettery laufen wir entlang eines recht gemütlichen Wanderweges. Vom Gipfel des **Benlettery 10** müssen wir uns einen geeigneten Weg hinab zum Hostel suchen; jenes erste Gebäude, welches rechts unter uns an der N59 steht. Der Abstieg selbst ist abermals sehr steil und nicht zu unterschätzen. Zeit, Trittsicherheit und Konzentration werden hier gebraucht. Im großräumigen Zickzack suchen wir uns geeignete Pfade, die wir zum Abstieg nutzen können. Nicht selten ist der Boden durch herabfließendes Wasser gesättigt und rutschig. Am besten geht es sich in Bereichen des Heidekrauts quer hinab, da diese einen gewissen Halt bieten.

Peilen wir das erste Haus an, kommen wir nach einiger Zeit an einen Zaun, der auch einen **Übersteig 11** bietet. Wir folgen der Pfadspur, nach rechts gehend, über den Hügel links und gerade zum Haus zu, wo wir dem Zaun rechter Hand entlanggehen. Dort kommen wir dann an einen Pfeil, samt Überstieg, und können zur Straße hinuntergehen, oder zur Rast im **Hostel 12** einkehren.

Zurück zum Ausgangspunkt sind es etwa 3 km, Vorsicht entlang der Straße! Wer individuell unterwegs ist, muss nach Möglichkeit einen Bus anhalten (Zeiten vorher aufschreiben) oder per Anhalter nach Clifden/Galway fahren, was bei mir gut funktioniert hat.

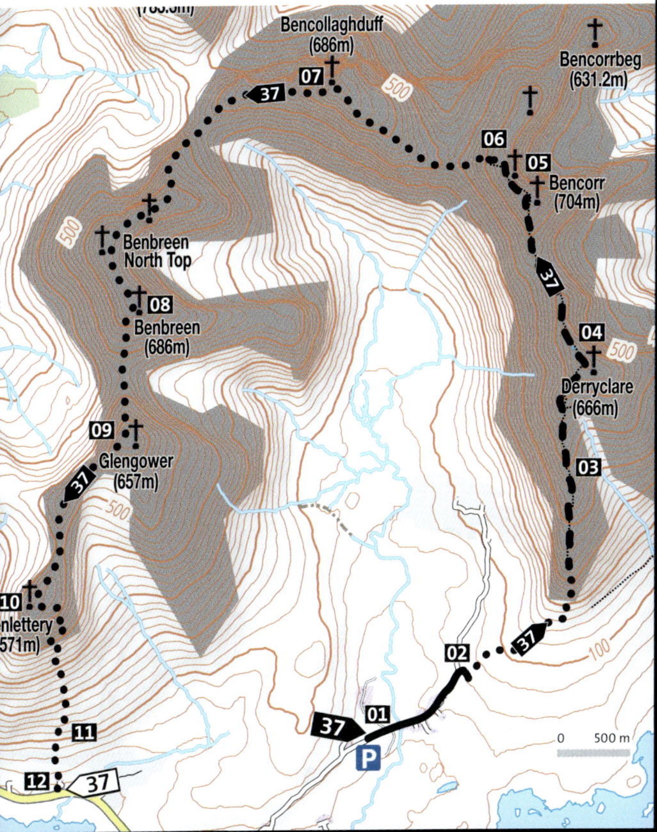

ERRISBEG (IORRAS BEAG) • 292 m

Im Süden Connemaras

14 km 4:30 h 469 hm 468 hm

START | Von Galway aus kommend, fahren wir die N59 Richtung Clifden entlang und biegen an der R341 Richtung Roundstone ab (hinter Recess). Von Roundstone selbst sind es noch gute 3 km bis zur Gurteen Bay (Port na Feadóige), wo ein Parkplatz direkt neben einem Holiday Park zur Verfügung steht. Keine öffentlichen Verkehrsmittel. [GPS: UTM Zone 29 x: 436.572 m y: 5.915.099 m]
CHARAKTER | Der Errisbeg ist bei guter Sicht eine wunderbare Landmarke und eröffnet schöne Aussichten über den südlichen Teil Connemaras. Der Aufstieg verläuft auf unmarkierten Pfaden noch recht einfach, während der Abstieg je nach Witterung durch hohes Gras recht anstrengend und nass werden kann. Zur Belohnung gibt es anschließend einen entspannten Weg an der Küste entlang.

Der Errisbeg steht ziemlich allein auf weiter Flur und ist daher ein sehr guter Aussichtspunkt, gutes Wetter vorausgesetzt. Wir können nördlich davon den Diamond Hill als auch Teile der Twelve Bens sehen (gutes Wetter vorausgesetzt). Auch der Blick über die Buchten und die Küstenlinie ist atemberaubend.

Wir starten am Parkplatz 01, von wo aus wir Richtung Friedhof gehen. Kurz davor geht links eine

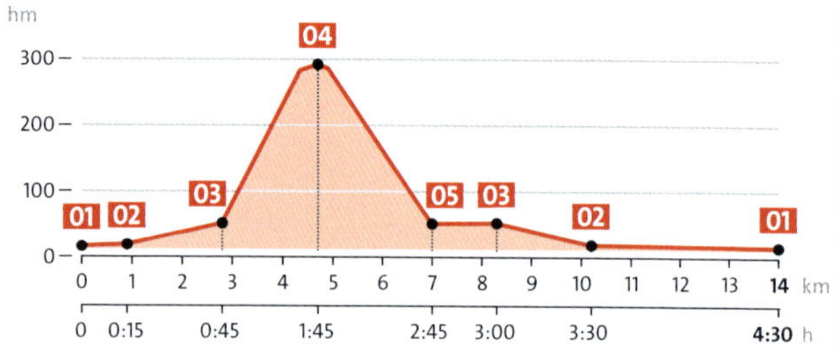

01 Parkplatz an der Gurteen Bay, 5 m; 02 Dogs Bay, 8 m; 03 Rechts abgehen, 42 m; 04 Gipfel des Errisbeg, 292 m; 05 Schotterpiste links folgen, 91 m

Treppe zum Strand hinunter. Wir folgen der Mauer und kommen an ein Gatter, das wir dann Richtung NW querfeldein durchqueren, und gelangen an die **Dogs Bay** 02. Durch das nächste Gatter gehend, gelangen wir auf eine Straße, die bis zur R341 hinaufzieht. Dort angekommen, gehen wir links für etwa 1,5 km ab. Wir kommen an einen kleinen Stellplatz mit Gatter und wenigen Parkmöglichkeiten und sehen einen großen Felsen hinterm Zaun, der „No Dogs“ draufstehen hat. Wir gehen durch das Gatter, kommen auf eine Fahrspur, biegen kurz darauf **rechts** 03 auf die Weide ab und passieren einen kleinen See, während wir auf den Berg zugehen (Richtung Osten). Links am See vorbei, treffen wir auf einen recht deutlichen Pfad, der nach oben hin etwas undeutlicher wird, solange wir aber

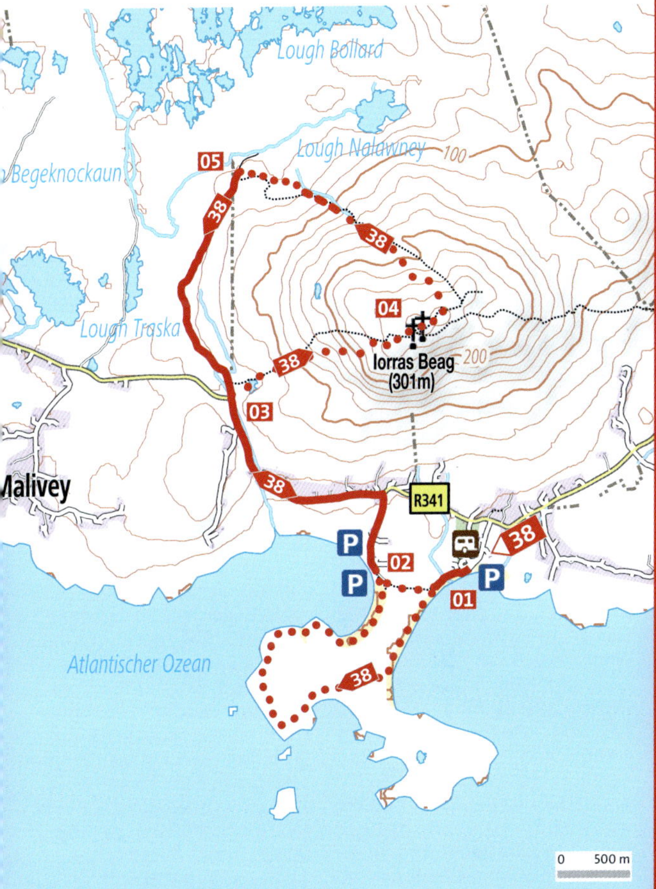

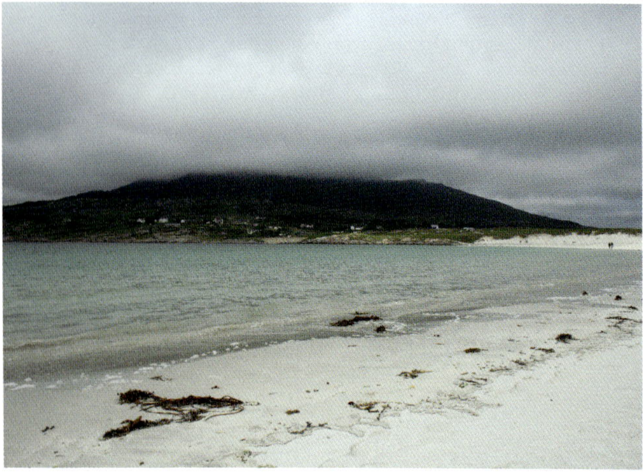

Der wolkenverhangene Errisbeg von der Dogs Bay aus betrachtet.

Osten anpeilen, wird sich immer ein Trampelpfad hinauf anbieten. Recht mittig geht es auf den höchsten Punkt zu. An einigen Steinmännern vorbei, gelangen wir letztlich an einen Betonklotz, der den **höchsten Punkt** 04 markiert. Bei Wolken oder Nebel ist es nicht ganz einfach, zu navigieren.

Von dort aus geht es kurzzeitig Richtung NW zum nächsten Steinmann. Blicken wir weiter nach NW, sehen wir zwei weitere Hügel mit Steinmännern und davor eine Senke, die wir nach NW (links) hinabgehen können. Alternativ kann man über die zwei Hügel nach Osten ab, Richtung Roundstone, wandern und von dort aus zurück zur Gurteen Bay. Falls der Aufstieg bereits sehr sumpfig und nass sein sollte, empfiehlt es sich dennoch, denselben Weg zurück zum Gatter zu nehmen, statt nach NW abzugehen, da der Abstieg im Vergleich zum Aufstieg anspruchsvoller ist. Es wird rauer und wilder. Sehr viele Felsen, Geröll und hohes Gras säumen den Abstieg. Der Grund ist uneben und bietet nach Regen sehr viel Nässe. Zudem gibt es Stolperfallen, die durch das hohe Gras versteckt sind, wie Steine oder auch Löcher im Boden bzw. kleine Rinnsäle. Dadurch zieht sich der Abstieg ein wenig. Wir orientieren uns an der zuerst schmalen, aber tiefen Rinne, die sich nach NW hin weitet und einen Bach beinhaltet. Sobald wir abgestiegen sind, peilen wir weiter grob NW-W an, während der Fluss sich leicht nach Norden hinbiegt.

Auf der Schotterpiste angekommen, folgen wir ihr **Richtung Süden (links)** 05 zum Gatter hinab. Der Track kann von da aus über denselben Weg zur Gurteen Bay beendet werden oder alternativ noch ein Rundgang um die Halbinsel gemacht werden. Dazu folgen wir dem Strand der Dogs Bay und gehen über das Farmland immer entlang der Küste, um letztlich am **Ausgangspunkt** 01 herauszukommen.

MURRISK PIER (CALACH MHURAISC) • 5 m

Kurzweilige Tour am Fuße des Croagh Patrick

5 km | 1:15 h | 87 hm ↗ | 87 hm ↘

START | Von Westport kommend, fahren wir die R335 Richtung Louisburg. Auf Höhe des Croagh Patrick haben wir Murrisk erreicht. Im Ort gibt es viele Parkmöglichkeiten, entweder den kostenpflichtigen Parkplatz am Fuße des Berges oder kostenlos entlang der Straße. Bus Eireann fährt in der Saison von Westport zum Croagh Patrick.
[GPS: UTM Zone 29 x: 457.852 m y: 5.959.216 m]
CHARAKTER | Ruhige und kurzweilige Wanderung mit einigen Interessanten Stopps zwischendrin. Wir folgen stets Straßen auf durchweg ausgeschilderten Wegen.

Murrisk ist ein Dorf mit etwa 200 Einwohnern, schön gelegen, direkt an der Clew Bay. Der Weg lässt sich als Nachspiel zum Croagh Patrick oder zum Aufwärmen für ihn nutzen. Der hier vorgestellte Weg geht durchweg an Straßen entlang, allerdings lässt sich auch ab Punkt 04 bei Ebbe ein Weg um die Küste nehmen (an der Clew Bay dann links), wo wir dann direkt am Friedhof/der alten Abbey wieder herauskommen und von da aus zurück zum Parkplatz laufen.

▶ Wir starten am **Parkplatz** 01 unserer Wahl und gehen die Straße Richtung Westport entlang. Sobald wir an eine pinke Taverne kommen, wechseln wir die Seite und laufen vorerst entlang des

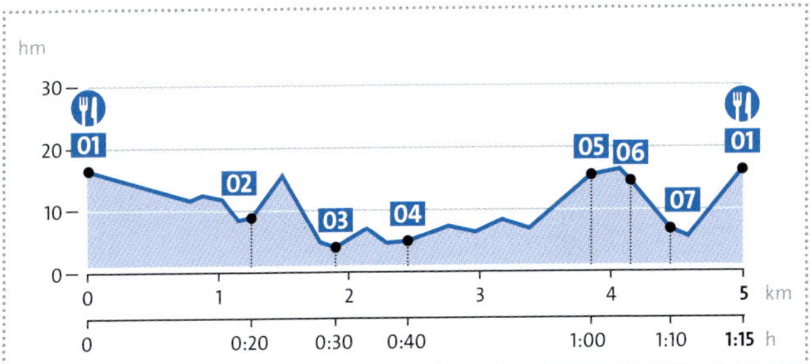

01 Parkplatz am Croagh Patrick, 17 m; 02 Fisherman Memorial, 9 m; 03 Pier, 3 m; 04 T-Kreuzung, 4 m; 05 Hauptstraße, 16 m; 06 Famine Memorial, 15 m; 07 Murrisk Abbey, 5 m

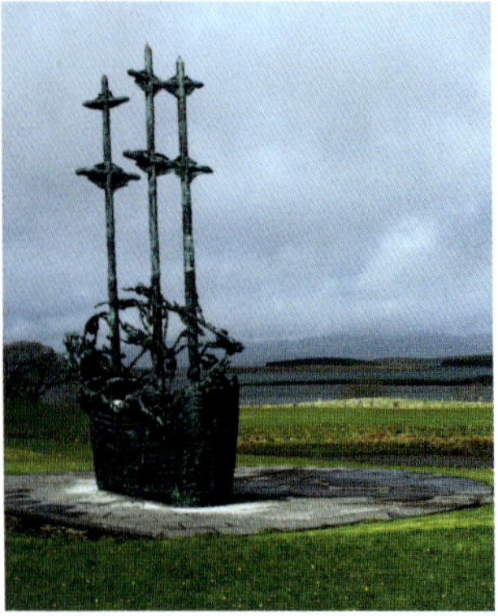

Das Famine Memorial. Zum Gedenken an die Opfer der großen Kartoffelfäule.

Sees. Die nächste Straße, zum Murrisk Pier, nehmen wir links. Kurz darauf erreichen wir das **Fisherman Memorial** 02, welches an jene Fischer Murrisks gerichtet ist, die ihr Leben in der Clew Bay verloren.

Weiter geht es bis zum recht kleinen **Pier** 03, wo Muscheln als auch verschiedene Fische an Land gebracht werden. Weiter der Straße entlang, kommen wir bald an eine **T-Kreuzung** 04. Wir können einen Abstecher rechts zum Wasser hin machen, um einen weiteren guten Ausblick auf die Bucht und ihre zahlreichen Inseln zu werfen und dann den Pfeilen zur **Hauptstraße** 05 folgen.

Dort gehen wir rechts und erreichen gegenüber vom Parkplatz das **Famine Memorial** 06. Eine Skulptur, die das Leid als auch die damalige fluchtartige Situation der Bevölkerung während der großen nationalen Kartoffelfäule darstellt. Damals sind viele Menschen gestorben als auch zwangsweise nach Amerika ausgewandert und mitunter auf den Schiffen verstorben, sodass es wahrliche Totenschiffe gab, woran die Skulptur angelehnt ist. Etwas weiter unterhalb findet sich die alte **Murrisk Abbey (Mainistir Mhurasic)** 07, die mittlerweile schon verfallen, aber nicht minder eindrücklich ist. Die angelegten Gräber dort sind bis zu 250 Jahre alt, der neue Friedhof an der Seite der Abbey wird heute noch genutzt. Die Abtei wurde im 15. Jahrhundert von den O'Malleys (siehe Tour 41) erbaut und diente damals als Startpunkt für die Pilgerreise zum Croagh Patrick. Anschließend nehmen wir die Straße zurück zum **Ausgangspunkt** 01.

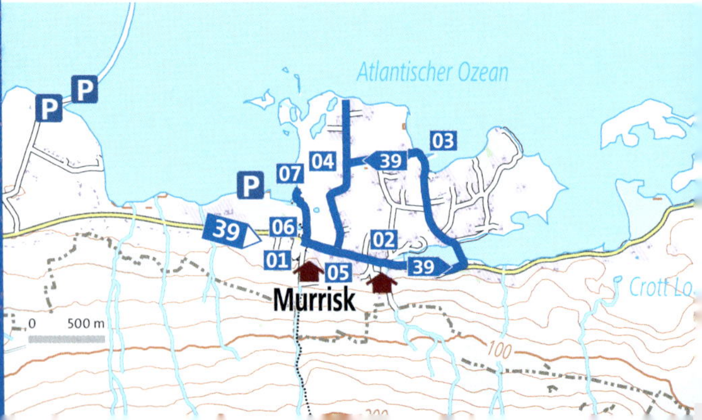

CROAGH PATRICK (CRUACH PHÁDRAIG) • 765 m

Auf dem heiligsten Berg Irlands

7,9 km | 3:15 h | 772 hm | 770 hm

START | Von Westport fahren wir entlang der R335 für etwa 8 km Richtung Louisburgh, bis wir durch Murrisk, auf der linken Seite, direkt hinter einer kleinen unscheinbaren Brücke das Schild für den Croagh Patrick und einen großen Parkplatz sehen. Wer am Wochenende fährt, sollte sich möglichst früh aufmachen, um einen Stellplatz zu bekommen. Der Croagh Patrick ist der wohl am meisten frequentierteste Berg Irlands. Öffentliche Verkehrsmittel sind unregelmäßig in der Saison.
[GPS: UTM Zone 29 x: 457.849 m y: 5.959.044 m]
CHARAKTER | Es gibt einen klaren, wenn auch nicht unbedingt einfachen Weg hinauf. Den Berg zu erklimmen, wird insbesondere im letzten Abschnitt anspruchsvoll, wo es über große und steil liegende Geröllfelder geht. Vorsicht beim Abstieg und wenn viele Menschen unterwegs sind!

Der Croagh Patrick hat den Namen des Nationalheiligen St. Patrick, da dieser im fünften Jahrhundert den Berg erklommen, dort 40 Tage lang gefastet haben und eine Kapelle auf dem Gipfel erbaut haben

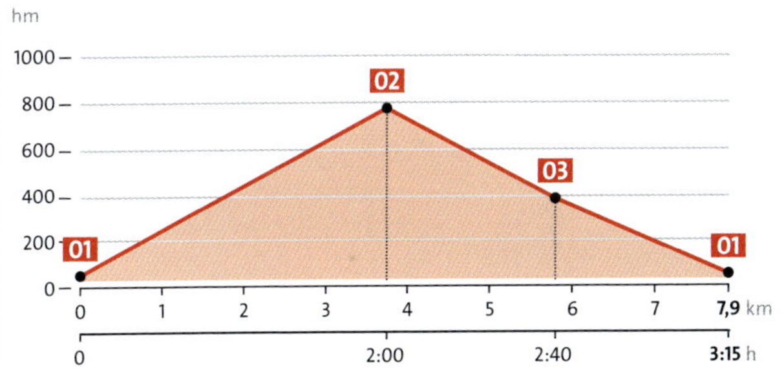

01 Visitor Center des Croagh Patrick, 22 m; 02 Gipfel Croagh Patrick, 765 m; 03 Rechts abbiegen, 361 m

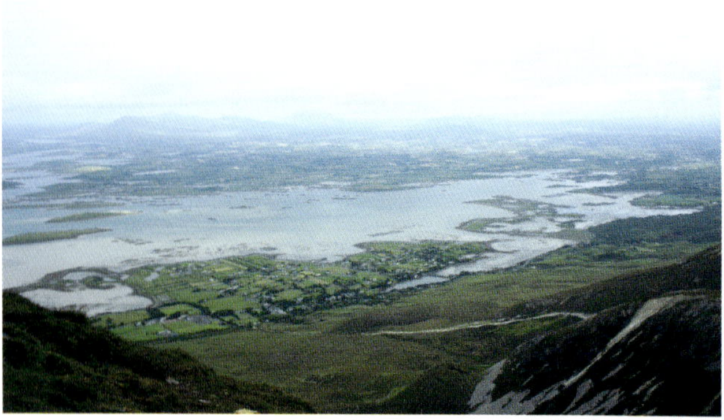

Die Clew Bay und Murrisk von oben.

soll. Die jetzige Kapelle ist jedoch ein Neubau aus dem Jahre 1905. Jedes Jahr zum letzten Sonntag im Juli findet eine christliche Wallfahrt zum heiligen Croagh Patrick statt (Reek Sunday). Bis zu 25.000 Pilger erklimmen dann (teilweise sogar barfuß, was nicht zu empfehlen ist!) den Berg. Es gibt unterwegs mehrere Bußstationen und auch auf dem Gipfel befindet sich eine.

▶ Wer den Menschenmassen entkommen will und zumindest etwas Ruhe beim Wandern haben möchte, sollte nicht an Wochenenden aufsteigen, beziehungsweise dann bereits in aller Frühe losmarschieren. Vom Parkplatz aus gehen wir zum **Startpunkt am Visitor Center** **01**, wo auch Wanderstöcke für wenig Geld erworben werden können.

Wir folgen dem befestigten Weg entlang des Flusses hinauf und kommen kurz darauf an ein paar Stufen, die zur Statue des heiligen St. Patrick führen. Von da aus geht der eigentliche Aufstieg über einen breiten, unebenen Weg los. Bis hinauf zu ebenerem Grund lässt es sich noch recht gut laufen, wenn es auch passagenweise durch die Unebenheiten beschwerlich sein kann. Wir können bereits beim Aufstieg einen fabelhaften Blick über die See und die vielen kleinen Inseln rund um Murrisk genießen sowie die „Nephin Beg Range" welche am anderen Ende der „Clew Bay" in den Fokus rückt. Sind wir vorerst oben angekommen, geht es etwas ebener weiter. Von dort aus öffnet sich uns ein Ausblick über das Hinterland. Die Berge der „Sheeffry Hills" im Süden stechen dabei besonders hervor. Schauen wir nun Richtung Westen, sehen wir den Gipfel des Croagh Patrick und den damit verbundenen sehr steilen Aufstieg. Steil und steinig trifft es gut. Ab etwa 575 Hm ist besonders Trittsicherheit gefragt, da es über große lose und steile Geröllfelder geht, die einiges an Ausdauer fordern. Bei vielen Wanderern ist dabei zu achten, kein Geröll loszutreten beziehungsweise selbst nicht von solchen getroffen zu werden.

Auf dem **Gipfel** **02** angekommen, lässt sich nochmal ein besserer und weiterer Blick über die

Croagh Patricks ältere Geschichte

Vor 4.000 bis 5.000 Jahren wurde der Berg bereits von Menschen genutzt, um Saatzeit und Erntezeit zu bestimmen. Im Frühjahr (18. April) und Herbst (24. August) sieht es dabei so aus, als würde die Sonne an der Bergflanke des Croagh Patrick hinabrollen, wenn man von einem bestimmten Punkt (Boheh, 6,5 km östlich vom Berg), an einem prähistorischen mit Gravuren versetzten Stein aus, auf den Berg schaut. Dieser befindet sich entlang einer alten Pilgerroute. So hatte der Berg bereits lange vor der Christianisierung eine besondere Bedeutung. Ferner soll der Berg auch als Festplatz für die Ernte in heidnischen Zeiten gedient haben, dem sogenannten Lughnasadh. In den 80er-Jahren wurde ferner ein nicht unerhebliches Goldvorkommen in mehreren Adern direkt im Croagh Patrick entdeckt. Allerdings gab es erheblichen Widerstand in der Bevölkerung, weshalb es bisher nicht zu Minenarbeiten gekommen ist.

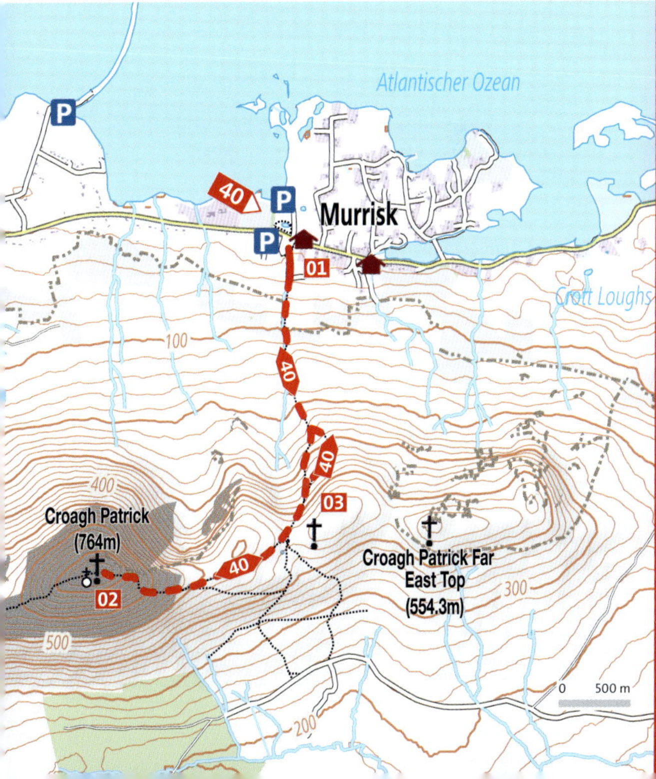

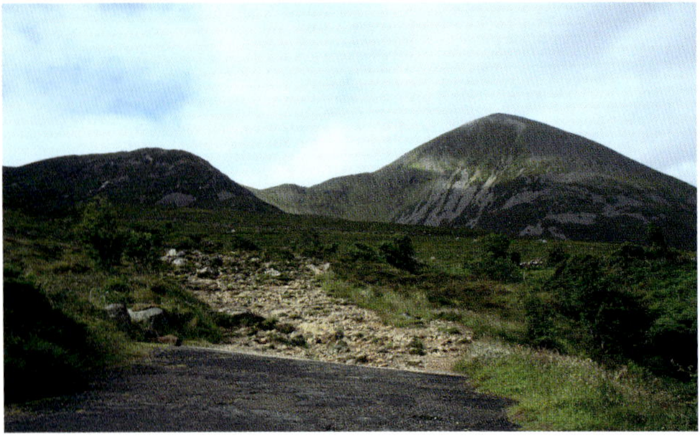

Selten ist man alleine am Croagh Patrick unterwegs.

Gegend werfen. Wir können bis hinüber nach Clare Island (westlich) schauen und sogar Achill (nordwestlich) ausmachen. Der Abstieg nun stellt wohl den schwierigsten Teil der Wanderung dar, zumindest bis hinunter zum ebeneren Weg. Die Stolper- oder auch Rutschgefahr ist hier recht hoch, daher sollten wir möglichst langsam und mit Bedacht voranschreiten. Sobald wir wieder auf gerader Strecke laufen, verläuft der Weg recht normal. Auf dem Weg hinab kommen wir an eine sichtbare **rechtslaufende Abzweigung** 03, die einen kleinen Bypass beschreibt, welcher empfehlenswert zu gehen ist. Nicht nur weil er weniger steil und steinig verläuft, sondern auch um den aufsteigenden Wanderern aus dem Weg zu gehen.

Der Weg läuft weiter unten mit dem Hauptweg zusammen, der uns zurück zum **Visitor Center** 01 führt.

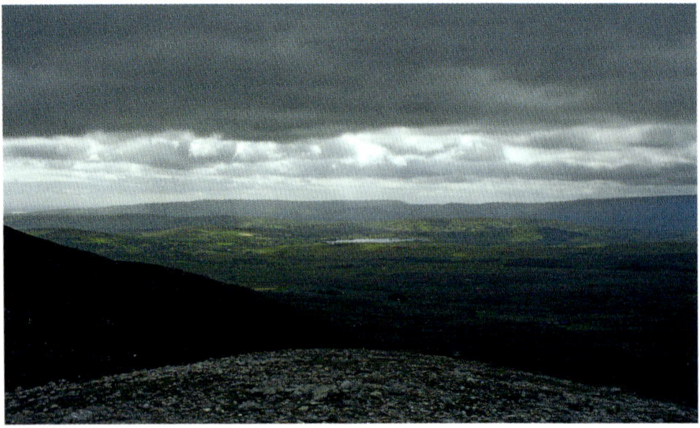

Durch Wolken scheinende Sonne illuminiert das wilde Hinterland.

CLARE ISLAND (OILEÁN CHLIARA) • 460 m

Auf den Spuren Grace O'Malleys, Irlands berühmtester Piratin

17,8 km 4:45 h 805 hm 814 hm

START | Von Westport fahren wir entlang der R335 Richtung Louisburgh. Von da aus geht die R378 nach Roonah Quay (etwa 1 km nach Louisburgh kommt die Abzweigung nach rechts). Unregelmäßiger Busverkehr bis nach Lousiburgh, von da aus sind es noch etwas mehr als 7 km bis zum Quay. Dort nehmen wir eine der beiden Fähranbieter (www.clareislandferry.com oder www.omalleyferries.com, Zeiten bitte online nachschauen). [GPS: UTM Zone 29 x: 437.340 m y: 5.961.658 m]
CHARAKTER | Eine sehr schöne, teils aber auch sehr steile Wanderung um die Insel Clare herum. Sumpfige Wiesen gibt es nur an einigen wenigen Stellen. Die Aussichten bei rechtem Wetter sind atemberaubend. Das Lichtspiel zwischen Wolken und Sonne, besonders in guten Morgenstunden, unvergleichlich.

Clare Island ist eine zauberhaft schöne Insel und auch unabhängig einer Wanderung definitiv einen Besuch wert. Berühmt ist sie, da auf ihr die Piratin Grace O'Malley (Granuaile im Irischen) lebte und ihre Basis hatte. Ferner findet sich erneut ein Wachturm aus napoleonischen Zeiten, wie wir einen solchen, schon des Öfteren

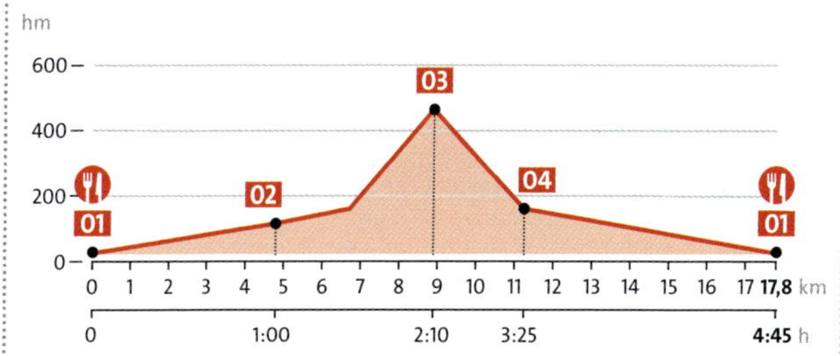

01 Start am Pier von Clare Island, 3 m; 02 Lecknacurra Leuchtturm, 97 m; 03 Gipfel des Knockmore, 460 m; 04 Signal Tower Ruine, 144 m

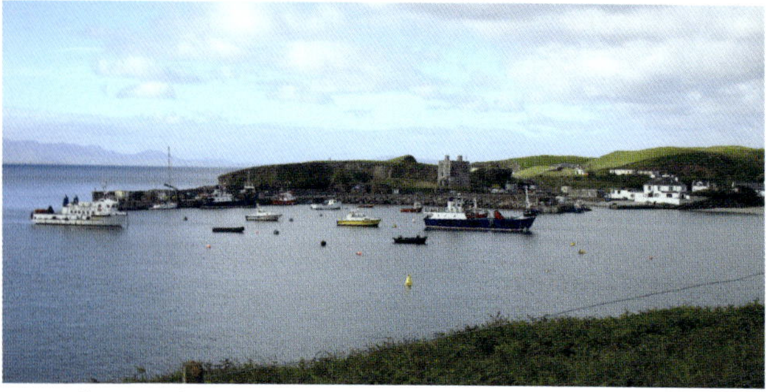

Der Hafen von Claire Island mit dem markanten Wachturm aus Granuailes Zeiten im Hintergrund.

entlang der Küste Irlands sehen konnten. Die Wanderung selbst folgt der Küsten-/Steilküstenlinie einmal um die Insel herum, über Farmland und auf ruhigen Pfaden. Sie lässt sich zwischen der ersten und einer der Nachmittagsfähren vollziehen. Andererseits lohnt es sich, eine Nacht auf der Insel zu verbringen, es gibt einige B&B's und ein Hostel.

▶ Wir starten direkt am **Pier** **01**, wo ein großer alter Wachturm aus dem 16. Jahrhundert steht und von Grace O'Malley errichtet wurde. Wir folgen der Hauptstraße rechts ins Dorf, gehen an den ersten Häusern vorbei und folgen mit der ersten Verzweigung der rechten Spur geradezu ins Landesinnere. Wir kommen am großen Vorplatz des Comunity Centers vorbei und folgen der Straße auf die Anhöhe hinauf. Sämtliche Wegmarkierungen ignorierend, bleiben wir auf der Straße, kommen durch ein Gatter und nach einiger Zeit an eine Querstraße, die uns rechts abgehend zum **Lecknacurra Leuchtturm** **02** leitet. Von hier an wird der Weg anspruchsvoller und später auch immer wieder sehr steil. Wir gehen nun entlang der Klippen und parallel vom Zaun über die Weideflächen. Die mächtige Erhebung des Knockmore lässt sich bereits aus

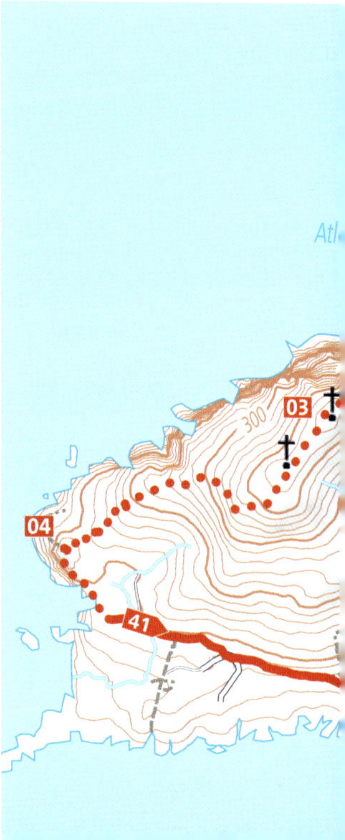

der Ferne gut erkennen. Der Pfad über die Weiden ist sehr gut zu laufen, da es kaum nasse/sumpfige Stellen gibt, das Gelände selbst verläuft jedoch stets auf und ab gehend. An einem kleinen Bach angekommen, der direkt an die Klippen mündet, suchen wir uns einen passablen Weg zum Hinübersteigen.

Bis zum Knockmore selbst zieht sich der Weg ganz schön. Wir kommen kurz davor an Torfstechfeldern vorbei und müssen erneut einen steilen Hügel hinauf, was sich leider nicht wirklich umgehen lässt. Die Gegend in der Senke kann recht sumpfig sein (erkennbar am dicken Wollgras). Anschließend geht es dann recht moderat, was den Hang angeht, auf den Knockmore hinauf, wo wir direkt am **höchsten Punkt** 03 (gekennzeichnet durch einen Betonklotz) ankommen. Eine wunderschöne 360°-Aussicht bietet sich uns. Richtung Osten zum Beispiel sehen wir den pyramidenförmigen Gipfel des Croagh Patricks (siehe Tour 40). Richtung N wiederum bekommen wir einen Ausblick nach Achill (siehe Tour 44) und grob im Süden kommt die Insel Inishturk ins Blickfeld.

Wir gehen den Bergrücken Richtung SW hinab, was recht sumpfig sein kann. Wir peilen dazu vorerst den großen Steinmann an, immer

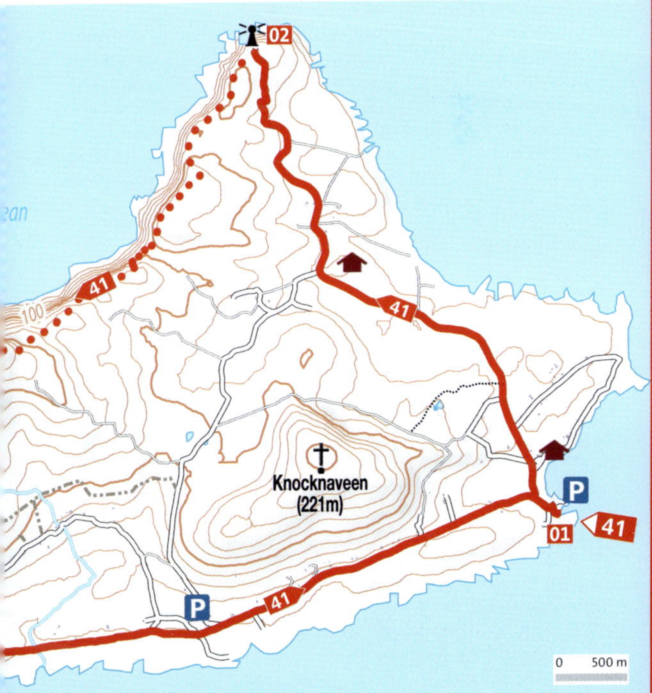

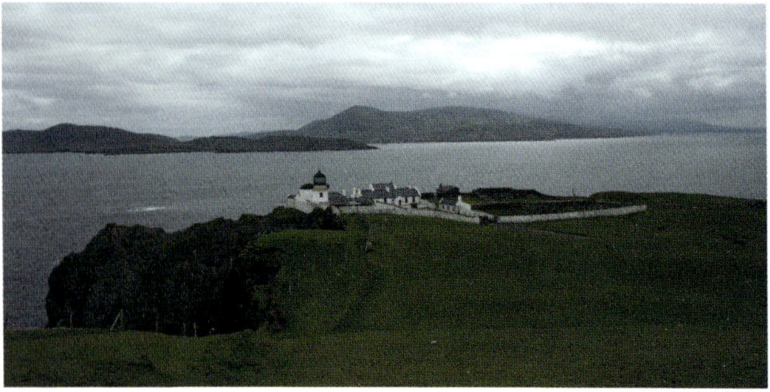

Der Lecknacurra Leuchtturm.

wieder kleinräumige Sumpfbereiche umgehend. Sobald wir Sicht nach unten haben, kommen eine Hand voll Häuser ins Blickfeld. Weiter rechts etwas unscheinbarer eine Turmruine aus napoleonischen Zeiten (1803 erbaut), auf die wir zusteuern. Der Abstieg selbst geht nochmal sehr steil, durch das dichte Gras bekommen wir jedoch ausreichend Halt. Auch die Hügel darunter (sehr steinig) sind nochmal etwas steiler. Am alten **„Signal Tower“** **04** angekommen, gehen wir rechts am Turm vorbei, an einer alten Mauer entlang, und kommen zu den Klippen, an denen wir mit genügend Sicherheitsabstand entlanggehen. Dahinter sehen wir eine „graue Piste“, der wir zum ersten Haus hin folgen können und von da aus wieder auf eine geteerte Straße zurück zum **Ausgangspunkt** **01** kommen. Etwa auf halbem Wege kommen wir an einer alten Abtei vorbei in der auch die Piratenkaiserin Granuaile begraben sein soll.

Granuaile

Granuaile lebte von 1530 bis 1603 und wurde auf Clare Island geboren. Sie wuchs in eine einflussreiche Familie den Ó Máille (O’Malleys) hinein, denen man nachsagt, Nachfahren des Sohnes eines irischen Königs zu sein. Die Familie hatte damals Kontrolle über große Teile der Clew Bay, von Murrisk (am Fuße des Croagh Patrick) bis nach Achill. Bereits vor Granuaile soll die Clew Bay als Schmugglerlager gedient haben, ebenso Clare Island selbst. Sie lebte zu Zeiten Königin Elisabeths I. von England und wurde aufgrund ausufernder Piraterie in Gefangenschaft gesetzt. Ihr wurde später eine Audienz bei Elisabeth gewährt, in der sie u.a. gelobte, gegen die Feinde Englands zu kämpfen, wenn sie weiterhin plündern dürfe, um den Lebensunterhalt ihrer Männer zu sichern. So segelte sie von da an unter englischer Flagge, auch wenn es noch immer Reibungspunkte zwischen der Krone und Granuaile gab, da sie u.a. irische Lords unterstützte, gegen die Krone und die Kolonialisierung Irlands vorzugehen.

CORANNABINNIA & BENGORM • 706 m

Eine ruhige Wanderung mit szenisch schönen Panoramablicken

15,8 km 5:00 h 1191 hm 1170 hm

START | Von Newport etwa 7 km auf der N59 Richtung Mulranny (Mallranny). Wenn links die Abzweigung [GPS: UTM Zone 32 x: 457.979 m y: 5.973.151 m] zum 2 km entfernten „Kileen Cemetery" abgeht und rechts bei den Wegweisern: „N-59 0840", auf einem kleinen gelben Schild steht, biegen wir nach gut 200 m gleich rechts ab (unscheinbare Straße, L54381). Der folgen wir etwa 2 km geradeaus, schließen das Gatter an der Brücke wieder und können kurz dahinter parken. Es fährt in der Saison ein Bus von Westport nach Achill, an der Abzweigung kann man herausgelassen werden.
[GPS: UTM Zone 29 x: 456.728 m y: 5.974.785 m]
CHARAKTER | Ausdauernde Wanderung über drei Gipfel und anschließender, recht nasser Abstieg über Farmland und unebenem Grund.

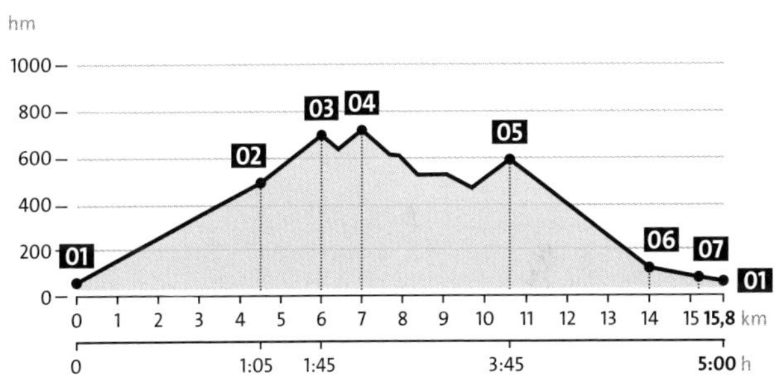

01 Start am Parkplatz des Corranabinnia, 31 m; **02** Gipfel des Treel, 472 m; **03** Gipfel des Glenthomas, 683 m; **04** Gipfel des Corannabinnias, 706 m; **05** Gipfel des Bengorm, 573 m; **06** Schotterpiste, 91 m; **07** Rechts abbiegen, 49 m

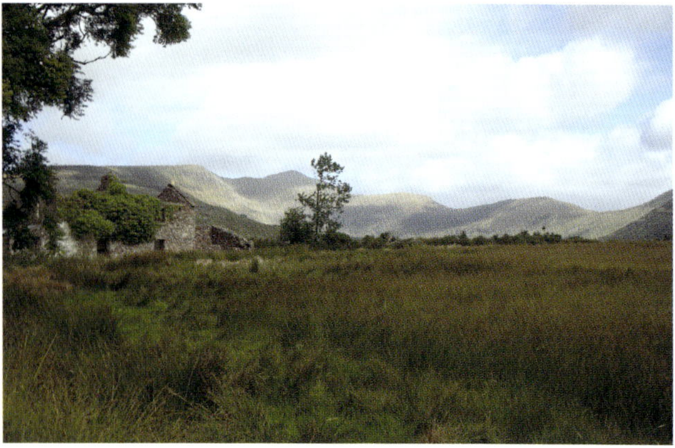

Die hufeisenförmige Tour. Der spitze Berg im Hintergrund ist der Coranabinnia.

Dieser Wanderweg verspricht Ruhe und fantastische Aussichten, denn allzu viele Wanderer gibt es hier nicht. Die Auf- und Abstiege sind vergleichsweise einfach zu gehen, ziehen sich aber recht lang. Den schwierigsten und zugleich gefährlichsten Abschnitt stellt der Berggrat zwischen dem Glenthomas und dem Corannabinnia dar. Sollte das Wetter sich verschlechtern oder der Wind zu stark sein, sollte nicht weiter als bis zum Gipfel des Glenthomas gewandert werden, von wo aus atemberaubend schöne Aussichten in die Weite offenbart werden.

▶ Vom **Parkplatz 01** geht es geradezu zum Treel hinauf. Sobald der Schotterweg endet, schließt sich ein kleiner Pfad an, der uns nach ein paar Metern geradeaus rechts abführt und sich verliert. Weiter müssen wir uns einen Weg über das unebene und nasse Gelände suchen. Dabei gehen wir strikt Richtung N, bis wir am **Gipfel des Treel 02** ankommen. Der Aufstieg geht trotz Nässe recht gut. Oben auf dem Treel-Plateau, verläuft der weitere Weg uneben und nass. Es gibt einige große offene Torf-/Matschflächen, in denen wir mitunter recht tief einsinken können, weshalb wir jene nach Möglichkeit umgehen. Danach laufen wir auf steilerem Gelände bergauf, an Felsclustern vorbei, auf den **Glenthomas 03** hinauf. Spektakuläre Aussichten über den Ballycroy NP und weiter nach Achill Island (Richtung NW), der Clew Bay und Croagh Patrick (S) und die Nephin Beg Range (N-NE) bieten sich uns.

Weiter wandern wir über einen schmalen, sehr felsigen, zu beiden Seiten steil ablaufenden Berggrat, dem schwersten und gefährlichsten Teil der Route. Der Einsatz von Händen und Erfahrungen im Klettern wären angebracht. Auch sollten wir auf Spalten und Löcher am Gestein/Fels achten, die schnell zu Trittfallen werden können. Nachdem wir die Felsen passiert haben, folgen wir einem losen Pfad auf der Innenseite des Grates und kommen bald erneut an Felsen und Steinen an, die wir auf dem Weg zum **Gipfel des Corannabinnia 04** überqueren. Wir bleiben rechts und sehen vor uns zwei kleinere Hügel und anschließend den größeren Bengorm, auf den wir zusteuern. Der Abstieg zum ersten Hügel ist steil, rutschig, nass und felsenreich. Selbiges gilt für die nächsten beiden kleineren Abstiege in die Sättel, bevor es zum Bengorm hinaufgeht. Am Fuße dessen angekommen, sehen wir ein recht deutliches, grünes Band inmitten des Gesteins, das wir zum Aufstieg nutzen können. Es wird etwas steiler, allgemein aber gut zu gehen. Sollte das Wet-

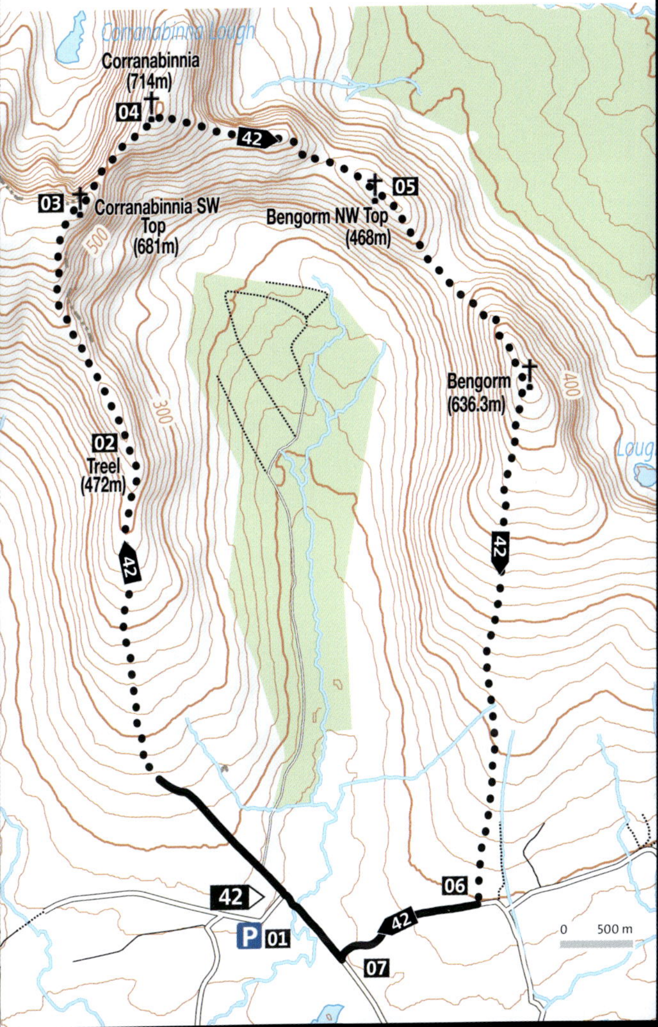

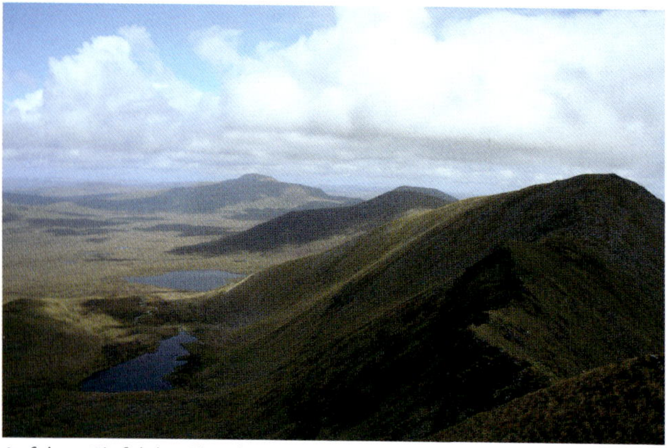

Auf dem Gipfel des Glenthomas, mit Hinterlandblick und dem Bergrat vor uns.

ter umschlagen, empfiehlt es sich dringend, noch vor dem Besteigen rechts ins Tal hinabzugehen. Mit etwas Mühe erklimmen wir den **Gipfel des Bengorm 05**.

Nun geht es auf einen recht langwierigen Abstieg hinzu. Er zeichnet sich wie der Aufstieg durch recht flaches Gelände aus. Strikt nach Süden hinabgehend, sehen wir in der Ferne eine Schotterpiste, die wir anpeilen. Vorerst ist das Gelände leicht zu begehen und weniger nass. Je tiefer wir jedoch kommen und je flacher es wird, desto sumpfiger und unebener wird es im gleichen Maße, da wir durch das Abflussgebiet des Berges hindurchwaten. Nach etwa 3,5 km erreichen wir die **Schotterpiste 06**.

Nun noch rechts ab bis zum Hauptweg, über den Überstieg, und letztlich wieder **rechts 07** bis zum Ausgangspunkt zurückgehen.

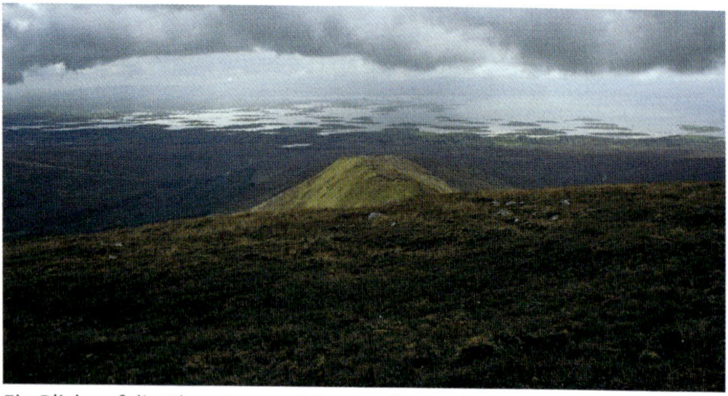

Ein Blick auf die Clew Bay und dem wolkenverhangenen Croagh Patrick.

SLIEVEMORE (SLIABH MÓR) • 667 m

Auf dem zweithöchsten Berg Achill Islands

13,8 km · 4:30 h · 847 hm · 846 hm

START | Von Westport aus fahren wir auf der N59 bis nach Mulrany (NW) und von da aus auf der R319 nach Achill Island und zum Ort Keel. Von dort aus geht rechts eine Straße nach Doogort (Dumha Goirt) ab, der wir bis zum Strandhotel hinab folgen. Öffentlicher Verkehr nur in der Saison bis zum Achill Sound. [GPS: UTM Zone 29 x: 432.594 m y: 5.985.359 m]
CHARAKTER | Der Aufstieg erweist sich als recht mühsam, aber sobald wir oben angelangt sind, ergeben sich schöne Aussichten. Zwischen Doogort und dem verlassenen Dorf gibt es keine Wege, weshalb ausschließlich bei guter Sicht auf eine Besteigung zurückgegriffen werden sollte.

Wie auch schon entlang anderer Wanderwege, gibt es auch am Fuße des Slievmore Ruinen eines verlassenen Dorfes. Viele Iren sind ehemals nach Amerika ausgewandert oder verließen ihre Dörfer wegen der großen Hungersnot, die als Folge der Kartoffelfäule durch das Land zog. Archäologen haben den Ursprung des Dorfes mindestens auf das 12. Jahrhundert datiert. Da es aber nicht allzu weit entfernt am Hang des Slievemore ein steinzeitliches Hühnen-

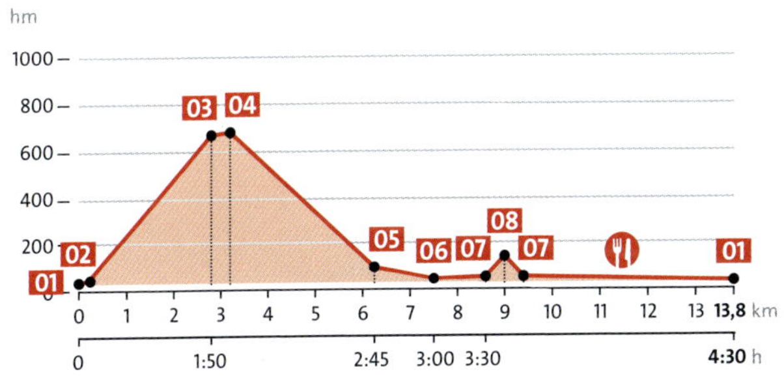

01 Start am Beach Hotel, 5 m; 02 Hinter letztem Haus links ab, 15 m; 03 Gipfelplateau, 655 m; 04 Gipfel des Slievemore, 667 m; 05 Deserted Village, 68 m; 06 Links ab, 16 m; 07 Weg zum Steinzeitgrab, 25 m; 08 Steinzeitgrab, 115 m

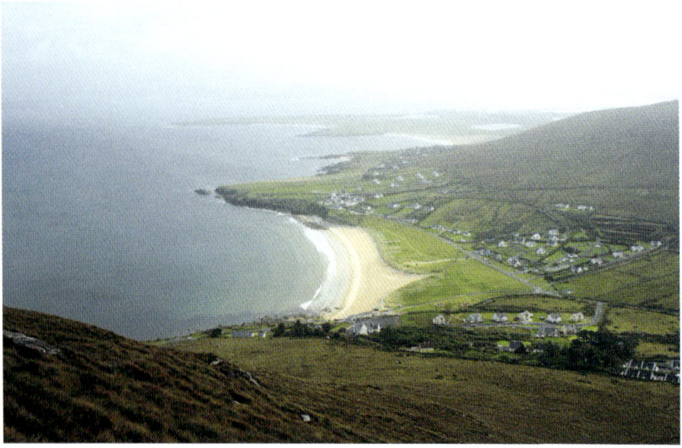

Von der Flanke des Slievemore aus gesehen, der malerische Strand von Doogort.

grab gibt, wird von einer Besiedlungszeit von etwa 5.000 Jahren ausgegangen.

▶ Vom **Beach Hotel** 01 aus folgen wir der Straße Richtung Pier, direkt über dem Wasser entlang. Haben wir das letzte Haus erreicht, können wir **dahinter links** 02 ins Gelände einsteigen. Der Weg hinauf zum Gipfelplateau verläuft weglos, nass, rutschig, steil und ist durch zahlreiche trockene Bogholes gespickt. Sofern Wolken oder Nebel auf dem Berg liegen, sollten wir nicht hinaufsteigen, weil die Orientierung obenauf wichtig ist. Wir steigen parallel der kommenden Klippen entlang, jedoch in ausreichendem Abstand, was sich aufgrund des steilen Charakters des Hanges und des Untergrundes sehr lange ziehen kann. Vorsicht bei den großen Felsen/Steinen, da diese sehr oft tiefe Löcher und Lücken aufweisen, teils auch vom Heidekraut und Moos überwuchert sind und man leicht hineintreten kann. Nach einiger Zeit, etwa ab 400 Hm, wird der Hang felsiger und wir müssen aufpassen, nicht auf glattem, nacktem Fels auszurutschen.

Auf dem **Plateau** 03 angelangt, erreichen wir schon bald den **Ver-**

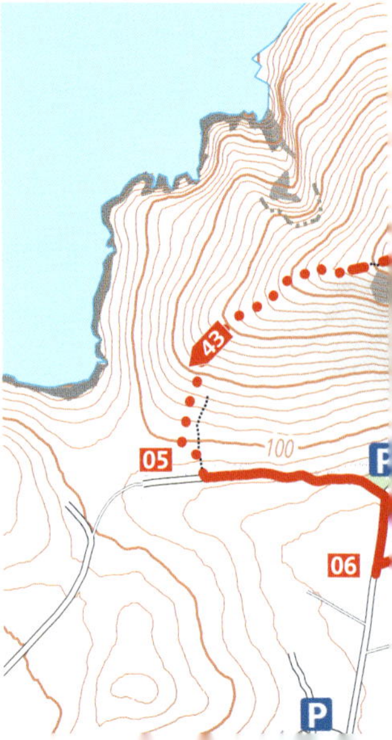

messungspunkt 04. Weiter geht es Richtung SW, entlang des Plateaus, von wo aus wir eine schöne Aussicht über die Umgebung und sogar bis hin zum Croaghaun genießen können. Große Feuchtgebiete lassen sich stets gut umgehen. Dennoch Vorsicht vor starken Winden.

Der Abstieg selbst verläuft recht einfach und ist im Vergleich zum Aufstieg sehr trocken. Wir gehen direkt Richtung SW-W abwärts, sodass wir das Tal zwischen Meer und dem verlassenen Dorf/den Weg anpeilen. Die Vegetation ist dicht und buschig, was einen sicheren Tritt voraussetzt. Allerdings kann es auch hier zu rutschigen Passagen kommen. Sobald das Gelände flacher wird, können wir den Kurs direkt Richtung des **verlassenen Dorfes** 05 einschlagen, wo wir dann auch kurze Zeit später herauskommen. Von hier an folgen wir dem Weg bis zum Friedhof und gehen dann auf die Straße. Bei der nächsten Abbiegung halten wir uns **links** 06 und folgen der Straße bis ins 4 km entfernte Doogort. Nach etwa einem Kilometer kommen wir an ein Schild, das uns wiederum linksab einen **Weg zu einem alten Steinzeitgrab** 07 hinweist, was bei Bedarf angegangen werden kann. Der Weg ist etwas unscheinbar und verläuft auf einer Grasnarbe direkt zwischen den beiden Einfahrten entlang. Der Weg selbst ist schon recht verwildert und kann je nach Witterung auch sehr matschig sein. Haben wir die Mauer erreicht, gehen wir noch ein paar Meter geradezu und sehen bereits das große **Steingrab** 08. Es geht denselben Weg zurück zur Straße, der wir weiter nach Doogort folgen. Dort angekommen, biegen wir links Richtung Strandhotel ab und sind wieder am **Ausgangspunkt** 01 angelangt.

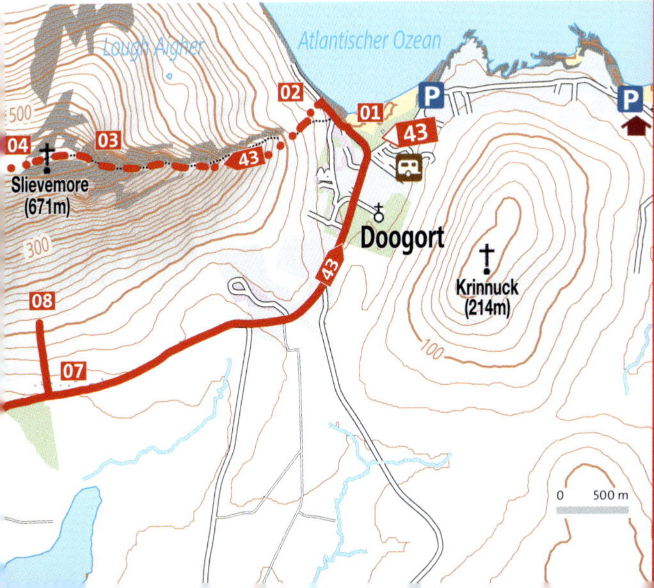

44

ACHILL HEAD (CEANN ACLA) • 264 m

Ein traumhaft schöner Klippenweg

8,2 km | 2:45 h | 601 hm | 514 hm

START | Von Westport aus fahren wir auf der N59 bis nach Mulranny, von da aus weiter auf der R319 nach Achill Island und zum Ort Keel. Wir folgen der Hauptstraße bis an ihr Ende zum Keem Beach. Öffentlicher Verkehr durch Bus Eireann nur in der Saison bis nach Dooagh.
[GPS: UTM Zone 29 x: 421.603 m y: 5.980.534 m]
CHARAKTER | Der Weg führt entlang von Klippen, teils sehr nah, daher gilt absolute Vorsicht, insbesondere bei Wind. Weitestgehend trockener Untergrund macht die Tour jedoch zu einer recht bequemen Wanderung. Auf den Head selbst gehen wir nicht.

Achill Head ist der westlichste Punkt Achill Islands und zeichnet sich durch seine steilen und weit ins Meer reichenden Klippen aus. Gleich daneben findet sich der Croaghaun mit den höchsten Seeklippen Europas (Quellen widersprechen sich dabei). Bei guten Verhältnissen bietet es sich an, den Croaghaun ebenso zu besteigen, obgleich Auf- und Abstieg extrem steil sind und besonders in Klippennähe mit äußerster Vorsicht zu wandern sind. Leider ist das Wetter auch der Grund, warum selbst nach mehreren Anläufen eine Besteigung nicht möglich war.

▶ Wir starten unsere Wanderung **am unteren Parkplatz des**

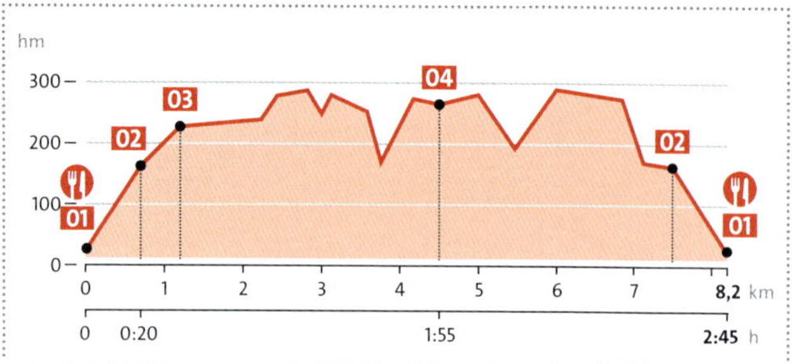

01 Unterer Parkplatz des Keem Beach, 12 m; 02 An den Klippen, 158 m; 03 Ruine des Wachpostens, 197 m; 04 Achill Head, 264 m;

Keem Beach 01. Schauen wir Richtung SW, sehen wir bereits den alten Wachposten, welcher unser erstes Ziel darstellt. Der Weg hinauf ist steil und die Route muss vorerst jeder selbst wählen, weiter oben gibt es dann deutliche Trampelpfade, denen wir folgen. Wir kommen nach dem Aufstieg direkt in einem kleinen Sattel **an den Klippen** 02 heraus. Von hier aus gehen wir entlang des Pfades zur **Ruine des Wachpostens** 03 hinüber. Erste grandiose Ausblicke Richtung Achill Head und hinüber nach Keel bieten sich uns. Auch der Croaghaun zeigt sich bei gutem Wetter in voller Pracht. Rich-

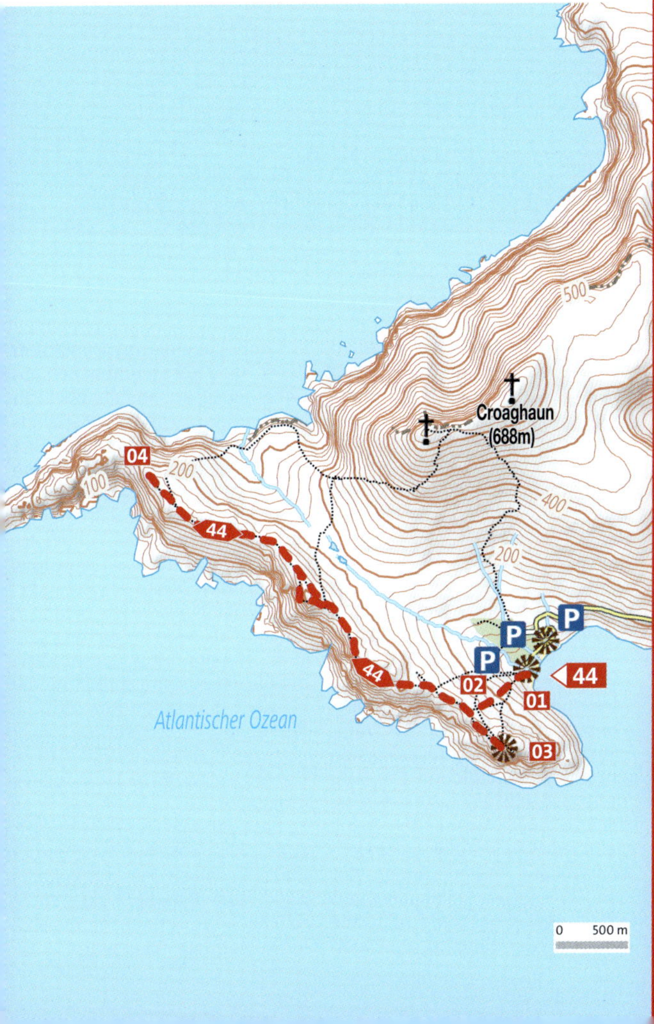

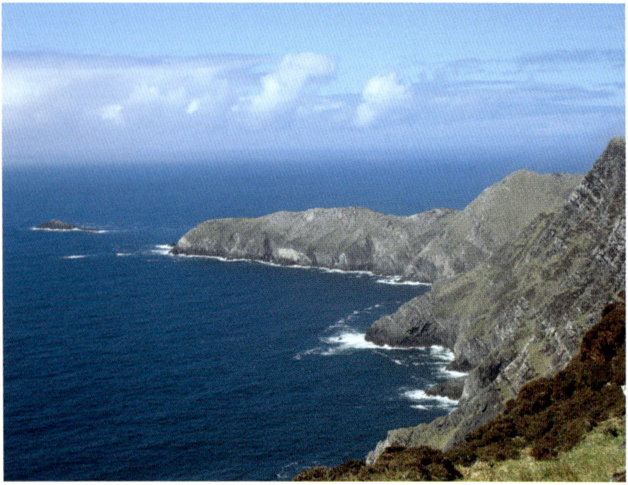

Das Wetter an der Küste ist sehr schnell, sehr wechselhaft und kann sich innerhalb von Minuten ändern. Hier ein grandioser Ausblick auf den Achill Head, samt der Steilküste.

tung Süden erblicken wir zudem den Knockmore auf Clare Island (Tour 41).

Wir gehen den Weg zurück und laufen von nun an, direkt entlang der Klippen, auf gut sichtbaren Trampelpfaden. Am Sattel von **Punkt** **02** vorbei, geht es wieder auf recht gut begehbaren, trockenem Gelände aufwärts, wo wir bald auf einen hohen spitzzulaufenden Vorsprung ankommen. Von dort aus genießen wir die beste Aussicht auf den ins Meer hineinragenden Achill Head. Weiter geht es entlang der Trampelpfade immer im respektablen Abstand zu den Klippen! Der Weg zieht sich ein wenig, bis wir zu dem schmaler werdenden Achill Head gelangen und die ausladenden Weiden ein Ende finden. Auf den letzten Metern kann es dabei jedoch etwas nass und matschig werden. Wir kommen am westlichsten begehbaren Punkt des **Achill Head** **04** an und gehen aus Sicherheitsgründen nicht weiter. Nun bietet es sich an, bei stabilen Wetterverhältnissen auf den Croaghaun aufzusteigen. Das setzt wenig Wind und einen wolkenfreien Gipfel voraus, was zugegeben nicht allzu oft der Fall ist. Ich warne dringend davor, den Gipfel zu besteigen, wenn er wolkenverhangen ist. Der Berg ist sowohl im Aufstieg als auch im Abstieg sehr steil! Nähere Infos, samt Karte des Gebietes, sollte vorher mit der örtlichen Touristeninformation in Keel abgesprochen werden.

Da ein Rückweg im Tal zwischen Croaghaun und dem Achill Head zu nass und matschbelastet wäre, laufen wir denselben Weg zurück und steigen vom **Punkt** **02** wieder hinab zum **Parkplatz** **01**. Wo es sich anbietet, können wir die steilen Vorsprünge abkürzen.

ERRIS HEAD (CEANN IORRAIS) • 85 m

Ein Klippenweg auf der Mullet-Halbinsel

5,2 km 1:30 h 277 hm 280 hm

START | Von Bangor Erris an der N56 fahren wir die R313 nehmend nach Belmullet. Im Kreisverkehr im Zentrum angekommen, nehmen wir dir dritte Ausfahrt und folgen den Beschilderungen (Ceann Iorrais und/oder Trailhead), die uns direkt zum Parkplatz des Erris Head bringen. Bus Eireann fährt zwei Mal täglich von Ballina nach Belmullet, von da aus sind es jedoch noch 9,5 km bis zum Erris Head.
[GPS: UTM Zone 29 x: 435.637 m y: 6.008.907 m]
CHARAKTER | Die Tour zum Erris Head ist durchgängig markiert und führt den gesamten Weg über Weideland. Die Klippen selbst sind ungesichert und gehen ohne Vorwarnung steil hinab. Wir kommen weitestgehend trocken über die Weiden, einige Bereiche sind jedoch recht matschig, lassen sich aber gut umgehen.

Die Tour bietet eine sehr gemütliche und schöne Wanderung entlang der Klippen von Erris. Der Weg ist selbst nach heftigen Regenfällen nicht allzu matschig und nass, wetterfeste Kleidung für die Füße und gute Schuhe sind dennoch eine gute Idee. Aufpassen müssen wir bei starken Winden, vor allem im Bereich der Klippen. Gute Sicht gehört zur Grundvoraussetzung für die Wanderung.

Die dort auftretenden Gesteine gehören mit mehr als einer Mil-

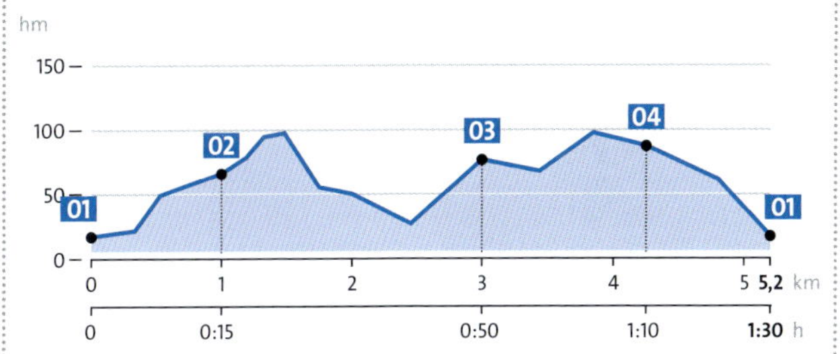

01 Parkplatz am Erris Head, 12 m; **02** Kreuzung des Loops, 63 m; **03** Alter Wachposten, 74 m; **04** Vermessungspunkt, 85 m

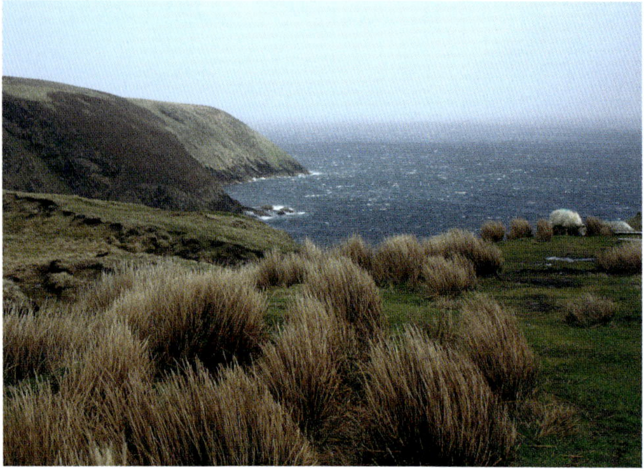

Klassisch irische Weidegründe.

liarde Jahren zu den ältesten Gesteinen Irlands und korrelieren zu jenen an der Ostküste Kanadas.

▶ Vom **Parkplatz** 01 aus beginnen wir den Weg über den Überstieg und betreten hiermit aktives Weideland. Um die Tiere nicht zu stören, bleiben wir immer auf dem Weg, der vorerst entlang eines Zaunes verläuft. Nach dem dritten Überstieg gibt es keine Sicherungen zu den Klippen mehr, es wird empfohlen, auf dem Weg, der „Earth Bank", zu bleiben und nicht zu nahe an die Klippen zu gehen. Der Weg verläuft vorerst recht matschig und lässt sich seitlich etwas umgehen. An der **Kreuzung des Loops** 02 kommen wir am Ende der Wanderung wieder heraus. Vorerst geht es weiter gerade an. Die „Earth Bank" verliert sich mit der Zeit, wenn das Gelände trockener und von Heide- mehr zu einer Gras-/Weidelandschaft wird. Vorerst zeichnen deutliche Pfade unseren Weg, bis diese über kurz oder lang sich ebenso verlaufen. Regelmäßig auftretende Pfeiler weisen uns zuverlässig den Weg, wofür zwingend gute Sichtverhältnisse nötig sind. Geht der Pfeil 90° nach links ab, den Hügel hinauf, alsbald wir an den Hauptklippen angekommen sind, können wir noch einen genaueren Blick auf jene vor uns riskieren. Absolute Vorsicht jedoch, besonders bei starken Winden! Den Hügel hinauf, erreichen wir einen **alten Wachposten** 03, das Meer überblickend. Richtung SW genießen wir weitreichende Ausblicke auf die raue und felsige Küstenlandschaft der Mullet-Halbinsel.

Weiter den Pfeilern folgen, führen sie uns zum **Vermessungspunkt** 04 auf den höchsten Punkt der Tour. Um zurück zur Kreuzung zu kommen, gehen wir grob Richtung SO und treffen bald auf eine weitere Wegmarkierung, die uns dort hinleitet und wir anschließend, rechts ab, zurück zum **Ausgangspunkt** 04 gehen.

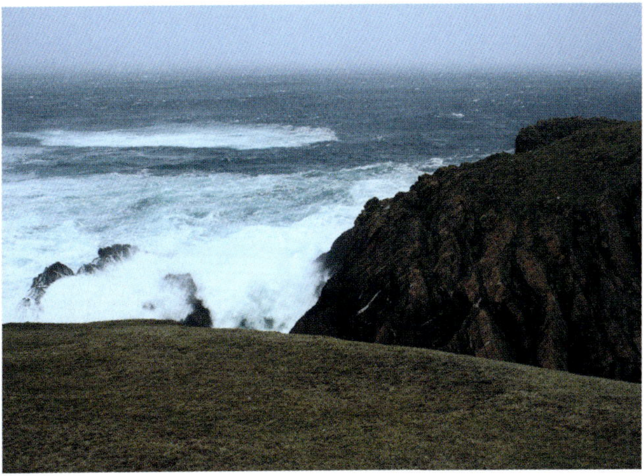

Stürmische Brandung am Erris Head.

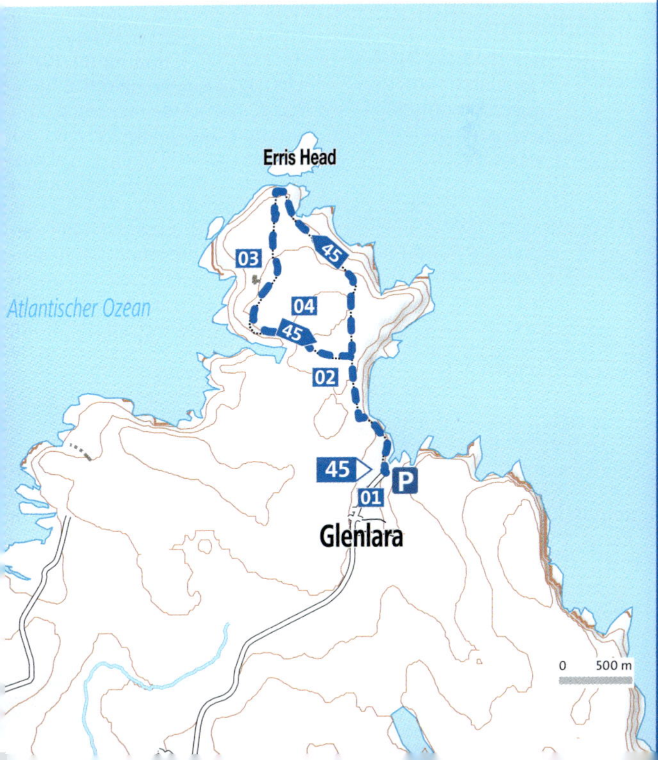

46

NORTH MAYO CLIFFS • 129 m

Ein einsamer, aber reizvoller Weg

12,7 km 3:30 h 409 hm 423 hm

START | Von Bangor an der N59 kommend, können wir die R313 Richtung Belmullet nehmen und nach etwa 3 km rechts die Straße vor dem Lough Carrowmore abziehen, bis wir auf die R314 kommen. Anschließend rechts, bei Glenamoy Richtung Carrowteige (Ceathrú Thaidhg) links und im Ort parken. Private Busverbindungen gibt es mit McGraths Coaches von Ballina oder Castlebar nach Glenamoy und weiter nach Carrowteige (www.mcgrathcoaches.com, +353 97 87842). [GPS: UTM Zone 29 x: 447.119 m y: 6.018.663 m]
CHARAKTER | Dieser Weg bietet abwechslungsreiche und ausgesprochen reizvolle Szenerien. Seien es die wahrhaft imposanten Klippen, die Strände oder die Berglandschaft im Süden/Südwesten beziehungsweise das Meer direkt vor einem. Der Untergrund ist weitestgehend trocken, kann aber nach starken Regen auch recht großflächige nasse Areale aufweisen, die zumeist jedoch umgangen werden können. Eine lückenlose Ausschilderung macht es einfach, dem Weg zu folgen.

North Mayo ist äußerst dünn besiedelt, was einem, fährt man die Straßen entlang, sehr schnell bewusst wird. Umso mehr Ruhe und Abgeschiedenheit findet man hier, einhergehend mit sehr viel unbe-

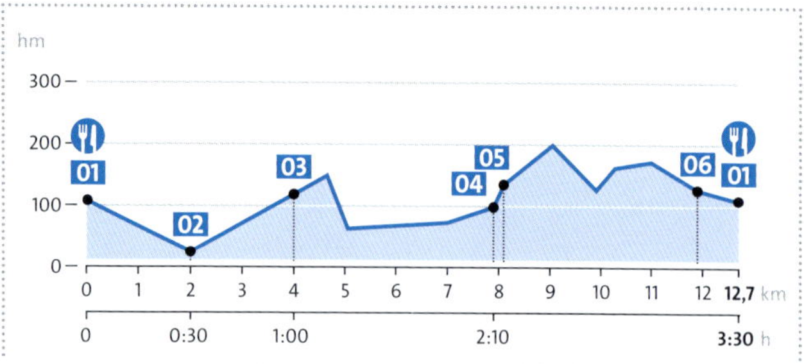

01 Start in Carrowteige, 101 m; **02** Rechts abgehen, 14 m; **03** Aussicht auf die Klippen, 112 m; **04** An Bhinn Buí, 91 m; **05** Direkt vor der Brücke rechts ab, 129 m; **06** Links abgehen, 120 m

rührter Natur, die man weitestgehend für sich hat. Es lohnt sich etwas mehr Zeit in North Mayo zu verbringen, gibt es doch viele interessante und schöne Ecken, auch abseits der hier vorgestellten Touren. Da in diesem Teil Irlands (je weiter nördlich wir kommen) das Gälisch noch gepflegt wird, gibt es viele Ausschilderungen auch nur in Gälisch.

▶ Start ist in **Carrowteige (Ceathrú Thaidhg)** 01 an einem Parkplatz direkt hinter Garvins Shop. Dort ist auch eine Informationstafel vorhanden, die Übersicht über die Wege bietet. Wir folgen dem roten Pfeil (Black Ditch Loop), gehen die Straße hinauf und nehmen die zweite links, Richtung Meer hinab. Wir gelangen an einen Friedhof und laufen auf einer Sandpiste, über Weideland gehend, bis wir wieder zu einer asphaltierten Straße gelangen. Bei schönem Wetter lädt der Strand zum Verweilen und Baden ein, wir gehen aber **der Straße rechts ab folgend** 02 für einige Meter aufwärts. Beim nächsten Pfeil dann links, wieder über Weideland. Entlang eines Zauns auf unebenem aber trockenem Grund erreichen wir ein Gatter, das uns durch einen Korridor zwischen zwei Koppeln führt. Auf der anderen Seite angekommen, suchen wir uns einen guten Weg über den kleinen Graben, wo wir beim

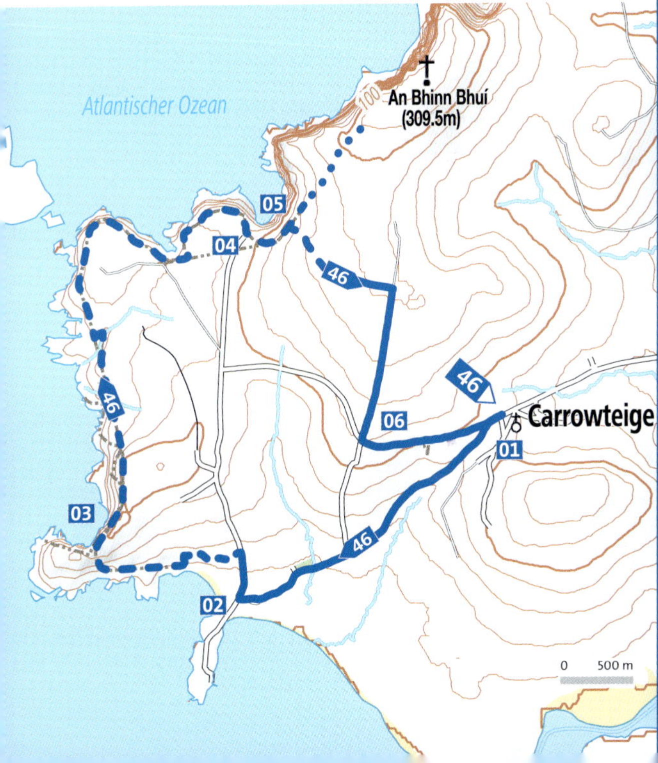

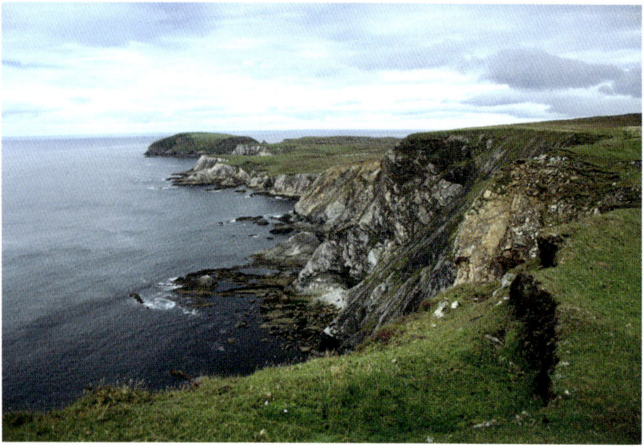

Die Klippen von North Mayo.

nächsten Wegweiser über eine Art kleinen Damm entlanggehen können. Dieser wird uns nun den gesamten Weg über begleiten und bietet einen schönen Blick auf den Strand und das Hinterland.

Der Weg führt uns den Berg hinauf, von wo wir die eigentlichen und zugleich sehr imposanten Klippen sehen können. Vorsicht **bei den Klippen** 03! Der weitere Weg verläuft sehr nah an diesen, teils ungesichert.

Haben wir das Ende des Plateaus erreicht, öffnet sich uns eine weite Ebene, in der gut sichtbar Torf gestochen wird. Wir folgen weiterhin dem Damm. Der Abstieg ist recht steil und kann sehr rutschig sein! Nach einiger Zeit müssen wir in ein Tal und einen Fluss überqueren (Brücke). Vorsicht, matschig, nass, steil und rutschig! Von da aus geht es weiter dem Damm folgend um die Landzunge herum, wo wir alsbald zu einer Schotterpiste gelangen, die wir ignorieren können. Wir folgen weiter dem sehr gut ausgeschilderten Weg, bis zum **„An Bhinn Buí“** 04. Statt auf der Straße weiterzugehen, folgen wir dem roten Pfeil für ein paar weitere Meter den Klippen entlang und kommen schon bald an einen weiteren Flusslauf, den man mithilfe einer **Brücke** überqueren kann. Jedoch führt uns der Pfeil genau davor **rechts** 05 den Hügel hinauf. Wer allerdings noch ein schönes Panoramabild schießen möchte, kann den Weg weiter und den Berg hinaufgehen, wird aber mit sehr nassem und im Verlauf unebenem Grund konfrontiert.

Wir folgen weiter den Pfeilen, die uns über zunächst unebenen Grund schicken, welcher aber alsbald durch einen breiten Sandweg abgelöst wird und in eine Schotterpiste mündet, der wir rechts entlanggehen. Immer geradeaus erreichen wir schließlich die Hauptstraße, an der wir wiederum **links abgehen** 06 und nach etwa einem Kilometer den **Ausgangspunkt** 01 erreichen.

BALLYCASTLE LOOP WALK • 147 m

Unterwegs in einer geschichtsträchtigen Umgebung

9,1 km · 2:00 h · 225 hm · 216 hm

START | Von Ballina an der N59 über die R314 nach Ballycastle. Dort bieten sich viele Parkmöglichkeiten. Kurz unterhalb der Abzweigung der R315 nach Crossmolina steht eine Informationstafel für die Tour, von wo aus wir starten. Private Busverbindungen gibt es mit McGraths Coaches von Ballina nach Ballycastle (www.mcgrathcoaches.com, 0035397 87842).
[GPS: UTM Zone 29 x: 475.662 m y: 6.014.725 m]
CHARAKTER | Ein sehr entspannter Loop Walk, der den gesamten Weg über entweder auf Straßen oder befestigten Wegen entlangführt und durch die teils von der Natur zurückgeholten Landschaften als auch vorbei an Weiden führt. Mit exzellenten Aussichten auf Downpatrick Head, einer markanten Landzunge im Meer.

Das gesamte Gebiet im Norden Mayos wurde bereits vor mehr als 5.000 Jahren bevölkert. Zahlreiche steinzeitliche Gräber, Mauerreste und anderweitige Farmstrukturen sind Zeugnisse dessen. Das Museum der Cáide Fields, etwa 8 km außerhalb Ballycastles, gibt Zeugnis darüber und vermittelt dem Besucher anschaulich das Leben der ersten Siedler zu jener Zeit. Auch entlang des Weges soll es einige Hühnengräber geben, die allerdings nicht wirklich aus der Landschaft herausstechen.

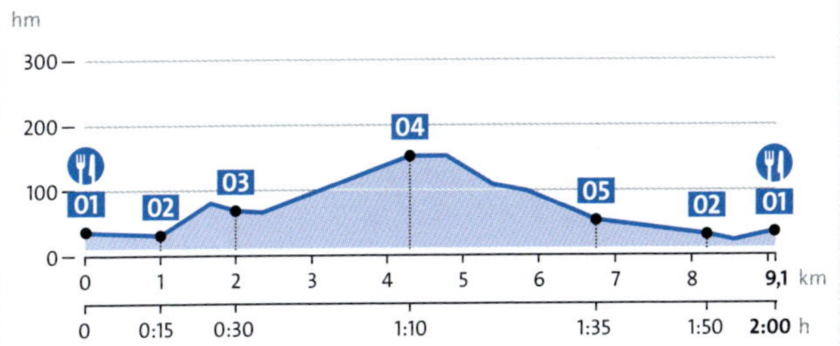

01 Informationstafel in Ballycastle, 26 m; 02 Kreuzung, 21 m; 03 Wegzweigung, 60 m; 04 Plateau, rechts ab, 147 m; 05 T-Kreuzung, 44 m

Wir starten unsere Wanderung an der **Informationstafel in Ballycastle** 01, folgen der Straße hinab, gehen an einem Rastplatz vorbei und dem grünen Pfeil entlang links in eine Seitenstraße hinein und folgen fürs erste dem 179 km langen Western Way. Kurze Zeit später erreichen wir eine **Kreuzung** 02. Wir laufen geradeaus weiter. Rechts würden wir den Loop beenden und zurückkommen.

Schnell wird die Straße einsamer, sobald wir die letzten Häuser hinter uns gelassen haben. Wir kommen an den Toren einer alten Sandgrube vorbei. Was seinerzeit ein Produkt der Eiszeit war und hier zur Ablagerung kam. An einer weiteren **Wegzweigung** 03 verläuft der Western Way links, während wir aber geradeaus weitergehen. Die Natur wird wilder und holt sich mehr und mehr ehemaliges Weideland zurück, was für eine allgemeine Abwechslung in der irischen Landschaft sorgt. Wir kommen an dichten, teils chaotisch anmutenden Lärchen-, Tannen- und Fichtenwäldern vorbei. Leider können wir immer wieder illegal entsorgten Müll an den Waldrändern sehen, was die Idylle und Ruhe stört.

Sind wir auf einem **Plateau** 04 an der Seite des flachen Hügels angekommen, erblicken wir eine weite Heidelandschaft, die zur Gewinnung von Torf genutzt wird. Schon nachdem wir den Forst, weiter dem Weg folgend, hinter uns gelassen haben, öffnet sich uns die Landschaft und bietet Ausblicke hinunter ins Tal als auch zum Meer zu der langen Landzunge Downpatrick hinüber. Wir folgen dabei immer der Hauptstraße Richtung Meer, bis es rechts ab zurück nach Ballycastle geht.

An der **T-Kreuzung** 05 geht es für etwa 1,5 km rechts ab und wir kommen letztlich an der Kreuzung zu **Punkt** 02 heraus.

Wir gehen denselben Weg zurück, den wir hinaufgenommen haben.

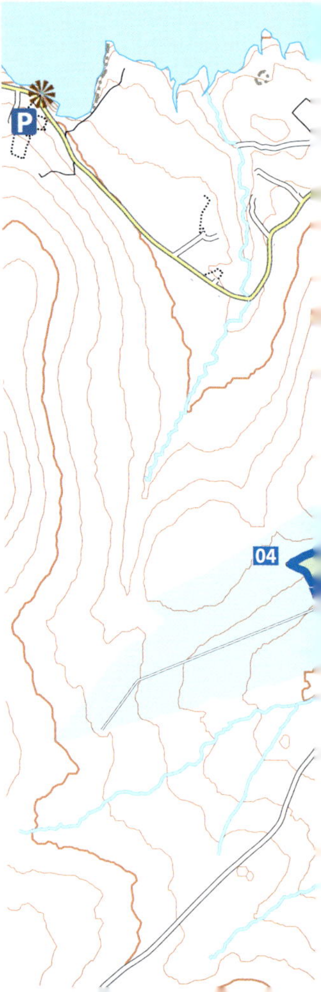

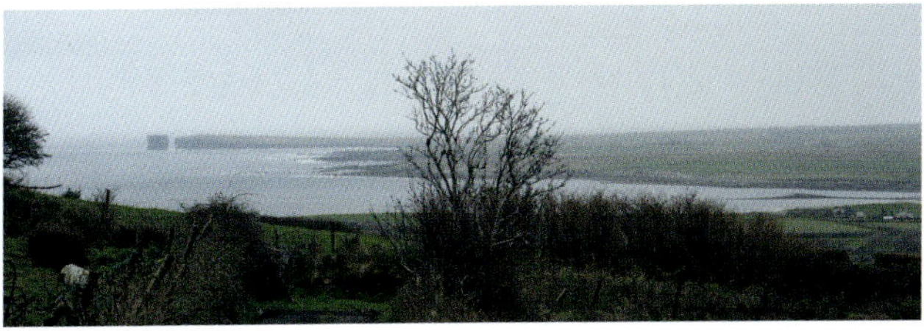

Das beliebte Ausflugsziel Downpatrick Head in der Ferne.

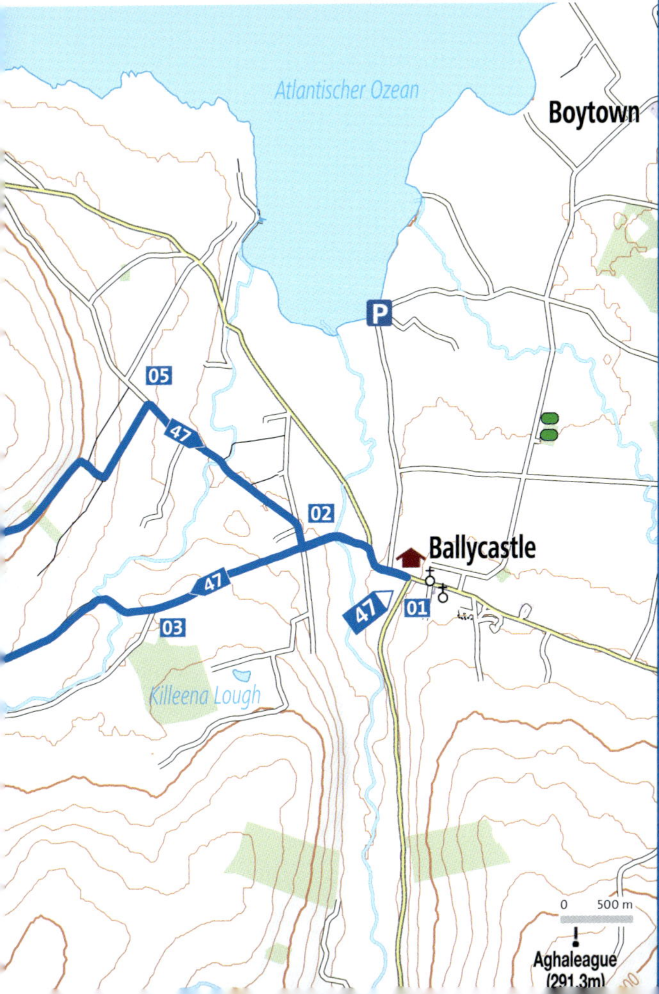

KNOCKNAREA (CNOC NA RAIBH) • 297 m – QUEEN MAEVE TRAIL

Auf den Spuren einer keltischen Königin

5,1 km 1:30 h 335 hm 298 hm

START | Von Sligo aus fahren wir auf der R292 nach Strandhill. Kurz nach dessen Eingang kommen wir an eine Tankstelle, an der wir parken können. Von dort aus gehen wir etwa 50 m die Straße hinauf und sehen dann links den Startpunkt zum Weg. Alternativ kann direkt auf der anderen Seite vom Startpunkt beim Rugby Club geparkt werden. Bus Eireann fährt stündlich jeden Tag nach Strandhill und zurück. Sagt man dem Busfahrer, wo man hin möchte, lässt er einen direkt am Startpunkt heraus.
[GPS: UTM Zone 29 x: 527.042 m y: 6.013.676 m]
CHARAKTER | Ein recht kurzer, aber nicht minder lohnender Aufstieg, der uns viele gute Aussichten über das Meer, den Benbulben und bei guter Sicht sogar den Slieve League bietet. Der Weg ist durchgängig bis zum Gipfelplateau ausgebaut, was uns zur Abwechslung einmal trocken hinaufbringt.

Der Knocknarea ist eine Landmarke, die wir bereits von Weitem her gut sehen können, insbesondere der große Cairn (Steinhaufen) ragt auf dem Berg empor. Zusammen mit dem Heapstown-Cairn (ebenfalls im County Sligo) gehört er zu den größten Irlands. Es ist strengstens verboten, ihn zu besteigen! Es gibt zwei Wege auf den Berg

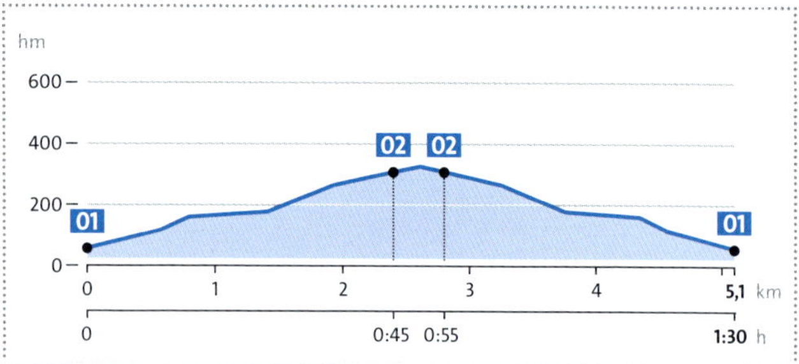

01 Start an der R292, in Stranhill, 19 m;
02 Gipfel des Knocknarea, Grab von Queen Meave, 297 m

Queen Maeve

Queen Maeve (oder auch Medb) soll eine schöne, starke und zugleich kriegerische und damit einhergehend auch unerbittliche keltische Königin der Region Connacht (umfasst die heutigen Countys Galway, Mayo, Sligo, Leitrim und Roscommon) gewesen sein. Die berühmteste Legende handelt von einem Stierdiebstahl, in der sie gegen Ulster zieht (heute County Donegal und Nordirland). Dort wird Maeve den großen Stier „Donn Cuailnge“ erbeuten und somit einen Bullen ergattern, der dem ihres Mannes ebenbürtig sei. Der Cairn auf dem Knocknarea soll Maeves Grab sein, jedoch wird es von einigen Archäologen bezweifelt. Da das Grab selbst bisher nicht angetastet wurde, konnte darüber noch keine Klarheit erlangt werden.

hinaufzukommen. Einen auf der Ostseite und eben jenen auf der NW-Seite (Queen Maeve Trail), welchem wir folgen werden.

▶ **Von der R392 aus** 01 gehen wir auf einen sehr gut ausgebauten, im oberen Teil auch mit Stufen ausgelegten Weg. Sobald wir durch ein drittes Gatter kommen, laufen wir vorerst auf einem ebenen Weg, welcher am Wald entlang schöne Aussichten bietet! Über die Buchten sehen

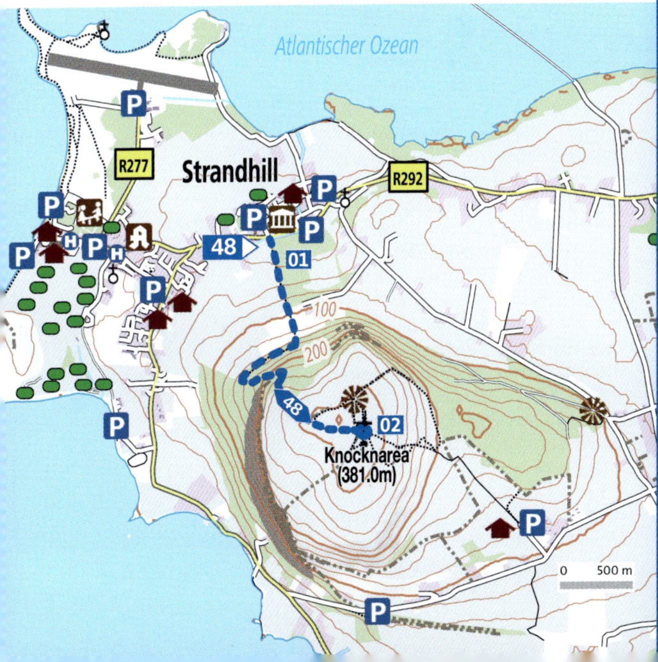

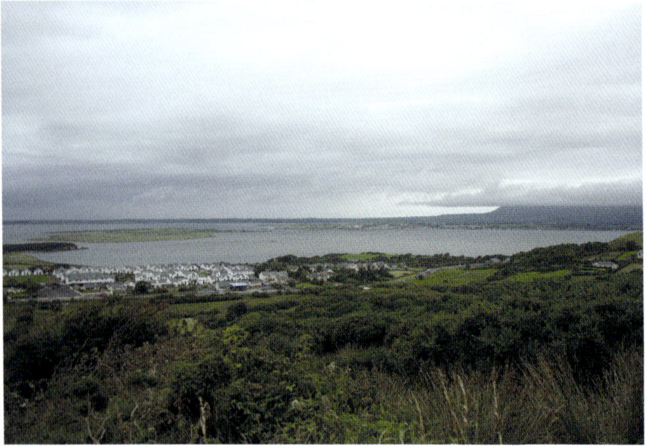

Aussicht auf Strandhil und den bewölkten Benbulben im Hintergrund.

wir das Meer, den langgezogenen, aber flachen Benbulben (NW, siehe Tour 49) und können auch bis hinüber nach Donegal sehen und bei gutem Wetter sogar den Slieve League (N, siehe Tour 51) ausmachen. Sind wir am Ende angekommen, führen uns von nun an recht rutschsichere Planken durch den Wald und bis hinauf zum Gipfelplateau. Obenauf erhaschen wir eine noch bessere Sicht über die Umgebung und können auch einen Blick nach Süden werfen. Ein deutlicher Weg führt uns über das mit Heidekraut bewachsene Plateau. Je nach Witterung kann es etwas matschig werden, lässt sich aber alles umgehen. In der Ferne erblicken wir dann den Cairn mit einem Durchmesser von 55 m und einer Höhe von 10 m. Der Legende nach bringt es Unglück, Steine davon zu entfernen, aber wiederum Glück, einen mit hinaufzutragen und dort abzulegen. Das Grab wurde bisher nie untersucht, dennoch gehen Archäologen von einem Ursprung von vor etwa 3.000 Jahren vor unserer Zeitrechnung aus. Gehen wir um den **Cairn** 02 herum, können wir einen 360°-Blick über die Landschaft genießen und gehen anschließend denselben Weg wieder zurück.

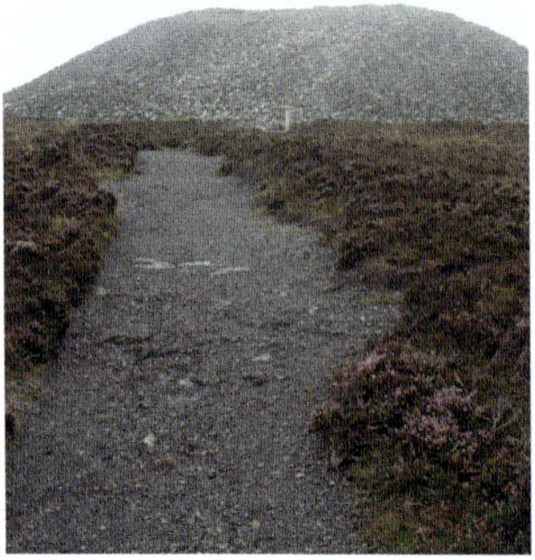

Einer der drei größten Cairns Irlands!

BENBULBEN (BINN GHULBAIN) • 521 m

Hinan zum Tafelberg Benbulben

5,7 km | 2:00 h | 444 hm | 446 hm

START | Aus Sligo kommend, fahren wir auf der N15 Richtung Donegal. Rund 2 km nach Drumcliff geht eine Straße rechts ab, die uns nach Castletown/Glencar Waterfall/Benbulben Farm(house) B&B leitet. Wir folgen der Ausschilderung für das Benbulben Farmhouse B&B bis ans Ende. Keine Parkmöglichkeiten außerhalb des B&B. Bus Eireann verbindet mehrmals am Tag Sligo mit Ballyshannon, wo man unterwegs (nett fragen) an der Einfahrt nach Castletown herausgelassen werden kann.
[GPS: UTM Zone 29 x: 533.360 m y: 6.023.025 m]
CHARAKTER | Ein recht intensiver Auf- und Abstieg bringt uns wunderschöne Ausblicke über das gesamte Areal von Dongeal bis nach Sligo hinunter. Das Plateau selbst kann sehr nass und schwammig sein, ist dafür jedoch äußerst eben und gut zu laufen. Wir sollten den Weg nur bei guten Sichtverhältnissen angehen.

Es scheint ein paar Unstimmigkeiten zwischen dem Bauer und dem am Berg befindlichen B&B zu geben, weshalb am Startpunkt (eine Schotterpiste, die zum Berg hinan führt) eindringlich, von Seiten des Bauern aus, sämtliche Wanderer und B&B Gäste dazu aufgefordert werden, das Gelände nicht zu betreten, andernfalls würden Strafmaßnahmen folgen. Allerdings hat mir die B&B-Leiterin bestätigt, dass sie Teile des Lands am Berg besitzen und wir deswegen nichts

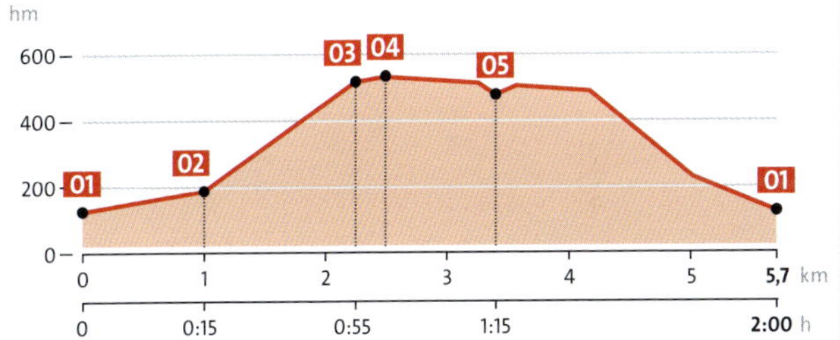

01 Start am Gatter, 108 m; 02 Überstieg links, 172 m; 03 Gipfelplateau des Benbulben, 515 m; 04 Gipfel des Benbulben, 521 m; 05 Theebaun, 474 m

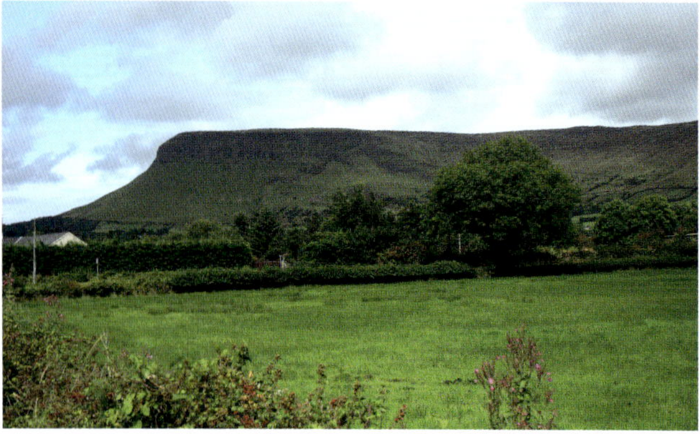

Der Tafelberg Benbulben in vollster Pracht.

befürchten müssen. Solange wir durch kein Gatter gehen, was zum Land des Farmers gehört.

▶ Wir starten ein paar Meter vor dem B&B, wo die Kurve abzweigt und wir den Schotterweg rechts betreten, **direkt am Gatter** 01. Wir schließen jenes hinter uns und folgen dem Weg, der mitunter steiniger und matschiger wird, bis fast zu dessen Ende. Kurz davor geht **links** ein „Weg" über den Zaun **(improvisierter Überstieg)** 02, welcher auf Pfadspuren schräg nach rechts hinauf verläuft und wir uns so einen Weg entlang des hinaufgehenden Zaunes suchen. Der Aufstieg ist steil und allen voran sehr uneben, meistens aber auch trocken. In dem Bereich, an dem wir auf hohes Wollgras treffen, suchen wir uns Pfadspuren hindurch, bleiben aber immer in der Nähe des Zaunes. Vorsicht vor Geländestufen und möglichst Torffelder umgehen. Ab etwa 400 Hm wird das Gelände ebener, kann je nach Witterung aber auch nasser werden. Endet der Zaun,

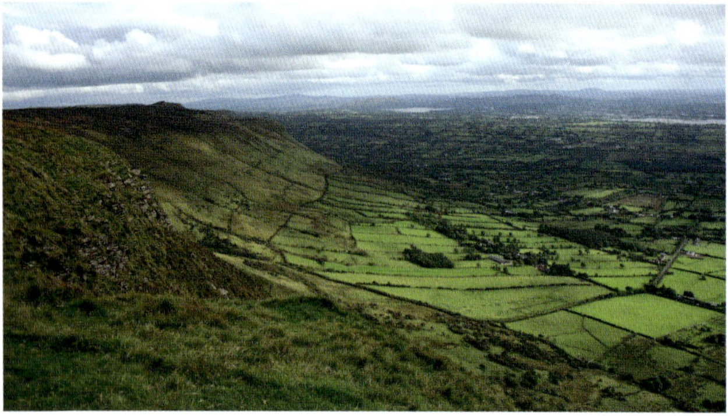

Die Südflanke des Benbulben-Plateaus mit Blick Richtung Sligo.

bleiben wir weiterhin links des Grabens.

Auf dem **Plateau** 03 angekommen, geht es links (W) zum Vermessungspunkt hinan. Auf auf der gesamten Ebene muss man mit nassem, weichem Boden rechnen (Marschland). Wir werden einen Pfad ausmachen, der uns trockenen Fußes zum Vermessungspunkt bringt. Bereits von dort genießen wir einen sehr guten Überblick. Der **Gipfel** 04 selbst ist recht unspektakulär. Rings um den Vermessungspunkt herum ist es sehr matschig. Wir sehen den Slieve League im N (siehe Tour 51) an der Küste und den markanten Knocknarea im SW (siehe Tour 48).

Weiter gehen wir auf vorerst deutlichen Pfaden Richtung Westen zur Spitze des **Theebaun** 05, wo sich uns ein weiterer sehr guter Aussichtspunkt bietet. Nicht zu nah an die Klippen und Vorsicht vor Winden! Für den Rückweg laufen wir an den Klippen entlang zurück zum Zaun. Der Weg ist trocken und lässt sich vergleichsweise gut laufen, bietet zudem noch einmal schöne Ausblicke nach S und SO. Bei schlechtem Wetter/Sicht sollte generell auf dem anderen Weg zurückgegangen werden.

Bevor wir zum Zaun kommen, wird das Gelände bereits etwas begehbarer, wenn auch unebener. Hier auch wieder Vorsicht beim Abstieg ob der Geländestufen und dem steilen Terrain. Letztlich laufen wir denselben Weg zurück zum **Ausgangspunkt** 01.

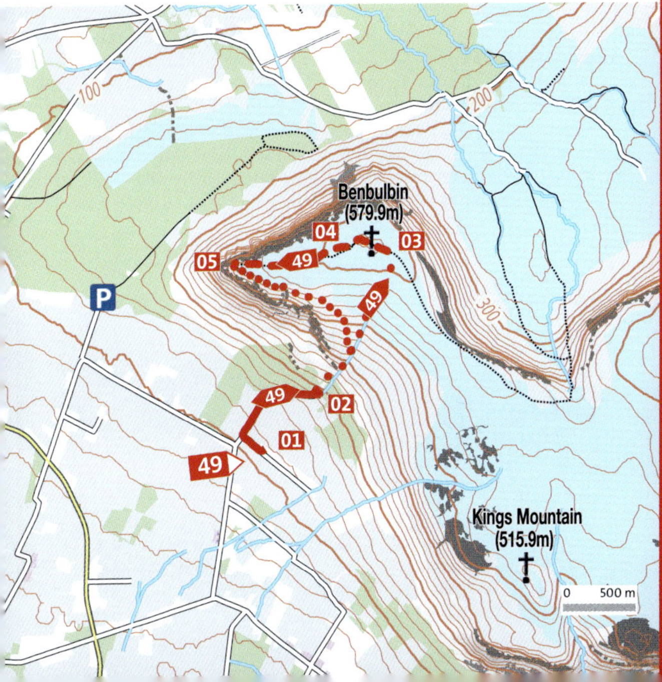

GLENCOLUMBKILLE (GLEANN CHOLM CILLE) – TOWER LOOP WALK • 262 m

Im Tal von St. Colm Cille

8,1 km 1:45 h 385 hm 376 hm

START | Von Donegal City kommend, fahren wir auf der N56 nach Killybegs und von da aus über Kilcar und Carrick nach Glencolumbkille (Gleann Cholm Cille), wofür es mehrere englische Schreibweisen gibt. Von Ardara kommend, fahren wir kurz auf der N56 Richtung Süden und nehmen den Glengesh Pass mit wundervollen Ausblicken über Meenaneary (Min an Aoire) nach Glencolumbkille. Bus Eireann verbindet das Dorf mit Donegal und Letterkenny. [GPS: UTM Zone 29 x: 517.857 m y: 6.062.597 m]
CHARAKTER | Ein sehr einfacher Weg, auf stets gut ausgeschilderten und gut zu folgenden Wegen.

Glencolumbkille ist ein Juwel! Die Tour bietet so viele schöne Aussichten auf das Tal und das Dorf als auch entlang der Küste, dass es fraglich ist, warum im Vergleich zum Slieve League nicht allzu viele Touristen ihren Weg hierher finden. Neben dem Tower Loop Walk bietet sich ebenso ein Besuch am Malin Beg, den dazugehörigen Silver Strand als auch das örtliche Folk Museum an. St. Columba, von dem der Name des Dorfes abgeleitet wurde, gehört neben dem irischen Nationalheiligen St. Patrick als auch Saint Brigid of Kildare zu den drei wichtigsten Heiligen des Landes. Er lebte im sechsten Jahr-

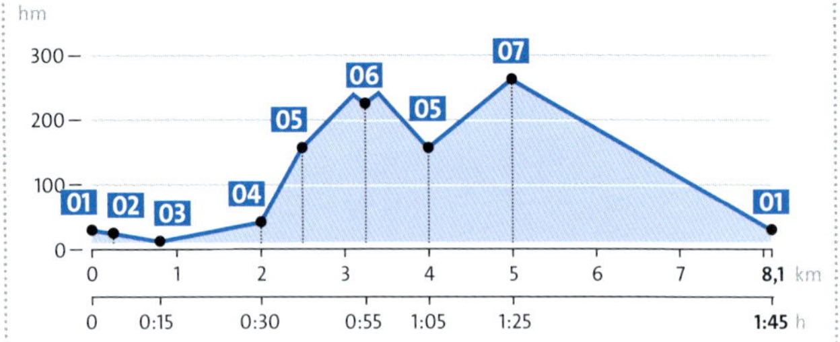

01 Parkplatz an der Kirche, 20 m; 02 Bei Abzweigung rechts bleiben, 15 m; 03 Auf der kleinen Straße rechts, 2 m; 04 Durch ein Gatter, 33 m; 05 Links ab, 152 m; 06 Am Wachturm, 223 m; 07 Gipfelplateau, 262 m

hundert und wurde im heutigen County Donegal geboren. Als Abt setzte Columba das Christentum zugunsten heidnischen Glaubens missionierend durch und brachte eben jenes auch nach Schottland. Bis heute ist er eine zentrale religiöse Figur im Norden Irlands.

▶ Wir beginnen unsere Wanderung im Zentrum des Ortes, am **Parkplatz der Kirche** 01 auf der L5055. Weiter folgen wir der Straße und verbleiben bei einer linksgehenden Abzweigung **rechts** 02. Unterwegs genießen wir bereits wunderschöne Aussichten auf die Bucht und Berge.

An einer weiteren Abzweigung folgen wir den Pfeilen **auf der kleinen Straße rechts** 03, einer Abkürzung Richtung Berg und folgen dem Weg weiter rechts an einem

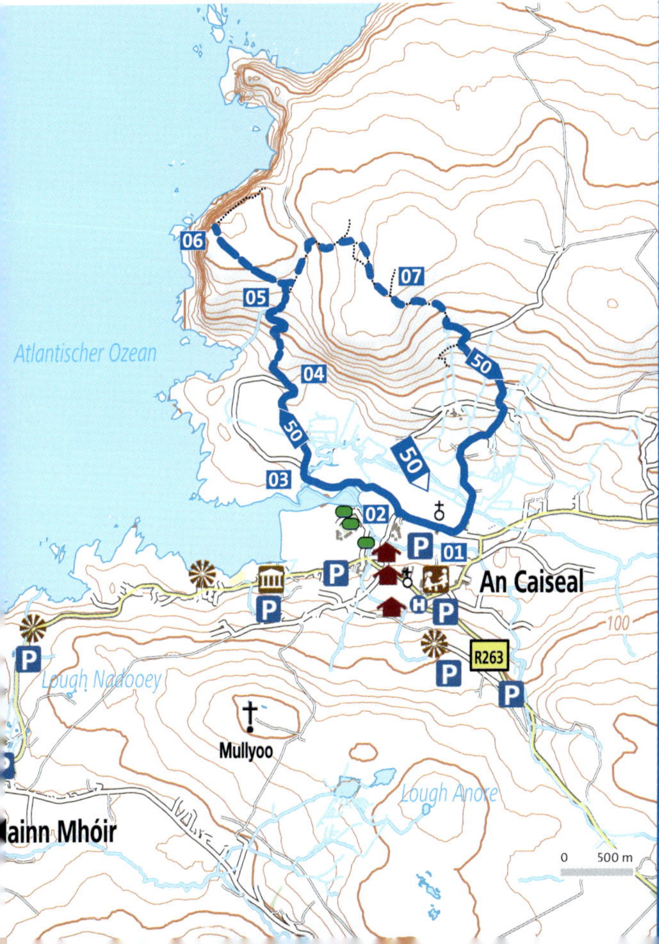

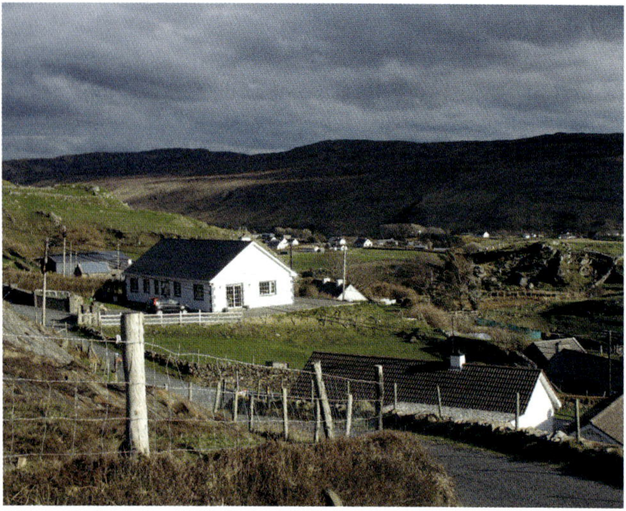

Blick auf Glencolumbkille beim Abstieg.

Haus vorbei und treffen wieder auf die Straße, die hier endet. Wo der Weg deutlich **durch ein Gatter** 04 hinaufzieht, gehen wir durch und beginnen nun mit dem Aufstieg auf einem breiten Schotterweg. Sind wir vorerst über einen Zickzack-Weg oben angelangt, geht der Hauptweg geradeaus weiter. **Links** 05 jedoch zieht sich eine deutliche Grasnarbe auf den Hügel hinauf. Dem folgen wir zum alten Wachturm aus napoleonischen Zeiten, wie wir ihnen schon oft begegnet sind. Der Weg wird mehrmals durch matschige Erosionsrinnen durchbrochen, welche sich nur schwer umgehen lassen. **Am Wachturm** 06 angekommen, können wir mit einem Blick nach NO Aranmore Island und die direkt vorgelagerten Klippen sehen. Südwestlich befindet sich der Malin Head.

Wir gehen zurück zum Hauptweg und diesen weiter bergauf. Alsbald wir auf die Ebene kommen, verliert sich der Weg recht schnell mal, wird aber durch regelmäßig auftretende Pfeiler wieder hervorgehoben, sodass wir von der Ebene rechtsauf gehen. Auf dem **Gipfelplateau** 07 angekommen, ist die Aussicht durch den flachen Charakter des Berges recht limitiert. Sobald wir uns aber zum Abstieg aufmachen, eröffnet sich uns das Tal in all seinen zahlreichen schönen Facetten! Mit dem richtigen Wetter im Gepäck ergeben sich traumhaft schöne Ausblicke.

Der Weg wird wieder klar ersichtlich und führt an eine befestigte Straße. Dieser folgen wir hinab ins Tal und schließen ein Gatter wieder hinter uns, durch das wir schreiten und verbleiben stets auf der Hauptstraße hinab ins Tal. Wir kommen direkt an der L5055, links der **Kirche** 01, heraus.

SLIEVE LEAGUE (SLIABH LIAG) • 568 m

Auf steilen Klippen

11,7 km · 3:45 h · 678 hm · 678 hm

START | Aus Donegal kommend, folgen wir der N56 nach Killybegs und weiter auf der R263 über Kilcar nach Carrick. Von dort aus biegen wir den Schildern zum Slieve League (Sliabh Liag)/Bunglas links nach Teelin ab. Weiter ist der Weg ausgeschildert. Wir fahren bergauf (im letzten Stück auf einer schmalen und recht steilen Straße) und kommen an einen großen Parkplatz bei Bunglas, dem Startpunkt. Unregelmäßiger ÖPNV mit Bus Eireann von Killybegs nach Carrick, private Coaches von Donegal bis Carrick.
[GPS: UTM Zone 29 x: 521.701 m y: 6.053.299 m]
CHARAKTER | Der Slieve League bietet zahlreiche ausgesprochen schöne und ästhetische Ausblicke auf die Klippen sowie in das hügelige Hinterland. Der Weg selbst, abseits des ausgewiesenen Pfades, kann dann aber auch sehr rau, allen voran matschig und schmal werden. Zu achten ist auf gutes Wetter und den One Mans Pass zum Gipfel des Slieve League sei ausschließlich bei guten Wetterbedingungen zu gehen!

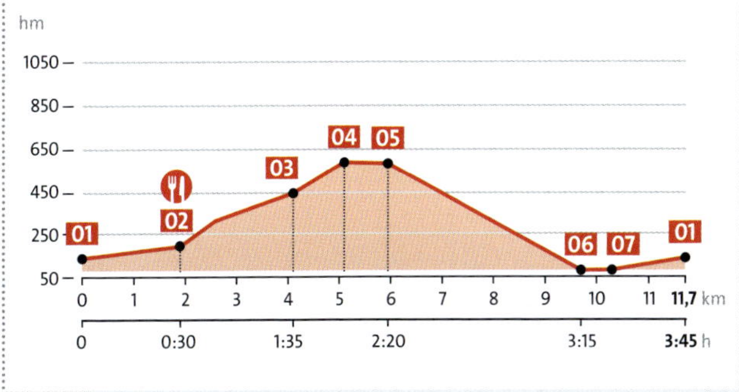

01 Parkplatz beim Lough Meenaviller, 109 m;
02 Bunglass, Aussichtspunkt, 166 m; 03 Crockrawer, 420 m;
04 Plateau, 568 m; 05 Markierter Abstieg, 562 m; 06 Hinter der Brücke rechts ab, 50 m; 07 An der Hauptsstraße rechts ab, 51 m

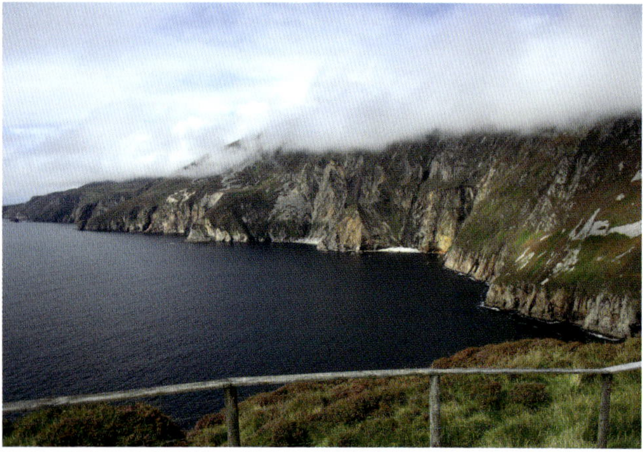

Die Steilklippen des Slieve League von Bunglass aus betrachtet.

Der Slieve League gehört wohl zu den szenisch schönsten Touren, die hier vorgestellt werden, was allen voran an den steil emporgehenden Klippen liegen mag, aber auch die Ausblicke, die wir unterwegs bekommen, sprechen für sich. Als Touristenspot ist er gerade in der Saison stark frequentiert, dennoch auch nicht zu unterschätzen, was allen voran auf das Wetter abzielt, welches wir ständig im Auge behalten müssen.

▶ Vom **Parkplatz beim Lough Meenaviller** 01 aus gehen wir

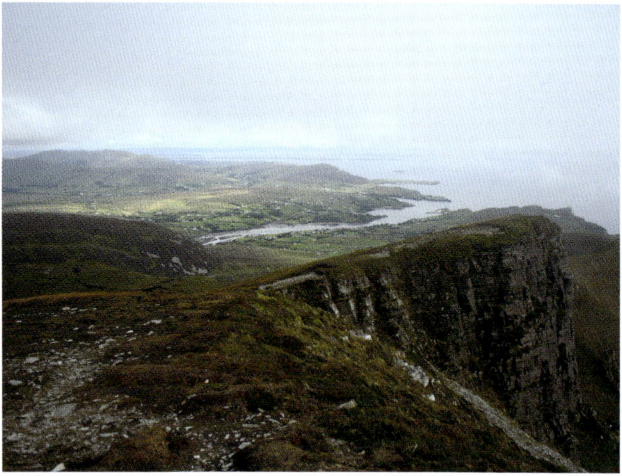

Blick auf Teelin.

die Straße entlang. Die ersten Klippen und Landzungen kommen bereits nach kurzer Zeit ins Betrachtungsfeld. Am Ende der Straße liegt **„Bunglass", ein Aussichtspunkt** 02, von dem man die besten Ausblicke auf die Klippen hat. Gingen wir bis dorthin, noch auf guten Wegen, wird es von nun an graduell schwieriger. Hängen bereits dicke Wolken über den Klippen sollte von einem Aufstieg abgesehen werden.

Ansonsten folgen wir den anfangs gut ausgebauten Wegen über künstlich angelegte Steinstufen. Auf dem ersten Plateau angekommen, wird es etwas matschig. Große Säcke mit Steinen darinnen lassen darauf schließen, dass der Weg weiter ausgebaut wird. Wir halten uns generell parallel entlang der Klippen und folgen den (vorerst) gut sichtbaren Pfaden. Im weiteren Verlauf müssen wir auf Sicht navigieren, solange der Weg nicht eindeutig ausgebaut ist. Regelmäßig auftretende Steinmänner sind dabei eine Hilfe. Der Weg entlang der Klippen wird zunehmend rauer und steiniger, schmaler und matschiger. Gelangen wir an einen Sattel, der uns zum Gipfel des Crockrawer bringt, können wir uns zwischen

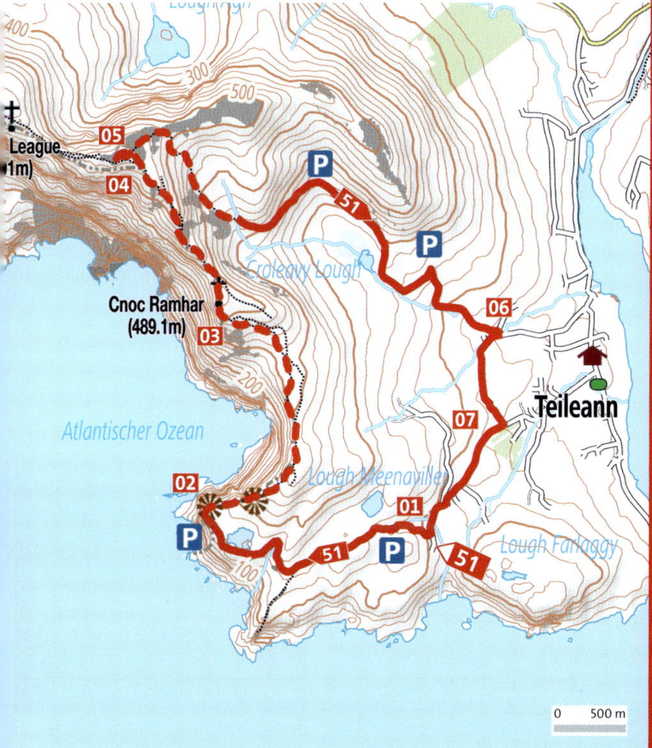

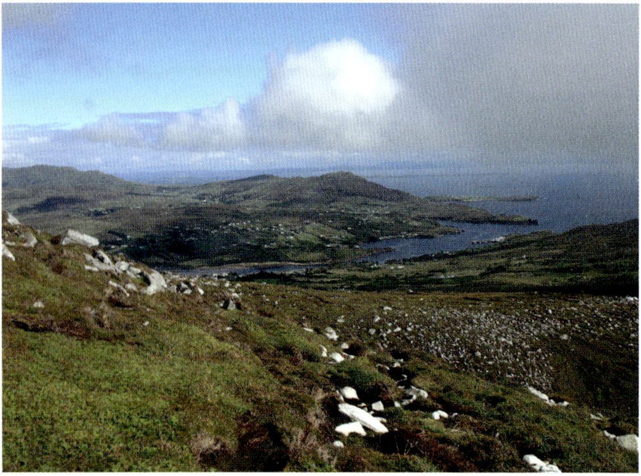

Wunderschöne Aussichten in einem Wolkenloch.

zwei Wegen entscheiden. Einen recht deutlichen, leicht unterhalb der Felsen, und einen entlang der Felsen an den Klippen. Laufen wir entlang der steilen und teils schmalen Klippen, sollten wir trittsicher und schwindelfrei sein sowie auf die plötzlich auftretenden Winde achten, andernfalls ist der Parallelweg leichter und sicherer, wenn auch matschiger.

Am **Gipfel Crockrawer** 03 angelangt, können wir hinter dem ersten Gipfel einen Aufstieg wagen, kommen aber teils auch sehr nah an die Klippen heran. Wir laufen weiter, bis wir das Plateau des Slieve League erreicht haben. Der eigentliche Weg, unterhalb des Gipfels, zieht sich recht sacht hinauf bis zum Plateau selbst. Haben wir das **Plateau** 04 erreicht, gehen wir für etwas mehr als einen Km Richtung Westen. Bei gutem Wetter können wir den One Man's Pass, der nicht umsonst so heißt, zum Slieve League hinübergehen. Wir kommen denselben Weg wieder zurück und nehmen anschließend den Abstieg nach Teelin. Die **markierten Steine** 05 sind auch bei Nebel/Wolken sehr gut zu erkennen. Der Abstieg selbst ist zuerst sehr unwegsam und matschig/nass. Im mittleren Bereich dann etwas besser, hauptsächlich mit Geröll behaftet und spätestens ab der Brücke mündet er in einen breiteren Schotterweg, der zudem wegsamer wird. Wir kommen an einer asphaltierten Straße heraus, gehen an zwei Parkplätzen vorbei und schließen ein Gatter hinter uns. Kurz darauf überqueren wir eine weitere Brücke und halten uns rechts an der Abzweigung **hinter der Brücke gleich rechts** 06. Wir folgen der Straße, können schöne Aussichten über das Tal und die andere Seite des Ästuars erhaschen und kommen nach etwas mehr als einem Km an der Hauptstraße heraus, jener, die wir zur Anfahrt zum Parkplatz genommen haben. **An der Hauptstraße rechts hinauf** 07 verläuft der Weg zurück zum Parkplatz.

MOUNT ERRIGAL (AN EARAGAIL) • 741 m

Über den Mackoght zum Errigal hinauf

8,2 km | 3:30 h | 712 hm | 713 hm

START | Von Gweedore an der N56 nehmen wir die R251 ins Landesinnere, fahren an dem kleinen Örtchen Dunlewy (Dún Lúiche) vorbei und kommen nach ein paar Minuten an einen Parkplatz unterhalb des Errigal auf der linken (!) Seite. Eingeschränkter Busverkehrt zwischen Letterkenny und Gweedore (über den Glenveigh NP), man kann am Parkplatz herausgelassen werden. [GPS: UTM Zone 29 x: 558.177 m y: 6.097.956 m]
CHARAKTER | Der Errigal bietet einen fantastischen Ausblick über ganz Donegal. Seine recht vegetationsarme Erscheinung lässt ihn bereits von Weitem deutlich auffallen und stellt somit eine Landmarke dar. Zwar kann der erste Teil des Aufstieges recht ausdauernd sein und der letzte Teil des Abstieges dafür sehr nass und matschig, dennoch ist es bei schönem Wetter die Strapazen mehr als wert!

Der Errigal ist der wohl markanteste Berg Donegals und zugleich auch der höchste der Derryveagh Mountains. Die Aussichten bei gutem Wetter sind phänomenal, und auch wenn es von der anderen Seite her noch eine Aufstiegsmöglichkeit gibt, stellte jene hier vorgestellte

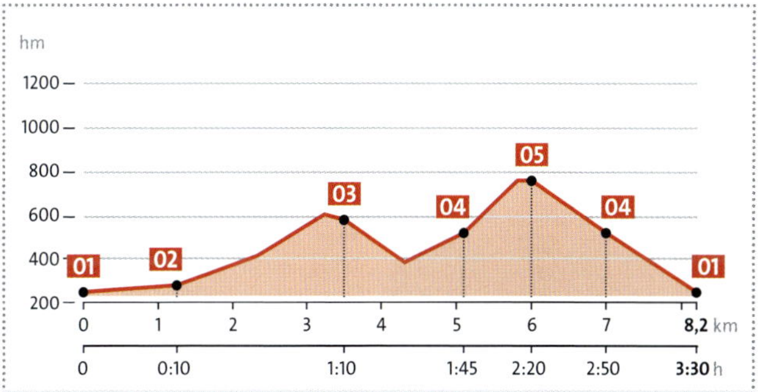

01 Start am Parkplatz unterhalb des Errigals, 218 m; 02 Links auf den Weg, 250 m; 03 Gipfel des Mackoght, 557 m; 04 Rechts zum Errigal, 496 m; 05 Gipfel des Errigals, 741 m

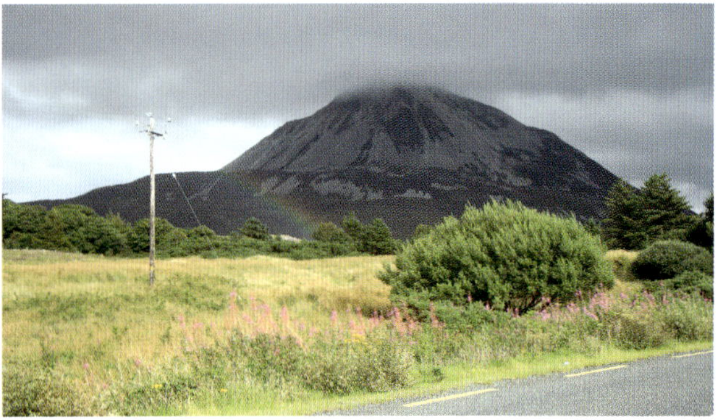

Ein Regenbogen am Fuße des markanten Mt. Errigals.

die bessere dar. Empfehlenswert sind hier besonders Gamaschen und wasserfeste Bekleidung für die Füße, da das Sumpfgebiet am Fuße des Berges verdammt nass und matschig ist, demnach mit Vorsicht und Bedacht gehen.

Der **Parkplatz unterhalb des Errigals** 01 ist ein guter Ausgangspunkt, jedoch gehen wir nicht direkt den Errigal an, sondern folgen mit Vorsicht für etwas mehr als einen Kilometer der Straße Richtung Nordosten, bis wir auf der **linken Seite** 02 zu einem alten Weg kommen. Dieser führt zum Mackoght hinauf. Es wird sehr nass und schlammig. Ferner verliert sich der Pfad ab und an. Sind wir um die große Kurve herum, laufen wir bis zur Höhe des kleinen Felsvorsprunges (links) bis zu einem Bach. Ab da geht es querfeldein mit Glück über Pfadspuren zum *Mackoght* herauf. Der Weg durch das offene Gelände kann sehr ermüdend sein. Über sehr unebenen, erodierten, schwammigen Grund geht das Gras und Moos knie-, teils aber auch hüfthoch. Gute Sicht ist für die Navigation unabdingbar. Offene Torf- und Wasserstellen vermeiden! Geht es dann zum eigentlichen Aufstieg, wird das Gelände ebener, wenn auch sehr steil und zum Teil rutschig. Vorsicht auch vor Stolperfallen ab den Geröllfeldern, weshalb der Aufstieg (soweit wie möglich) über die Vegetation erfolgen sollte. Haben wir das erste Plateau erreicht, gibt es einen recht guten Weg auf der Ostseite um die Geröllfelder herum. Der eigentliche Gipfel ist erst vom zweiten Plate-

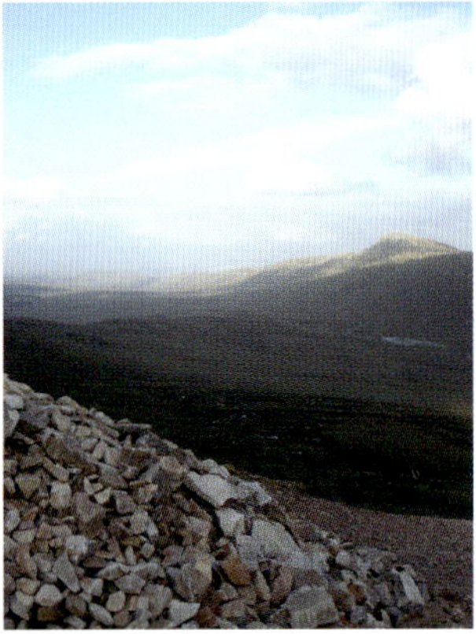

Ausblick vom Gipfel des Mackoght.

au aus zu sehen und durch einen Steinmann markiert.

Vom **Gipfel des Mackoght** 03 aus steuern wir Richtung SW zum Sattel hinunter. Beim Abstieg achten wir darauf, entlang des grünen Bandes hinabzugehen, was sich sehr gut machen lässt, aber mitunter etwas rutschig und steil werden kann. Wir peilen den kleinen See unter uns an und gehen direkt links an seiner Seite vorbei, um auf den vor uns liegenden Steinhaufen zuzulaufen. Von dort an führt ein sehr gut sichtbarer Pfad den Errigal hinauf. Treffen wir auf einen weiteren Steinmann, geht **rechts** 04 ein deutlicher Schotterweg hinauf. Sollte das Wetter umschlagen, geht links der Weg hinab zum Parkplatz. Der Weg hinauf, über das Geröll, sollte mit Vorsicht begangen werden.

Der letzte Teil des Weges ist dann aber deutlich einfacher zu gehen. Auf dem **Gipfel des Errigal** 05 angekommen, können wir bei gutem Wetter etwas weitergehen, um die fantastischen Aussichten zu genießen. Im NW erkennen wir die Aghlas Berge (Tour 54) und dahinter den flachen Muckish Mountain (Tour 53).

Für den Abstieg halten wir uns immer links auf den Wegen, da es mehrere Pfade hinab gibt. Wir kommen am Steinmann vom **Punkt** 04 vorbei. Endet der Geröllweg, müssen wir erneut über offenes Weidegelände laufen, was anfangs noch recht gut geht, weiter unten allerdings äußerst nass und matschig wird. Wir orientieren uns bei unserem Weg an dem **Parkplatz** 01, an dem wir letztlich herauskommen.

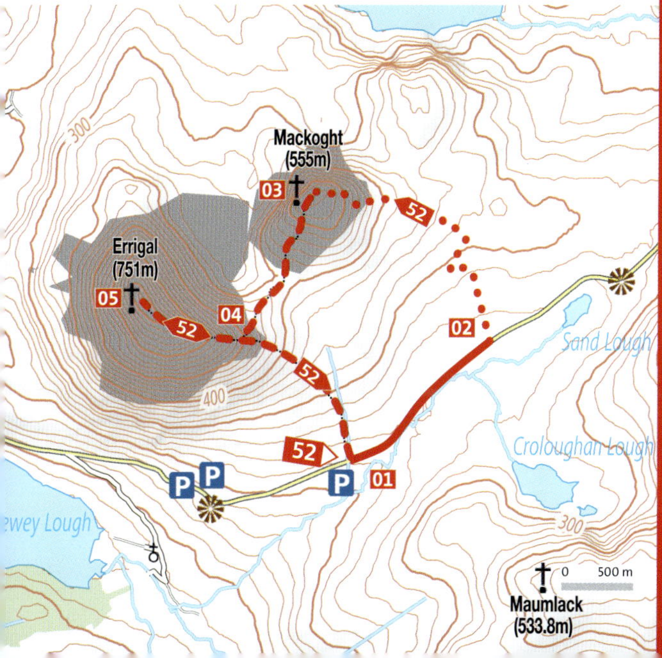

MUCKISH MOUNTAIN (AN MHUCAIS) • 666 m

Auf dem nördlichsten der drei Derryveagh Mountains

5,5 km 2:15 h 456 hm 466 hm

START | Begrenzte Parkmöglichkeiten am Muckish Gap. Aus Letterkenny kommend, fahren wir vorerst auf der N56 nach Termon. Von da auf die R251 nach Falcarragh. Durch die Ebene fahren wir an den Glenveigh NP vorbei auf ein etwas höhergelegenes Plateau hinzu, direkt hinter ein paar Häusern. Kurz dahinter kommt die Muckish Gap mit einem kleinen weißen Altar an der Seite. Keine öffentlichen Verkehrsmittel. [GPS: UTM Zone 29 x: 563.646 m y: 6.105.233 m]
CHARAKTER | Der Muckish Mountain lässt sich, abgesehen vom vielen Matsch, recht gut besteigen und bietet einen fantastischen Ausblick über die gesamte Region Nord Donegals. Der Abstieg ist wesentlich freundlicher und einfacher, da er an einer anderen Stelle abgeht. Vorsicht bei Nebel und schlechtem Wetter!

Um auf den Muckish zu gelangen, gibt es drei Wege, einen von Norden, welcher der schwierigste und steilste ist, einer von Westen und einer von Süden, der hier beschriebene. Am Nordhang des Muckisch wurde früher Quarzsand zur Herstellung von Glas abgebaut, ein alter Steinbruch ist noch Zeuge davon und kann vom Gipfel besichtigt werden.

▶ Start am **Parkplatz Muckish Gap** 01. Ein gut sichtbarer Pfad

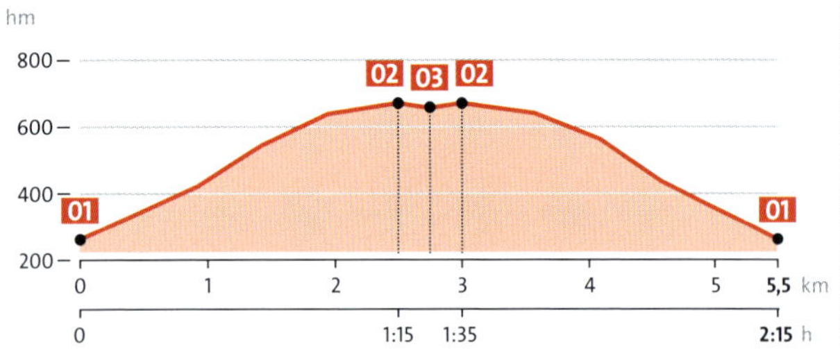

01 Start am Parkplatz Muckish Gap, 241 m; 02 Gipfel des Muckish Mountains, 666 m; 03 Gipfelkreuz und Aussichtspunkt, 665 m

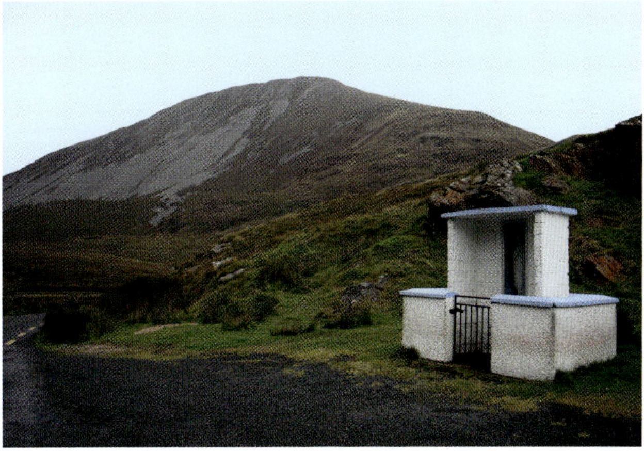

Blick auf die Südflanke des Muckisch vom Muckish Gap aus betrachtet.

führt uns erst über Weidegründe und am Fuße des Berges über Felsvorsprünge. Auf einem Sattel angekommen, laufen wir zuerst links um den Felsen herum und gehen zwischen der steilen Flanke des Muckish (links) und dem kleineren Hügel (rechts) weiter.

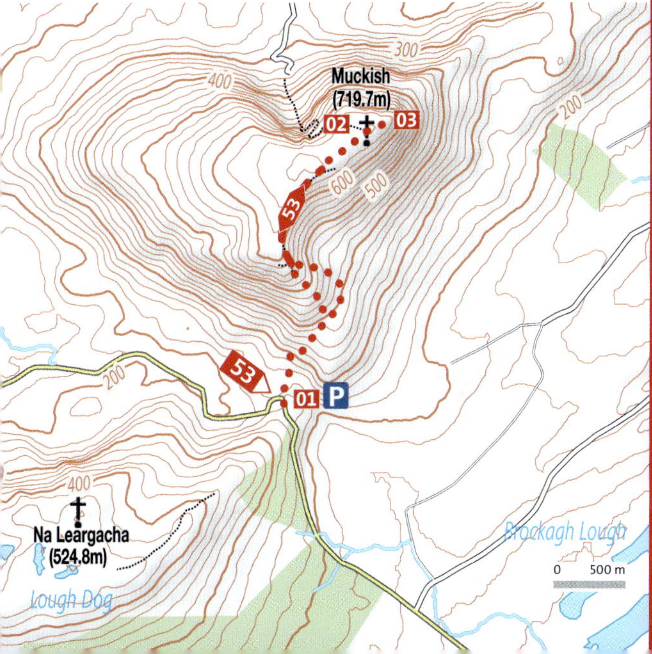

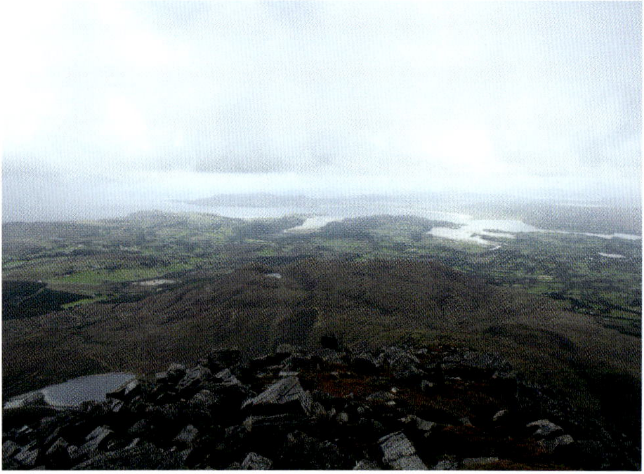

Mäßige Sicht auf Donegals Nordküste.

Für einige Zeit laufen wir auf etwa gleichbleibender Höhe, mit allerdings deutlich schlammigeren Untergrund, an der NO-Flanke des Muckish weiter. Der Weg bergauf wird allgemein sehr matschig und nass. Bereits von da aus lassen sich gute Ausblicke auf die Küstenlinie und die Berge hin erhaschen. Wir folgen den Wegspuren weiter, die sich den Berg selbst hinaufziehen. Über uns können wir bereits das Plateau des Muckish ausmachen. Obenauf erwartet uns ein künstlicher Schotterweg, der sich bis kurz vor einem großen Cairn auf dem Plateau hinzieht. Leider wird dieser Weg immer wieder von großen Torf- und Matschfeldern unterbrochen, die aber zumeist umgangen werden können. Am Ende des Weges geht es dann direkt über ein unwegsames Geröllfeld.

Am großen **Cairn** 02 vorbei, sehen wir weiter Richtung NO den Vermessungspunkt sowie das große markante **Gipfelkreuz** 03. Bei guter Sicht können wir im Norden bis hinüber nach Tory Island sehen (Tour 59), ansonsten eröffnet sich uns ein fantastischer Blick über Donegals Küstenwelt, vom Westen bis zum Osten hinüber.

Für den Abstieg gehen wir vorerst denselben Plateauweg zurück, jedoch bis an sein Ende. Statt nun die Flanke auf demselben Weg zurückzukehren, können wir den Matsch umgehen und stattdessen über den vor uns liegenden Hang hinabsteigen. Dieser zeichnet sich besonders durch sein hohes Gras aus, welches einen guten Halt auf trockenem/matschfreiem Untergrund verspricht. Demnach stellt der Abstieg keine besonderen Anforderungen. Wir gehen etwa auf gerader Linie Richtung Osten hinab und kommen am Sattel heraus.

Beim letzten Abstiegsabschnitt jedoch wird es ein wenig steiler. Vorsicht vor kleineren verdeckten Geländestufen. Im Sattel angelangt, gehen wir den bekannten Weg zurück zum **Parkplatz** 01.

AGHLAS MOUNTAINS • 596 m

Zwischen Errigal und Muckish in den Derryveagh Mountains

12,5 km 4:30 h 833 hm 842 hm

START | Aus Letterkenny kommend, fahren wir vorerst auf der N56 nach Termon. Von da aus auf die R251 nach Falcarragh. Durch die Ebene geht's am Glenveigh NP vorbei, von der Hauptstraße ab, geradezu auf die Nebenstraße, zu den Bergen hin. Weiter hinter Muckish Gap die Straße entlang, bis wir an die Altderry Bridge kommen, an der wir davor rechtsseitig parken können. Keine öffentlichen Verkehrsmittel.
[GPS: UTM Zone 29 x: 560.090 m y: 6.106.391 m]
CHARAKTER | Das schwierigste an dem Weg ist der Aufstieg. Ist dieser jedoch erstmal geschafft, bieten sich schöne Ausblicke, die sogar bis hin zur Westküste Donegals reichen. Allgemein bleiben wir recht trocken, ausgedehnte Sumpfgebiete können zumeist umgangen werden. Lediglich am Anfang kann es etwas matschiger werden.

Die Aghlas Mountains sind drei Gipfel und liegen zwischen dem Errigal (im Süden) und dem Muckish Mountain (im Norden). Der Aufstieg ist selbstredend nur bei guten Bedingungen zu wagen, da es sich auch um eine recht lange Wanderung handelt.

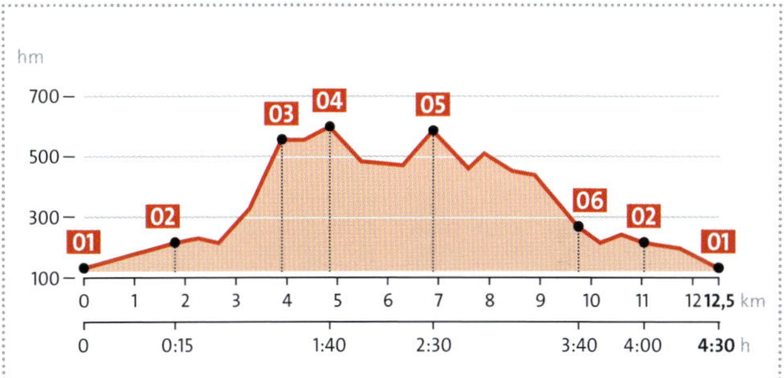

01 Start an der Altderry Bridge, 111 m; 02 Wegkreuzung, 198 m; 03 Gipfel des Aghla Beg, 551 m; 04 Gipfel des Aghla Beg (South), 596 m; 05 Gipfel des Aghla More, 582 m; 06 Bergrücken, 252 m

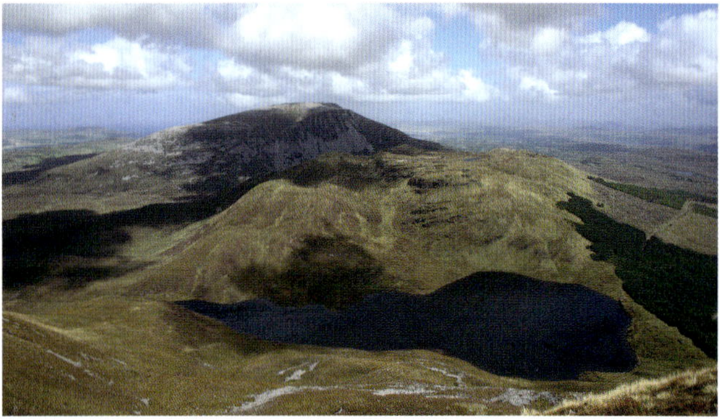

Blick auf den Aghla More, den Lough Feane und Mt. Errigal im Hintergrund.

Von der **Altderry Bridge** 01 ausgehend, folgen wir für etwa 150 m der Straße, Richtung Falcarragh, biegen anschließend in einen kleinen Weg links ein und laufen somit an der Westseite des Altderryrivers entlang. Sobald wir an eine deutliche **Wegkreuzung** 02 kommen, gehen wir rechts ab, bis wir am Ende dessen links abbiegen, von wo wir einen alten Zaun vor uns anpeilen und über das unebene Gelände gehen. Leider liegen immer wieder Schrottteile im Moor herum, die dort illegal abgelagert wurden. Am Zaun angekommen, überqueren wir diesen ohne Überstieg.

Hier beginnt nun der recht schwere Aufstieg, welcher von der Nordseite des Berges am besten gehen lässt. Anfangs noch recht nass, laufen wir auf die Anhöhe vor uns zu. Das Gelände bleibt schwammig und unwegsam, dafür aber zumeist trocken. Wir peilen einen alten Zaun an, welcher sich den Berg hinaufzieht. Entlang der Flanke ist es unheimlich steil und rutschig. Höchste Vorsicht und Trittsicherheit sind hier wichtig. Da es zu schwierig ist, dem Zaun selbst zu folgen, können wir ihn durchqueren (kein Draht vorhanden) und an einer flacheren Stelle hinaufgehen. Der Aufstieg fordert einiges an Ausdauer. Obenauf erreichen wir auch sogleich den **Gipfel des Aghla Beg** 03. Blicken wir Richtung SW, erspähen wir den Aghla More + Lough Feane, dahinter dann den Errigal. Im NO thront der flache Muckish Mountain.

Der Weg zum Aghla Beg (South), welcher, obwohl er der höchste der drei ist, keinen richtigen Namen hat, verläuft trocken auf einem sehr gut zu gehenden Kamm und ist ausgesprochen eben. Am **Gipfel des Aghla Beg (South)** 04 angekommen, laufen wir Richtung Westen und treffen bald auf zwei parallel laufende, neue Zäune, die wir an geeigneter Stelle übersteigen. Wir orientieren uns am Lauf des zweiten Zaunes, der uns um den See zum Fuß des Aghla More geleitet. Große Sumpfflächen können weitestgehend umgangen werden. Am Ende des Sees lösen wir uns vom Zaun und folgen Pfadspuren querfeldein, von wo aus wir den **Aghla More** geradewegs hinaufsteigen.

Vom **Gipfel** 05 gehen wir vorerst denselben Weg hinab, halten uns aber links, sobald das Gelände flacher wird, und gehen um den See herum, auf unebenem (Vorsicht Stolperfallen), aber weitestgehend trockenem Gelände. Wir überqueren den Abfluss des Sees direkt an seiner Mündung und laufen über den vor uns liegenden stark erodierten Hügel Richtung NO. Der Abstieg zum Lough Nabrackbaddy ist wieder sehr steil, durch hohes Gras allerdings gut zu gehen. Vorsicht vor nassen Stellen! Vom See an, gehen wir wieder über dessen Abfluss und bleiben auf etwa gleicher Höhe um den Hügel unterhalb des Aghla Beg herum. Nördlich erblicken wir unter uns einen kleinen Rücken, der vom Aghla Beg abzieht. Den peilen wir nun an. Bis dahin wird es nochmal steiler und unwegsamer. Den **Bergrücken** 06 gehen wir bis etwa zur Höhe der Bogroad entlang und zweigen im Zickzack den Hang hinab. Auch hier nochmal Vorsicht, da teils sehr rutschanfälliges Gelände unter unseren Füßen abgeht.

Letztlich laufen wir denselben Weg zurück zum **Ausgangspunkt** 01.

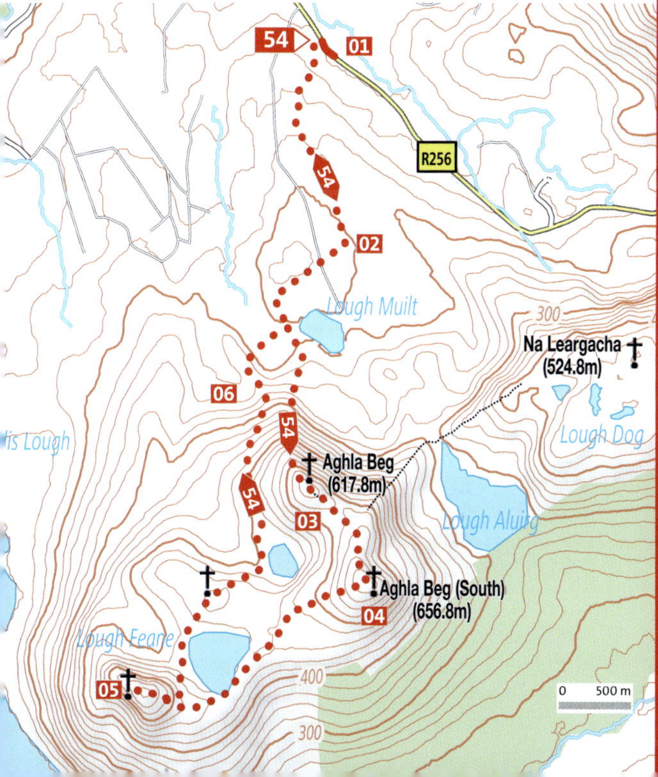

55

GLENVEAGH NATIONAL PARK (PÁIRC NAISIÚNTA GHLEANN BHEATHA) • 119 m

Eine Tour für die ganze Familie

14,6 km 3:30 h 327 hm 337 hm

START | Von Letterkenny auf der N56 nach Termon und dort auf der ausgeschilderten R251 zum Glenveagh NP. Busverbindung durch Sitt Rural transport (locallink.ie, +353 749741644), fährt zweimal Mo–Sa von Letterkenny über Glenveagh nach Burtonport und vice versa. [GPS: UTM Zone 29 x: 567.891 m y: 6.101.593 m]
CHARAKTER | Eine leichte, wenn auch lange Wanderung, die für die gesamte Familie, insbesondere Kinder, geeignet ist und auf durchweg sehr gut ausgebauten Wegen verläuft.

Der Dreh- und Angelpunkt des Glenveagh-Tals ist der Herrschaftssitz des Glenveagh Castles. Die Gärten stehen jedem Besucher frei und bieten eine üppige Artenvielfalt, während eine englischsprachige Führung durch das Anwesen entgeltlich zu begleichen ist. Die Wanderung selbst bietet eine urig-schöne Landschaft und mag den einen oder anderen an Lough Ness in Schottland erinnern.

Wir beginnen unsere Wanderung am **Visitor Center** 01, gehen hinab zur Straße und laufen auf dem ausgeschilderten **Derrylahan Trail** 02, der uns als Rundweg über 2 km durch eine kleine Hain- und Heidelandschaft führt.

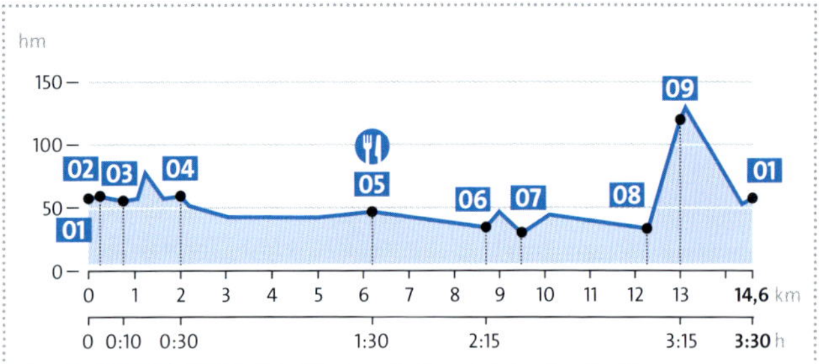

01 Visitor Center des Glenveagh National Parks, 54 m; 02 Derrylahan Trail, 56 m; 03 Nature Cabin, 52 m; 04 Beginn Nature Trail zum Schloss, 56 m; 05 Glenveagh Castle, 48 m; 06 Altes Haus am See, 43 m; 07 Blick auf die Wasserfälle, 30 m; 08 View Point Way, 25 m; 09 View Point, 119 m

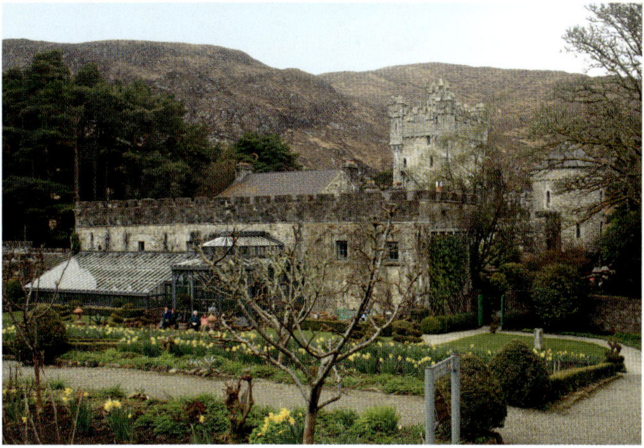

Das Glenveagh Castle mit seinen botanischen Gärten.

Erste sehr schöne Ausblicke auf den Lough bieten sich uns an geeigneten Stellen. Die **Nature Cabin** 03 lädt besonders Kinder dazu ein, etwas über die Natur dort zu lernen und sich künstlerisch zu betätigen. Kommen wir parallel der Zufahrtsstraße zum Parkplatz an und beenden den Rundweg, gehen wir geradeaus auf dem gut 4 km langen **Nature Trail** 04, welcher uns zum Schloss führt.

Das **Glenveagh Castle** 05 wurde vom irischen Landspekulanten John George Adair im 19. Jahrhundert erbaut, nachdem er das Land gekauft und 244 Pächter davonjagte. Danach hat es einige Male die Besitzer gewechselt

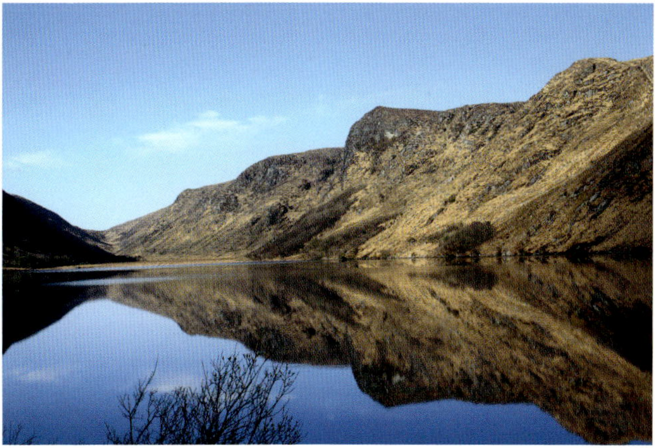

Selten ist das Wetter in Irland so schön, dass der See spiegelglatt die Berge reflektiert.

und wurde letztlich dem Staat übergeben. Die angrenzenden Gärten wurden im Laufe des 20. Jahrhunderts erstellt und stellen ein paradiesisches Kleinod dar. Eine kostenpflichtige Führung durch das gesamte Anwesen und seiner Geschichte ist sehr empfehlenswert. Vom Schloss aus gehen wir einen sehr urwüchsigen Weg entlang, der gut ausgebaut entlang des Loughs verläuft. Beim richtigen Licht eröffnen sich uns traumhaft schöne Ausblicke auf die spiegelglatte Oberfläche des Loughs, die urigen Bäume und die Landschaft im Allgemeinen.

Mit der Zeit erreichen wir ein **altes Haus** 06, direkt am Lough, von da aus können wir bereits die Wasserfälle auf der anderen Seite herunterprasseln sehen. Für einen besseren Blick gehen wir aber noch etwas weiter und kommen an einer **Bank** 07 und offenem Gelände heraus. Wer möchte, kann den Weg noch weitergehen, bis wir an eine Straße gelangen (weitere etwa 4 km, wo sich uns mit etwas Glück auch die Möglichkeit bietet, Hirsche zu beobachten), ansonsten gehen wir zurück zum Schloss und laufen direkt hinter der Picknickhütte, den sehr steilen **Weg** 08 zum Aussichtspunkt hinauf, dem **View Point** 09.

Auch dieser erweist sich als sehr gut ausgebaut und die Ausblicke von oben auf das Schloss und die nähere Umgebung sind durchweg lohnend. Der Abstieg geht auf der anderen Seite ab und führt letztlich durch die Gärten, die wir uns bei der Gelegenheit etwas genauer anschauen können, sofern vorher noch nicht getan. Für den Rückweg nehmen wir entweder den Shuttlebus oder laufen zurück.

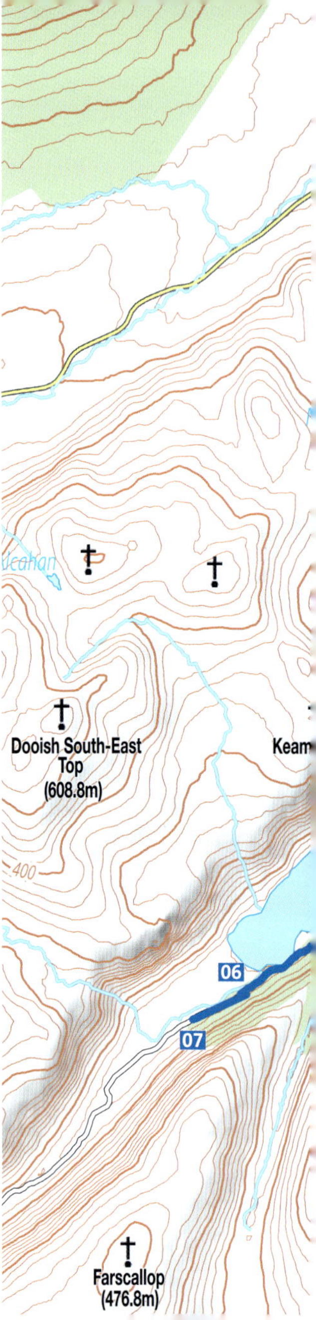

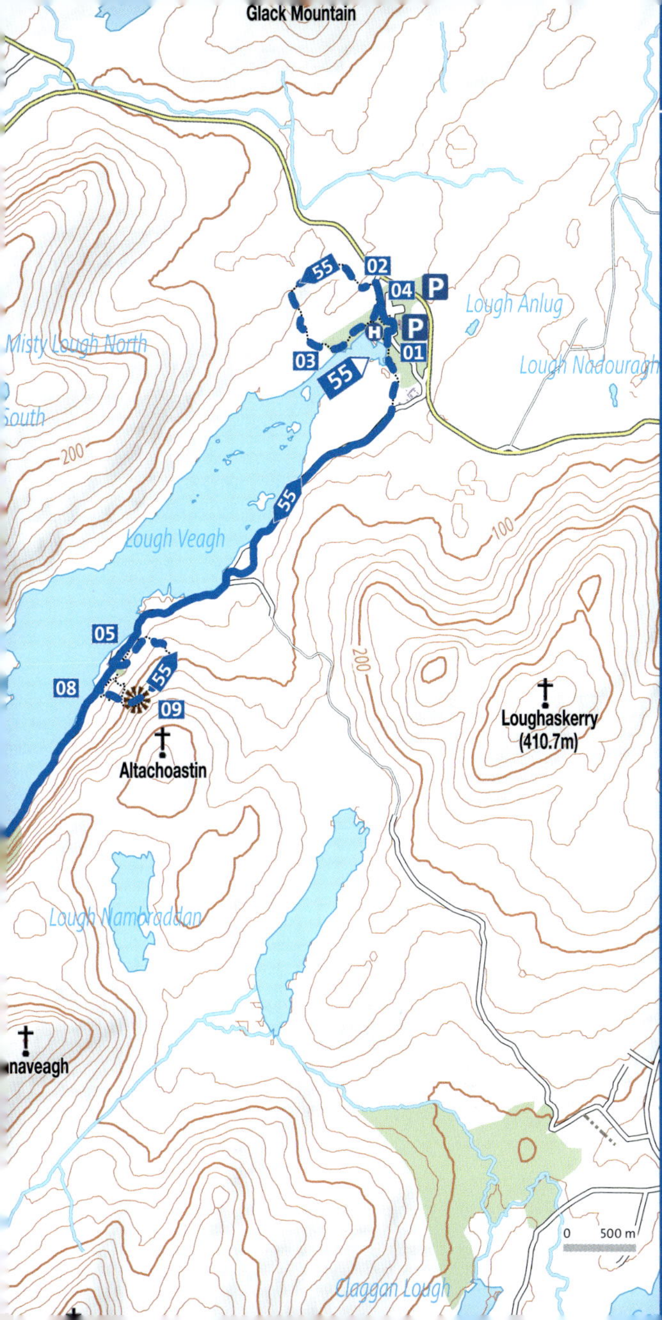
Glack Mountain
55
02
04
P
Lough Anlug
P
01
03
55
Misty Lough North
South
Lough Nadouragh
200
55
100
Lough Veagh
05
55
08
09
200
Loughaskerry
(410.7m)
Altachoastin
Lough Nambraddan
naveagh
0 500 m
Claggan Lough

56

GLENVEAGH – LEAHANMORE • 438 m

Im Hinterland Glenveaghs unterwegs

15,8 km 5:30 h 542 hm 540 hm

START | Von Letterkenny auf der N56 nach Termon und dort auf der ausgeschilderten R251 zum Glenveagh NP. Busverbindung durch Sitt Rural transport (locallink.ie, +353 749741644), fährt zweimal Mo–Sa von Letterkenny über Glenveagh nach Burtonport und vice versa. Vom Visitor Center können wir den Shuttlebus zum Schloss nehmen oder den 4 km langen einfachen Weg dahin laufen.
[GPS: UTM Zone 29 x: 565.844 m y: 6.099.162 m]
CHARAKTER | Sehr schwierige und langatmige Tour über wegloses, stolperanfälliges Gelände, über Moor- als auch Sumpflandschaften, die an falschen Stellen gefährlich werden können. Ausschließlich für sehr erfahrene Wanderer mit ausreichend Erfahrung im Hinterland und bei guten Wetterverhältnissen!

Warnung! Nachdem wir die Wege verlassen haben, ist das gesamte Gebiet unter unseren Füßen nass, sumpfig, moorig, schwammig. An einigen Stellen auch nicht ungefährlich und überall finden sich durch das hohe Gras verdeckte Stolperfallen. Die Tour richtet sich ausschließlich an jene, die Abenteuer mögen und mit den Gegebenheiten in Irland bestens vertraut sind, insbesondere abseits

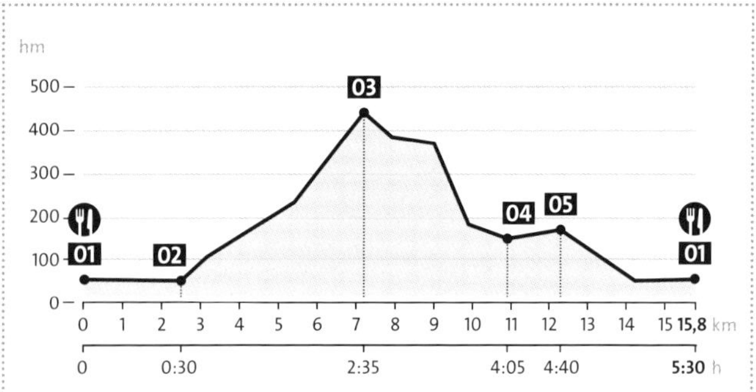

01 Start hinterm Schloss, 40 m; 02 Links den Berg hinauf, 37 m; 03 Gipfel des Leahanmore, 438 m; 04 Lough Inshagh, 137 m; 05 Weg, 158 m

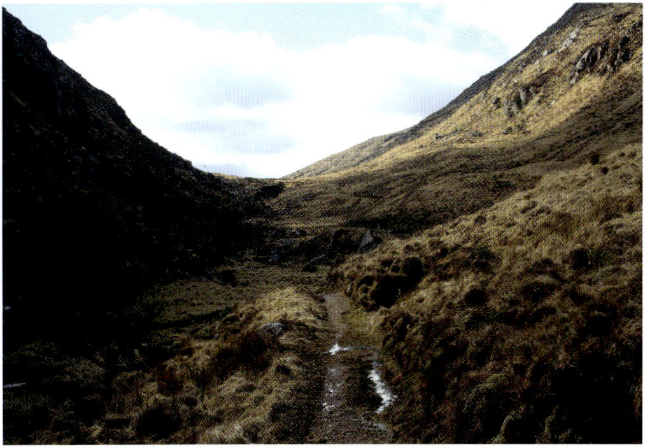

Der Übergang von ausgebauten Pfaden zu weglosem Gelände.

der ausgetretenen Wege, denn die gibt es da nicht. Aufgrund des nassen Untergrundes, zieht sich die Tour ganz schön. Eine ausgesprochen hohe körperliche als auch mentale Fitness gelten als Voraussetzung sowie wasserfeste Schuhe und ggf. Gamaschen. Da wir auf Sicht navigieren, ist gutes Wetter unerlässlich, ein Gespür für das Gebiet als auch Pfadfinderfähigkeiten ebenso.

▶ Der Ausgangspunkt ist die Rückseite des **Glenveagh Castle** **01**. Von dort aus folgen wir dem sehr urigen und ausgesprochen schönen Weg entlang des Lough Beaghs, welcher den entspanntesten Teil der Wanderung darstellt. Erreichen wir ein altes kleines Häuschen am Ende des Sees, geht kurz darauf ein Weg **links den Berg hinauf** **02**.

Sind wir oben angekommen, folgen wir vorerst einer urig bewaldeten Ebene und gehen dann, dem Weg folgend, ins Tal hinab. Je nach vorangegangener Witterung kann das Gelände bereits dort extrem nass und matschig werden. Es empfiehlt sich, etwas abseits des Weges/der Talsole zu laufen, zwecks besseren Untergrundes. Wir laufen Richtung Süden, dem Glenlack Burn folgend, kreuzen diesen aber an geeigneter Stelle, weiter flussaufwärts. Auch weiterhin bleibt das Gebiet unwegsam, was es schwer macht voranzukommen. Wir laufen strickt gen Süden, nun links des Flusses, am besten direkt am Fuße des Hanges neben uns entlang, wo es einen undeutlichen Pfad gibt. Wir kommen an einen kleinen Hügel und gehen den Sattel hinauf. Vorsicht vor Stolperfallen! Von dort an, können wir langsam damit beginnen, den Hang links hinaufzugehen; nicht direkt, bis wir an einen Bach kommen, der deutlich von links hinabgeht. Nun steigen wir direkt den Hang auf, kommen auf einem mit Steinen gespickten Plateau heraus und sehen östlich von uns den Leahanmore. Das Gelände bleibt weiterhin uneben und modrig. Wir

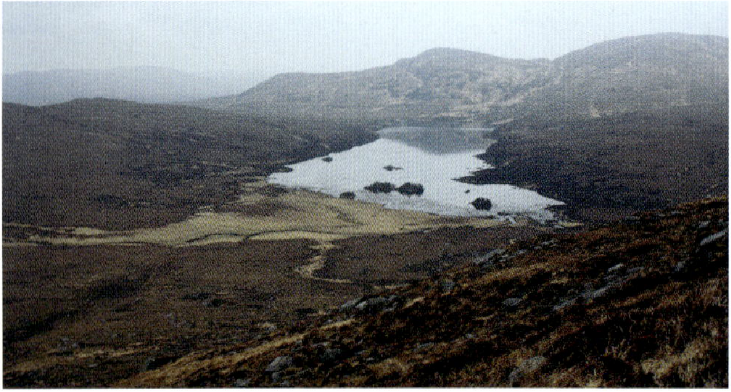

Die helle Fläche vor dem Lough ist meinem Gefühl nach eine einzige große Vegetationsdecke auf gefühlt flüssigem Untergrund. Vorsicht beim Durchschreiten!

steuern auf den Berg zu, kommen bald an einen Zaun und folgen ihm bis zum Gipfel hinauf. Je höher wir kommen, desto steiniger wird es auch und umso einfacher zu gehen. Kurz vor dem höchsten Punkt, gehen wir links vom Zaun ab und erreichen nach kurzer Zeit den durch einen Steinmann markierten **Gipfel 03**.

Wir gehen bis zum Hang strikt Richtung Osten und sehen wiederum den Gipfel des Crocknascallan. Sind wir am Abstiegshang angekommen, geht rechts von uns eine kleine Senke und dahinter eine Zunge, die felsenreich hinabzieht. Sie lässt sich am besten dazu nutzen, ins Tal abzusteigen. Bei guten Verhältnissen lohnt sich die Besteigung des Crocknascallan, andernfalls können wir Richtung NO über die Flanke dessen letztlich zum Lough Inshagh absteigen. Wichtig, wir gehen nicht direkt dem Tal entlang, um zum See zu gelangen! Können wir von der Flanke des Crocknasallan aus mit der Zeit beide Seen zugleich sehen, beginnen wir mit dem vorsichtigen seitlichen Abstieg in die Ebene zum rechten der beiden Seen. Je weiter runter wir kommen, desto matschiger und rutschiger wird es. Von da an gelangen wir an den gefährlichsten Teil der Tour, denn die Ebene zwischen dem Flusslauf ist eine einzige große Moorlandschaft, mit einer Decke aus Gras und Moos darüber. Macht man einen leichten Hüpfer, merkt man den Untergrund in leichten Wellen sich bewegen. Das heißt, sinken wir hier ein, kann das sehr schlecht enden. Vielleicht wäre es besser, etwas weiter oben, südwestlich, wo es etwas hügeliger ist, die Fläche zu kreuzen. So oder so, heißt es vorsichtig, langsam und bedächtig voranzugehen. Die Ebene hatte mich problemlos getragen (mit Gepäck etwa 90 Kilo). Über die beiden Zuflüsse des Inshaghs gibt es immer wieder Übergänge, über den zweiten kann man springen, da er sich tief in den Torf einschneidet.

Am **Lough Inshagh 04** angelangt, steigen wir rechts von uns auf die höhere Ebene auf. Der Untergrund bleibt mies. Wir laufen direkt auf einen Berg zu, an dessen Fuße ein gut erkennbarer Weg entlangzieht.

Jenen **Weg 05** erreicht, folgen wir ihm abwärts und können uns am Hauptweg angekommen, dann entscheiden, ob wir zurück zum Schloss gehen oder den Nature Trail (rund 2,5 km) zurück zum **Visitor Center 01** nehmen.

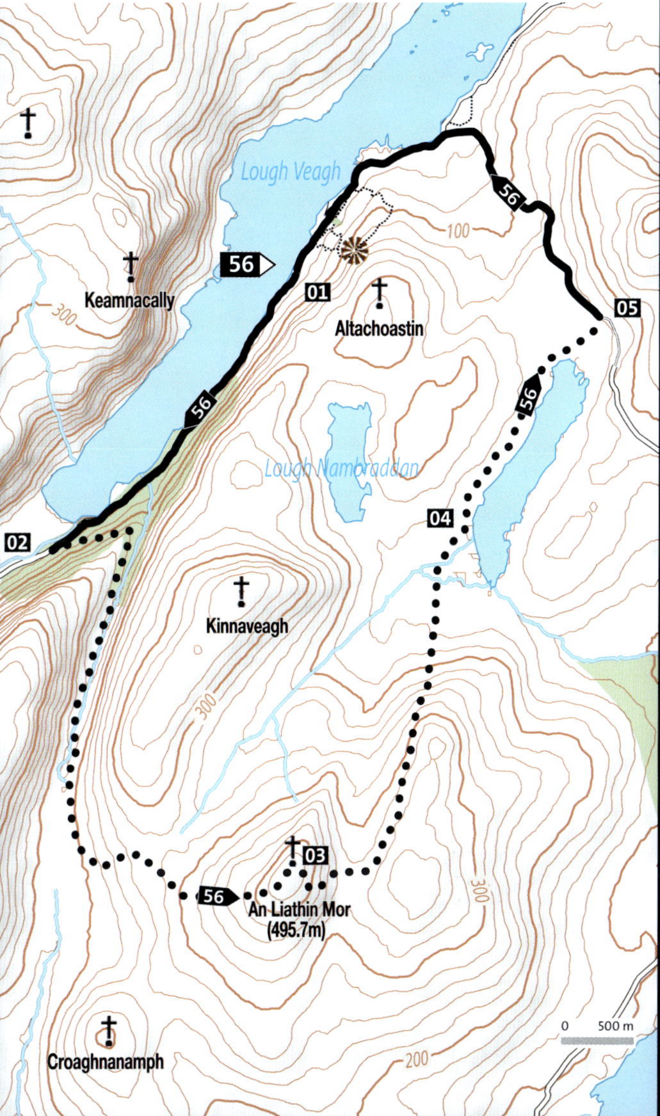

MELMORE HEAD (AN MEALL MÓR) • 164 m

Eine abwechslunsreiche Tour über Strände und kleinere Berge

10,5 km | 4:00 h | 524 hm | 492 hm

START | Von Letterkenny auf der N56 bis etwa 1 km vor Creeslough, wo die R245 nach Carrickart/Downies abgeht. Von da an auf die R248 zum Melmore Head. Erreichen wir eine große weite Ebene, geht es gleich links auf einer Seitenstraße zum Rosses Beach, wo es einen Parkplatz gibt. Keine öffentlichen Verkehrsmittel. [GPS: UTM Zone 29 x: 575.464 m y: 6.120.414 m]
CHARAKTER | Ausdauernde Wanderung über Stock und Stein. Auf dem Hinweg über wegloses Gelände, was teils steil, nass und rutschig sein kann. Der Weg ist nur bei guter Sicht begehbar.

Die Tour zum Melmore Head hält einige interessante und schöne Landschaften und Strände für uns bereit. Wie Norddonegal allgemein, ist auch jene Region ein beliebtes Ferienziel, etliche Caravan Parks, die wir unterwegs antreffen, zeugen davon. Abseits der geschäftigen Hauptsaison ist jedoch nicht allzu viel los und wir finden uns eher alleine auf dem Weg wieder.

▶ Vom **Parkplatz** 01 aus gehen wir zum Rosses Beach hinab und diesen Richtung Norden zum Ende hin. Wir steigen zur Wiese auf und erblicken den Crocknasleigh Hill

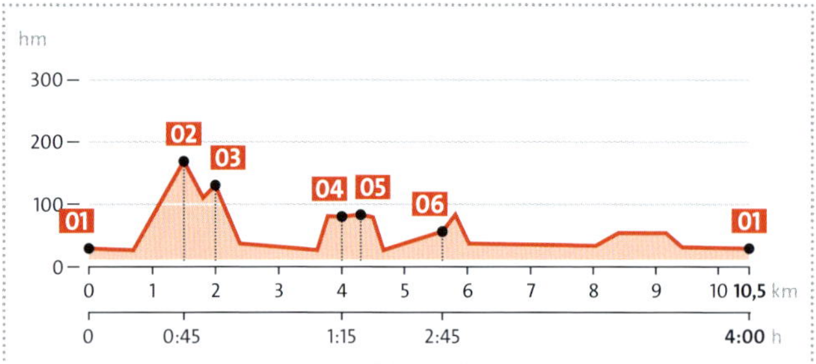

01 Parkplatz am Rosses Beach, 19 m; 02 Crocknasleigh Hill, 164 m; 03 Gortnalughoge, 124 m; 04 Melmore Hill West, 72 m; 05 Melmore Hill, 75 m; 06 Ruine am Melmore Head, 47 m

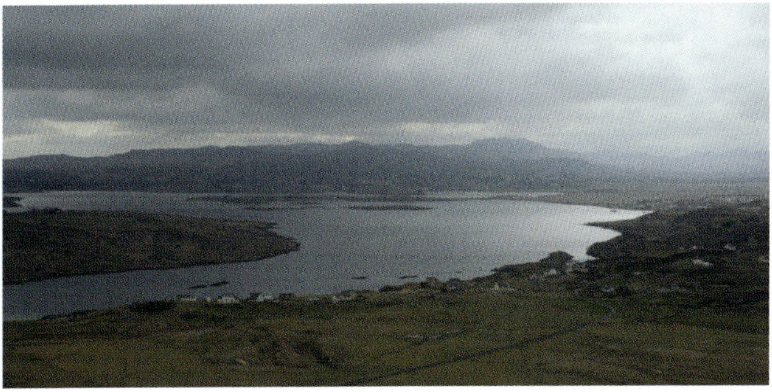

Ausblick vom Crocknasleigh Hill Richtung SO ins Hinterland.

vor uns, links neben ihm befindet sich ein kleinerer Berg und zwischen den beiden eine Senke, an der wir hinaufgehen können. Für den Aufstieg brauchen wir gute Sicht und ein Gespür für das Gelände, das sehr rau verläuft. Wir ziehen dann letztlich auf den **Crocknasleigh Hill** 02 hinauf, den höchsten Punkt des Weges. Etwas weiter Richtung Norden befindet sich der eigentliche Gipfel, von wo ein alter Zaun abgeht. Wir steigen über diesen auf sehr gut erkennbaren Pfaden vorsichtig in die Senke ab. Unser nächstes Ziel ist der alte WK-Ausguck auf dem nächsten Berg. In der Senke ange-

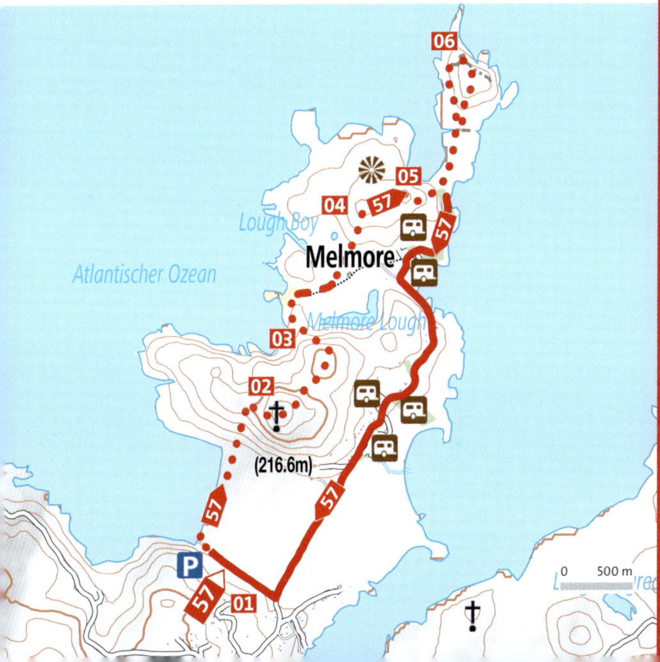

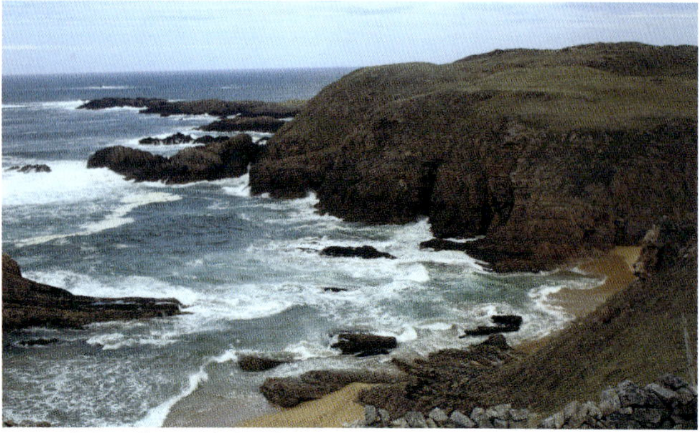

Der „schönste" Strand Irlands, was zugegeben auf sehr viele Strände zutreffen soll.

kommen, schreiten wir durch ein Gatter und steigen an einer geeigneten Stelle den Berg hinauf, um den **Gipfel des Gortnalughoge** 03 zu erreichen. Der schwierigste und zugleich auch gefährlichste Teil des Weges steht uns nun bevor und verlangt absolute Trittsicherheit und Schwindelfreiheit.

Vorerst in nördliche Richtung gehend, kommen wir bald an eine steil abgehende Felswand, an der wir den Melmore Lough vor uns sehen. Von da an gehen wir mit äußerster Vorsicht und Konzentration den steilen Hang zur Linken seitwärts, Richtung Westen, ab und suchen uns dabei geeignete Wege. Wir orientieren uns an der Mauer unter uns und laufen diese bis an ihr Ende, an dem wir ein Gatter durchqueren und uns ein herausragender Blick auf die Bucht und den Strand unter uns eröffnet. Nach einigen Iren zu urteilen, soll dieses versteckte Juwel der schönste Strand in Irland sein. Wir steigen hinab und können einem Pfad entlang eines Zaunes folgen. Sobald wir die Düne überquert haben, halten wir uns an den Zaun, folgen ihm um den Knick herum, gehen am Ende rechts ab und durch das nächste Gatter links. Dort gehen wir den Berg hinauf und überqueren die hinaufziehende Steinmauer bei nächster Gelegenheit. Wir erreichen den Gipfel des **Melmore Hill West** 04 (es gibt keinen offiziellen Namen) und gehen weiter auf den nächsten Gipfel, den eigentlichen **Melmore Hill** 05.

Wir steigen weiter in eine Grasnarbe ab, folgen den Pfadspuren, einen Zaun unterquerend, gen Osten. Am Caravan Park vorbei, erreichen wir einen Überstieg, der uns zum Melmore Head bringt. Den Berg überqueren wir entweder oder gehen vorsichtig an seiner Westflanke entlang. An der **Ruine am Melmore Head** 06 genießen wir den Ausblick auf den eigentlichen Head. Wir kehren über den Berg zurück zum Caravan Park, folgen von da an der Hauptstraße und kommen letztlich in der großen Ebene beim **Parkplatz** 01 wieder heraus.

HORN HEAD (CORRÁN BINNE) • 218 m

Wanderung mit eindrücklichen Aussichten

19,2 km | 4:15 h | 558 hm | 628 hm

START | Von Letterkenny fahren wir auf der N56 Richtung Norden, an Termon vorbei, bis nach Dunfanaghy (Richtung Zentrum), wo es einige Parkplätze gibt. Öffentliche Busverbindung mit John McGinley Coaches (www.Johnmcginley.com, Tel. 00353 74 9135201) oder Bus Feda (www.feda.ie, Tel. 00353 74 9548114).
[GPS: UTM Zone 29 x:565.449 m y: 6.115.664 m]
CHARAKTER | Im ersten Teil des Weges folgen wir ausschließlich Straßen entlang der Küstenlinie der Halbinsel, wohingegen im zweiten Teil aktives Weideland überschritten wird, mit einigen nassen Abschnitten.

Seit 2014 gibt es zwischen einem lokalen Farmer am Horn Head und der Gemeinde Zwistigkeiten, weshalb es nicht mehr möglich ist, die gesamte Halbinsel zu umwandern. Vorhandene Überstiege wurden entfernt, weshalb die hier vorgestellte Tour einer Abänderung einer ursprünglichen Umrundung entspricht. Durch die freundliche Genehmigung einer anderen Farmerfamilie zur Übertretung ihres Landes, können wir den Horn Head als Loop beenden. Sollten wir jedoch Farmern begegnen, die uns ihres Landes verweisen, sollten wir ohne Widerrede dem Anstand Folge leisten.

▶ Vom **Parkplatz in Dunfanaghy** 01 aus gehen wir die Straße hinauf, folgen der ausge-

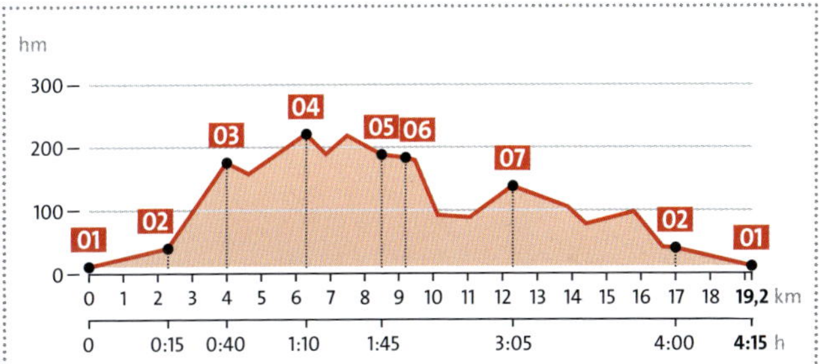

01 Parkplatz in Dunfanaghy, 0 m; 02 Weiter geradeaus, 30 m; 03 Rastplatz, 171 m; 04 Aussichtspunkt des Horn Head, 218 m; 05 Alte Ruine, 184 m; 06 Horn Head, 179 m; 07 Provisorisches Gatter, 132 m

schilderten Abzweigung rechts ab und überqueren die Horn Head Bridge. Sobald die Hauptstraße zum Horn Head links abbiegt (ausgeschildert), gehen wir **weiter geradeaus** **02**, parallel der Küste. Die Straße wird schnell sehr steil, bietet dafür aber phänomenale Aussichten in Richtung der Derryveagh-Mountains (Muckish, Aghlas und Errigal).

Bald schon gelangen wir an einen ersten **Rastplatz** **03**, wo sich uns nun ein Blick Richtung Melmore Head (siehe Tour 57) eröffnet. Weiter kommen wir mit der Zeit am **Aussichtspunkt des Horn Head** **04** heraus und können einen ersten Blick auf die imposanten Steilküsten werfen als auch bei guten Bedingungen Tory Island (Tour 59) Richtung NW erblicken. Wir folgen der Straße und sobald diese links abgeht, bleiben wir rechts und machen uns auf den Weg zu den Steilklippen. Am Ende der Straße gibt es Trampelpfade durch die Heide, die sich teils verlieren können und im Verlauf immer dünner werden. Steigen wir in die Senke hinein, wird der Untergrund sehr matschig und je nach Witterung auch recht nass. Bald schon erblicken wir eine **alte Ruine** **05**, die wir anpeilen.

Von dort aus ist es nicht mehr weit bis zum **Horn Head** **06**. Ausgetretene Wege leiten uns. Wir sollten nicht zu nahe an die Klippen gehen, können doch starke Winde plötzlich aufkommen. Der weitere Weg führt uns nun über Farmland, wer möchte, kann aber auch auf der Straße zurück nach Dunfanaghy laufen. Vorerst immer am rechtslaufenden Zaun orientierend, gibt es Trampelpfade, denen wir nachgehen. Wir bekommen einen besseren Überblick über die Steilklippen, und wo es sich anbietet, können wir abkürzen. Nachdem wir ein Gatter (wieder schließen!) durchquert haben, kommen wir bald an einen Bachlauf, den wir an seiner dünnsten Stelle überqueren, andernfalls können wir schnell recht tief einsinken. Wir müssen gleich dahinter über ein zweites Gatter klettern, da es verrammelt wurde. Von nun an wandern wir auf recht nassem und sumpfigem Untergrund und steuern auf den sehr markanten Felsen vor uns zu. Dort angekommen, müssen wir Richtung SO, den Hang hinauf,

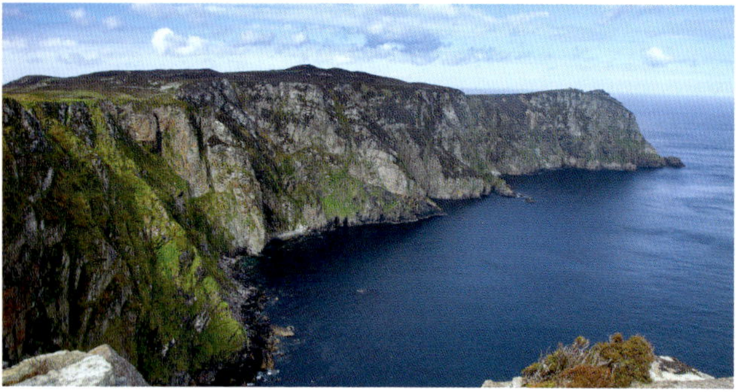

Horn Head

entlang des Zaunes, durch dichtes Heidekraut laufen. Wir treffen auf ein **provisorisches Gatter** 07, gehen auf die andere Seite und folgen von nun an der Wegnarbe, die davon abgeht, vorbei an einem alten Gehöft, müssen erneut über ein Gatter klettern und bleiben anschließend rechts, bis wir ein weiteres Gatter queren. Auf einen aktiven Hof zulaufend, den wir auf seiner Rückseite durch ein weiteres Gatter zu erreichen suchen, geht dort eine Straße ab, die uns zurück nach Dunfanaghy führt. Das Land und Eigentum zu durchqueren, wurde freundlicherweise erteilt, dennoch sollte man selbst sich nicht scheuen, ein Gespräch zu starten und um Erlaubnis zu fragen.

Weiter geht es der Straße folgend bis hinunter zur bekannten Hauptstraße und von dort aus zurück zum **Ausgangspunkt** 01.

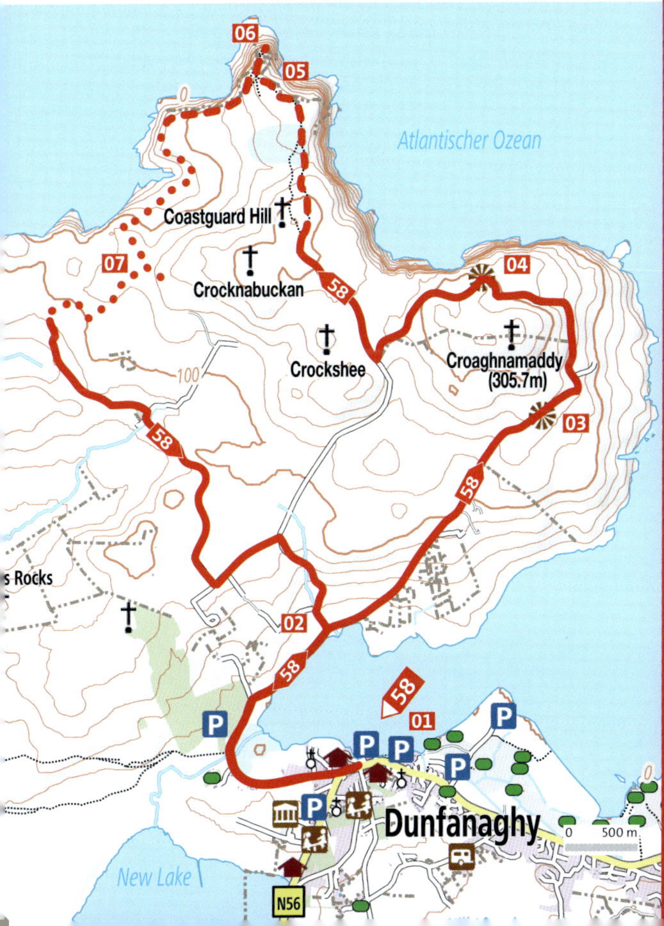

TORY ISLAND (OILEÁN TORAIGH) • 80 m

Auf der am abgelegensten, bewohnten Insel Irlands

12 km 3:30 h 261 hm 218 hm

START | Wir fahren auf der N56 nach Magheroarty, nahe Falcarragh, und nehmen eine der beiden Fähren hinüber zur Insel (Queen of Aran, oder Tory Island Ferry), alternativ kann von Bunbeg eine Fährverbindung genommen werden. Busverbindung durch John McGinley Coaches (www.johnmcginley.com, Tel. 00353749135201). [GPS: UTM Zone 29 x: 549.119 m y: 6.124.525 m]
CHARAKTER | Der Rundweg um Tory folgt vornehmlich ausgebauten Wegen beziehungsweise Asphalt. Nur wenige Abschnitte gehen entlang potentiell nassem Gelände. Zwar ist die Insel selbst eher karg, bietet aber dennoch, besonders im Bereich der Klippen, grandiose Ausblicke.

Tory Island ist die am nördlichsten gelegene, bewohnte Insel Irlands. Hier sowie in Donegal generell wird das Irische noch gepflegt und mit einem gewissen Stolz gesprochen. Mit Touristen wird dann auf Englisch kommuniziert. Wer Glück hat, wird bei Anreise vom Inselkönig mit einem Handschlag begrüßt. Ein Amt, das eher eine repräsentative Rolle mit sich bringt und einen weiteren Teil der Tradition darstellt. Bei An- und Abreise sei auf die Wetterbedingungen zu achten, da bei schlechten Verhältnissen die Fähren nicht fahren.

▶ Vom **Pier** 01 aus gehen wir die Straße links ab, am alten Glockenturm (aus dem 6. oder 7. Jh.

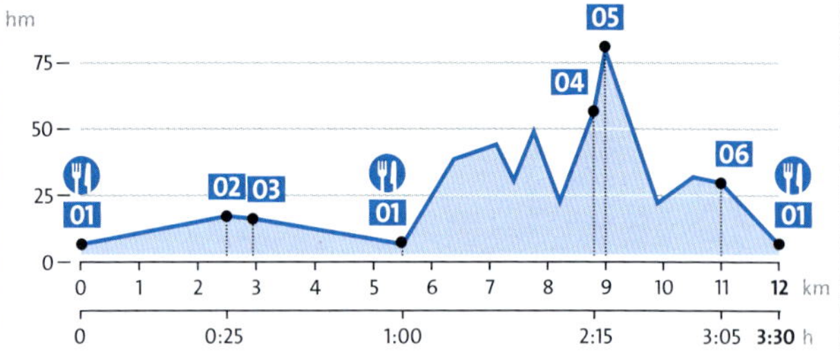

01 Tory Island Pier, 4 m; 02 Leuchtturm, 15 m; 03 Ausländer Friedhof, 14 m; 04 AnTorMór, 56 m; 05 Dún Bhaloir (Balor's Festung), 80 m; 06 Ram's Hallow, 28 m

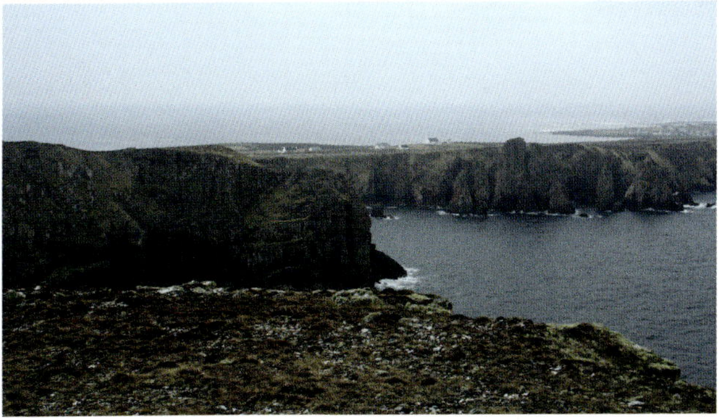

AnTorMór.

stammend) vorbei und kommen bald an eine Kirche, an der sich die Straße teilt. Wir verbleiben auf der linken Seite und erreichen bald den **Leuchtturm** 02. Da wir diesen nicht besichtigen können, geht es rechts ab.

Wahlweise steht uns offen, den Weg zum **„Ausländer Friedhof“** 03 zu nehmen, welcher sich direkt hinter dem Leuchtturm befindet und demnach einmal um den Leuchtturmkomplex herumgegangen werden muss. Von dort

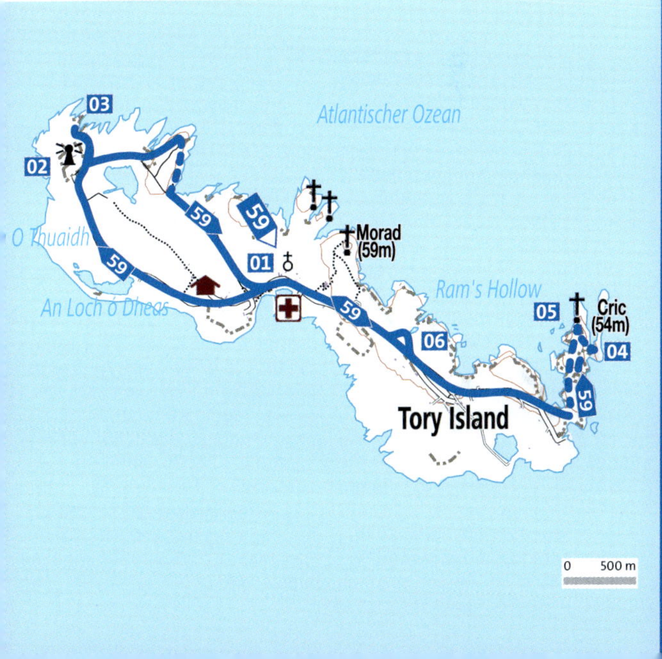

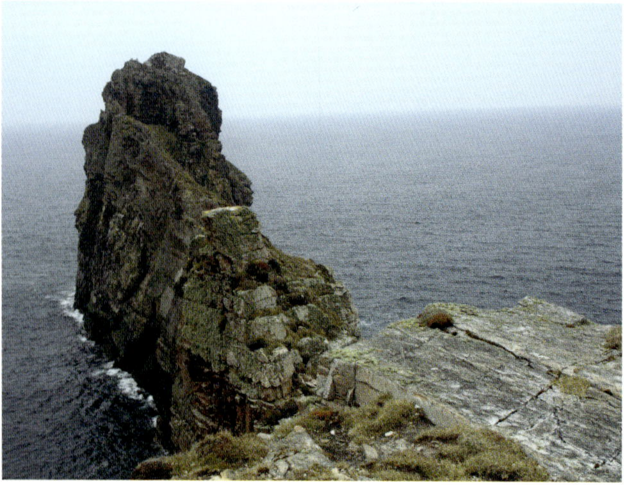

Torys Nordküste von Balors Festung aus betrachtet.

bieten sich erste Ausblicke auf die Steilküste. Acht Menschen liegen hier begraben, die 1884 mit der H.M.S Warp vor Tory starben.

Wir gehen zurück auf den Weg und folgen diesem, können dabei aber immer wieder einen Abstecher zu den Klippen angehen. Mit etwas Glück lassen sich auch Wale und Delfine beobachten, allenfalls aber Vögel. Letztlich gelangen wir über den Weg zurück nach West Town und folgen der Straße ins rund einen Kilometer entfernte zweite Örtchen (East Town) der Insel. Wir bleiben auf der Hauptstraße und kommen bald wieder an den Klippen heraus. Schilder warnen uns davor, an diese heranzugehen, sind sie doch ungesichert und fallen direkt 90° in die Tiefe! Wir gehen weiter auf die Halbinsel. Entgegen des Uhrzeigersinns erhaschen wir immer wieder sehr gute Ausblicke auf die steilen Abhänge, auch hier gilt, einen respektablen Abstand zu halten, denn unterwegs werden wir auf aktive Abbrüche treffen.

Wir erreichen **AnTorMór** **04**, ein etwa 400 m langer, spektakulärer Steingrat, der steil ins Meer reicht. Der Übergang ist schmal und sollte mit äußerster Vorsicht samt Schwindelfreiheit angegangen und bei starken Winden darauf verzichtet werden. Von dort aus gehen wir auf den höchsten Punkt der Insel zu, an dem wir lediglich Steine der alten **Dún Bhaloir (Balor's Festung)** **05** vorfinden. Von dort genießen wir bei hoffentlich schönstem Wetter, den wohl besten Ausblick über Tory Island. Es geht zurück zum **Ausgangspunkt** **01**. Am Ende von East Town jedoch, dort, wo sich die Straße teilt, können wir noch einmal Richtung Klippen, auf teils recht sumpfigem Untergrund, gehen und **Ram's Hallow** **06** bestaunen. Ein etwa 30 m tiefes wie breites natürliches Loch mit Zugang zum Meer.

ARRANMORE ISLAND (OILEÁN ÁRAINN MHÓIR) • 144 m

Auf Irlands größter bewohnter Insel

17,2 km | 4:15 h | 523 hm | 530 hm

START | Von Dungloe an der N56 über die R259 nach Burtonport. Es gibt eine günstige Busverbindung (zweimal täglich) von Letterkenny über Glenveagh nach Burtonport (Local Link Route 271, www.locallink.ie, Tel. 00353 749741644). Von Burtonport fahren die Arranmore Ferry Rot (www.arranmoreferry.com, Tel. 00353 749542233) als auch die Arranmore Ferry Blau (www.arranmorefastferry.com, Tel. 00353 873171810) mehrmals täglich. [GPS: UTM Zone 29 x: 532.220 m y: 6.093.770 m]
CHARAKTER | Die Insel ist bequem innerhalb der Fährzeiten zu umgehen. Zumeist folgen wir Wegen, doch im hinteren Teil der Insel auch mal schnell weglosem Gelände, welches jedoch zumeist sumpffrei verbleibt. Einige nasse Stellen und unebenes Gelände gibt es entlang der Klippen.

Arranmore Island ist eine sehr lebendige Insel mit fantastischen Ausblicken auf das Mutterland und selbstofferierten schönen Szenerien, die es zu Fuß zu entdecken gilt und nicht immer auf den ersten Blick ersichtlich sind. Mehr als 500 Menschen leben auf der Insel, die untereinander viel gälisch sprechen, insgesamt sehr freundlich und hilfsbereit als auch immer für ein Pläuschchen zu haben sind. Neben dem obligatorischen Leuchtturm bietet

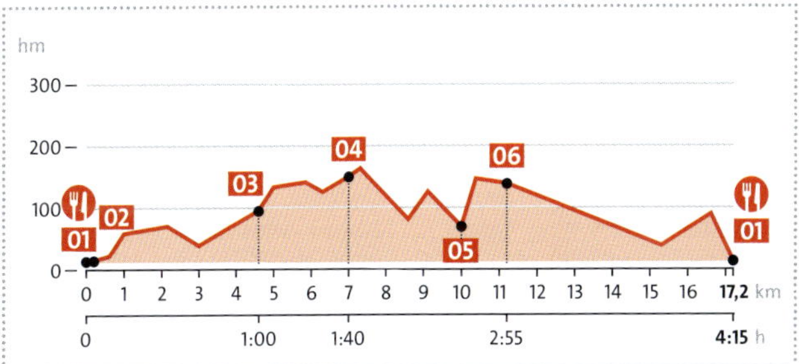

01 Pier, 2 m; 02 Links, 3 m; 03 Beschilderung der Ring Road, 87 m; 04 Deutlicher Weg, 144 m; 05 Leuchtturm, 60 m; 06 Straße, 132 m

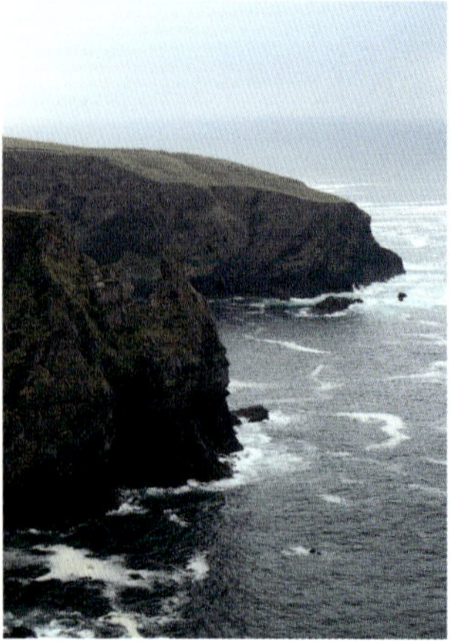

Die steile Westküste der Insel.

die Insel einem eine erstaunliche Ruhe im Hinterland als auch sehenswerte Felsen und Einblicke in die Torfgewinnung.

▶ Sind wir am **Pier** 01 angekommen, halten wir uns an der T-Kreuzung immer **links** 02 und folgen der Hauptstraße. An einem Hostel und der örtlichen Schule vorbei, geht es teils auf recht schmalen Straßen entlang, daher Vorsicht beim Entlanggehen. Wir bleiben auf der Hauptstraße, auch wenn uns Pfeile davon abzweigen lassen wollen. Der Weg zieht sich recht lang, bietet dafür aber im rechten Licht wunderbare Ausblicke auf die Küstenlinie Irlands.

Kommen wir dem Straßenende nahe, weist uns eine deutliche **Beschilderung der Ring Road** 03, rechts in Serpentinen, den Hügel hinauf. Auf einer Ebene angekommen, sehen wir in der Ferne einen alten Steinbruch und spüren die Ruhe entlang der Westküste, lediglich aus der Ferne dringt das leise, aber beständige Rauschen der Brandung an uns heran. Die Landschaft zeichnet sich durch Felsen, Gestein und Heidekraut aus, was für einen relativ trockenen Untergrund im weiteren Verlauf sorgen sollte.

Nach einer Weile geht links ein **deutlicher Weg** 04 den Berg hinauf, welchen wir nehmen, statt der Straße weiter zu folgen. Sollte die Sicht jedoch schlecht sein (denn gute Sicht brauchen wir nun), gehen wir die Straße weiter und beizeiten links zum Leuchtturm ab. In der näheren Umgebung gibt es noch zwei weitere Steinbrüche und leider auch eine illegale Müllhalde. Der Weg durch die Heide lässt sich einfach gehen, nur in kleinräumigen, nassen Senken muss man sich in Acht nehmen. Wir kommen direkt an einem Gehöft heraus, auf einen Weg, der uns zur Straße hinaufführt. Vorsicht an Geländekanten. Von da aus gehen wir gemütlich zum **Leuchtturm** 05. Direkt davor befindet sich eine verfallene Station der Küstenwache. Erst wenn wir auf der kleinen Landzunge herumgewandert sind, können wir die Klippen davor deutlich sehen. Wer möchte (und bei schlechter Sicht), folgt der Straße direkt durch die Insel zurück zum Pier.

Andernfalls gehen wir am Leuchtturm rechts ab, querfeldein immer an den Klippen entlang. Zuerst über sehr unebenes, teils nasses Gelände erblicken wir bald die ersten Steilabbrüche, gelangen über die Reste einer Mauer an einen Zaun und somit an weitreichendere Klippenabschnitte mit fabelhaften Ausblicken! Wir folgen ihnen herum und entscheiden dabei selbst, wie weit wir dort entlanggehen (bleiben aber immer rechts des später auftauchenden Zaunes und gehen dann über das unebener werdende Gelände Richtung Ostküste). Da die Orientierung hier aufgrund der gleichbleibend zerfurchten, nassen Landschaft nicht ganz einfach ist, laufen wir Richtung SO und kommen mit der Zeit zuerst auf eine Wegspur, die uns auf einen festeren Weg bringt und zurück zur Straße führt. Kleinere Umwege, um diese zu erreichen, müssen dabei in Kauf genommen werden. Von der **Straße** 06 aus folgen wir den Wegmarkierungen zurück zum Ausgangspunkt. Erneut bildet sich eine wunderbare Aussicht auf die Küstenlinie der Insel als auch des Festlandes ab. Am **Punkt** 02 wieder angekommen, geht es links ab zum **Pier** 01 hinab.

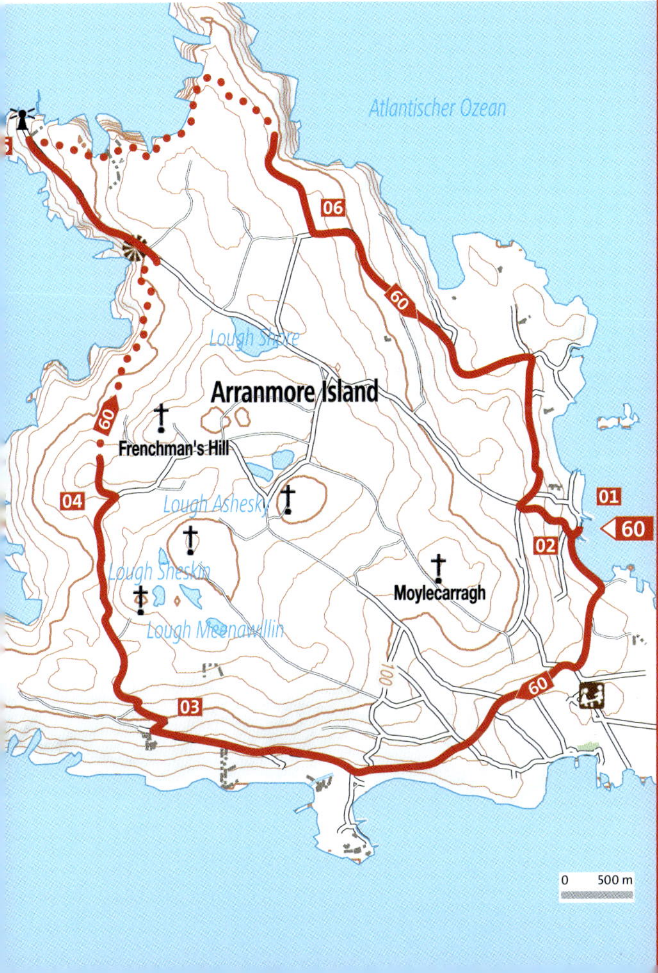

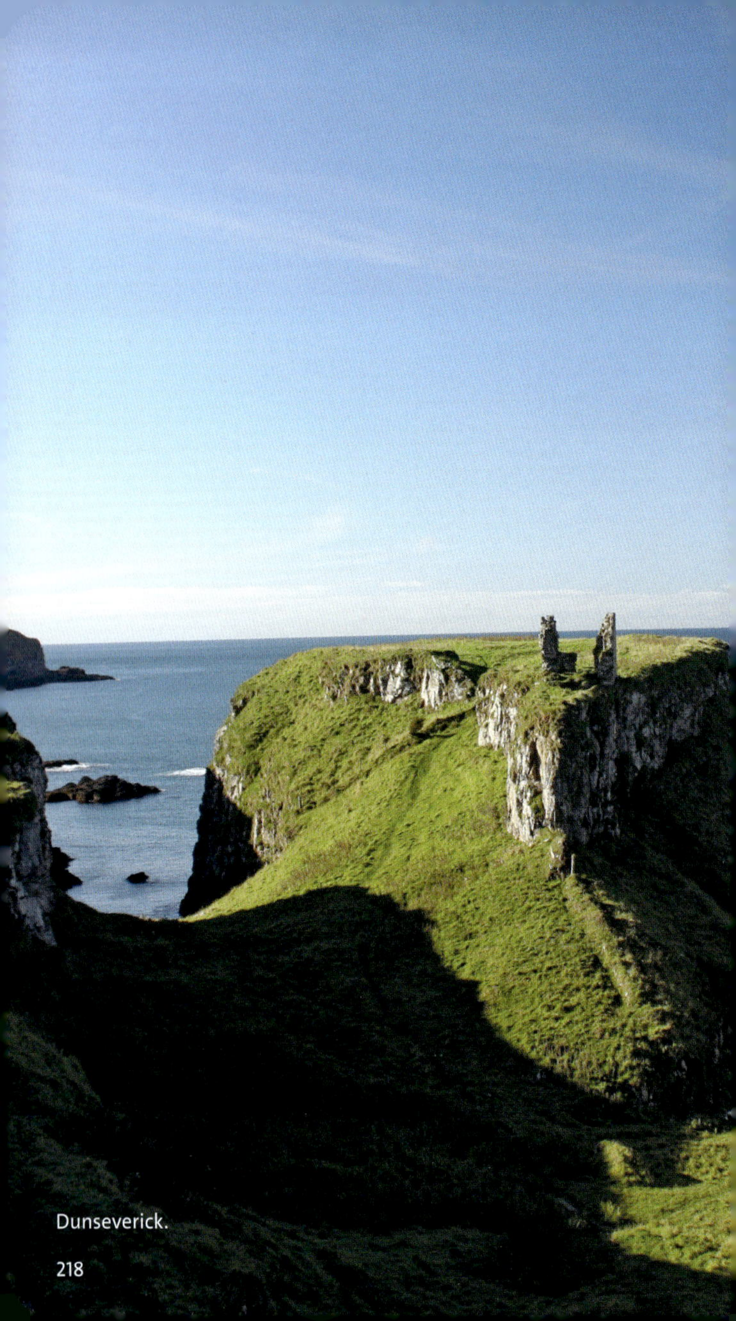

Dunseverick.

Nordirland

Trotz der im Vergleich zur Republik Irland geringeren Fläche, hat das zu Großbritannien gehörende Nordirland nicht minder viele Reize und ausgesprochen aussagekräftige Landschaften zu bieten. Der Einfluss Großbritanniens wird an vielen Ecken deutlich, doch hat auch Nordirland sich seinen typisch irischen Charme bewahrt, manchmal versteckt, manchmal ganz offensichtlich nach außen getragen.

Mit 10 Touren wird Nordirland auf vielfältige Weise abgedeckt und bietet dem geneigten Wanderer abwechslungsreiche, anstrengende, wie leichte Wege.

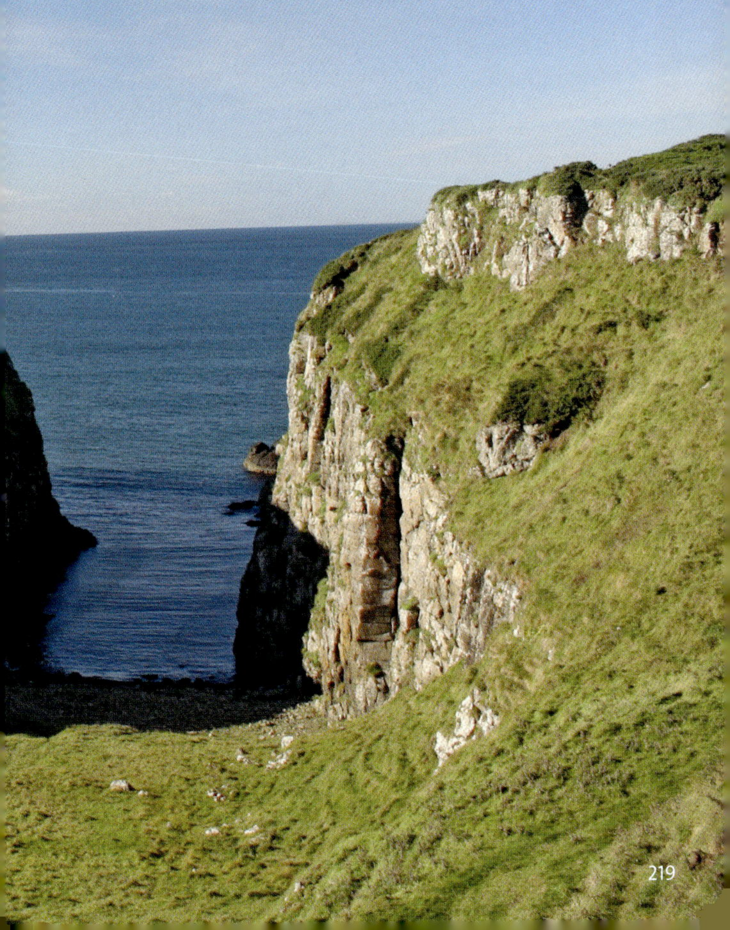

CRAIGNAMADDY CIRCUIT (CRAIG NA MADAIDH) • 388 m

Unterwegs in den Sperrins

21,9 km 4:25 h 589 hm 394 hm

START | Von Derry bzw. Londonderry fahren wir auf der A2/A5 nach Süden, bis wir Strabane an der Grenze erreichen. Von dort geht es weiter nach Plumbridge Richtung SO, um von dort der Ausschilderung nach Barnes auf der B47 (Richtung Draperstown) zu folgen. Öffentlicher Personennahverkehr nur bis Plumbridge. [GPS: UTM Zone 29 x: 598.253 m y: 6.107.182 m]
CHARAKTER | Wir laufen viel entlang bereits existierender Wege, durch kleine Ortschaften und Farmland, treffen aber auch auf wildere Pfade, insbesondere im letzten Abschnitt, zum Auf- und Abstieg des Craignamaddy, was matschig und steil werden kann.

An einem schönen Tag nimmt es der Weg mit allen anderen Naturschönheiten in Irland auf! Die Szenerie ist magisch und zwingt den geneigten Wanderer zu verweilen und zu genießen. Es sei darauf hingewiesen, dass seit August 2017 der Vinegar Hill Loop (ab dem Ende von Barnes Gap) wegen eines Erdrutsches gesperrt ist. Falls die Sperrung noch Bestand hat, lässt sich an beschriebener Stelle im Text abkürzen.

▶ Am **Parkplatz in Glenelly** 01 angekommen, treffen wir auf einen großen Wegweiser und laufen der zweiten Straße bergauf zu unserer Rechten entlang, der Route des Craignamaddy Circuit folgend. Wir bleiben auch bei der nächsten Abzweigung rechts, welche uns letztlich bis zum Ende von **Barnes Gap** 02 führt, an dem wir die ersten wunderschönen Aussichten genießen können und

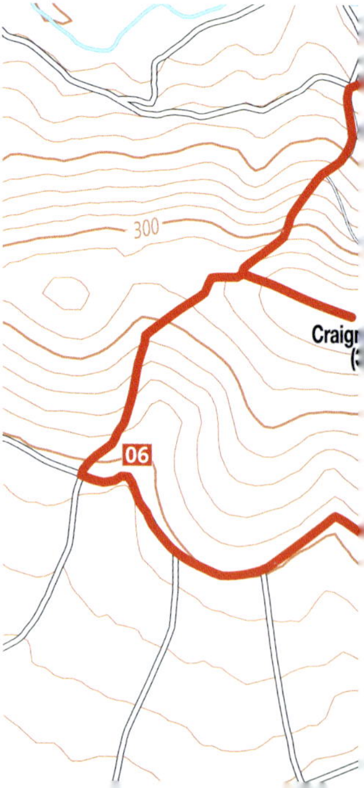

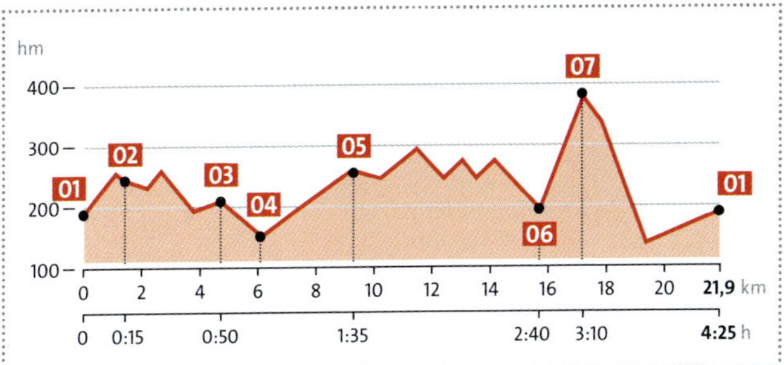

01 Parkplatz in Glenelly, 182 m; **02** Barnes Gap, 237 m; **03** Vinegar Hill (SW), 200 m; **04** Scotch Town, 140 m; **05** Nahe Barnes Gap, 248 m; **06** Glentrin Bridge, 183 m; **07** Gipfel, 388 m

erneut an eine Wegzweigung gelangen. Im Westen ragt der Gipfel des Mullaghbane empor und wir können uns jetzt aussuchen, den Weg dramatisch abzukürzen, indem wir rechts hinunter zur Hauptstraße und anschließend auf der anderen Seite entlang der Hänge laufen (ab Punkt **05**), oder ob wir links weitergehen und einen großen Bogen an den Flanken des Mullaghbolig kreuzen. Bei

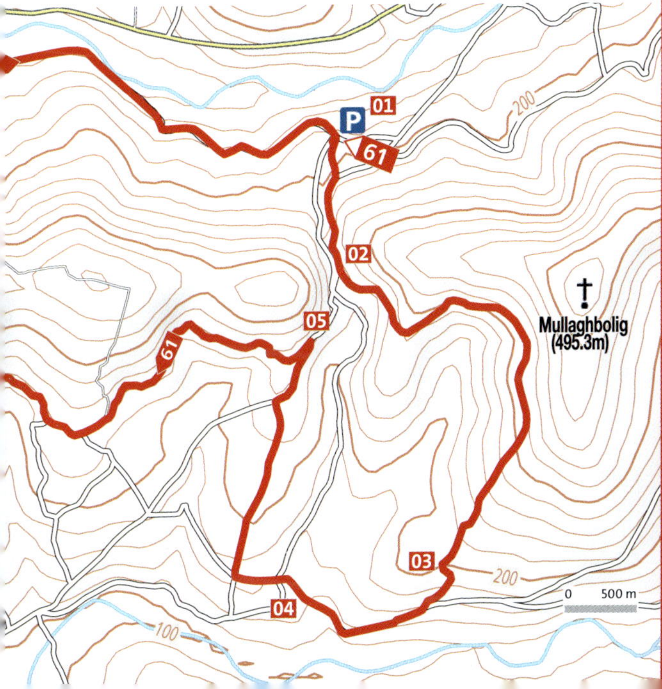

schlechtem Wetter (und falls der weitere Weg noch gesperrt ist) empfehle ich ersteres, ansonsten sollten wir uns die Zeit nehmen, den gesamten Track zu laufen.

Weiter geht es also links, entlang einer Schotterpiste. Wir bleiben für die nächsten paar Kilometer auf etwa derselben Höhe und laufen in einem Halbkreis am Mullaghbolig entlang. Der Abstieg kann sich etwas ziehen und je nach Witterung recht rutschanfällig sein. Wir befinden uns auf Farmland und laufen in Richtung **Vinegar Hill (SW)** 03, einem gut sichtbaren Hügel, an diesem links vorbei, bis wir auf die Straße im Owenkillew Valley kommen.

Unten angelangt, gehen wir rechts an der Straße entlang und kommen bald nach **Scotch Town** 04. Sind wir an der großen Kreuzung angekommen (rechts die Straße aus Barnes Gap kommend), nehmen wir die nächste rechts und laufen auf der Straße und sanfteren Hügeln bergauf. Wir bleiben bei der nächsten Zweigung rechts und **nähern uns nun wieder Barnes Gap an** 05. Kurze Zeit später treffen wir auf einen Wegmarker, der uns links entlang der Flanke des Mullaghbane geleitet. An dieser Stelle wären wir bei einer Abkürzung herausgekommen und würden nun den Weg weiterlaufen.

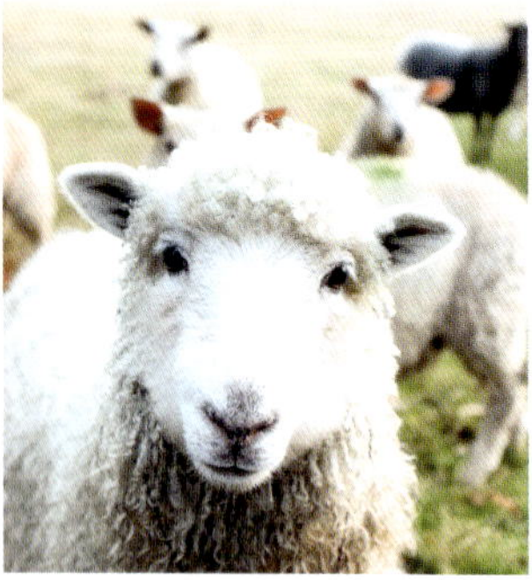

Unsere ständigen Begleiter in Irland.

Für etwa die nächsten fünf Kilometer können wir die Szenerie, entlang gleichbleibender Höhe, an den Hängen entlangschlängelnden Wegen, genießen. Sehen wir vor bzw. unter uns einen größeren Hain und überqueren die **Glentrin Bridge** 06, kommt kurz darauf eine Abzweigung nach links und gegenüber ein Wegmarker, der den Berg hinaufführt. Der Weg selbst ist an einigen Passagen relativ steil, bietet aber sehr gute Aussichten über das untenliegende Tal und verspricht jene Bilder, die man generell mit der typischen Irland-Romantik in Verbindung setzt. Der Track selbst läuft zwischen dem Slievemore (links) und dem Craignamaddy (rechts) entlang und über die Berge hinüber. Ein rund 300 m weiter Umweg Richtung Osten bringt uns zum **Gipfel** 07.

Von da aus gehen wir zurück zum Hauptweg und nehmen den steilen Abstieg für die nächsten etwa 1,5 km in Angriff. Auch hier gilt es, mit Vorsicht zu wandeln, ist der Festigkeit des Bodens doch nicht immer zu trauen. Zudem kann sich hier durch angestautes Wasser eine regelrechte Rutschpartie draus entwickeln! Vor uns liegt eine Wegzweigung (wir nehmen die rechte Spur), die hinunter nach Glenelly bzw. der Hauptstraße führt. Haben wir das geschafft, sind es noch gute 2,5 km entlang jener, bis wir am **Ausgangspunkt** 01 ankommen.

NORTH ANTRIM CLIFF PATH • 100 m

Zwischen Giants Causeway und dem Dunseverick Castle

7,4 km | 1:45 h | 116 hm | 71 hm

START | Wir parken am Visitor Center zum Giants Causeway (kostenpflichtig) oder am Parkplatz des Dunsverick Castle (kostenlos). Beidseitige Starts sind möglich, wollen wir nur einen Weg laufen, bieten sich Busse der Translink Gesellschaft (Causway Rambler Bus) zwischen dem Visitor Center und dem Castle an. Die Fahrpläne sind den Webseiten oder vor Ort zu entnehmen. [GPS: UTM Zone 29 x: 657.918 m y: 6.123.579 m]
CHARAKTER | Ein sehr gut ausgebauter Weg, der entlang ruhiger und fantastischer Küsten und Klippenlinien geht. Die Ausblicke auf die Umgebung sind bei gutem Wetter atemberaubend und der Abschnitt des Giant Causeway einzigartig. Aufpassen bei matschigen und steilen Stellen und wenn wir den Klippen, insbesondere bei starken Winden, zu nahe kommen.

Dieser Abschnitt des etwa 55 km langen Causeways zwischen Londonderry und Belfast gehört zu den ruhigsten und szenisch schönsten des gesamten Weges. Der Hauptstrom der Touristen besucht ausschließlich den Bereich des Giant Causeways selbst, weswegen wir weitestgehend ungestört die Landschaft genießen können. Ferner sei zu beachten, dass das Betreten des Giant Causeway selbst kostenfrei ist, lediglich für das Betreten des Visitor

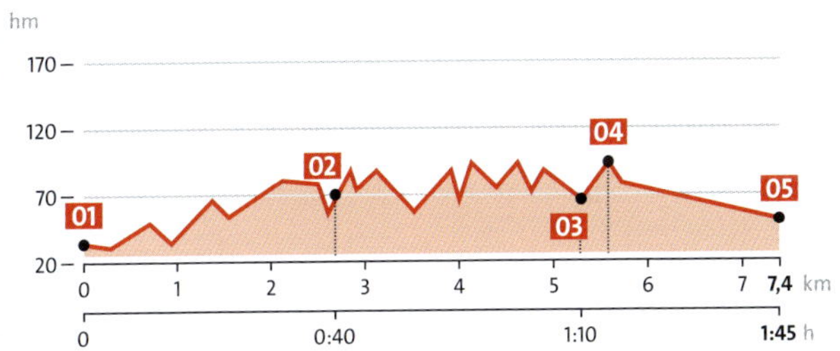

01 Dunsverick Castle & Parkplatz, 22 m; 02 Bangor Head, 100 m; 03 La Girona, 83 m; 04 Amphitheater, 100 m; 05 Giants Causeway Information Centre, 44 m

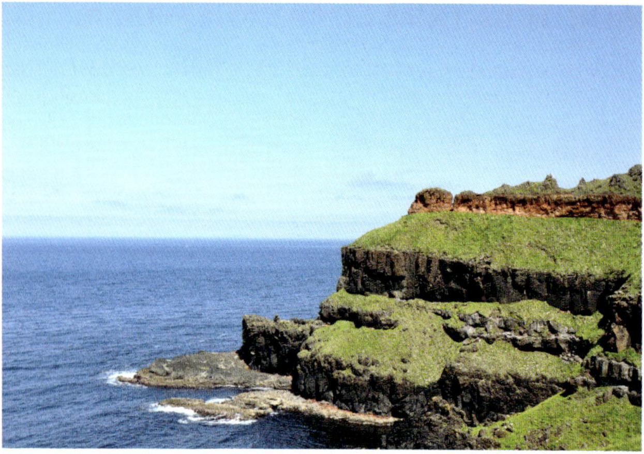

Die markante Klippenlandschaft entlang des Weges.

Centers wird ein Eintritt verlangt. Jener Unterschied wird vom Visitor Center selbst nicht publik gemacht und gilt als Touristenfalle.

▶ Wir starten unsere Wanderung am **Dunsverick Castle** 01, von dem nur noch ein paar Ruinen übriggeblieben sind. Erbaut wurde es, Vermutungen nach, vor dem fünften Jahrhundert und war lange Zeit Sitz der Ulster Royals. Auch St. Patrick soll es mehrmals besucht haben.

Wir folgen dem Weg, von der Schlossruine ausgehend, entlang der Klippen und durchkreuzen offenes Farmland. Es liegt in unserer Verantwortung: die Tiere nicht aufzuschrecken und zudem einen respektablen Abstand zu halten. Während der ersten 5 Kilometer kommen wir an einigen der schönsten Klippen der Nordküste – einige würden sogar in ganz Europa meinen (was aber nahezu an allen schönen Küstenlinien in Irland vorkommt) – vorbei und können immer wieder auf eine ungestörte Tierwelt treffen. Die Wege selbst sind je nach Wetterverhältnissen deutlich und mitunter etwas matschig und führen bis zum **Bangor Head** 02 leicht aufwärts. Sie führen generell weit genug von den Klippen selbst entlang. Ausblicke können gerade am Anfang von höheren Sträuchern blockiert werden, die aber im Verlauf weniger werden und

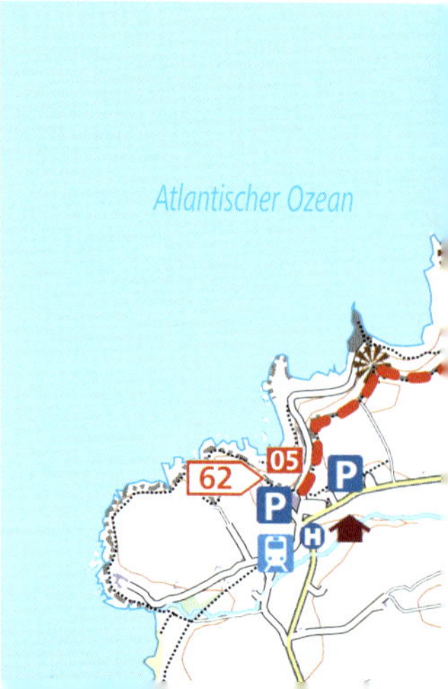

auch Rathlin Island preisgeben. Generell sollten wir dennoch vorsichtig bei starken Winden laufen. Wir kommen an einigen, in die See hineinragenden, Felsvorsprüngen vorbei, wobei Benbane Head den nördlichsten Punkt der Tour bildet und zudem etwa die Hälfte der Strecke markiert.

Weiter entlang der Klippen kommen wir bald an den Überresten der **La Girona** 03 vorbei, welche als Teil der spanischen Flotte 1588 vor Ort gesunken ist und reich mit Gold beladen war, welches von belgischen Tauchern 1967 geborgen und im Ulster Museum ausgestellt wird. Sobald wir in die Nähe des **„Amphitheaters“** 04 gelangen, werden wir auf zahlreiche Touristen treffen, beginnt dort doch unterhalb schon der Giants Causeway. Den Namen erhielt die Bucht des Amphitheaters durch seine markante halbrunde Form, die aus senkrechten Basaltsäulen aufgebaut ist. Wir gehen oberhalb dessen über den „Weir's Snout“, von wo wir den wohl besten Überblick über den Giants Causeway selbst erhalten können und kommen bald an die 162 Stufen der „Schäferstufen“. Dort können wir zur eigentlichen Attraktion hinabsteigen. Beim Abstieg gilt es, Vorsicht walten zu lassen, können die Stufen doch etwas glitschig sein. Allerdings empfehle ich, den Weg über die Klippen zum **Giants Causeway Information Center** 05 vorher zu beenden und von dort aus dann den Giants Causeway zu explorieren.

Dieser wird in drei Teile gegliedert, den „Little Causeway“ (kleiner Damm), den „Middle Causeway“, der auch Honigwabe genannt wird, aufgrund seiner akkuraten hexagonalen Basaltformationen, und den „Grand Causeway“. Zahlreiche auf dir irische Folklore basierende markante Formationen haben Namen erhalten und sind Objekt touristischer Fotobegierde. Etwa 40.000 Basaltsäulen soll der Giant's Causeway enthalten, die seit 1986 im UNESCO-Welterbe gelistet stehen. Es lohnt sich, Zeit mitzubringen und die Schönheit der Basaltsäulen zu erkunden.

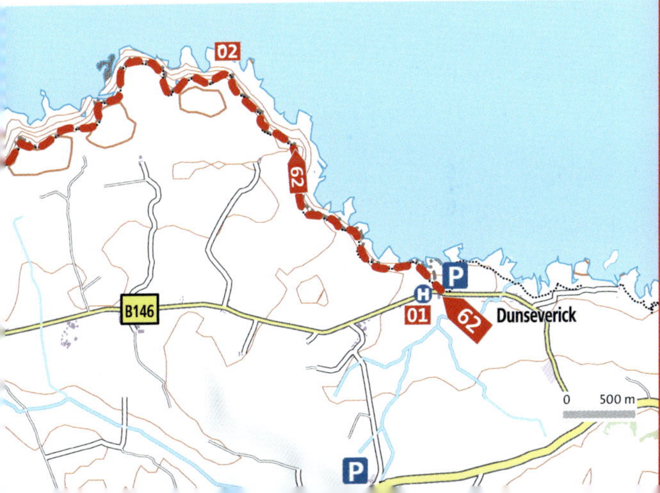

Fionn Mac Cumhaill (Fion MacCool) & Geologie

Laut irischer Mythologie sollen die rund 40.000 Basaltsäulen Reste eines riesigen Dammes gewesen sein, die der Riese Fionn erbaut hatte. Grund dafür war eine Herausforderung zum Kampfe mit dem schottischen Riesen Benandonner, für dessen Ausgang es unterschiedliche Ansichten gibt. Um seinen Rivalen zu erreichen, diente der die Länder verbindende Damm durch den Nordkanal nach Schottland. Auf der schottischen Insel Staffa – Fingals Cave – kommen die Basaltsäulen dann wieder zu Tage, was vermutlich die Grundlage der Geschichte darstellte.
De facto entstanden die zumeist hexagonalen Basaltsäulen aus einem riesigen Lavastrom, der vor rund 50 bis 60 Millionen Jahren durch einen, mittlerweile komplett erodierten Vulkan entstand. Nur bei langsamer Abkühlung und damit verbundenem Zusammenziehen des Materials können Basaltsäulen entstehen. Senkrechte Spannungsrisse gehen dabei von der Abkühlungsseite aus, in der Mitte der Lava, und so nähern sich sowohl von oberhalb als auch von unterhalb die Risse aneinander und bilden Säulen, die hier bis zu 25 m Höhe erreichen können. Durch Jahrmillionen lange Erosion haben jene Basaltsäulen ihre heutige charakteristische Stufenerscheinung erhalten.

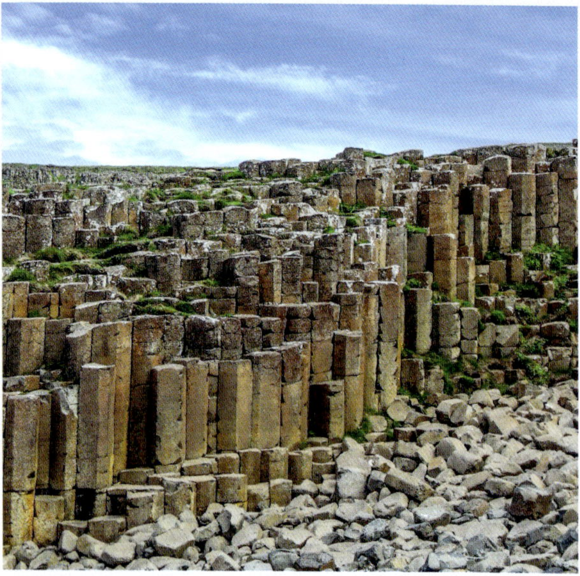

UNESCO-Welterbe Giant's Causeway

CARRICK-A-REDE (CARRAIG AN RÁID) • 42 m

Über eine 20 m lange Seilbrücke!

2,6 km | 0:45 h | 0 hm | 42 hm

START | Kurz hinter Ballintoy auf der B15 Richtung Ballycastle führt eine Straße zum Larrybane/Carrick-a-Rede Rope Bridge Car Park. Der Weg ist nicht weit und kann von Ballintoy gelaufen werden. Translink verbindet die Städte der Nordküste mit Ballintoy und auch mit dem Carrick-a-Rede Car Park.
[GPS: UTM Zone 29 x: 669.605 m y: 6.124.706 m]
CHARAKTER | Sehr einfache und durchweg gut ausgebaute, sehr touristenreiche Wanderung zu einer – nur für Schwindelfreie – modernen Seilbrücke entlang der Antrim-Küste.
Hier und da finden sich ein paar steilere Stufen, die aber kein besonderes Hindernis darstellen. Geeignet für die ganze Familie.

Carrick-a-Rede (übersetzt etwa: Fels im Weg) ist ein wahrer Touristenmagnet, allein im Jahr 2007 pilgerten 227.000 Menschen dorthin. Früher nur in der Saison von Fischern zum Übersteigen auf die Insel und damit für den Lachsfang genutzt, wurde die Brücke in den 70er-Jahren stationär und im Laufe der Zeit immer stärker frequentiert und besser ausgebaut. Gefischt wird heute vor Ort nicht mehr, aber Zeugnisse sind noch genügend auf der kleinen Insel vorhanden, die von dem geneigten Besucher observiert werden können. Die Brücke ist in der Regel von März bis November zwi-

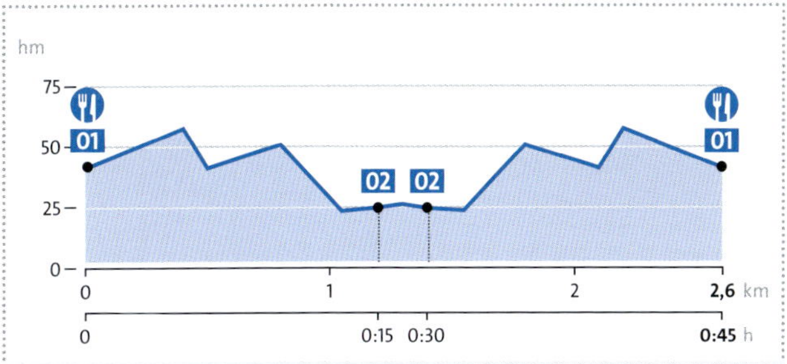

01 Parkplatz an der Informationshütte, 42 m; 02 Seilbrücke, 30 m

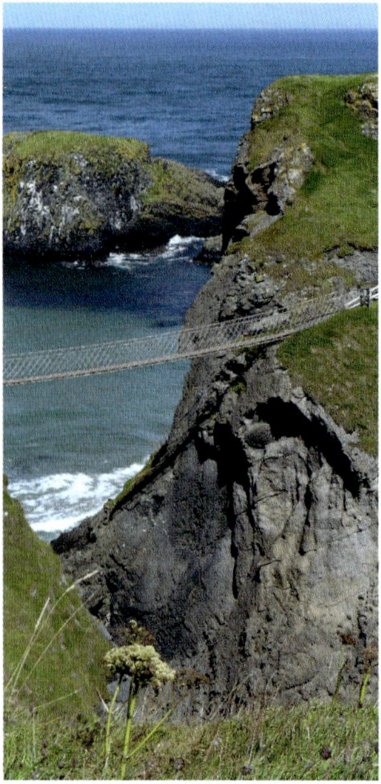

Die Carrick-a-Rede Rope Bridge.

schen 10 und 17:15 Uhr (Sommer: 18:15 Uhr) in Betrieb, am Eingang muss eine kleine Gebühr von 4 £ entrichtet werden, allerdings nur, wenn die Brücke überquert werden soll. Der Weg sieht das vor, aber für jene, die nicht gut mit Höhen sind, ist der Weg bis zur Brücke kostenfrei.

▶ Vom **Parkplatz an der Informationshütte** 01 aus laufen wir auf dem sehr gut ausgebauten Weg entlang der Küste, vorerst auf etwa gleichbleibender Höhe. Nach einiger Zeit aber geht es über Stufen etwas auf und ab. Entlang schöner, saftiger Wiesen mit einer artenreichen Blumenbedeckung als auch fantastischen Aussichten auf Rathlin Island und die schottischen Inseln. Mit etwas Glück können wir im klaren Wasser unter uns Schweinswale und Delfine schwimmen sehen. Selten, wenn dann im Sommer, können ebenso Riesenhaie an der Küste entlangschwimmen.

Kommen wir der Seilbrücke näher, geht das Gelände steiler abwärts. Zahlreiche Seevögel und deren Geschnatter erwartet uns bereits. Da es, besonders in der Saison, zu großen Touristenschwärmen kommen kann, müssen wir mitunter etwas warten, bis wir die **20 Meter lange Seilbrücke** 02 auf 30 Meter Höhe überqueren können. Sollte der Wind zudem zu stark sein, wird aus Sicherheitsgründen einer Überquerung nicht stattgegeben. Genaueres lässt sich Eingangs an der Information Hut oder bei den Aufsehern direkt an der Brücke erfragen. Das Über-

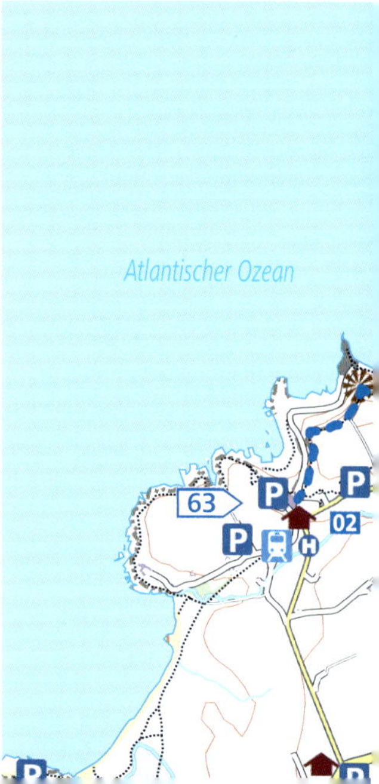

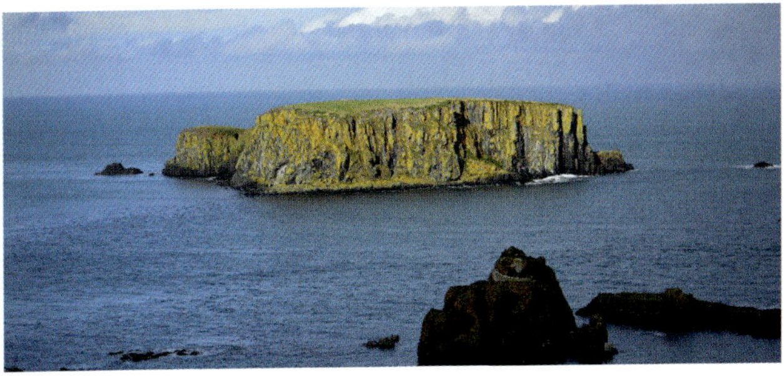

Aussicht von der Brücke.

queren ist dann eine Erfahrung für sich. Nicht täglich überquert man einen Abgrund, in dem unter einem das Meer tobt und die Brücke nur aus Seilen besteht. Bisher in all den Jahren unfallfrei. Manchmal kommt es nur vor, dass sich Leute nicht zurücktrauen und anderweitig transportiert werden müssen. Ist dies jedoch geschafft, gibt es auf der kleinen Insel selbst markierte Wege, auf die wir angehalten sind zu bleiben. Die kleine Fischerhütte untersteht der National Trust und ist nur an ausgewählten Wochenenden offen zur Besichtigung.

Den Rückweg beschreiten wir auf denselben Weg.

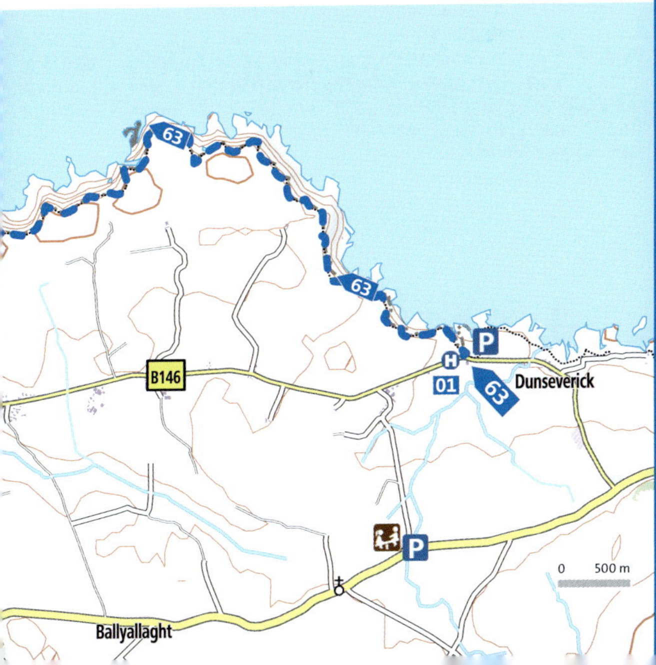

GLENARIFF FOREST PARK • 240 m

Auf den längsten und schönsten Wegen des Parkes

9 km | 2:30 h | 100 hm | 174 hm

START | Von Ballycastle aus fahren wir an der Küste entlang der A2 nach Waterfoot, um dort die Abzweigung der A43 Richtung Ballymena zu nehmen und etwa auf halbem Wege der Ausschilderung zum Glenariff Forest Park zu folgen. Translink verbindet von den umliegenden Städten aus den Forest Park. [GPS: UTM Zone 29 x: 683.697 m y: 6.099.577 m]
CHARAKTER | Der Weg verbindet durchgängig ausgebaute und beschilderte Wege über steile Passagen, die mit wunderschönen Ausblicken belohnen und letztlich an den schönsten Wasserfällen des Weges vorbeiführen, die dann auf ausgebauten Holzwegen bei starker Nässe sehr rutschig werden können.

Seit 1889 gibt es den Forest Park schon und führt seit 80 Jahren auf ausgebauten Wegen entlang der Wasserfälle, welche seitdem aber immer weiter ausgebaut wurden und heute in weiten Teilen aus Holzplanken bestehen, um direkt an die Wasserfälle zu führen. Als Teil der „9 Glens of Atrim", gilt das Glenariff Tal (nicht zu verwechseln mit dem GlenGarriff Forest im County Cork) als das schönste derer. Der Parkplatz selbst kostet 5 £, wohingegen wir uns frei in der Natur bewegen können. Allerdings kommt es seit einigen Jahren immer wieder zu exzessiven Forstarbeiten, weshalb Wege

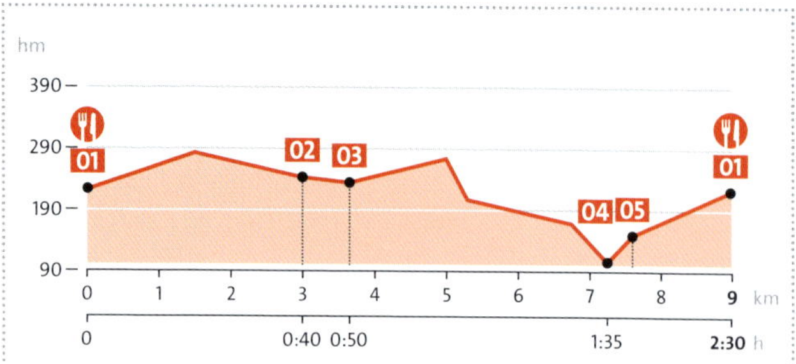

01 Parkplatz im Forest Park, 220 m; 02 Wegscheide, 240 m; 03 Blick auf den Wasserfall, 221 m; 04 Ess-na-Crub, 92 m; 05 Ess-na-Larach Wasserfall, 138 m

kurzfristig umgeleitet werden müssen und von den hier beschriebenen abweichen können. Anweisungen sind dahingehend unbedingt Folge zu leisten. Grund sind Baumbefälle der Phytophthora Ramorum, einem seit etwa 20 Jahren wütenden Schadorganismus, der letztlich für den Tod des Baumes sorgt, den er befällt. Während es auf dem Gelände des Forest Parks Möglichkeiten mit dem Campervan zu übernachten gibt, sind Zeltplätze ausdrücklich nicht vorhanden.

▶ Haben wir unseren Ausgangspunkt erreicht, klärt uns eine Tafel über vier mögliche, unterschiedlich lange und anspruchsvolle Wandermöglichkeiten auf. Wir bedienen uns dabei großer Teile des „Scenic Trails", als auch des „Waterfall Trails". Vom **Parkplatz im Forest Park** 01 laufen wir zuerst den Markierungen des Scenic Trails folgend auf rechter Seite der Straße zurück und kommen schon bald sehr nahe an den Glenariff River. Kurze Zeit später überqueren wir Asphalt und laufen auf der anderen Seite weiter, überqueren die zweite Straße und schreiten kontinuierlich bergauf, entlang eines Hanges, am Rande des Waldes. Wir bleiben eine ganze Zeit lang auf etwa gleicher Höhe, während der Weg sich, dem Hang folgend, herumschlängelt. Dank der notwendigen Waldarbeiten ist das Gelände in Sichtweite offen und lässt uns fantastische Aussichten über das Tal bis hinüber nach Waterfoot und zum Meer erhaschen. Unter uns schneidet sich der Inver River ins Tal hinein, während wir vor uns bald an eine **Wegscheide** 02 anlangen, die

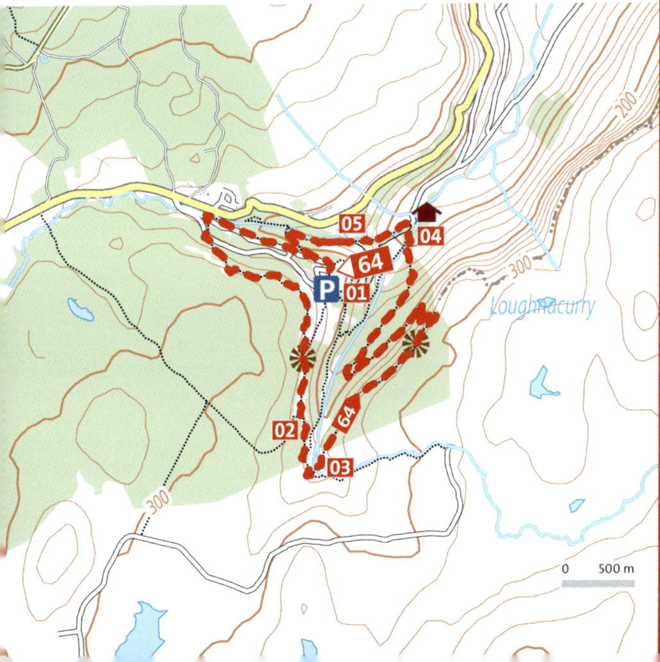

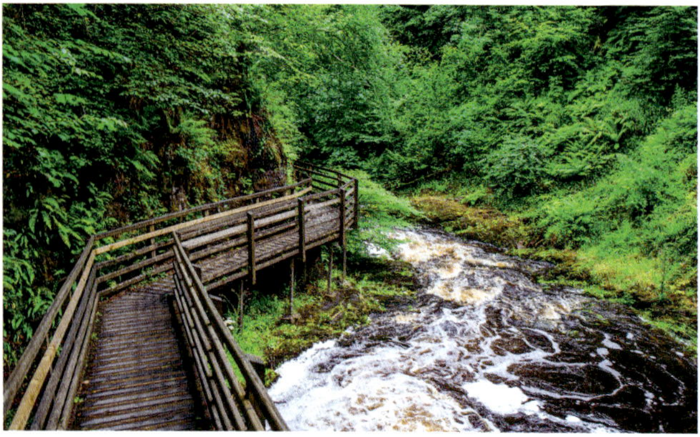

Wasserfall-Trail im Glenariff Forest Park

links hinab und somit zurück zum Ausgangspunkt führt und geradezu eine große windende Kurve beschreibt und über eine Brücke, mit Blick auf einen rechts liegenden **weiter entfernten Wasserfall** 03, entlangführt.

Nachdem das Gelände offener wurde, laufen wir anschließend wieder auf der oberen Ebene am Waldesrand entlang, zumindest an dem, was noch davon übrig geblieben ist. Deutliche Schneisen und Kahlschläge säumen sich entlang des Pfades. Klippen gehen nun links von uns geradewegs hinab und kurz darauf folgt der Weg an einer flacheren Stelle im Zickzack abwärts, bis wir dann auf niedrigerem Niveau wieder taleinwärts laufen und fast auf den Inver River treffen. Dort knickt der Weg erneut ab und wir gehen für einige Zeit durch einen letzten Rest Wald kontinuierlich bergab. Wird es steiler und geht der Weg deutlich links zum Fluss hinab, überqueren wir diesen bald darauf.

Der Weg links geht zurück zum Ausgangspunkt, zum Plateau hinauf, wir allerdings laufen rechts und nehmen den kleinen Abstecher rechts zum größten Wasserfall des Parks, dem **Ess-na-Crub** 04! Von nun an folgen wir den Wegen des „Waterfall Trails" auf durchweg ausgebauten Plankenwegen.

Zurück an dessen Hauptweg, gehen wir weiter rechts und überqueren eine Brücke über den Glenariff River, von wo wir einen guten Ausblick auf das Aufeinandertreffen beider Flüsse erhaschen können. Vorbei an der Lodge, sind wir nun in einem intakten und richtigen Wald angekommen, der uns mit all seinen Gerüchen und Geräuschen willkommen heißt. Nach einiger Zeit kommen wir an Stufen an, die uns im Zickzack zum **Ess-na-Larach-Wasserfall** 05 bringen und sehr gute Aussichten präsentieren. Es geht links des Flusses für eine ganze Weile weiter bergauf. Sobald wir erneut an eine Abzweigung gelangen, geht rechts von uns der „Rainbow Trail" ab, wir bleiben links und folgen dem Weg im stetigen Aufstieg zum **Ausgangspunkt** 01 zurück.

SLEMISH MOUNTAIN/SLIEVE MISH (SLIABH MIS) • 437 m

Auf einer Landmarke mit grandioser Aussicht

1,6 km | 1:15 h | 168 hm | 0 hm

START | Von Ballymena aus fahren wir Richtung Nordosten auf der A43 nach Broughshane, um von dort aus die Abzweigung zum kleinen Örtchen Buckna einzuschlagen. Kurz davor führt uns die Ausschilderung zum Slemish Car Park.
Öffentliche Verkehrsmittel nur bis Broughshane.
[GPS: UTM Zone 29 x: 686.179 m y: 6.085.440 m]
CHARAKTER | Für Wanderer, die sich mit steilem und teils weglosem Gelände auskennen. Der Aufstieg ist steil und ausdauernd, sodass trotz der Kürze des Weges genügend Zeit eingeplant werden sollte. Sehr zu empfehlen ist der Aufstieg an einem schönen Tag Richtung Sonnenuntergang.

Wie auch der Croagh Patrick im County Mayo, hat auch der Slemish einen Bezug zum Nationalheiligen St. Patrick und ist am St. Patricks Day (17. März) ein beliebtes Pilgerziel vieler Iren. Der Legende nach arbeitete Patrick für 6 Jahre als Schäfer am Slemish. Er war zu jener Zeit Sklave und betete viel; aufgrund einer Vision wurde er dazu ermuntert, endlich zu fliehen. Er verließ Irland, wurde Priester und kehrte letztlich zurück, um seinen alten Sklavenmeister zu bekehren. Sein eigentlicher Glaube soll wiederum direkt mit den Gebeten auf dem Slemish geweckt worden sein. Geologisch interessant ist der Slemish, weil er einen vulkanischen Dom aus

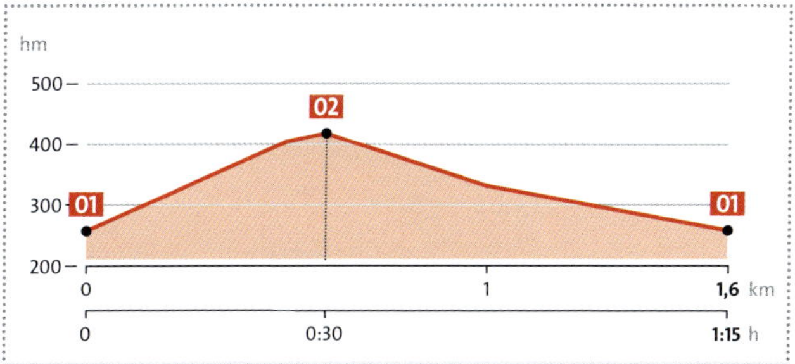

01 Slemish Parkplatz, 253 m; 02 Gipfel, 437 m

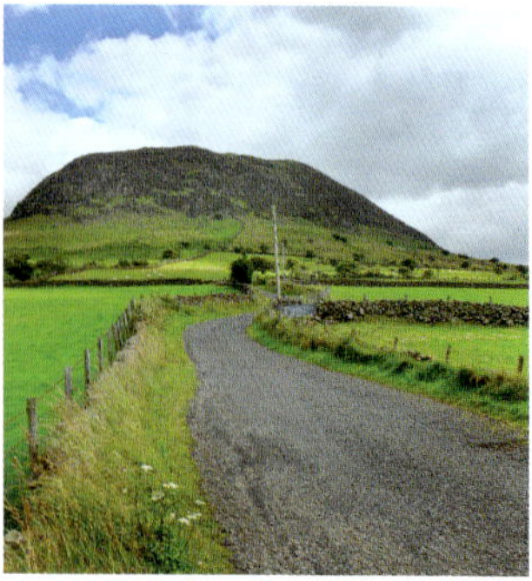

Slemish Mountain

Olivin-Diorit bildet und somit als Stöpsel eines Kraters angesehen werden kann. Der umliegende Vulkan ist längst erodiert, einzig der Dom aufgrund seiner relativ wetterresistenten Eigenschaften ist noch erhalten geblieben.

▶ Startpunkt ist der **Slemish Parkplatz** 01, an dem es ein kleines Infohäuschen gibt. Wir schreiten zum Berg hinan, durch ein Gatter, und folgen einem recht deutlichen Grasweg auch über künstlich angelegte Stufen zum Fuße des Berges. Von dort aus treffen wir auf wegloses, teils steiles und steiniges Gelände, was hauptsächlich von Heidekraut überwachsen ist. Gerade dadurch ist der Auf- als auch Abstieg recht rutschanfällig. Es gibt mehr oder weniger deutliche Pfade entlang der Bergflanke, die steil im Zickzack hinaufziehen. Wir laufen über Stock und Stein, müssen uns mangels guter Orientierungspunkte selbst hinaufnavigieren und kommen auf dem Gipfelplateau, nach einem nicht minder kräftezehrenden Aufstieg, an. Dank der Lage des Slemish können wir einen idealen 360°-Blick ins Umland genießen, was hauptsächlich durch Weiden gekennzeichnet ist. Bei sehr klaren Tagen können wir die Mournes im Süden erblicken und den größten Lough Nordirlands, Neagh, Richtung Südwesten.

Zum **Gipfel** 02 ist es nicht mehr weit und weitaus weniger anstrengend. Haben wir jenen erreicht, können wir entweder denselben Weg zurück absteigen (mit Vorsicht!) oder aber bis zum Ende des Plateaus ziehen und den Westhang hinabsteigen. Einen geeigneten Weg müssen wir uns, der Landschaft entsprechend, aussuchen. Das Gras kann sehr hoch sein, weshalb es mitunter Stolperfallen versteckt, demnach gilt es langsam und bedächtig abzusteigen. Wir treffen auf einen Pfad am Fuße des Berges und laufen zurück Richtung **Ausgangspunkt** 01.

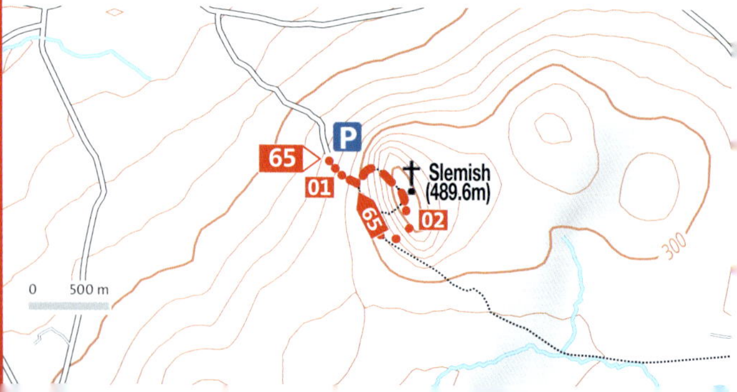

DIVIS RIDGE TRAIL & DIVIS MT. (DUBHAIS) • 478 m

Auf Belfasts Hausberg

8,6 km 2:15 h 207 hm 145 hm

START | In Belfast begeben wir uns auf die A55, um zur B38 (Upper Springfield Rd) zu gelangen und von da aus auf die Divis Rd. einzubiegen. Wir haben die Wahl zwischen einem kostenlosen Parkplatz oder dem kostenpflichtigen, etwa 800 Meter weiter, an der Long Barn. Keine direkten Verbindungen mit dem öffentlichen Personennahverkehr.
[GPS: UTM Zone 29 x: 690.911 m y: 6.054.450 m]
CHARAKTER | Sehr leichter, durchgängig ausgebauter Weg, der keine großen Anforderungen abverlangt.

Der Divis Mountain ist als Hausberg der Belfaster zu verstehen, obgleich er erst 2005 vom Status einer militärischen Sperrzone enthoben wurde. Übersetzt bedeutet *Dubhais* „Schwarzer Rücken", was entweder auf die basaltische Zusammensetzung des Berges oder durch die flächendeckende Moorlandschaft zurückzuführen ist. Von obenan können wir eine perfekte Sicht auf Nordirlands Hauptstadt werfen und an besonders klaren Tagen (die man erst einmal haben muss) die Mournes im Süden als auch Teile Schottlands erkennen.

▶ Wir starten an der **Long Barn** 01 und folgen dem Weg in Richtung der großen Sendemasten. Rechts von uns geht ein Weg

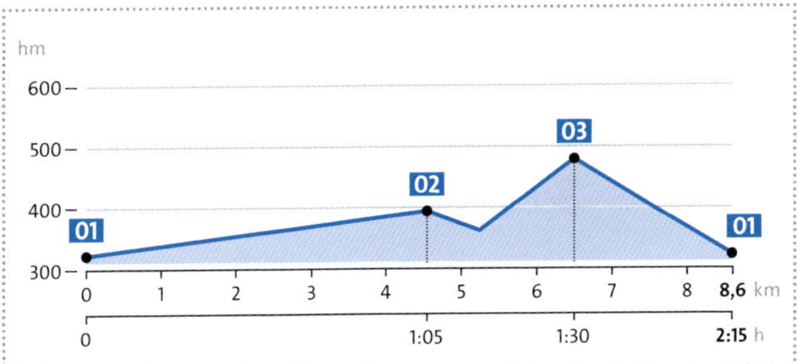

01 Long Barn, 310 m; 02 Vermessungspunkt des Black Mountain, 390 m; 03 Divis Mountain, 478 m; 04 Weg links folgen, 376 m

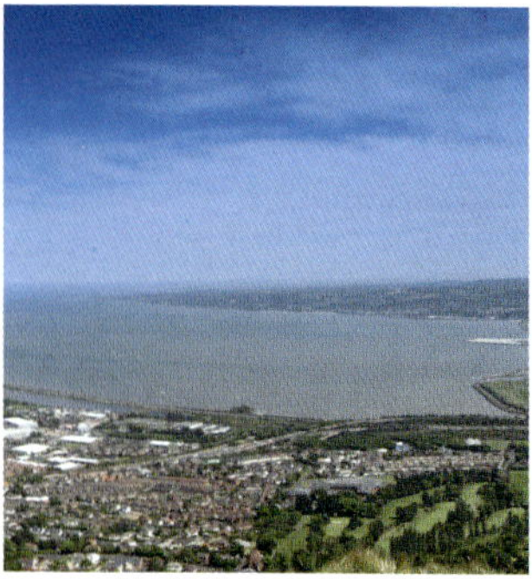

Herrliche Belfast-Blicke

aus Brettern ab, der letztlich in einen Kiesweg übergeht. Schon bald überqueren wir den Collins River und machen einen Bogen um den Hügel zu unserer Linken. Das Gelände ist durchgängig offen und maximal mit kleinen Sträuchern bewachsen. Gute Aussichten über Belfast, selbst bei moderaten Wetterverhältnissen, bieten sich überall entlang des Weges. Der Weg führt uns leicht aufwärts zum **Vermessungspunkt des Black Mountain** 02, von wo aus die Sicht auf die Stadt nochmal besonders gut ausfällt. Weiter dem Weg folgend, überqueren wir erneut den Collins River und kommen auf die Straße, die wir links ab zurück zum Ausgangspunkt gehen können. Alternativ kann der Weg zum Divis Mountain angegangen werden. Dazu gehen wir kurzzeitig die Straße ab und bei der nächsten Abzweigung rechts, der Straße bis zum Gipfel folgend. Mit 478 m Höhe ragt der **Divis Mountain** 03 als höchster Berg über die Belfast-Region und bietet einen guten 360°-Panoramablick über das Umland.

Der Abstieg erfolgt auf Kies- und Schotterwegen, die jedoch mit mehr Vorsicht gegangen werden müssen, da loses Geröll mitunter das Vorankommen erschweren kann. Sobald wir auf ebenerer Fläche angelangt sind (wir überqueren Weidegründe), gelangen wir auf **einen Weg** 04, der uns links ab zurück zum Hauptweg und letztlich zum **Ausgangspunkt** 01 bringen wird.

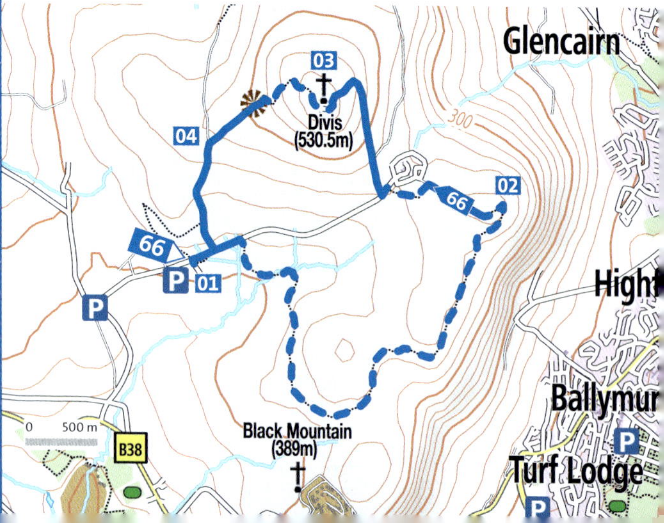

HARE'S GAP SLIEVE COMMEDAGH • 767 m SLIEVE BEARNAGH • 739 m

Eine lange und ausdauernde Wanderung in den Mournes

16,5 km | 6:30 h | 1170 hm | 809 hm

START | Von Newcastle aus ist die B180 Richtung Bryansford zu nehmen. Vorbei am Tollymore Forest Park fahren wir die nächste links und kommen auf die Trassey Road. Ein Parkplatz befindet sich nach etwa 1,3 km auf der linken Seite, der Trassy Car Park, von wo aus wir starten. Ein weiterer gute 500 m der Straße folgend (Happy Valley Car Park). Translink verbindet Newcastle mit The Trassey. Vorher Abfahrzeiten recherchieren.
[GPS: UTM Zone 30 x: 307.808 m y: 6.011.852 m]
CHARAKTER | Zwar misst der Weg nur gute 16,5 Kilometer, ist aber dennoch nicht zu unterschätzen und sehr zeitaufwendig. Dazu kommen steile Berghänge, die überwunden werden müssen, und bei entsprechender Witterung rutschige Böden. Der Abstieg vom Slieve Bearnagh zeichnet sich vor allem durch Geröllfelder aus. Die Wege allerdings sind allesamt gut zu erkennen. Die Mourne Wall dient uns zudem als Orientierung, dennoch sollte davon abgesehen werden, bei schlechtem Wetter zu wandern. Dass er als mittelschwerer Weg markiert ist, gilt für gute Wanderbedingungen, andernfalls sollte die Tour, allein schon wegen der exponierten Lage, als Schwarz angesehen werden.

Einst war die Hare's Gap ein beliebtes Nadelöhr für Schmuggler von der Küste durch die Mourne's nach Hilltown. Heute ist diese Route ein beliebter Eintritt in die Bergwelt der Mournes, die neben dem Giant's Causeway mit zu den beliebtesten Reisezielen in Nordirland gehören. Die fantastische granitische Berglandschaft bietet Ruhe und ausgesprochen schöne 360°-Ausblicke. Es gibt Bestrebungen, die Mournes zum ersten Nationalpark Nordirlands zu machen, was aber mitunter durch den in privaten Händen liegenden größten Teil der Berglandschaft kontrovers diskutiert wird. Derzeit genießt der gemeine Wanderer, wie in fast allen vorgestellten Wegen, freien Zugang zu den Wegen. Man sollte aber immer daran denken, dass dies nur auf Gutwillen der örtlichen Farmer hin passiert und der Weg uns jederzeit verweigert werden kann.

Vom **Parkplatz am Trassey** 01 aus gehen wir links über den bereitgestellten Überstieg (das Gatter soll geschlossen bleiben). Kurze Zeit darauf gelangen wir an einen kleinen Forst, den wir auf Schotterwegen durchkreuzen und zwei weitere Gatter seitlich passieren. Wir kommen jetzt direkt in das Tal hinein, während sich die Berge links und rechts von uns auf den weiteren Wegen immer mehr verengen. Wir gehen kontinuierlich aufwärts und kommen dabei näher an den Fluss Trassey selbst heran. Der Weg bleibt prinzipiell trocken und wird, je weiter wir gehen, rauer im Gelände. Rechts ragen sich die Klippen der Spellacks, Nord-Ost-Ausläufer des Slieve Meelmore, auf, wohingegen links wiederum die steilen Hänge Clonachullion, ihrerseits Ausläufer des Slievenaglogh, sich erheben. Weiter des Weges müssen wir an einer Stelle den Fluss überqueren (sehr seichtes Wasser, Vorsicht bei starker Witterung!). Wir bleiben zuerst direkt rechts des Trassey, denn geradezu kommen wir zum Sattel des Hare's Gap, während der Weg rechts von uns zu einem Steinbruch führt, an dessen Seite wir am Ende herauskommen. Kurze Zeit später überqueren wir den Fluss wieder auf die linke Seite und steigen von nun an einem sehr geröll- und felsbehafteten, steiler werdenden Pfad zum Hare's Gap hinan und erreichen die **Mourne Wall** 02. Von dort haben wir bereits einen ausladenden Überblick über die zentralen Mournes.

Wir überqueren den Überstieg und halten uns, der Mauer folgend, links der relativ guten, wenn auch steiler werdenden Pfade, in Richtung der fingerartigen Diamond Rocks und dem 586 m hohen Slievenaglogh. Der Aufstieg erfordert Ausdauer, sobald wir aber an den markanten Granitsäulen angekommen sind, ist der eigentliche **Gipfel des Slievenaglogh** 03 nicht mehr weit.

Von da aus verläuft der Weg erst einmal im Vergleich recht eben, bis wir an den Hängen des Slieve Commedagh ankommen, erneut ist der Aufstieg mit rund 100 Höhenmeter auf kurzer Strecke recht steil. Wir orientieren uns dabei weiterhin an der Mourne Wall. Kommen wir oben auf dem Plateau vorerst an, erblicken wir

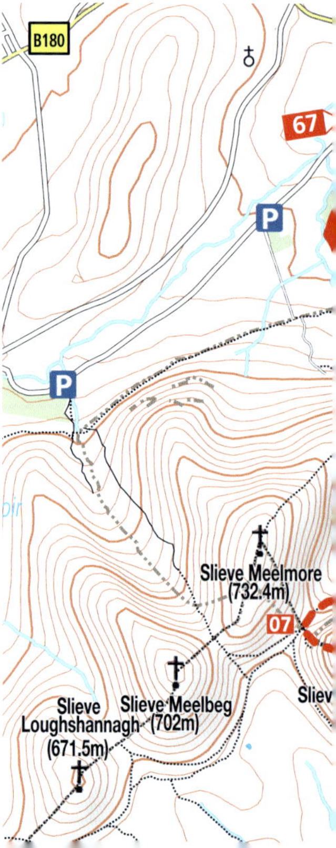

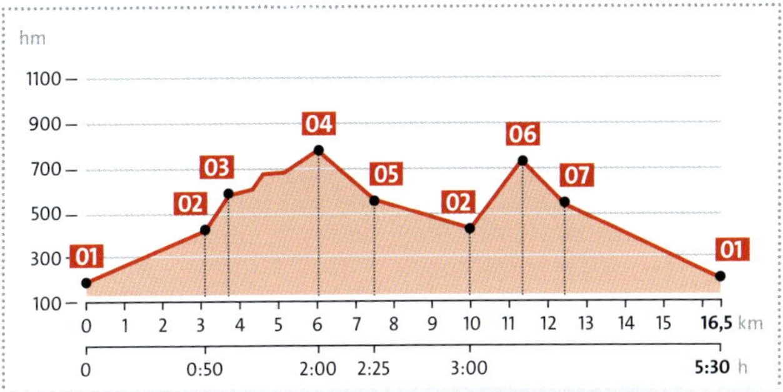

01 Parkplatz am Trassey, 160 m; **02** Hare's Gap/Mourne Wall, 435 m; **03** Gipfel des Slievenaglogh, 586 m; **04** Zweithöchster Gipfel der Mournes, Slieve Commedagh, 767 m; **05** The Castles, 540 m; **06** Gipfel des Slieve Bearnagh, 739 m; **07** Überstieg, 519 m

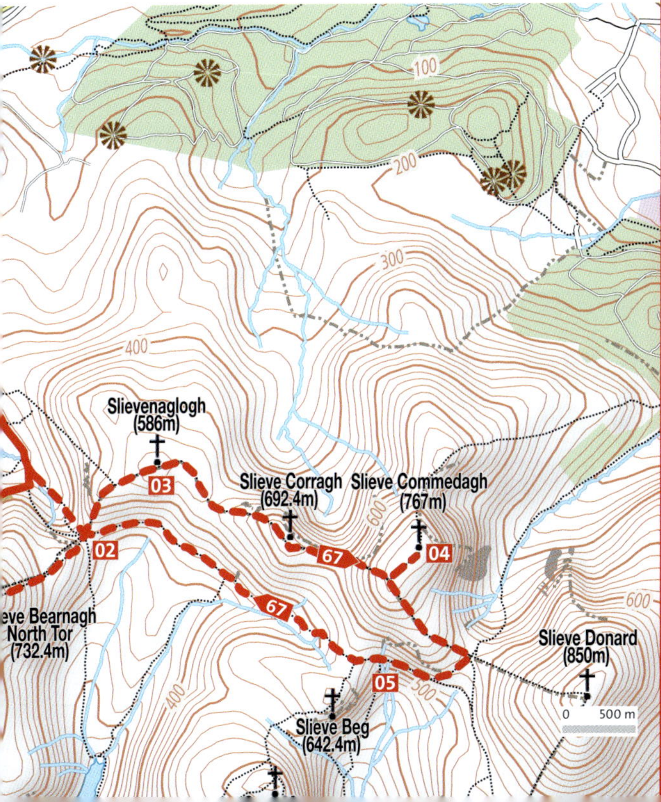

in nicht allzu großer Ferne den eigentlichen Gipfel des Commedagh. Zum eigentlichen höchsten Punkt dessen müssen wir linksseitig der Mauer auf dem Gipfelplateau entlangwandern, was sich dank der spektakulären Ausblicke des **zweithöchsten Gipfels der Mournes** 04 durchweg lohnt.

Zurück an der Mauer, laufen wir weiter Richtung des vor uns liegenden Sattels. Und kommen dabei auf der Südseite des Commedaghs an den sogenannten „Castles“ vorbei. Dabei handelt es sich um granitische steile Felsen, ähnlich der Diamond Rocks am Slievenaglogh. Haben wir den tiefsten Punkt im Sattel erreicht, gelangen wir an eine Kreuzung. Geradeaus geht es zum Gipfel des Slieve Donard (siehe Tour 68), links hinab nach Newcastle und rechts unterhalb der Gipfel auf einem Weg zurück zum Hare's Gap. Diesen Weg schlagen wir fortan ein. Auf etwa gleichbleibender Höhe laufen wir rechts an der Flanke des Commedaghs unterhalb der **„Castles“** 05 dem Brandy Pat entlang und schreiten zwischen Tal und Berg auf guten, teils sehr steinigen Pfaden. Am Ende dessen, erreichen wir über Stufen Hare's Gap. Da die weiteren Wege sehr steil werden und es bei Nässe zudem sehr rutschig ist, gilt es, mit Vorsicht zu gehen. Sollte das Wetter umschlagen, ist der Abstieg am Hare's Gap zu nehmen. Weiter geht es nun die Mourne Wall entlang den sehr steilen und kräftezehrenden Aufstieg zum Slieve Bearnagh. Wir bleiben dabei auf der Südseite der Mauer. Zahlreiche freistehende Felsen machen den Aufstieg zu einem szenisch schönen, nicht umsonst gilt der Slieve Bearnagh als lohnendster Berg der Mournes. Am sehr felsigen Vorgipfel angelangt, ist es nicht mehr weit bis zum 739 m hohen **Gipfel des Bearnaghs** 06 selbst. Die sehr sanften Felsen bieten genügend Platz für eine Pause und um Gedanken und Blicke in die Ferne schweifen zu lassen. Im Süden sehen wir die zwei Seen, der größere ist das Silent Valley Reservoir. Südöstlich von uns die Berge, die wir zuvor angegangen sind.

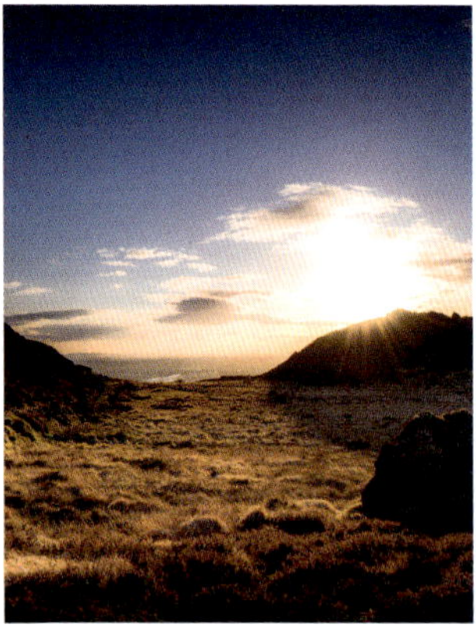

Letzte Sonnenstrahlen am Slievenaglogh

Der folgende Weg abwärts läuft weiter der Mourne Wall entlang und ist mit losem Geröll auf einem sehr steilen Hang gespickt. Es empfiehlt sich, langsam und unter Einsatz seiner Hände hinabzugehen. Unser vorläufiges Ziel ist der Sattel vor uns, wo wir bereits von oben einen **Überstieg** 07 und ein Netz an Trampelpfaden sehen können. Wir steigen über den Überstieg und laufen den sehr deutlichen Weg hinab, kommen am Steinbruch vorbei und gelangen wieder auf den Hauptweg des Trassey Tracks, um zum **Ausgangspunkt** 01 zurückzuwandern.

SLIEVE DONARD (SLIABH DÓNAIRT) • 840 m

Der höchste Berg der Mournes

9,7 km 3:00 h 829 hm 829 hm

START | Von Newcastle nehmen wir die A2 Richtung Süden und biegen kurz, bevor wir auf den Glen River kommen (am Hotel „The Haven") rechts ab und kommen kurz darauf auf den Donard Parkplatz. Busanbindung nach Newcastle durch Ulsterbus. Von da aus nur ein kurzer Fußmarsch zum Ausgangspunkt. [GPS: UTM Zone 30 x: 311.328 m y: 6.010.258 m]
CHARAKTER | Ein vergleichsweise einfacher Aufstieg, der hier und da allerdings etwas rauer werden kann. Seit einiger Zeit gibt es an den steilsten Stellen einen deutlich ausgebauten Pfad.

Wie in vielen Teilen Irlands, birgt auch dieser Berg eine Verbindung mit dem Nationalheiligen St. Patrick. St. Donard war einst sein Wegbegleiter. Der Legende nach hatte er den Gipfel des Berges, der nach ihm benannt wurde, als seinen Rückzugsort genutzt, ähnlich wie es beim Croagh Patrick und Patrick selbst der Fall gewesen sein soll. Ebenso hatte der Berg bereits im Neolitikum Bedeutung, wie zwei große Cairns obenauf beweisen. Ebenso gilt er als Feststätte für das Lughnasa (siehe Tour 23 und 40), das Erntefest der Steinzeitmenschen.

▶ Vom **Slieve Donard Parkplatz** 01 aus folgen wir dem gut

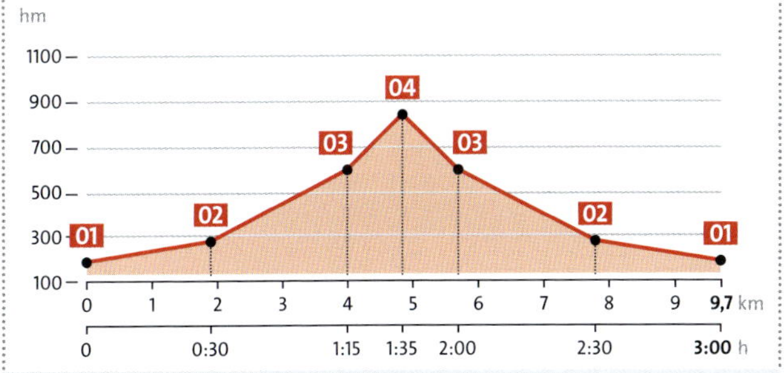

01 Slieve Donard Parkplatz, 11 m; 02 Das Eishaus, 230 m; 03 Mourne Wall, 580 m; 04 Gipfel, 840 m

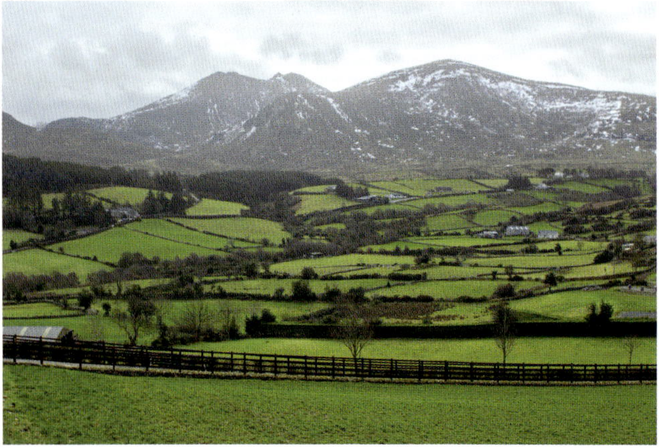

Slieve Donard

markierten Weg entlang des Glen Rivers in den teils urig anmutenden Forst hinein. Kurz darauf müssen wir bereits über eine Brücke die Seite wechseln. Etwas weiter queren wir eine zweite Brücke und achten darauf, wegen des Überhanges nicht zu nahe an den Fluss zu kommen. Der Glen River hat sich ein sehr ansehnliches Bett im Wald geschaffen, was an manchen Stellen zum Verweilen einlädt. Generell lohnt sich ein etwas längerer Aufenthalt im Wald selbst. Zahlreiche Wege ermöglichen ein tieferes Erkunden.

Wir gehen kontinuierlich bergauf. Je nach Witterung kann es dabei auch recht matschig und nass werden. Unterwegs kommen wir an einen alten 1842 errichteten Unterstand aus Stein vorbei.

Die letzte Brücke auf dem Weg ignorierend, folgen wir der Forstkante weiter bergauf, erblicken ein altes, kleines **Haus** 02, was zur Lagerung von Eis genutzt wurde, und überqueren einen Überstieg. Für die nächsten gut zwei Kilometer laufen wir über einen gut sichtbaren, teils ausgebauten Pfad bergauf, was mit schlechten Witterungsbedingungen zu einer anstrengenden Tortur avancieren kann. Unser Ziel ist der Sattel zwischen dem Slieve Donard und dem Slieve Commedagh. Kurz bevor wir diesen erreichen, müssen wir noch den Glen River mit Vorsicht überqueren.

Anschließend ziehen wir einen etwas größeren Bogen um die nassen Flächen, nehmen eine eher sumpfige Landschaft in Kauf und zielen weiter hinauf zur bereits ins Blickfeld fallenden **Mourne Wall** 03. Der letzte Aufstieg dahin wird steiler und anstrengender. Die Mauer wurde zwischen 1904 und 1922 erbaut. Damit Belfast, eine Ende 19./Anfang 20. Jahrhundert schnellwachsende Stadt, seine Trinkwasserversorgung sicherstellen konnte, wurde das Einzugsgebiet durch die Mauer von u.a. Nitratbelastungen durch Vieh geschützt. Bis heute steht sie aufrecht und erfüllt ihren Zweck und verbindet sämtliche Gipfel im Umfeld.

An eben jener Mauer laufen wir nun links gehend die mitunter sehr steilen Hänge des Slieve Donard hinauf, was die eigentliche Herausforderung darstellt. Das Gelände kann dabei recht uneben werden und versteckte Stolperfallen beherbergen. Haben wir den **Gipfel** 04 und damit den Gipfelcairn erreicht, werden wir bei hoffentlich bester Sicht mit Ausblicken auf Newcastle, Belfast und bei ganz guten Verhältnissen bis nach Dublin belohnt. Ebenfalls lohnt sich der Blick Richtung Westen auf die anderen Gipfel der Mourne Mountains.

Der Rückweg ist derselbe wie der Aufstieg, allerdings mit Vorsicht beim Abgang in den Sattel, zwecks Stolperfallen.

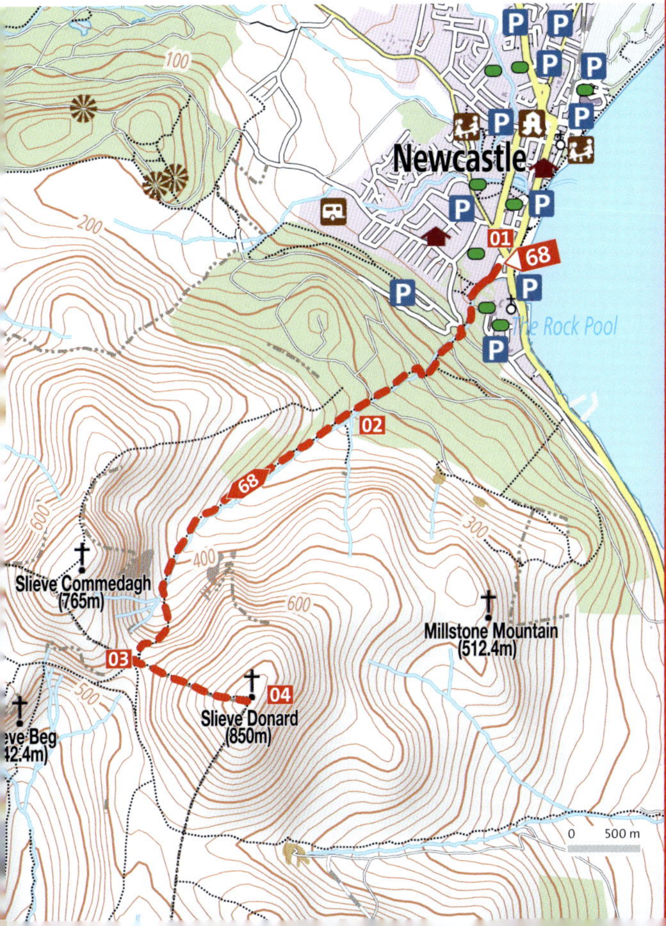

69

CENTRAL MOURNES • 747 m

Slieve Binnian, Slievelamagan, Cove Mountain, Slieve Beg und das Annalong Valley

17,7 km 6:30 h 1118 hm 1082 hm

START | Von Newcastle aus fahren wir auf der A2 der Küste entlang nach Süden. Kurz vor Annalong geht rechts die Quarter Road ab, die uns direkt zum Carricklittle Carpark führt. Öffentlicher Personennahverkehr nur von Newcastle oder Kilkeel bis Annalong. [GPS: UTM Zone 30 x: 307.685 m y: 6.001.852 m]
CHARAKTER | Ein sehr langer, in keiner Weise zu unterschätzender Weg, mit Höhen, Tiefen und nassen Wegen. Bei schlechtem Wetter ist der Weg abzukürzen oder gar nicht erst anzutreten, da viel auf Sicht navigiert werden muss!

Die Central Mournes decken insgesamt vier Gipfel ab und bieten einen guten Rundumschlag für die Mournes an sich als auch die Aussichten, die von ihnen generiert werden können. Während die anderen beiden zuvor beschriebenen Wege von jedermann mit guter Fitness angegangen werden können, ist jener in Gänze nur etwas für Wanderer mit guten Erfahrungen in Irland sowie sehr guter physischer und psychischer Ausdauer anzuraten. Aufgrund seiner Länge und dem letzten Stück entlang des Annalong Ri-

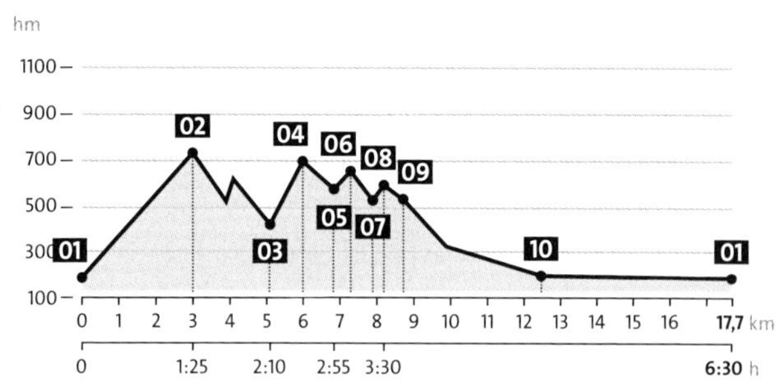

01 Parkplatz Carricklittle, 160 m; **02** Gipfel des Slieve Binnian, 747 m; **03** Scheitelpunkt, 398 m; **04** Slievelamagan, 704 m; **05** Sattel, 560 m; **06** Cove Mountain, 655 m; **07** Devils Coachroad, 511 m; **08** Slieve Beg, 582 m; **09** Abstieg ins Annalong Valley, 520 m; **10** Annalong Woods, 190 m

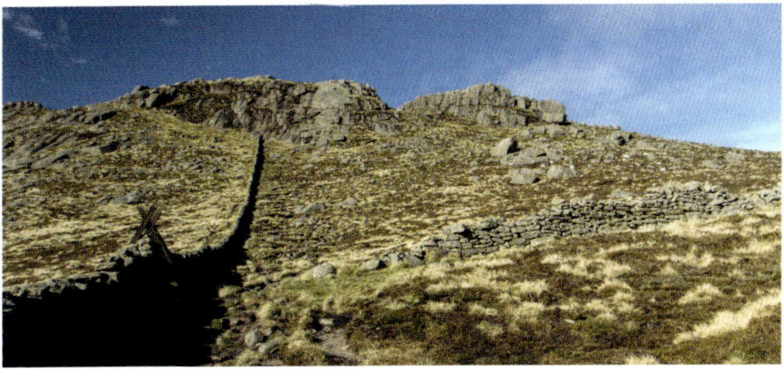

Mourne Wall am Slieve Binnian

vers ermüdet er einen, aufgrund des ständigen Auf und Abs als auch des nassen Weges entlang des Flusses.

▶ Der **Parkplatz Carricklittle** **01** bildet den Ausgangspunkt für die folgende Wanderung in den Central Mournes. Dafür laufen wir vorerst Richtung der Berge nordwärts, entlang des vorgegebenen Schotterweges, um einen Überstieg neben einem Gatter zu nehmen und nach kurzer Zeit die Mourne Wall überquerend und linksgehend bergauf zu folgen. Wir steigen am Osthang des Slieve Binnian hinauf, was anfangs noch recht gemütlich anmutet, wird mit der Zeit rauer, steiler und kräftezehrender. Es gibt eine Stelle, an der die Mauer eine Granitwand trifft, diese umgehen wir achtsam. Für den weiteren Weg sollten wir gerade bei widrigen Wetterbedingungen darauf achten, in keine Stolperfallen zu geraten, da der Geröll- und Felsanteil zunimmt. Hier und da müssen wir auch unsere Hände zum Einsatz nehmen. Rund 2 km sind es hinauf, die Mauer bietet uns dabei immer einen Orientierungspunkt.

Haben wir den felsigen Weg zum **Gipfel des Slieve Binnian** **02** gemeistert, erwartet uns ein fabelhafter Ausblick über das Annalong Valley und dessen Wald unter uns sowie die umliegenden Gipfel der Mournes als auch des Silent Valley Reservoirs. Blicken wir Richtung Nordosten erkennen wir den konischen Slieve Donard, dem wir uns im Laufe weiter annähern werden. Mit 747 Metern stellt der Slieve Binnian den höchsten Gipfel dieser Tour dar.

Weiter geht es zum Nordgipfel des Berges auf einem ausgetretenen Pfad, der sich hier und da kurz verlieren kann, aber immer wieder auftaucht. Von hier an sind zwingend, selbst mit Kompass, gute Sichtverhältnisse erforderlich! Unter anderem laufen wir an steileren Hängen vorbei, die gerade bei starkem Wind zur Gefahr werden können. Sobald wir den Nordgipfel (Granitmassiv) erreicht haben, können wir von dort bereits das zweite (Ben Crom) Wasserreservoir unter uns sehen. Blicken wir Richtung Nordosten, sehen wir Slievelamagan, den wir über den Sattel vor uns erreichen. Der Weg hinab läuft sich trotz einiger Felsen und Steine durch teils künstlich angesetzte Stufen recht gut, ist an einigen Stellen aber auch steil. Im oberen Bereich des Abstiegs finden sich noch viele große Granitblöcke, die sukzessiv kleiner werden, je weiter wir absteigen. Am **Scheitelpunkt 03** angelangt, steht uns nun ein weiterer langer und steiler Aufstieg bevor. Der Weg, von unten kommend, ist undeutlich zu sehen, als stiege man ab, weshalb wir als Daumenregel strikt gerade hinauflaufen. Am Scheitelpunkt selbst bietet es sich an abzusteigen, wir folgen dazu dem rechts abgehenden Pfad durch das Annalong Valley geradewegs zurück zum Ausgangspunkt. Da der weitere Weg noch sehr lang und kräftezehrend ist und das Wetter schnell umschlagen und Wolken sich in den Bergen festsetzen können, sollte nur jener weiterlaufen, der Erfahrungen in widrigen Bedingungen hat und eine gute Ausdauer besitzt! Bei schlechtem Wetter ist sofort abzubrechen!

Über Stock und Stein erreichen wir mit der Zeit den durch einen Cairn gekennzeichneten Gipfel des **Slievelamagan 04**. Von dort aus laufen wir mittig entlang des Grates und nähern uns dem Abstieg zu einem weiteren Sattel, zwischen Lamagan und Cove. Vorbei an Steilabbrüchen folgen wir dem Weg durch Heide und Granitfelsen.

Am Sattel angekommen 05, führt uns der Weg den Cove Mountain hinauf. Gerade bei windigem Wetter und minderer Sicht sollten wir gut aufpassen, wo wir hinschreiten. Wir steigen geradewegs zum Gipfel hinan, um **Cove Mountain 06** zu besteigen. Sollten wir zwischendrin den Pfad verlieren, sollten wir aufpassen, nicht zu weit nach rechts und links abzudriften. Wieder sattelwärts steigen wir ab, um von da aus den Slieve Beg zu begehen.

Auch beim Abstieg müssen wir darauf achten, nicht zu weit nach rechts zu kommen, da wir noch immer oberhalb steilen Geländes entlangwandern, andernfalls führt uns der Pfad sicher hinab zur **Devils Coachroad 07**. Für den Aufstieg gilt es wieder mit Vorsicht zu wandern, da wir auf dem Weg zum Gipfel wieder an steileren Passagen vorbeikommen. Der **Slieve Beg 08** ist der letzte Berg auf dem Weg. Rechts unter uns erkennen wir den mäandernden Annalong River, entlang dessen wir zurück zum Ausgangspunkt laufen werden. Vorerst aber steigen wir Richtung Brandy Pad ab, einen Weg unterhalb des nordöstlich vor uns liegenden Slieve Commedagh (östlich: Slieve Donard). Wir laufen entlang des Sattels und folgen kurz dem Weg Richtung Slieve Donard, bis rechts ein Pfad in das **Annalong Valley 09** nach Süden abgeht. Der härteste Teil steht uns nun bevor. Eine Alternative stellt ein Umweg entlang des Brandy Pad und den östlichen Hängen oberhalb des Annalong Valleys dar, wozu allerdings eine Wanderkarte sehr hilfreich wäre. Der eigentliche Weg führt zum Fluss hinab und kann sehr undeutlich jenem rechtsseitig entlangfolgen. Obgleich das Gelände offen ist, laufen wir im Einzugsgebiet des Flusses, was ausgesprochen nass und ermüdend werden kann. Kurz bevor wir einen Flusslauf, der zwischen Slieve Beg und Cove Mountain herabfließt, treffen, geht der Weg zum Annalong River, teils sich verlierend, hinab zu diesem. Alternativ können wir weiter geradeaus entlang, oberhalb und parallel des Flusses laufen – letztlich kommen wir auf dem Hauptweg an und gehen links ab.

Der Weg am Fluss entlang kann ausgesprochen nass und matschig sein. Bis zum trockenen Hauptweg sind es gute 3 km. Der Topographie abwärts folgend, erreichen wir mit der Zeit die **Annalong Woods** **10**, an dessen Rand wir abbiegen, den Fluss verlassen und geradewegs leicht aufwärts auf den vor uns liegenden deutlich breiten Weg zulaufen. Diesen erreicht, geht es trockenen Fußes links ab zurück zum **Ausgangspunkt** **01** für weitere gute 2,5 km.

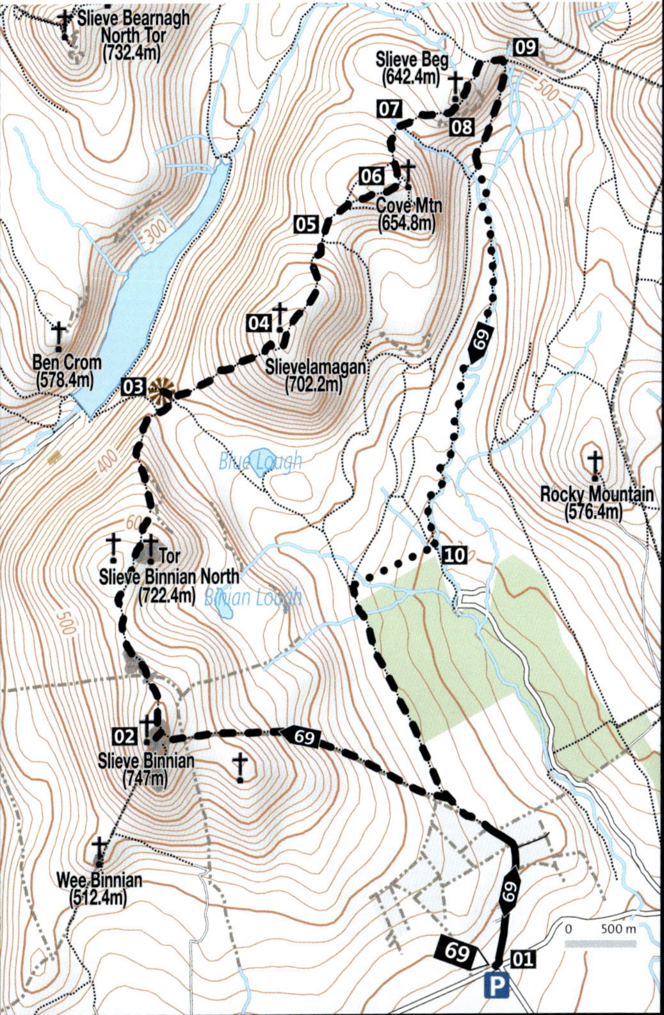

70

SLIEVE GULLION (SLIABH GCUILLINN) • 576 m

Im Zentrum eines alten Vulkansystems

14,7 km 3:45 h 607 hm 574 hm

START | In Newry startend, fahren wir die Dublin Rd (N1) für gute 2 km bis zum Cloghoge-Kreisel, von wo aus wir auf der B113 nach Forkhill abzweigen. Wir durchqueren den Ort Meigh und treffen bald darauf auf das Slieve-Gullion-Forest-Park-Schild.
Translink fährt von Newry mehrmals am Tag nach Forkhill und hält kurz vor den Forest Park (Drumintee Rd). Von dort ist es nicht mehr weit zu Fuß bis zum Ausgangspunkt. Fahrzeiten sind vorher in Erfahrung zu bringen.
[GPS: UTM Zone 29 x: 669.391 m y: 5.999.550 m]
CHARAKTER | Slieve Gullion bietet steile Passagen, teils ausgebaute Wege, ein sich selbst überlassenes Plateau als auch atemberaubende Ausblicke auf die Landschaft. Alles, was man sich von einem guten Wanderweg wünscht. Zusätzlich bekommen wir einen Einblick in die Geschichte der Region und schreiten durch ein neolithisches Ganggrab. Vorsicht bei vorangegangenen starken Regenfällen. Bei schlechter Sicht sollte auf einen Aufstieg verzichtet werden.

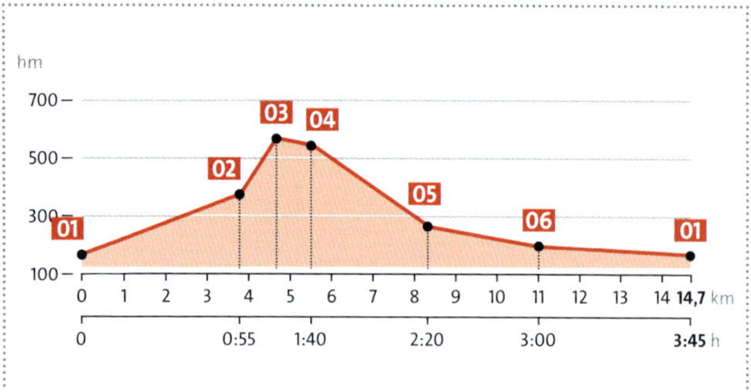

01 Slieve Guillion Forest Park, 140 m; 02 Oberer Parkplatz, 360 m; 03 Gipfel des Slieve Gullion, 576 m; 04 Nordcairn, 542 m; 05 Ballard Road, 276 m; 06 St. Moninnias heilige Quelle, 180 m

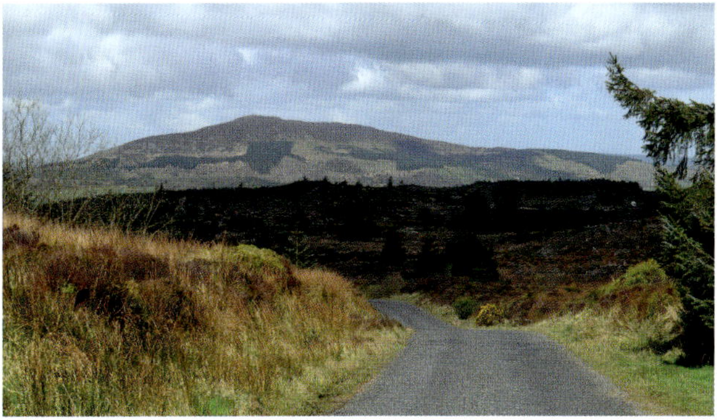

Der Slieve Gullion.

Slieve Gullion liegt innerhalb einer ehemals aktiven Vulkanlandschaft und bildet das Zentrum einer einstigen Caldera, die vor 66 bis 60 Millionen Jahren in sich zusammengebrochen ist und die umliegenden Berge als ringförmiges Gebilde um Slieve Gullion zurückließ. Über die genaue Entstehung wird seit 160 Jahren debattiert, von dem einstigen Vulkan gibt es aufgrund der folgenden Eiszeiten nur noch wenige Zeugnisse. Davon abgesehen, ist der Slieve Gullion als auch der Ring of Gullion mit Sagen und Mythen Irlands stark assoziiert. Der Riese Fionn Mac Cumhaill soll auf dem Gipfel Gullions am Calliagh Bhirra Lough von einer Hexe in einen altersschwachen Mann verhext worden sein. Den Fluch konnte er aufheben, das weiße Haar blieb jedoch. Selbst heute noch kursiert damit der Aberglaube, weißes Haar zu bekommen, bade man in dem Lough auf dem Gipfel des Slieve Gullion. Auf dem Weg gibt es mehrere historische Bauwerke aus den letzten 6.000 Jahren der menschlichen Geschichte in der Region, so liegen im gesamten Gebiet des Ring of Gullion mehrere, teils sehr gut erhaltene Steinzeitgräber und historische Gebäude christlicher Zeit.

▶ Der **Parkplatz am Slieve Gullion Forest Park** 01 stellt unseren Ausgangspunkt dar. Den besonders für Kinder attraktiven eigentlichen Forest Park können wir uns zum Ausklang am Ende aufheben. Vorerst gehen wir zurück zur Hauptstraße und folgen dieser links auf der Südseite des Berges herum zum höher gelegenen Parkplatz. Es sind etwa 4 Kilometer bis dahin, durch einen erfrischenden Wald, der erste Blicke auf die Umgebung zulässt.

Am **oberen Parkplatz** 02 angekommen, geht kurz dahinter rechts ein deutlicher und gut ausgebauter, an Stellen mit Stufen unterlegter Weg den Berg hinauf. Nach dem ersten steileren Zickzacklauf, erreichen wir ein Gatter, von wo aus der Pfad natürlicher wird und für kurze Zeit auf gleicher Höhe bleibt, bevor der Weg wieder direkter aufwärts verläuft und gerade bei Nässe sehr unschön werden kann. Wir laufen direkt zum südlichen Gip-

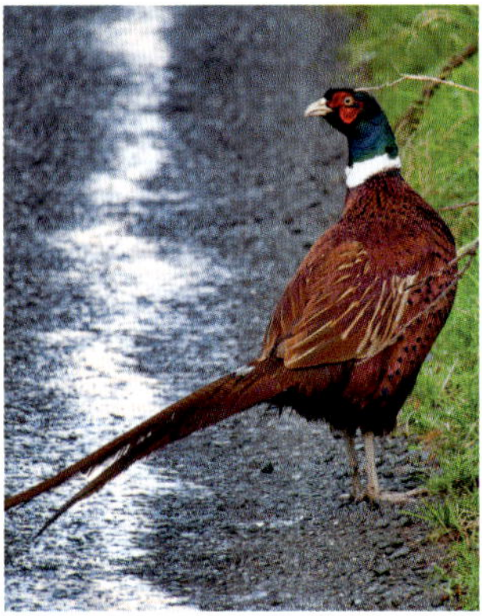

Fasan am Wegesrand

fel, direkt oberhalb eines neolithischen Cairns. Das kurz unterhalb dessen liegende Ganggrab, ist das höchstgelegene noch erhaltene Ganggrab in ganz Irland, und zudem in der Form das erste, was wir in all den Touren sehen durften. Bei einem Wetterumschwung eignet sich der gut 10 Meter lange Tunnel als Unterstand. Andernfalls haben wir vom **576 m hohen Gipfel** **03** einen ausgezeichneten 360°-Blick in die Umgebung. Eine Vermessungssäule zeigt uns, was wir in der Entfernung zu sehen bekommen.

Weiter geht es auf dem nun torfigen, matsch- und rutschanfälligen Grund Richtung NW, vorbei an dem Calliagh Berras Lough, zum **Nordcairn** **04**, der etwas kleiner ist, aber ebenso neolithischen Ursprungs. Den anschließenden Abstieg begehen wir rechts vom Cairn nach Norden und folgen dabei einem Pfad für gut 2 Kilometer hinab. Auf etwa halbem Weg erreichen wir linksseitig einen kleinen Bachlauf, den wir bei einer kleinen Senke überqueren und dem Weg weiter hinabfolgen, durch ein Gatter gehen (es wieder schließen), über Farmland schreiten und ein weiteres Gatter kurz vor der Ballard Road durchqueren. Kommen wir allgemein vom Weg ab, kann sich gerade im flacheren Bereich des Abstiegs Wasser sammeln. Auch nach starken Regenfällen wird der Untergrund aufgeweicht.

Mit Erreichen der **Ballard Road** **05** folgen wir dieser, rechts gehend, vorbei an einer ersten Gabelung zu den Ballintemple Woods. Wir treffen auf erste Häuser und wandern bis hin zur Ruine der Killevy Old Church, die aus dem 5. Jh. stammt und sich gegenüber der zweiten Gabelung befindet. Auf dem umliegenden Friedhof liegt St. Moninna begraben, eine der ersten weiblichen Heiligen, die die Kirche zusammen mit 8 Jungfrauen als auch einer Witwe, zusammen mit ihrem Kind, dort bewohnte. Etwa einen Kilometer in den Wald hinein liegt **St. Moninnias (Bline's) heilige Quelle** **06**. Jahrhundertelang war sie von der Vegetation überwuchert, bis sie 1880 von Vater Donnelly wiederentdeckt und der Weg dorthin neu aufgelegt wurde.

Weiter entlang der Straße, hinter dem Örtchen Clonlum, erreichen wir zu unserer Linken ein weiteres neolithisches Grab (jedoch viel unauffälliger, in der Landschaft liegend) als auch das alte Killevy Castle. Weiter der Hauptstraße entlang nehmen wir eine Straße zu unserer Rechten mit einem heute leerstehenden Haus aus dem 19. Jahrhundert. Für gute 400 m folgen wir der Hauptstraße, um dann die Abzweigung zum Slieve Gullion Forest Park und somit zum **Ausgangspunkt** **01** zu nehmen.

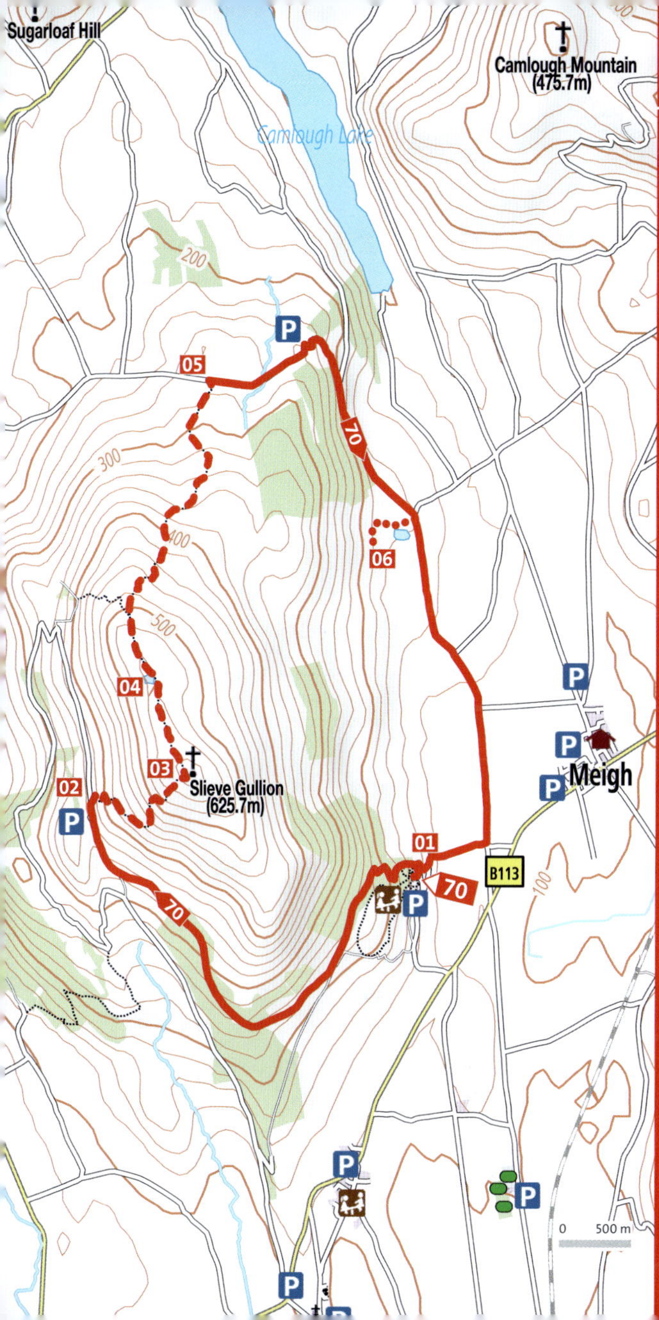
Sugarloaf Hill
Camlough Mountain (475.7m)
Camlough Lake
200
300
400
500
100
05
06
04
03
02
01
70
Slieve Gullion (625.7m)
Meigh
B113
0
500 m

Was bei Regen machen?

Da Regen in Irland und Nordirland allgegenwertig ist und der geplante Tag für die Wanderung dennoch nicht umsonst sein muss, gibt es an dieser Stelle ein paar Empfehlungen, was bei schlechtem Wetter unternommen werden kann. Wer sich von etwaigem Regen dennoch nicht abschrecken lassen will, dem empfehle ich, ausschließlich als „Leicht“ markierte Touren anzugehen in wetterfester Bekleidung.

Neben den hier kurz angerissenen Empfehlungen ist eine allgemeine Stadt-/Ortsbesichtigung optional.

Ein Besuch im Pub

Die erste Anlaufstelle überhaupt. Fast jedes noch so kleine Nest hat mindestens einen Pub, aber nicht zwingend immer Livemusik. Iren sind generell recht kommunikativ und freundlich, weshalb es nicht schwer fällt, Anschluss zu bekommen.

Dublin

St. Patricks Cathedral – Zu Ehren des Nationalheiligen St. Patrick. Die größere der beiden Dubliner Kathedralen ist die St. Patricks Cathedral, die ursprünglich lediglich eine Holzkapelle gewesen war, mit der Zeit immer mehr verkam und 1860 restauriert wurde. Der Legende nach soll die alte Holzkapelle einst in der Nähe einer Quelle gestanden haben, mit dessen Wasser St. Patrick bekehrte Gläubige taufte.
St Patrick's Close,
Wood Quay,
Dublin 8,
www.stpatrickscathedral.ie/de/home-de/

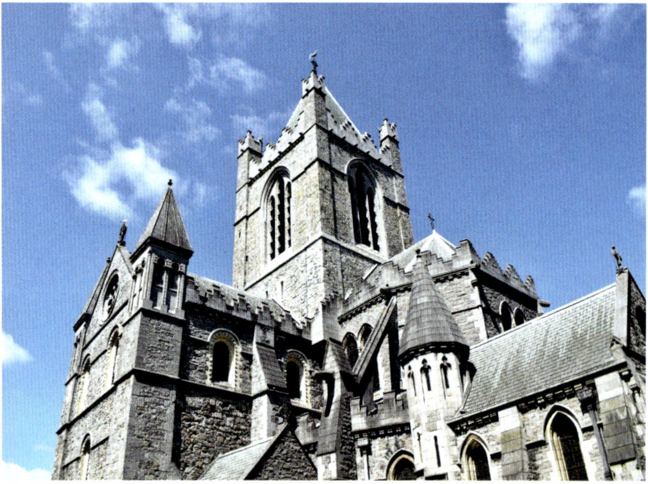

St. Patricks Cathedral in Dublin

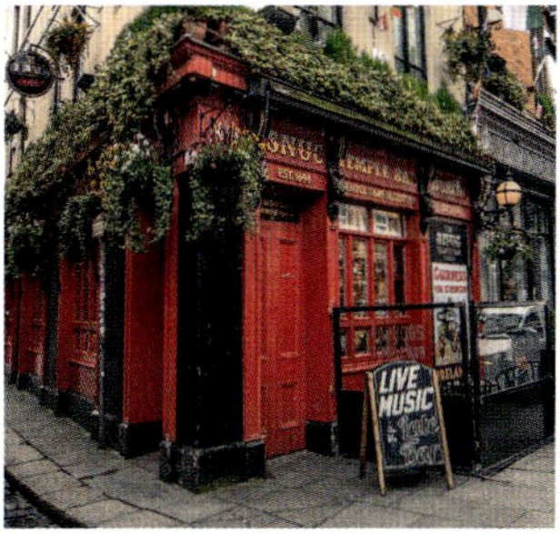

Typisches irisches Pub

Dubliner Guinness Brauerei. Das wohl bekannteste irische Produkt: Guinness. In der etwa 3-stündigen Besichtigung gibt es Einblicke darin, wie das Bier gebraut wird, mit anschließender Gratis-Verkostung und deutschen Texten zur Erläuterung.
Guinness Storehouse,
St James's Gate, Dublin 8
www.guinness-storehouse.com/de

Kerry

Muckross House, nahe Killarney. Zwar gibt es auch eine Tour, die das Anwesen als Start- und Endpunkt hat, doch bietet sich bei Regen an, etwas am Anwesen zu verweilen und bei einem gemütlichen Kaffee sich in die Zeit zurückversetzt zu fühlen.
www.muckross-house.ie

Die **Blueberry Hill Farm** in Sneem wird durch zwei sehr sympathische deutsche Auswanderer geleitet, die sich eine Art kleinen Erlebnishof mit vielen Tieren aufgebaut haben. Insbesondere für Kinder sehr empfehlenswert. Besuche müssen vorher angemeldet werden.
Tel. 00353 873647371,
www.blueberryhillfarm.ie

Charlie-Chaplin-Museum im Visitor Center Waterville. Klein, aber fein und für Liebhaber ein Muss. Chaplin hat seinerzeit immer wieder Waterville besucht, bis heute gibt es Leute dort, die ihn persönlich gekannt haben.

Galway/Connemara

Kylemore Abbey ist irlands ältestes Frauenkloster, das 1682 selbst in Irland Fuß fasste. Die Abbey allerdings wurde 1871 fertiggestellt, worin die Klostergemeinde seit 1920 drin haust.
www.kylemoreabbey.com

Das **„Sheep and Wool Center"** in Leenaun, direkt am Killary Fjord, gibt Einblick darüber, wie einst Wolle produziert wurde, von den ersten Versuchen bis zur Industrialisierung. Auch für Kinder interessant, da ebenso selbst gesponnen werden darf.
http://sheepandwoolcentre.com

Mayo

Für Kinder bietet **Achill Island** ein großes Aquarium an, mit vielen verschiedenen Meerestieren.
http://achillexperience.ie

Auch bietet es sich an, die **Töpferei** in Keel zu besuchen. Handgemachte Ware von Achill Island kann dort ebenso erworben werden.
http://achillpotter.com

Die **Cáide-Fields**, unweit von Ballycastle in North Mayo, bieten einen sehr schönen Einblick und Hintergründe in die Besiedlung des Landes als auch die Urbarmachung und Entstehung der Moor-/Sumpflandschaft.
http://ceidefields.com

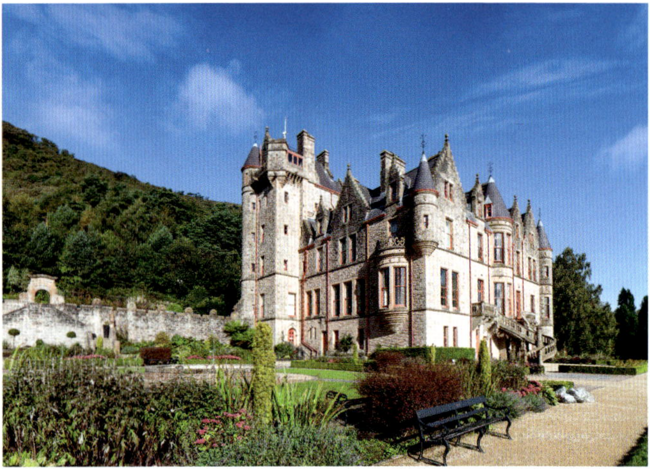

Belfast Castle

Donegal

Ein recht kleines, aber umso wertvolleres Freilichtmuseum findet sich in Glencolumbkille, das **Folk Village**. In mehreren Häusern wird dem Besucher das Leben der Menschen durch die Geschichte hinweg eindrücklich dargelegt.
www.glenfolkvillage.com

Der **Glenveagh National Park** selbst ist auch bei Regen ein guter Anlaufpunkt, lassen sich doch das Schloss und die dazugehörigen Gärten auch dort gut besichtigen.
www.glenveaghnationalpark.ie

NORDIRLAND

Fermanagh

The **Ulster American Folk Park** ist ein ausgesprochen detailverliebtes Freilichtmuseum zwischen Omagh und Strabane. Es beschäftigt sich mit den Emigrationsreisen der Iren nach Amerika, deren Leben und dem Alltäglichen.
www.nmni.com/our-museums/ulster-american-folk-park/Home.aspx

Londonderry

Die Geschichte um den Konflikt zwischen Nordirland und der Republik findet sich gut und sehr anschaulich zusammengestellt im „Free Derry" Museum in Londonderry.
www.museumoffreederry.org

Down

Das **Belfast Castle** wurde im 12. Jh., aus Sandstein erbaut und in den 80er-Jahren renoviert sowie der Öffentlichkeit zugänglich gemacht. Die wunderschön angelegten Gärten als auch das Schloss selbst bieten Heiratenden oft eine perfekte Kulisse für ihre Hochzeit.
www.belfastcastle.co.uk

Fast jede hier vorgestellte Wanderung beginnt abseits von Städten oder kleinen Orten, sodass selten direkt vom Übernachtungsstandort aus losgelaufen werden kann. Insbesondere in ländlichen Gegenden kann es vorkommen, dass es kein oder nur ein eingeschränktes W-Lan zur Nutzung gibt. Meistens besitzen aber Pubs einen Anschluss. Besonders in der Hauptsaison (Mai bis September) empfiehlt es sich, im Voraus zu buchen. Folgende Auflistung versteht sich lediglich als Vorschlag bzw. Orientierung.

€/£ unter 35 Euro/Pfund
€€/££ 35 - 60 Euro/Pfund
€€€/£££ über 60 Euro/Pfund
(pro Pers/DZ/incl. Frühstück)

Tour 01
Gleann Na Smol B&B in Howth, €€ bis €€€, E-Mail via website, Tel. +353 (0)1 8322936, www.gleannnasmol.com/index.html
Azure B&B in Howth, €€, info@azure.ie, Tel. +353 (0)1 8324442, http://azure.ie/index.html

Tour 02, 04 und 05
Hillview B&B in Bray, €€, connieg@eircom.net, Tel. +0353 (0)1 2877226, www.hillviewbray.com
Slievmore House B&B in Greystone, €€, Tel. +353 (0)1 2874724, http://slievemorehouse.com

Tour 03 und 04
An Óige – Youth Hostel in Glendalough € bis €€, glendaloughhostel@gmail.com, Tel. +353 (0)404 45342, http://anoige.ie/Hostels/Our-Hostel-Guide/Glendalough-International-Hostel
Glendalough Hotel in Glendalough, €€€, info@glendaloughhotel.ie, Tel. +353 (0)404 45135, www.glendaloughhotel.com

Tour 6
Blue Door B&B in Wexford, €€, bluedoor@indigo.ie, Tel. +353 (0)53 9121047, www.bluedoor.ie
Old Orchard Lodge in Rosslare, €€ bis €€€, Mail via Website, Tel. +353 (0) 539133468, http://oldorchardlodgebedandbreakfast.com

Tour 7
Ardmore B&B nahe Ardmore, €€, info@ardmorebedandbreakfast.ie, Tel. +353 (0)85 8633080, http://ardmorebedandbreakfast.ie/rates
Duncrone B&B in Ardmore, €€ bis €€€, info@duncronebandb.com, Tel. +353 (0)24 94860, http://duncronebandb.com

Brú Bar and Hostel in Cork, € bis €€, info@bruhostel.com,
Tel. +353 (0)21 455 9667, www.bruhostel.com

Tour 8 und 9

Hillcrest B&B in Clonmel, €€ bis €€€, info@hillcrestguesthouse.ie,
Tel. +353 (0) 52 6121798, http://hillcrestguesthouse.ie/rates.htm

Lissarda B&B in Clonmel, €€ bis €€€, info@lissarda.com,
Tel. +353 (0)52 6122593, http://lissarda.com/index.htm

Foxford Farmhouse in Bansha, € bis €€, Tel. +353 (0)62 54552,
www.foxfordfarmhouse.net

Tour 10 bis 13

Neptunes Hostel in Killarney, €, neptunes@eircom.net,
Tel. +353 (64) 66 35255, www.neptuneshostel.com

The Gardens B&B in Killarney, €€ bis €€€,
info@thegardenskillarney.com, Tel. +353 (64) 66 31147,
www.thegardenskillarney.com/de

Cronin's Yard am Carrauntoohil, € bis €€, info@croninsyard.com,
Tel. +353 (0)64 662 4044, http://croninsyard.com

Tour 14 bis 15

Sea Breeze B&B in Castletownbere, €€, info@seabreez.com,
Tel. +353 (0)27 70508, www.seabreez.com

Summer Hill B&B in Castletownbere, €€, info@summer-hill.com,
Tel. +353 (0)27 70417, www.summer-hill.com

Tour 16

The Bay View Inn B&B in Kilcrohane, €€, info@thebayviewin.net,
Tel. +353 (0)27 67981, www.thebayviewinn.net

Tour 17 bis 18

Rockwood House B&B in Glengarriff, €€,
reservation@rockwoodhouse.com, Tel. +353 (0)27 63097, website offline

Island View House B&B in Glengarriff Harbour, €€ bis €€€,
info@islandviewhouse.net, Tel. +353 (0)27 63081,
www.islandviewhouse.net/index.html

Tour 19

Hungy Hill Lodge, Hostel und Camping in Adrigole, €,
hungryhill@email.com, Tel. +353 (0)27 60228,
http://hungryhilllodgeandcampsite.com

Tour 20

Stone House B&B in Sneem, € bis €€, renedejong@eircom.net,
Tel. +353 (0)64 6645188, www.sneem.com/stonehouse/index.html

Sneem River Lodge B&B in Sneem, €€, sneemriverlodge@eircom.net,
Tel. +353 (0)64 6645578, www.sneemriverlodge.ie/indexmain.html

Tour 21 und 22
Travelers Rest Hostel in Caherdaniel (März bis November), €,
Tel. +353 (0)66 9475175, www.hostelcaherdaniel.com
Cliffords Ocean View B&B in Waterville, €€, cliffordbandb@eircom.net,
Tel. +353 66 9474283, https://cliffordbandb.com

Tour 23
Sivehostel in Chaersiveen, € bis €€, info@sivehostel.ie,
Tel. +353 (0)87 275 4561, www.sivehostel.ie/index.htm
O'Shea's B&B in Cahersiveen, €€ bis €€€, Email via Website,
Tel. +353 (0)66 9472402, www.osheasbnb.com/index.html
Cúl Draíchota B&B in Cahersiveen, € bis €€, culdraiochta@gmail.com,
Tel. +353 (0)66 9473141, www.culdraiochta.ie/index.php

Tour 24 und 25
Hideout Hostel in Dingle (Stadt), €, micheal@thehideouthostel.com,
Tel. +353 (0)66 915 0559, www.hideouthostel.com
Mt. Brandon Hostel in Cloghane, €, MountBrandonHostel@eircom.net,
Tel. +353 (0)85 1363454, www.mountbrandonhostel.com
O'Connors Guesthouse in Cloghane, €€ bis €€€, Mail via Wesbite,
Tel. +353 (0)66 7138113, www.cloghane.com/accommodation
Ard na Mara Country House B&B bei Dingle (Stadt), € bis €€,
Tel. +353 66 91 59072, info@ardnamaracountryhouse.com,
http://ardnamaracountryhouse.com/

Tour 26 und 27
Scapaflow B&B in O'Briensbridge, €€, scapaflow@eircom.net,
Tel. +353 85 164 0048, www.scapaflowbnbinclare.com
Lacken Lodge B&B nach O'Briensbridge, €€, info@lackenlodge.com,
Tel. +353 (0)61 379083, www.lackenlodge.com

Tour 28
Rockview Farmhouse B&B in Fanore, €€ bis €€€, rockyview@eircom.net,
Tel. +353 (0)65 7076103, http://rockyviewfarmhouse.com
Orchid House B&B in Fanore, €€ bis €€€, orchidhouse275@gmail.com,
Tel. +353 (0)65 7076975, http://orchidhouse.net
Sleepzone The Burren Hostel in Lisdoonvarna (März bis Oktober),
€ bis €€, burren@sleepzone.ie, Tel. +353 (0)65 7074036,
www.sleepzone.ie/the-burren-hostel

Tour 29
Kilronan Hostel auf Inishmore, €, kilronanhostel@gmail.com,
Tel. +353 (0)99 61255, www.kilronanhostel.com/index.htm
Doolin Hostel in Doolin, €, anthony@doolinhostel.ie,
Tel. +353 87 2820587, www.doolinhostel.ie
Inishmore House B&B in Galway, €€ bis €€€, inishmorehouse@eircom.net,
Tel. +353 91 582639, http://inishmorehouse.com

Tour 30 bis 33

The Quiet Man Hostel/B&B/Camping in Cong, € bis €€€, info@quietman-cong.com, Tel. +353 (0)94 954 6089, www.quietman-cong.com

Ballykine House Clonbur B&B nahe Clonbur, €€ bis €€€, E-Mail via Website, Tel. +353 94 9546150, www.ballykine-bnb.com/#home

Tour 34 und 35

Sleepzone Connemara Hostel nahe Leenaun, € bis €€, connemara@sleepzone.ie, Tel. +353 (0)95 42929, www.sleepzone.ie/the-connemara-hostel

Portfinn Lodge in Leenaun, €€ bis €€€, info@portfinn.com, Tel. +353 (0)95 42265, www.hotelinconnemara.com/index.html

Tour 36

The Old Monastery Hostel in Letterfrack direct am NP, €, info@oldmonasteryhostel.com, Tel. +35387-2349543, http://oldmonasteryhostel.com

Mountainside B&B in Letterfrack, €, mountainsidebandb@hotmail.com, Tel. +353(0)87 9710957, www.mountainsidebandb.com

Tour 37 und 38

Clifden Hostel in Clifden, €, seancth@eircom.net, Tel. +353 952 1076, www.clifdentownhostel.com

Buttermilk Lodge in Clifden (März bis Oktober), €€ bis €€€, info@buttermilklodge.com, Tel. +353(0)95 21951, www.buttermilklodge.com

Island View B&B in Roundstone, €€ bis €€€, aisling@islandview.ie, Tel. +353 (0)95 35701, www.islandview.ie/index.html

Tour 39 und 40

Croagh Patrick Hostel in Murrisk, €, info@croaghpatrickhostel.ie, Tel. +353 (0)98 64756, https://croaghpatrickhostel.ie

Old Mill Hostel in Westport, €, info@oldmillhostel.com, Tel. +353 (0)98 27045, www.oldmillhostel.com

Boffin Lodgh B&B in Westport, €€ bis €€€, info@boffinlodge.com, Tel. +353 (0)98 26092, www.boffinlodge.com/de

Tour 41

Go Explore Hostel auf Clare, €, stay@goexplorehostel.ie, Tel. +353 98 26307, www.goexplorehostel.ie

Tour 42

Breezemount B&B in Mulranny, €€, jimk27161@gmail.com, Tel. +353 (0)98 36145, www.breezemountbb.com

Greenway B&B in Newport, €€ bis €€€, +353 (0)98 41249, http://greenwaybb.com

Mulranny House in Mulranny, €€ bis €€€, info@mulrannyhouse.ie, Tel. +353 (0)98 36953, http://mulrannyhouse.ie

Tour 43 und 44

Richview Hostel in Keel, €, Richviewhostel@hotmail.com, Tel. +353 (0)86 2315546, keine Website

Valley Hous Hostel bei Doogort, €, alicegal09@gmail.com, Tel. +353 (0)85 2167688, http://valley-house.com/index.htm

Bervie Guest Accomodation in Keel, €€ bis €€€, Tel. +353 (0)98 43114, www.bervieachill.com

Tour 45

Erris Head House in Belmullet B&B, €€, errisheadhouse@gmail.com, Tel. +353 (0)9720940, www.errisheadhouse.com

Tour 46 und 47

Kilcommon Lodge Hostel in Pullathomas (Nord Mayo), € bis €€, info@kilcommonlodge.ie,Tel.+353(0)9784621,www.Kilcommonlodge.ie

Tour 48

The Railway Hostel in Sligo, € bis €€, paddy@therailway.ie, Tel. +353 (0)87 6905539, www.therailway.ie/index.html

By the Sea B&B in Strandhill, €€€, strandhillbytheseabandb@gmail.com, Tel. +353 (0)87 9781316, http://bytheseastrandhill.com

Tour 49

Castletown House B&B, € bis €€, f_rooney_ie@yahoo.co.uk, Tel. +353 (0)71 91 63204, www.castletownhousedrumcliff.com/contact.html

Benbulben Lodge direkt am Fuße des Berges, €€, reservations@benbulbenfarmhouse.com, Tel. +353 (0)71 9173956, www.benbulbenfarmhouse.com

Tour 50

Dooey Hostel in Glencolumbkille (April bis November), €, dooeyhostel@gmail.com, Tel. +353 (0)74 97-30130, www.glencolmcille.ie/dooey.htm

Malin Beg Hostel, am Malin Beg (Januar bis November*), € bis €€, info@malinbeghostel.com, Tel. +353 (0)74 9730006, www.malinbeghostel.com

Ionad Siul B&B Guesthouse in Glencolumbkille, €€ bis €€€, info@ionadsiul.ie, Tel. +353 (0) 749730302, http://ionadsiul.ie/index.php

Tour 51

Derrylahan Hostel, zwischen Carrick und Kilcar, €, Derrylahan@eircom.net, Tel. +353 (0)74 9738079, www.derrylahanhostel.ie/

Slieve League House B&B, unweit vom Startpunkt, €€ bis €€€, kendoc16@gmail.com, Tel. +353 (0)86 1505364, www.slieveleaguebnb.com/de-de

Tour 52 bis 56

Errigal Youth Hostel, am Fuße des Errigals in Dunlewy, € bis €€, errigalhostel@gmail.com, Tel. +353 (0)74 9531180, http://anoige.ie/hostels/our-hostel-guide/errigal-youth-hostel

Glen Heights B&B Dunlewy, €€ bis €€€, kathleenb5@hotmail.com, Tel. +353 (0)74 95 60844, www.glenheightsbb.com/index.htm

Tour 57

Fisherman's Village Lodge B&B bei Downings (Doagh), €€, michael@rosguill.com, Tel. +353 74 91 55080, www.rosguill.com/accommodation

Trá na Rosann Hostel in Downings (Ende Mai bis September), €, info@anoige.ie, Tel. +353 (0)74 9155374, http://anoige.ie/hostels/our-hostel-guide/tra-na-rosann-youth-hostel

Sonas B&B bei Carrick, €€ bis €€€, sonas@sonasbandb.com, Tel. +353 (0)74 91 55401, www.sonasbandb.com

Tour 58

Corcreggan Millhouse B&B und Camping, etwas außerhalb Dunfanaghys, €€ bis €€€, millhouse@corcreggan.com, Tel. +353 (0)74 9136409, www.corcreggan.com

Forest Lodge B&B, Dunfanaghy, €€ bis €€€, info@forestlodgedonegal.com, Tel. +353 (0) 74 91 36104

The Whins B&B, Dunfanaghy, €€, john@thewhins.com, Tel. +353 (0)74 91 36481, http://thewhins.net

Tour 59

Lios an Easa B&B in Falcarragh, €€ bis €€€, eileenmdiver@gmail.com, Tel. +353 (0)74 9180581, www.donegal-bb.com/contacts.htm

Tory Island Harbour View Hotel auf Tory Island, €€€, toryharbourviewhotel@gmail.com, Tel. +353 (0) 74 91 35920, www.hoteltory.com/index.htm

Tour 60

Claire's B&B in Leabgarrow auf der Insel, € bis €€, clairelouisegee@yahoo.com, Tel. +353 (0)7495 20042, https://clairesbandb.wordpress.com/home

Arranmore Island Hostel in Leabgarrow auf der Insel (April bis September), €/£, +353 (0)95 20015, keine Website

Nordirland

Tour 61

Bradley's B&B in Strabane, €€/££ bis €€€/£££, admin@bradleysbnb.com, Tel. +44 (0)287 151 6787, https://bradleysbnb.com

Tour 62

Finn McCool's Giant's Causeway Hostel Bushmills, €/£ bis €€/££, bookings@finnmccoolshostel.com, Tel. +44 (0) 28 2073 2011, http://finnmccoolshostel.com/index.html

Causeway B&B in Bushmills, €€/££ bis €€€/£££, Kontakt via website, Tel. +44 (0) 28 2073 1909, http://causewaybandb.com/page/about-causeway-bed-and-breakfast

Tour 63

Sheep Island View Hostel in Ballintoy, €/£ bis €€/££, info@sheepislandview.com, Tel. +44 (0) 28 207 69391, www.sheepislandview.com/about.html

Ropebridge House B&B in Ballintoy, €€/££ bis €€€/£££, stay@ropebridgehouse.com, Tel. +44 (0) 28 2076 8731, www.ropebridgehouse.com

Tour 64 und 65

Ballyeamon Barn Hostel in Cushendall, €/£, März bis November, liz@lizweir.net, Tel. +44 (0)2821758451, www.ballyeamonbarn.com/hostel

Lurig View B&B in Glenarriff town, €/£ bis €€/££, lurigviewacom@btinternet.com, Tel. +44 (0) 28 2177 1618, www.lurigview.co.uk

Tour 66

Arnie's Backpackers Hostel in Belfast, €/£, info@arniesbackpackers.co.uk, Tel. +44 (0)28 9024 2867, http://arniesbackpackers.co.uk

Botanic Rest B&B in Belfast, €€/££ bis €€€/£££, info@botanicrest.com, Tel. +44 (0) 28 9032 4820, http://botanicrest.com

Tour 67 bis 69

Hutt Hostel in Newcastle, €/£, info@hutthostel.com, Tel. +44 (0)28 4372 2133, www.hutthostel.com

Coolgrenerey B&B, €€/££, info@coolgreeneyhouse.com, Tel. +44 (0) 28 4372 6390, offizielle Website geschlossen: https://enjoythemournes.wordpress.com/wheretostay/newcastle/coolgreeney-house-bb

Ryan's House B&B, €€/££, info@ryansnewcastle.com, Tel. +44 (0) 28 4372 7399, www.ryansnewcastle.com/index.html

Cornmill Quay in Annalong, Hostel und Cottages, €/£ bis €€€/£££, Tel. +44 (0)28 4376 8222, booking@cornmillquay.org, www.cornmillquay.org

Tour 70

Highfields B&B Newry, €€/££ bis €€€/£££, highfieldsbandbnewry@gmail.com, Tel. +44 (0)75 9192 2738, www.highfieldsbandbnewry.com

TOURISMUSBÜROS UND WEBSITES

Neben den hier vorgestellten Haupt-Tourismusseiten und Behörden gibt es in jedem größeren/wichtigen Ort ein lokales Tourismusbüro, in dem regionale Informationen problemlos eingeholt werden können.

Dublin
Die Hauptstadt Irlands hat einiges zu bieten und ist zumeist Start- als auch Zielpunkt einer jeden Irlandreise. Eine Stadt, die durch die Wirtschaftskrise 2007/08 etwas an Charme verloren hat, doch ihn an so einigen versteckten Stellen noch bewahren konnte.
Extreme Ireland Tourism Office
37 College Green Dublin 2 Ireland
Tel. +353 (0)1 4100700
info@touristofficedublin.com
www.touristofficedublin.com/contactus.php

Wicklow
Nach Dublin für die meisten die erste Haltestelle auf dem Weg nach Kerry. Wicklow bietet abwechslungsreiches Terrain als auch Landschaften.
Wicklow Enterprise Park
The Murrough, Wicklow Town
Tel. +353 40 420070
info@visitwicklow.ie
http://visitwicklow.ie

Beara Halbinsel
Beara ist ein kleines Juwel mit vielen sehr ruhigen Ecken und Ausflugsmöglichkeiten. Zentrum dessen ist die kleine und sehr sehenswerte Stadt Castletownbere.
Beara Tourism and Development Association, St. Peter's Church, Castletownbere, Beara, Co. Cork, Ireland, Tel. +353 (0)27 70054
bearatours@eircom.net
www.bearatourism.com/index.html

Killarney/Kerry
Kerry allgemein, mit Killarney als Touristenhochburg, ist das Reiseziel schlechthin in Irland. Demnach gibt es eine Menge zu sehen und zu tun entlang des Ring of Kerry.
Killarney Tourist Office Beech Road
Killarney Co. Kerry
Tel. +353 (0)64 6631633
killarneytio@failteireland.ie
https://killarney.ie

Dingle
Neben Kerry eine weitere sehr attraktive Region, die mit viel Natur und schönen Szenerien Punkten kann. Da Dingle noch immer gälische Hochburg ist, sind viele Beschilderungen teilweise ausschließlich in Gälisch, innerhalb der Touristenzentren aber auch mit Englisch versehen.
Aonad 4, Páirc Gnó na Coille,
Daingean Uí Chúis, Co. Chiarraí
Tel. +353 (0)87 317 5788
info@dingle-peninsula.ie
https://dingle-peninsula.ie

Clare
Ein eher ruhiges und entspanntes County, mit vielfältigen regionalen sowie auch kultur-/historisch interessantenangeboten und Sightseeing Spots.
claretourism@clarecoco.ie
www.clare.ie

Galway
Galway Stadt ist ein großer Anziehungspunkt für Menschen jeglichen Alters und stellt das Tor zu Connemara dar.
info@galwaytourism.ie
www.galwaytourism.ie

Connemara/Clifden
Connemara ist ein Juwel, was reizvolle Landschaften und einsame Berge und Natur angeht. Gerade im Sommer ist die Region stark frequentiert, gibt es doch auch einige sehr schöne, teils geheime Strände dort.
Connemara Tourism Clifden,
Connemara Co. Galway
Tel. +353 95 22622
info@connemaratourism.ie
www.connemara.ie/en

Mayo
Mayo wird nachgesagt, das unterentwickeltste County an der irischen Westküste zu sein, was nicht ganz falsch ist. Insbesondere der Norden Mayos ist sehr dünn besiedelt, aber dafür nicht minder reizvoll – abseits der ausgetretenen Pfade.
E-Mail via Website
www.mayo-ireland.ie/en/welcome.html

Sligo
Der Durchgang zum hohen Norden Irlands und an Nordirland (UK) im Westen grenzend, bietet Sligo Ruhe, vielfältige Aktivitäten und Landschaften.
Sligo Discover Ireland Tourist
Information Centre Ground Floor
Old Bank Building O'Connell Street,
Sligo
Tel. +353 (0)71 917 1905
info@sligotourism.ie
www.sligotourism.ie

Donegal
Das nördlichste und vermutlich abwechslungsreichste County Irlands. Hier findet jeder etwas nach seinem Geschmack. Einige Ecken Donegals sind derzeit noch ein richtiger Geheimtipp!
Donegal Tourism Ltd,
Letterkenny Public Services Centre,
Co. Donegal
info@govisitdonegal.com
www.govisitdonegal.com

(London)Derry
Eine Stadt mit einer noch jungen, wenn auch nicht minder grausamen Geschichte, zeigt sie sich heute dennoch irlandtypisch, ohne nicht auch die Seiten des Union Jack stolz zu tragen.
Visitor Information Center
44 Foyle Street, BT48 6AT
Tel. +44 (0)28 7126 7284
info@visitderry.com
www.visitderry.com

Tyrone
Tyrone ist das größte County Nordirlands und bietet dem geneigten Besuchern ein paar außerordentliche landschaftliche Schätze.
Omagh Visitor Information Centre
c/o Omagh Visitor Information
Centre Strule Arts Centre
Townhall Square
Omagh, County Tyrone BT78 1BL
Tele. +44 (0)28 8224 7831
otic@fermanaghomagh.com
www.fermanaghomagh.com

Antrim
Mit dem Giant's Causeway als auch Carrick-a-Rede als Haupttouristenmagnet, dürfte das County Antrim wohl mit zu den bekanntesten unter Touristen zählen. Doch auch abseits der Touristenpfade bietet es eine vielfältige und teils versteckte Landschaft, die nur darauf wartet, erkundet zu werden.
Antrim Visitor Information Centre
The Old Courthouse Market Square
Antrim, County Antrim BT41 4AW

TOURISMUSBÜROS UND WEBSITES

Tel. +44 (0)28 9442 8331
info@antrimandnewtownabbey.gov.uk
www.antrimandnewtownabbey.gov.uk

Belfast
Die Hauptstadt Nordirlands und neben Derry die wichtigste Stadt des Landes. Auch hier verbindet sich Geschichte mit der Gegenwart und geht fließend ineinander über.
Belfast Visitor Center
9 Donegall Square North, Belfast
County Down BT1 5GB
Tel. +44 (0)28 9024 6609
info@visitbelfast.com
www.visitbelfast.com

Down
County Down beherbergt viele Berge, darunter die markanten Mourne Mountains, inklusive der ikonischen Mourne Wall. Viel Natur und schöne Strände bieten sich uns außerdem.
Newcastle Visitor Information Centre
10-14 Central Promenade Newcastle, Co. Down BT33 0AA
Tel. +44 (0)28 4372 2222
newcastle.vic@downdc.gov.uk
www.visitmournemountains.co.uk

Armagh
Vermutlich ein touristisch eher vernachlässigtes County, könnte sich jenes doch als Geheimtipp etablieren.
Armagh Visitor Information Centre
40 English Street Armagh,
County Armagh BT61 7BA
Tel. +44 (0)28 3752 1800
info@visitarmagh.com
https://visitarmagh.com

TIPPS UND TRICKS

Die Ländervorwahl der Republik Irland ist die +353, das + wird als 00 gewählt, dahinter der ganze Rest. Beispiel: +353 (0)1 4100700, wird zu: 00353 1 4100700, die (0) wäre nur von einer Inlandsleitung, anstelle der +353, zu wählen. Für Nordirland gilt die Ländervorwahl von Großbritannien +44 oder 0044

Sowohl für die Republik Irland als auch Nordirland wird ein Stromadapter empfohlen. Mit einem Trick geht es jedoch auch ohne. Die Plastikblockierung im dritten Loch der Steckdose muss mit einem Stift oder etwas anderem Dünnen heruntergehalten werden, dann lassen sich deutsche 2-Pol Stecker problemlos verwenden.

Der Busverkehr in der Republik Irland beschränkt sich hauptsächlich auf die großen beziehungsweise touristisch interessanten Gebiete und Orte. In den kleineren, abgelegeneren Regionen, insbesondere Donegal, gibt es, wenn überhaupt, kleine private Coaches und Unternehmen, die für die Landbevölkerung verkehren, meist nur ein- bis zweimal pro Tag. Gesondert wurde darauf in den relevanten Texten hingewiesen.

Beim Grenzübertritt nach Nordirland (bis zum potentiellen Brexit: ohne

Kontrollen) muss Euro in Pfund Sterling gewechselt werden, was grenznah kein Problem darstellt. Auch in größeren Städten und in Banken lässt sich Geld wechseln.

REGISTER

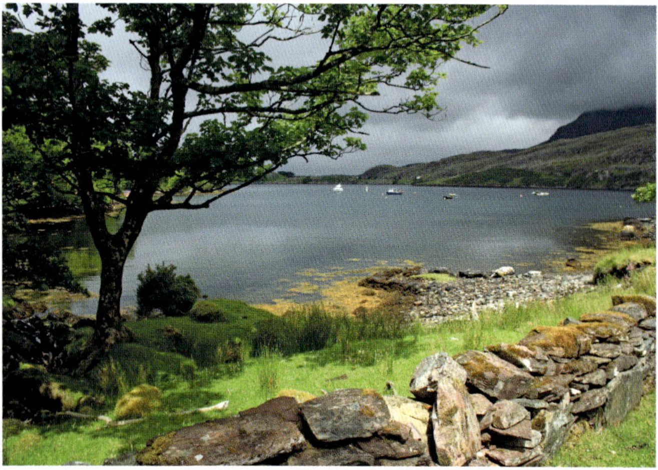

Killary Bay Little, Tour 34.

IMPRESSUM

© Hallwag Kümmerly+Frey AG, Grubenstrasse 109, CH-3322 Schönbühl, www.swisstravelcenter.ch
ISBN 978-3-259-03758-4
1. Auflage 2020

Umschlaggestaltung: Hallwag Kümmerly+Frey AG

Text und Fotos: Robert Schwänz

Bildnachweis: Alle Bilder stammen vom Autor
Ausnahmen: S. 210: pabrady63/AdobeStock, S. 218–219: supportITNI/pixabay, S. 222: 12019/pixabay, S. 224: maddock1238/pixabay, S. 226: Paul-Hampshire/pixabay, S. 228: Sweetaholic/pixabay, S. 229: Ben_Kerckx/pixabay, S. 232: Lyd Photography/AdobeStock, S. 234, 240: stephane/AdobeStock, S. 236: Andrew Norris/AdobeStock, S. 242: Michael/AdobeStock, S. 245: mtnmichelle/AdobeStock, S. 249: treenabeena/AdobeStock, S 250: hhach/pixabay, S. 252: larahcv/pixabay, S. 253: Skitterphoto/pixabay, S. 254: kilhan/AdobeStock

OpenStreetMap Contributors (www.openstreetmap.org)
Kartengrundlage für Gebietsübersichtskarte S. 10-11, U4:
© MairDumont, D-73751 Ostfildern 4

Die Karten-Nr. im Inhaltsverzeichnis und bei den einzelnen Touren verweisen auf die Kompass-Karten.

Alle Angaben und Routenbeschreibungen wurden nach bestem Wissen gemäss unserer derzeitigen Informationslage gemacht. Die Wanderungen wurden sehr sorgfältig ausgewählt und beschrieben, Schwierigkeiten werden im Text kurz angegeben. Es können jedoch Änderungen an Wegen und im aktuellen Naturzustand eintreten. Wanderer und alle Kartenbenützer müssen darauf achten, dass aufgrund ständiger Veränderungen die Wegzustände bezüglich Begehbarkeit sich nicht mit den Angaben in der Karte decken müssen. Bei der grossen Fülle des bearbeiteten Materials sind daher vereinzelte Fehler und Unstimmigkeiten nicht vermeidbar. Die Verwendung dieses Führers erfolgt ausschliesslich auf eigenes Risiko und auf eigene Gefahr, somit eigenverantwortlich. Eine Haftung für etwaige Unfälle oder Schäden jeder Art wird daher nicht übernommen. Für Berichtigungen und Verbesserungsvorschläge ist die Redaktion stets dankbar.